JN433178

이공계 연구자를 위한

영문과학논문 작성매뉴얼

Writing a Research Paper in English

이공계 연구자를 위한

영문과학논문 작성매뉴얼

Writing a Research Paper in English

서울대학교 의과대학 명예교수 민양기 지음

우리나라에서는 1990년대 중반 이후 정부가 시작한 세계화 정책과 함께 SCI(Science Citation Index) 돌풍이 기초과학과 공학, 농학, 의학 등 과학분야 전체를 강타하였다. 개인이나 기관의 과학적 성과를 평가하는 데에 취약하였던 우리나라에서 SCI 과학 학술지에 연구성과를 발표하는 것은 연구자 개인의 평가뿐만 아니라 연구기관의 평가, 연구비 지급, 승진과 채용 등에서 광범위하게 영향을 주고 있다. 그러면 영어 문장을 문법에 맞게 잘 쓸 수 있는 쉬운 방법은 없을까? 저자의 기본적인 생각은 과학논문을 영어로 쓸 때 어떤 형식과 요령이 있다는 것이다. 이 책은 과학을 연구하는 분들이 영문 학술지에 논문을 게재하는 데에 최대의 능률을 올릴 수 있도록 집필하였다. 또한 이 책은 영문과학논문 투고를 준비하면서 의문이 생길 때 항상 가까이 두고 수시로 참고할 수 있도록 만든 지침서로서, 세 부분으로 되어 있고 각 부분은 다음과 같은 내용으로 구성되어 있다.

범문에듀케이션

저자 **민 양 기**

서울대학교 의과대학 졸업(의학사)
서울대학교 대학원 졸업(의학박사)
서울대학교 의과대학 명예교수
미국 University of California, Davis 의과대학연수
미국 University of Pennsylvania 의과대학연수
미국 Northwestern University 의과대학 교환교수
일본 지께이 의과대학, 가고시마 의과대학 교환교수
스웨덴 Korolinska 의과대학 교환교수
대한비과학회장
대한천식 및 알레르기학회 이사장
아시아비과학회장
세계 비강감염 · 알레르기학회장
한국과학기술한림원 정회원
대한의학학술지 편집인협의회 교육연수위원장
국제학술지 Rhinology, Auris Nasus Larynx, JAMA, Am J Rhinol의 편집위원
세포의 섬모운동 분석 시스템 특허 취득
유한의학상 본상 수상
한국 과학기술 총연합회 학술상 수상
세계 비강감염, 알레르기 학회 기초분야 최우수 논문상 수상
미국 이비인후과-두경부외과학회 기초연구 1등상 수상
현재 국제 SCI 학술지에 263편의 연구논문 게재

저서 임상 비과학(일조각 출판 1997)
실용의학논문의 작성과 발표(중앙문화사 출판 1997)
일차진료를 위한 이비인후과학(일조각 출판 1999)
코박사가 알려주는 콧병 바로잡기(에디터 출판 2000)
영문 생의학논문 작성을 위한 영작문사전(중앙문화사 출판 2003)
영문 의학논문 작성 매뉴얼(이퍼블릭 출판 2004)
영어의학논문 모범예문집(이퍼블릭 출판 2005)
의학연구자를 위한 영작문 사전(이퍼블릭 출판 2010)

머리말

연구를 하고자 하는 사람은 무엇을 했으며, 왜 했으며, 어떻게 했으며, 그것으로부터 무엇을 알 수 있었는가를 문서로 기록해야 하며, 바로 그 점이 다른 직업의 사람들과 다른 점이다. 과학연구의 목적은 자연의 현상을 탐구하는 것이며, 또한 많은 사람이 그것을 알게 하는 것이다. 그러므로 과학연구는 실행하는 것도 중요하지만 그 결과를 쓰는 것도 중요한 것이다. 과학 연구의 목적에 출간이라는 본질이 있기 때문에 인류에게 매일 새로운 지식이 추가되는 것이다.

연구하는 재미 때문에, 연구하는 것에 그치고 발표를 하지 않는 연구자는 지극히 드물 것이다. 특히 과학연구는 현재와 미래의 과학발전을 위해 도움이 되고자 하는 명확한 의도에서 시행되는 것이기 때문에 더욱 그러하다. 연구 성과가 연구자의 컴퓨터에서 잠자고 있다면 전혀 무의미할 것이다. 그뿐만이 아니라, 우리는 "스스로 발표하지 않으면 멸망한다(publish or perish)"는 시대적 특성 속에 살아가고 있다. 더욱이 연구자의 수는 증가하고, 컴퓨터문화가 발달하며, 학회가 빈번하게 열리고, 선취권(priority)싸움이 격렬해졌다. 발표하지 않고는 스스로 연구자로서의 존재를 계속 유지시키는 것조차 불가능해질 것이다.

우리나라에서는 1990년대 중반 이후 정부가 시작한 세계화 정책과 함께 SCI (Science Citation Index) 돌풍이 기초과학과 공학, 농학, 의학 등 과학분야 전체를 강타하였다. 개인이나 기관의 과학적 성과를 평가하는 데에 취약하였던 우리나라에서 SCI 과학 학술지에 연구 성과를 발표하는 것은 연구자 개인의 평가뿐만 아니라 연구기관의 평가, 연구비 지급, 승진과 채용 등에서 광범위하게 영향을 주고 있다.

그러면 영어 문장을 문법에 맞게 잘 쓸 수 있는 쉬운 방법은 없을까? 저자의 기본적인 생각은 과학논문을 영어로 쓸 때 어떤 형식과 요령이 있다는 것이다. 이 책은 과학을 연구하는 분들이 영문 학술지에 논문을 게재하는 데에 최대의 능률을 올릴 수 있도록 집필하였다. 또한 이 책은 영문과학논문 투고를 준비하면서 의문이 생길 때 항상 가까이 두고 수시로 참고할 수 있도록 만든 지침서로서, 세 부분으로 되어 있고 각 부분은 다음과 같은 내용으로 구성되어 있다.

제1부에서는 과학논문의 본질 및 과학 연구에 관한 내용과 과학학술지에 관하여 기술하였다. 또한 과학논문이 어떤 과정을 거쳐서 출판되며, 논문 투고 시 유의해야 할 사항에 대해서 상세히 기술하였다. 제2부에서는 "과학 학술지 투고 규정"에 따라 논문을 작성하는 방법에 대해 지금까지 경험한 저자의 요령을 정리하였다. 과학논문의 형식도 사람의 얼굴과 마찬가지로 조금씩 변화한다고 생각한다. 가능한 한 최근에 발행된 대표적인 영문 학술지로부터 수집한 논문의 형식과 현대 영어의 어법에 충실한 예문들을 이공계 분야에서 골고루 수집하여 설명하고자 하였다. 따라서 투고 논문의 첫 페이지인 투고편지쓰기부터 마지막 페이지인 도해 작성법까지 독자들이 그 설명대로 알맞게 변형시킴으로써 좋은 영문 논문을 쉽게 쓸 수 있도록 집필하였다. 제3부는 이공계논문에서 영문법에 맞는 정확한 영작문 작성 요령을 훈련하기 위해 그동안 저자가 영문과학논문을 투고하여 경험한 내용들과 주요 참고 서적으로부터 엄선한 문장들을 제시하였다. 독자들이 여기에서 설명하고 있는 영작문을 주의깊게 공부한다면 반드시 빠른 시일 내에 좋은 영어 문장을 쓸 수 있을 것이라고 확신한다. 마지막 부분에는 논문심사과정과 논문심사위원의 심사평에 대응하는 요령에 관해 기술하였다.

모든 언어가 마찬가지이지만, 영어가 단시일에 습득되지 않기 때문에, 중도에 실망과 좌절로 포기하기 쉽다. 따라서 영어 공부는 의욕, 인내, 노력, 요령이란 단어가 특히 요구되는 학과이다. 영어를 사용하는 데 있어서는 "읽기, 쓰기, 말하기"의 세 가지 요소를 두루 갖추지 않으면 안 된다. 어느 하나라도 제대로 하려면 대단한 노력이 필요하지만 그중에서도 "쓰기"가 가장 어렵다. "읽기"는 중학교 1학년 때부터 끊임없이 교육을 받아 왔으며, "말하기"는 자신이 말하고자 하는 의도만 분명하면 문법이 틀리더라도 어떻게 해서든지 자기 의사를 상대방에게 전달할 수 있다. 여기에 비하면 "쓰기"는 전혀 공부하지 않은 사람이 허다하며, 공부했다 하더라도 필수적인 내용에 중점을 두지 않았기 때문에 실력이 거의 제로에 가까울지 모른다. "쓰기"가 가장 힘겹게 느껴지는 것은 그것으로 자기의 실력이 적나라하게 노출되기 때문이다. 자신이 "쓰기"를 한 문장에는 "이 사람은 이 정도의 수준이다"라는 꼬리표가 붙게 된다. 게다가 그것을 영구히 학술지에 남겨져 자기를 평가하고 판단하는 자료로서 타인에게 오랫동안 사용될 수도 있다. 이 책이 결코 완벽하다고는 생각하지 않지만, 국제 학술지에 영문과 학논문을 준비하는 사람들에게 어느 정도 도움이 되기를 바란다.

이 책을 제작하는 과정에서 영문 교정에 도움을 준 Christine J. Lee (University of Ohio, Medical School), Esther H. Kim (University of Oregon), David C. Lee (University of Michigan)에게 고마움을 표시한다. 교정 작업을 도와준 서울대학교 의과대학 이비인후과학 교실의 의국원들과 국립중앙의료원 이빈인후과학교실의 의국원들에게 감사의 뜻을 표하며, 출판과정을 맡아준 범문에듀케이션 송주섭 사장님 및 이하 임직원 여러분들께도 심심한 사의를 표한다. 끝으로 집필하는 동안 저자에게 큰 보람을 느끼게 해준 김명순, 민진영, 수연, 창호, 세희, 중호에게 이 책을 바친다.

2013년 5월

저자 씀

차례

1부

과학논문 작성에 관한 개요

CONTENTS

01 과학논문이란 무엇인가?

■ 과학연구

연구(research)라는 단어를 사전에서 찾아보면 다음과 같이 설명되어 있다; “정성을 들이는 탐구(inquiry)나 시험(examination), 특히 새로운 사실을 발견하여, 그것을 바르게 해석하는 것이거나 현재까지 알려진 결론, 이론, 또는 법칙을 실제로 응용하는 것을 목적으로 한 비판적이고(critical), 철저한(exhaustive) 탐색(investigation) 또는 실험(experimentation)”

“연구는 정확한 방법을 이용한 계속적인 탐구이며 일정한 변수 이외의 인자를 합당하게 조절한 후, 특정한 목표에 도달하기 위해 하나의 문제를 고찰(study)하여 올바른 통계학적 방법으로 해석하는 것이다.”

그러나 후자의 정의는 “실험”에 대한 설명과 비슷하여 혼란을 초래하므로, 대략적이지만 전자의 설명이 연구의 정의로 널리 이용된다.

연구하는 재미 때문에, 연구하는 것에 그치고 발표를 생각하지 않는다는 연구자가 절대로 존재하지 않는 것은 아니지만 지극히 드물 것이다. 특히 과학연구는 인류의 미래를 위해 도움이 되고자 하는 명확한 의도에서 시행되는 것이기 때문에, 가치있는 연구 성과가 연구자의 컴퓨터에서 잠자고 있다면 전혀 무의미할 것이다. 그뿐만이 아니라, 스스로 발견했다고 믿는 사실 또는 확립시켰다고 믿는 법칙이 다른 연구자의 추가시험에서 동의를 얻지 못한다면 연구자는 편안하지 못할 것이다.

오늘날은 "발표하라, 그렇지 않으면 멸망한다(publish or perish)"의 시대이므로, 발표하지 않고는 스스로 연구자로서의 존재를 계속 유지시키는 것조차 불가능해질 것이다. 더욱이 연구자의 수는 증가하고, 학회가 빈번하게 열리고, 학술지의 수가 많아졌기 때문에 연구 정보의 양과 그 축적의 속도가 가속적으로 증가하여, 선취권(priority) 싸움이 격렬해졌다.

Copernicus는 "회전"을 발표하기까지 "사람들에게 비웃음을 받을 것이 두려워서" 그 연구를 30년간 숨기고 있었다고 하며, Harvey는 "혈액의 순환"에 대한 발표까지 12년을 보냈다고 한다. Darwin이 1836년에 도달한 진화론에 대한 연구결과를 비로소 1859년에 [종의 기원]으로 발표했던 사실은 유명하다.

오늘날에는 이러한 느긋함이랄까? 신중함을 기대할 수는 없지만, 새로운 발견을 흥분에 겨워 서둘러 발표하면, 사실의 확인이 불충분해진다든지, 과대한 자기평가에 빠지기 쉽다. 원고를 책상의 서랍에 수 주간 방치한다든지, 그 사이에 동료에게 읽도록 하는 신중함이 바람직할 것이다. 한편, 학술지의 수가 증가했지만 투고 수도 늘었기 때문에, 논문의 내용과 질에 어울리는 격식 있는 전문학술지에 투고를 할 때 좀처럼 게재되지 않는다고 하는 사태가 발생하게 되었다. 특히 심사(review)가 엄격하게 행해지고 있는 외국 학술지의 경우에는, 편집인과의 논쟁에 적지 않은 시간을 쓰게 된다. 이런 종류의 학술지에서는 원고 접수날짜, 편집인의 요구에 응해 개정한 후의 재접수 일시 등을 논문 제1페이지의 하단에 명시하고 있는 경우가 많다.

어떤 조사에 의하면 미국에서 발행되는 과학학술지에서는 아이디어가 떠오른 다음 논문이 되기까지 대략 4년이 소요되며, 그중에서 편집인과 평가 결정에 1.5개월, 여기에 바탕을 둔 저자의 개정에 3개월, 최종 원고가 편집인의 손에 넘겨진 다음 출판까지 5개월이 소요된다고 한다. 결국 투고에서 출판까지 10개월을 예정해야 된다는 말이다.

과학연구의 성과는 편집에 관계하는 개인이 혼자 처리하는 것이 아니고 편집팀이 처리한다. 학술지마다 달리 사용되고 있는 명칭을 우리나라 형편에 맞게 "editor-in-chief"는 "편집인"으로, "vice, deputy, or associate editor"는 "부편집인 또는 편집간사", 일반 "editor"는 "편집위원"으로, 그리고 "peer reviewer 또는

referee"는 "심사위원"으로 쓴다. 우리나라 학술단체에서는 거의 활용하고 있지 못하는 "manuscript editor 또는 copy editor"는 "제작 편집인"으로 쓴다. 편집인은 편집팀 각 구성원에게 기능을 부여한다.

편집팀을 구성하는 방법에는 그림 1-1과 같이 두 가지 방법이 있다.

그림 (A)체제로 운영한다면 편집인은 편집팀에서 투고원고에 대하여 게재승인을 하고 원고를 제작편집인(copy editor)과 인쇄인에게 전달하는 유일하고도 최종적인 통로 역할을 한다. (B)체제에서는 통로 역할을 여러 사람이 한다. 이 체제에서는 특정 세부 전문분야의 원고는 반독립적인 분야편집인(section editor)이 판단한다. 예를 들면 동물마취과학에 있어서 원고를 취급하는 분야편집인은 산과 마취, 통증, 심장 마취 등 전문 분야로 나누어 담당한다.

두 가지 형태의 편집팀 조직은 각각 장단점이 있다. (A)체제에서는 원고 게재승인과 거부기준과 수준이 일정하고 원고를 다듬어 편집하는 수준도 일정하다. 그러나 단점은 편집인 개인에게 편집업무 부담이 과중하다. (B)체제에서는 편집업무 부담을 몇 사람이 나누며 분야편집인들은 각자 자기 분야의 원고에 대하여 더 깊은 배려를 하게 된다. 그러나 게재승인의 기준과 편집의 통일성은 일정한 수준을 유지하기 어렵다.

(A)체제에서 편집인은 저자 및 제작편집인(copy editor)과 교신하는 유일한 통

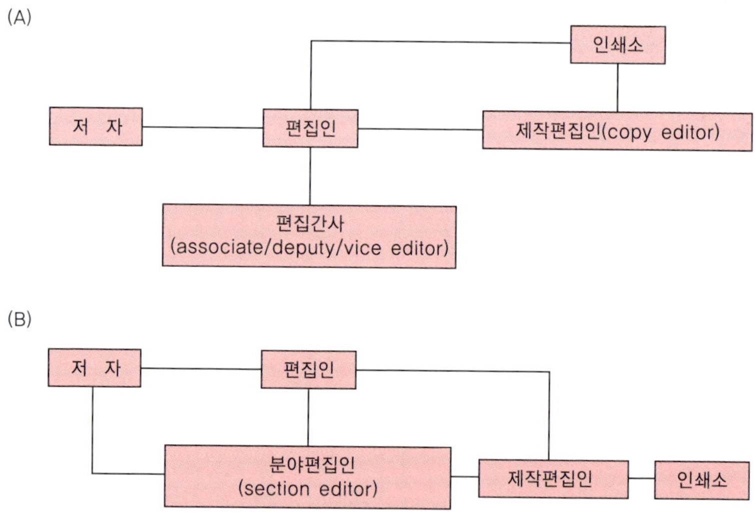

그림 1-1 편집팀의 구조

로이다. (B)체제에서는 분야편집인(section editor)이 맡은 분야의 원고에 대하여 모든 책임을 진다.

일반적으로 저명한 과학학술지의 경우 투고원고 채택률이 대략 40% 내지 60%이다. 원고 채택률은 과학 연구자 전체가 가혹할 정도로 솔직하게 상호 간에 대해 비판하며 서로 토론하는 전통을 가진 나라와 그렇지 못한 나라와의 상이점이 큰 것으로 생각된다. 이러한 심사제도가 과연 실제로 효과를 거두고 있는가에 대하여 대표적인 SCI 학술지를 대상으로 한 분석에 의하면, 과학의 발전에 중요한 영향을 끼쳤던 것이 65% 이상이었다고 한다. 물론 가치 있는 논문이면서 거부당한 논문의 비율을 동시에 조사하지 않으면 심사 효과의 공평한 평가는 불가능하지만, 보고자들은 자신들의 조사에 바탕을 두고 긍정적인 평가를 내리고 있다. 그러나 심사위원 두 사람에게 원고를 보내어, 심사평(reviewers' comments)을 받고 투고자에게 전송하는 수고와 비용은 결코 만만한 것이 아니다.

연구에 동기를 부여하고 자극하는 것은 일상 경험, 독서와 더불어 선배, 동료 간의 토론과 대화이다. 과거의 과학연구는 일종의 편의적 목적, 즉 이학박사의 칭호를 따기 위한 목적으로 행해졌다. 따라서 연구라고는 해도 스스로의 주도권을 결여한 채 “지도교수”로부터 테마를 받아서 지도교수가 미리 예견한 결론에 끼워 맞추도록 하는 데에 정신적, 육체적 에너지를 소비한 것에 지나지 않는 경우도 있었다. 연구자가 권력자, 상사 및 지도자의 단순한 “도구”로 추락해서는 안 되며, 특히 윤리적 문제를 동반하는 실험연구의 경우에는 결코 이러한 일이 있어서는 안 된다.

지도자 및 선배의 조언이나 도움이, 경험이 적은 연구자에게 있어서 지극히 중요하다는 것은 새삼스럽게 말할 필요도 없을 것이다. 또한 공동 연구자 또는 제3자로서의 동료와의 대화나 토론은 연구자에 대한 자극이 되며, 발상과 반성의 계기로서 지극히 중요하다. Beveridge는 토론의 유용성에 대하여 다음의 다섯 가지를 지적하고 있다.

1) 타인으로부터 유익한 암시를 받을 때가 있다. 전문지식에 대해서는 연구자 본인 쪽이 박식할 때가 많지만, 다른 지식 배경을 지닌 제3자가 문제를 다른 각도에서 바라보고 새로운 방향을 가르쳐 줄 수도 있다.
2) 새로운 아이디어는 두 사람 이상의 지식 및 아이디어를 함께 모을 때 생겨나는 경우가 많다.

3) 토론은 잘못을 발견하는 데에 유익한 방법이다. 혼자 독립하여 동료와 이야기를 나누지 않는 연구자는 틀린 길을 걸어가므로 많은 시간을 낭비하게 되는 경우가 있다.
4) 토론과 의견의 교환은 기분을 상쾌하게 하고 자극하여 진취적으로 만들기 때문에 곤란에 당면하여 고민하고 있을 때 도움이 된다.
5) 토론의 다른 유익한 기능은 도움이 되지 않는다고 알고 있었던 고정된 사고 습관에서 탈피할 수 있다는 점이다.

그리고 토론을 위해서는 10인 이하의 소그룹이 효율적이다. 흉금을 터놓고 솔직한 대화를 나눌 필요가 있으며, 오늘날과 같이 전문화된 시대에는 어느 누구의 지식도 한계가 있기 마련이므로 거리낌없이 무지를 인정하고, 스스로의 잘못을 정정해 나가야 한다.

대개 우리나라 사람은 토론에 서투르다. 이 의미는 토론을 시작하자마자 곧 성토가 되고 말아, 플라톤적인 대화에 의한 변증법적 발전을 기대하기 힘들다는 것이다. 후에 노벨상 수상자가 된 일본의 유가와박사가 오사카대학의 물리학 조교수로 있을 때, 당시의 주임교수는 토론 석상에서 때때로 stupid question을 했다고 한다. 훌륭한 사람, 권위 있다고 여겨지는 사람이 일부러 가벼운 기분으로 초보적인 질문을 하게 되면, 미숙한 연구자들도 부끄러움을 잊고, 자유롭게 토론에 참가하게 되어 분위기가 달아오르고 상호 간에 도움이 되는 경우가 많았다고 한다. 연구실에서 차 마시는 시간의 비공식적인 토론이 실험에 대한 자극적인 분위기를 만들고, 정열을 다른 사람에게 전염시켜 침체를 막는 최고의 방어벽이 될 수 있다. Koch가 세균배양에 한천(agar)을 이용하기 시작했던 것은 친구인 Hesse의 부인이 암시한 바에 의한 것이었다고 한다. 이와 같이 지혜는 어디에서 올지 모르는 것이기 때문에 너무나 폐쇄적인 사람은 연구자로서 어울리지 않는다는 결론에 도달한다.

■ 과학논문

"우리는 왜 과학논문(scientific paper)을 읽는가?"를 생각하면 우리는 "왜 과학논문을 쓰는가?", "어떻게 과학논문을 써야 하는가?"에 대해서도 어느 정도 답을 얻을 수 있을 것이다.

대개 우리는 새로 과학학술지를 받았을 때 그 학술지를 처음부터 아주 꼼꼼히 읽지는 않는다. 자신의 분야에서 어떠한 일이 진행되고 있는지, 혹시 중요한 새로운 발전이 있는지를 아는 정도로 마치 신문을 보듯이 대충 훑어보는 것이 보통이다. 그러나 때로는 어떤 일을 위해 자료를 준비하면서 아주 자세히 논문들을 읽게 되는 경우도 있다. 어떤 때에는 단순히 읽는 것만이 아니라 가지고 있는 의문점에 대한 해답을 찾으려고 하고, 문제점에 대한 해결방안을 구하려고 한다.

의문이나 문제점에 대한 해결책을 찾는 것이 논문을 읽는 목적이라면, 처음부터 끝까지 논문을 읽지 않고 답이나 해결방안들이 흔히 쓰여 있는 논문의 첫부분에 있는 초록이나 끝부분에 있는 결론부분만 읽으면 될 것이다. 독자들이 논문을 읽은 후에 그 논문의 내용—질문에 대한 답이나 해결방안—이 옳다고 인정될 만한 것인가를 판정할 수 있어야 한다. 논문의 내용이 믿을 수 없는 것이면 논문을 읽고 나서 우리의 사고나 행동에 이러한 내용들이 활용될 리 없기 때문이다.

과학논문은 서로 관련이 없는 사실들을 마치 전화번호부처럼 나열한 것이 아니라, 독자들에게 저자들의 주장을 납득시키기 위한 하나의 수단으로서 결론을 받아들일 수밖에 없도록 독자들을 몰고 가야 한다. 이를 위해서 논문은 "비판적 논박(critical argument)"의 원칙에 의거하여 구성되어야 한다.

"비판적 논박"에서의 "논박"은 단순한 의미의 논박이 아니라 "어떠한 식견을 수립하거나 옹호하기 위한 일련의 서로 상관된 사고(thinking), 설명(explanation), 또는 관찰사실들의 해석(interpretation)"을 의미하며, "비판적"의 뜻은 내용의 진실성에 대한 증거들을 평가하여 어떤 증거를 받아들이고 어떤 증거를 부정하는가를 정한다는 것이다.

따라서 우리가 논문을 쓰고 논문을 읽는 근본적인 이유는 승진을 위한 필요성 때문이거나, 남들이 하니 나도 한다는 부화뇌동적 동기에 있는 것이 아니라 다음과 같은 몇 가지 이유에서이다. 첫째로는 연구자들이 자신의 사고나 연구의 결과로서 발생되는 지식이나 주장을 같은 분야의 다른 연구자들과 교환하기 위한 하나의 수단으로서 논문을 쓰고 발표하게 된다. 둘째로는 연구자들이 논문을 통해 자신이 얻은 결론을 독자들에게 납득시키고자 하는 목적에서 논문을 쓰고 이를 발표하게 된다. 다시 말하면 이러한 논문을 통한 의견교환과 주장의 전개 과정은 비판적 논증을 거친 연구의 결과들이 축적됨으로써 궁극적으로 학문의 발전을 이루게 되는 학문 활동의 하나인 것이다.

과학논문이란 무엇인가? 오늘날 인간생활이 윤택해진 것은 과학에 힘입었다고 해도 과언이 아니다. 지구의 반대편과 교신하고, 정보를 얻고 삶의 질(quality of life)을 높이는 그 모든 것이 과학발달의 힘에 의해 가능한 것이다. 그런데 과학은 누구에 의해 어떻게 발달하는 것일까? 과학적 사실은 지금 이 시간에도 실험실에서 연구에 몰두하고 있는 과학자들의 노력에 의해 새롭게 발견된다. 그러나 어떤 현상이나 새로운 기술이 어떤 과학자에 의해 발견만 된다고 해서 과학이 저절로 발전하지는 않는다. 새로운 사실이 발표되고 여러 사람의 비판과 토론을 거쳐 그 사실의 유용성이 검증되어야만 우리가 필요로 하는 지식의 데이터에 추가되며, 그것이 응용됨으로써 우리의 일상생활이 그 혜택을 입는 것이다. 이런 발표의 과정이 바로 과학논문의 출간이다. 과학논문이란 독창적인 연구와 그 결과를 기술한 것으로서 학술지에 발표된 것을 가리킨다. 이런 간단한 정의는 지난 수세기간의 과학발전과 인쇄, 출간, 과학윤리 등의 여러 가지 문제를 고려하여 얻어진 경험을 바탕으로 정립된 것이다. 과학논문이 어떤 방법으로 쓰이고 어떻게 출간되는가 하는 점은 각 학회가 지향하는 학술지의 성격에 따라 조금씩 다르다. 그러나 논문에 포함되는 본질은 발표자가 다른 연구자들이 관찰한 것을 평가할 수 있어야 하며, 그 실험을 재현할 수 있어야 하고, 그 실험 속의 지적인 과정을 고찰할 수 있어야 한다. 논문이 이러한 본질을 가짐으로써 의심스러울 때에는 추시하여 공인되고, 여기서 얻어진 결론이 새로운 과학 사실들 속에 포함되는 것이다.

연구를 하고자 하는 사람은 무엇을 했으며, 왜 했으며, 어떻게 했으며, 그것으로부터 무엇을 알 수 있었는가를 문서로 기록해야 하며, 바로 그 점이 다른 직업을 가진 사람들과 다른 점이다. 과학연구의 목적은 진리를 탐구하는 것이며, 또한 많은 사람이 그것을 알게 하는 것이다. 그러므로 과학연구는 '하는(performing)' 것도 중요하지만 그 결과를 '쓰는(writing)' 것도 중요한 것이다. 과학 연구의 목적에 출간이라는 본질이 있기 때문에 인류에게 매일 새로운 지식이 추가되는 것이다.

과학논문은 "선취권의 원칙(rule of priority)"을 추구한다. 따라서 새로운 지식을 만들어 냈을 때에는 선취권을 잃지 않기 위해서라도 가능한 한 빨리 발표하여야 한다. 논문의 적시성(timeliness)은 생명과도 같다. 어느 시절이건 그 시대에 궁금해하는 과학적 과제가 있다. 그러한 과제는 흥미롭게도 그 문제를 해결하는 방법이 다른 분야에 이미 존재하고 있음을 알아차린 똑똑하고 독창적인 연구자가 그 방법을 빨리 정확하게 적용한 경우에 선취권을 얻고 연구자는 과학을 발전시켰다는 명예를 얻는다. 경쟁이 심한 분야에서 일할 경우에는 가능한 한 빨리 풍부한 자료와 옳은 결론을 논문으로 제시하여야 한다.

열심히 실험하여 작성한 과학논문 원고라고 모두 가치가 있는 것은 아니다. 그럴 만한 가치가 내재되어 있어야 한다. 과학논문의 가치는 독창성(originality), 과학적 의의(significance)와 중요성(importance), 원저성(first disclosure), 그리고 재현성(reproducibility)에 있다. 네 가지 가치 중에서 논문의 과학적 의의와 중요성은 대부분 정당하게 평가받지만 심사 과정(editorial assessment)에서 정당하게 평가받지 못하는 경우도 가끔 있고, 중요성을 판단하는 해당분야 전문가 개개인의 판단 기준이 다르다는 문제가 내재되어 있다. 그리고 원저성이란 저자가 당연히 지켜야 할 사항이므로 여기서 더 말할 것이 못 된다. 논문의 독창성은 과학논문의 발달 과정과도 매우 밀접한 관계가 있으므로 좀 더 토의한다.

독창적인 논문을 재빨리 읽고 과학적 지식을 빨리 받아들이는 다른 분야 또는 같은 분야의 다른 과학자는 그것을 바탕으로 또 다른 지식을 생산하거나 상업적, 산업적 이익을 얻을 수 있는 기회를 포착하게 된다. 따라서 논문은 특히 독창적인 경우 흥미를 갖는 사람의 범위가 넓다. 즉 새롭고 확실한 지식에 대하여 사람들이 민감하게 반응한다. 이에 따라 학술지는 과학적 지식을 공급받으려는 사람을 대상으로 상업적으로 성공하려는 사업가가 대부분 발행한다. 학회와 같이 상업적인 이익을 추구하지 않는 기관에서도 학회지의 명성과 사람들의 흥미에 따라 편집하여 독자와 회원을 확보하고 손해를 보지 않고 재정적 건전성을 유지하려고 한다. 그러므로 학술지 편집인은 투고한 논문 중에서 좋은 논문을 채택하여 학회지의 명성(1980년대 이후 journal citation reports [JCR] impact factor로 대표되고 있다)을 유지 또는 상승시키려고 노력한다.

논문이란 자신이 발견한 새로운 지식을 세상에 알리는 여러 가지 방법 중 하나이다. 새로운 발견을 하였을 때에 그것을 널리 알리는 방법으로는 방송, 신문, 출판 등 여러 가지 방법이 있다. 그러나 이 방법들 중에서 과학적 업적으로 인정받는 방법은 동일분야 전문가 심사(peer review)를 거쳐 과학학술지에 출판하는 것이고 그렇게 해서 과학 데이터베이스에 자신의 이름을 추가하는 것이다.

과학논문은 일상에서 발생하는 과학적 문제를 다룬다. 과학 분야는 다른 분야에 비하여 잘못 알고 있는 것이 많고 또 모르는 것이 많다. 그것은 과학이 발전하였다고 하는 현재도 마찬가지이다. 과학 연구란 과학의 여러 분야에서 지금 이 시각에도 생산되는 새로운 지식을 과학에 적용하여 지금까지 알고 있었던 지식을 보다 확실한 보편적 지식으로 바꾸면서 끊임없이 진화하는 과정이다. 이 과정에는 몇 가지 공통적인 특징이 있는 바, 첫째로 과학의 어느 분야에서 일정기간 이상 경험한 동일분야 전문가가 심사위원(peer reviewer)으로서 핵심적인 역할을 한다는 것, 둘째로 보편적인 지식(과학적 지식)을 만들어 가는 과정, 즉 사람이 궁극적으로 옳다고 인식하게 하는 수학적, 물리학적 방법으로 설명하는 것, 그리고 셋째로 과학적 지식을 생산하는 과정에서 누가 처음으로 그 일을 발표하였느냐가 중요하며(rule of priority) 그것을 정하는 기준은 과학 학술지에 그 지식을 누가 제일 먼저 기록하였는지에 따른다는 것 등이다. 누가 제일 먼저 그런 생각을 했느냐, 누가 그런 생각으로 실험을 하고 자료를 모았느냐, 또는 누가 어느 회의에서 제일 먼저 발표하였느냐는 중요하지 않다. 과학논문의 세계에서는 이러한 일반적인 원칙이 전반적으로 적용된다.

과학논문을 출판한 저자는 이차적으로 이익이 돌아갈 확률이 높다. 학위, 승진, 연구비, 학술상 수상 등 현실적으로 과학에 종사하는 사람들이 바라는 것을 논문 저술을 통하여 얻도록 과학연구 체제가 형성되었다. 그래서 과학논문 저술을 위하여 과학자들은 노력한다. 노력한 결과물인 논문의 질을 정당하게 평가하여 정당하게 이차이익(secondary gain)이 돌아가게 하는 체제가 중요하다. 따라서 투고논문을 어떤 과학학술지에 보내야 하는지를 결정하는 것은 매우 중요하다.

이 대답을 위해서는 논문의 주제, 학술지의 성격, 그리고 해당 학술지의 독자의 수준을 고려해야 한다. 과학학술지들은 한 전문분야라도 학술지마다 내용에 있어서는 많은 차이가 있어서, 다루는 분야, 토픽들 간의 균형, 형식의 다양성, 연구보고, 종설, 사설(editorial), 요약문들 간의 균형 등에 대해 서로 다른 방침을 가지고 있는 경우가 많다.

세부 전문분야에서는 단지 몇 개의 학술지만이 선택대상이 되겠지만, 대부분의 과학분야에서 여러 종류의 학술지가 출판되고 있으므로 각각의 학술지를 다음의 조건들에 관해 살펴보아야 한다.

1. 논문의 주제가 그 학술지의 범위에 속해 있는가?
2. 그 학술지에 그 주제가 자주 나오는가? 아니면 드물게 나오는가?
3. 그 주제에 있어서 그 학술지가 가장 훌륭한 독자들을 확보하고 있는가?
4. 그 학술지에는 어떤 형식으로 글을 쓸 수 있는가?

투고할 학술지는 물론 논문의 내용이나 수준에 따라 결정되므로 자신의 논문을 객관적으로 평가할 수 있는 능력이 있어야 하며, 필요에 따라서는 동료나 선배들에게 논문을 보여주어 평가를 부탁하고 어느 학술지가 적합할 것인가를 의논하는 것도 좋다.

Journal Citation Reports는 과학학술지의 수준을 판단할 수 있는 자료를 제공한다. 과학학술지는 그 학술지의 논문이 평균적으로 얼마나 자주 다른 논문에 인용되느냐 하는 척도인 "영향력지표(impact factor)"에 의해 순위가 매겨진다. 예를 들어 당뇨에 관해서 논문을 쓴다고 할 때 Journal Citation Reports(2011)를 찾아보면, 3개의 주요 학술지의 영향력지표가 각각 Diabetes 7.7; Diabetes Care 5.404; Diabetologia 6.299임을 알 수 있다. 이런 영향력지표로 3개의 학술지가 지적인 영향력에 있어서 그다지 차이가 없다는 것을 알 수 있다. 학술지가 이론연구를 선호하는지 또는 실험연구를 선호하는지에 따라 영향력지표가 결정될 수도 있다. 따라서 영향력지표에 의한 학술지의 순위는 발행 부수에 의한 순위와 꼭 같지는 않다. 큰 영향력지표를 가진 학술지도 발행부수가 많지 않은 경우가 있다. 이러한 학술지들은 주로 아주 소수의 연구가들에게만 관심이 있는 중요한 논문을 싣는 학술지에 해당한다.

실제로 가장 이름난 학술지에 논문을 실으려고 얽매일 필요는 없다. 논문을 발표하는 가장 큰 동기는 동료집단에게 자신을 알리려는 것이다. 물론 손꼽히는 학술지에 글을 실으면 명예가 올라가지만 그만큼 논문이 거절당할 확률도 높아진다. 많은 시간이 소모되고, 때때로 연구를 더 진행시키라고 요구하기도 하고, 끝내는 거절되기도 한다. 그만큼 손꼽히는 학술지는 거절률(rejection rate)도 높다. 지명도가 상대적으로 낮은 학술지에 투고해서 속히 논문을 출판하는 것이 나을 수도 있다.

어떤 주제에 관한 논문이 적게 실리는 학술지에 그 주제의 논문이 채택되는 확률이 낮을 것인가 하는 질문에 대한 대답은 쉽지 않다. 그 학술지가 최근 그 주제에 관한 논문을 매우 적게 게재 승낙하였거나 편집인이 그 주제에 편견을 가지고 있고 그 주제가 그 학술지 독자의 주 관심사에서 벗어난 주제라고 생각할 수도 있다. 이때에는 논문에서 쓰고자 하는 주제를 해당 학술지의 방침에 맞추든지, 편집인에게 그 학술지의 정책에 관해서 자문을 구하는 것이 필요하다.

NOTE 1-1 • 영향력지수(impact factor)와 인용지수(citation index)

	SCI (Science Citation Index)	SCIE (Science Citation Index Expanded)
제공형태	CD ROM	Web Version
등재저널 수	3,759종	현재 5,903종이며 계속 증가
분야	과학기술분야(SCIE와 내용 같음)	과학기술분야(SCI와 내용 같음)
저널 선정	과학기술 분야에 대한 저널을 대상으로 매년 엄격한 심사를 거쳐 학술적으로 기여도가 높은 학술지를 선정하여 색인 및 인용정보를 데이터베이스로 구축하여 제공	

인용지수(citation index)는 어떤 논문이 어느 정도 인용되고 있는가를 나타낸다. 영향력계수가 학술지의 수준을 표시한다면, 인용지수는 개개의 논문의 수준을 평가하는 지표이다. 논문이 발표된 직후에는 당연히 인용지수가 낮지만, 상당기간이 지나도 인용지수가 낮다면, 그 논문은 그 분야의 연구자들 사이에서의 평가가 좋지 못하다는 의미가 된다.

우리나라에서는 1990년대 중반 이후 정부가 시작한 세계화 정책과 함께 SCI (Science Citation Index) 돌풍이 기초과학과 공학, 농학 등 이공계 분야 전체를 강타하였다. Clarivate Analytics 회사의 Journal Citation Reports (JCR) 중 특히 영향력지수(impact factor)가 과학적 성취를 계량화함으로써 공정한 과학적업적 평가를 비교적 쉽게 할 수 있다고 인정되고 있다. 그러므로 과학정보를 취급하는 상업회사인 ISI의 SCI 데이터베이스는 과학 업적의 평가라는 입장에서 보면 방대한 과학 정보 공급망인 미국과학도서관의 PubMed를 앞선다. 개인이나 기관의 과학적 성과를 평가하는 데에 취약하였던 우리나라에서 영향력계수는 연구자 개인의 평가뿐만 아니라 연구기관의 평가, 연구비 지급, 승진과 채용 등에서 광범위하게 영향을 주고 있다.

SCI는 ISI회사에서 발간되는 자료이다. 과거에 발표되었던 어떤 논문을 알고 있으면, 이 논문이 인용된 가장 최근까지의 논문 목록을 찾을 수 있으므로 원래 초기 시절부터 현재까지의 연구개념의 발전이나 중요한 발견 사실 등을 한 눈에 알아볼 수 있는 장점이 있다.

NOTE 1-2 • 임팩트팩터 또는 영향력 지수(Impact Factor, IF)

1. 2-year IF와 5-year IF가 있다.
2. 일정기간 동안에 어느 학술지에 게재된 논문의 갯수와 다른 연구자들이 인용한 피인용 수에 의해 결정된다.

   IF의 계산은 다음과 같다: IF = 총인용횟수/게재된 논문의 총수

   예를 들면, 어느 학술지의 2002년 2-year IF는 2018년과 2019년에 그 학술지에 실린 총 논문수가 500개이고, 2020년에 3000번 인용되었다면

   IF = 3000/500 = 6.000으로 계산된다.
3. F가 크면 클수록 그 학술지에 실린 논문을 참고한 사람이 많기 때문에 영향력이 크다고 볼 수 있다.

   예 **SCI (Science Citation Index)급 논문**: ❶ SCI, ❷ SCI-E(SCI-Expanded), ❸ SCCI(Social Science Citation Index, 사회과학논문인용색인), ❹ A&HCI(Art and Humanities Citation Index, 예술 및 인문과학 논문 인용색인), ❺ SCOPUS 안에 들어 가는 학술지에 게재된 논문을 말한다.

	SCI (Science Citation Index)	SCIE (Science Citation Index-Expanded)
Impact Factor	SCI에 등재된 학술지의 impact factor가 더 높음	SCI 보다는 impact factor가 상대적으로 낮은 학술지가 등록되어 있음
업데이트	SCI는 CD로 제공되기 때문에 업데이트가 늦음	SCIE는 매주 데이터가 갱신됨
제공방법	ISI에서 책자와 CD로 만들어줌	과학기술분야의 저널이 늘어나면서 CD Rom으로 제공하는데 한계를 느껴 Web Version으로 제공
포함 관계	SCI는 SCIE의 부분집합	SCIE가 SCI를 다 담고 있음
피인용횟수	저널 속의 어떤 논문의 피인용횟수(citation index)는 SCIE가 SCI보다 높음 Web이 CD보다 빨리 업데이트 되기 때문	
구독방법	SCIE를 구독하시는 경우에 SCI를 따로 구독하실 필요가 없음 SCIE가 SCI를 포함하고 있기 때문임. SCI는 CD-ROM으로 제공함	

SCI는 Citation Index, Source Index, Permuterm Subject Index, Corporate Index의 네 부분으로 이루어져 있다. Citation Index는 인용된 논문과 이를 인용한 논문을 나열한 목록이고, Source Index는 Citation Index에서 나열된 논문 중 가장 최근에 출간된 논문의 자세한 정보를 싣고 있다. Permuterm Subject Index는 Source Index에 나열된 논문들의 제목에서 주제어를 골라 관련 있는 것끼리 짝지어 나열한 목록이고 Corporate Index는 논문이 발표된 연구기관별로 나열한 목록이다.

SCI는 두 가지 방법으로 검색할 수 있다. 첫째, 과거에 업적이 유명했던 저자의 이름을 안다면 인용지수에서 저자 이름을 찾아 그가 발표했던 논문과 그 논문을 인용한 논문들의 목록을 쉽게 찾아볼 수 있다. 둘째 방법은 Permuterm Subject Index를 이용하여 관심 있는 주제어를 찾고 그 주제어와 같은 논문 제목에서 발표된 주제어들의 목록을 보아 필요한 논문의 저자 등을 찾아가는 방법이다.

ISI회사에서는 SCI 외에도 다른 컴퓨터 자료들을 지원하는데, Automatic Subject Citation Alert (ASCA)와 ASCA Topics는 매주 새로 나오는 논문들을 관련 분야별로 혹은 흥미 있는 주제별로 분류하여 제공하는 시스템으로 지속적으로 관련 논문들을 섭렵하려는 연구자들에게 매우 유용하리라 생각된다. 그 밖에도 요즈음은 SCI를 CD-ROM으로 볼 수 있다.

ISI회사는 SCI 데이터베이스를 상품으로 제작하므로 고객인 과학자의 요구에 부응하여야 하지만 모든 학술지를 등재할 수도 없고 그럴 필요도 없으므로 과학 분야 전체 학술지 중 일부만을 선택한다. ISI는 학술지의 기본적인 출판 수준(출판의 정시성, 국제적인 출판 관행, 영어로 된 색인 사항, 상호심사 등)과 편집내용, 국제성 및 영향력계수 등을 참고하여 데이터베이스에 등재하는 학술지를 선택한다. 기본적인 출판 수준이 갖추어진다면 선택에 가장 중요한 요인은 영향력계수라고 할 수 있다. SCI 데이터베이스 등재 학술지를 선택할 때 국제성을 참고하는 이유는 ISI가 과학정보를 판매하는 상업회사이므로 고객관리의 측면에서 국가별 학술지 안배를 하는 부분이 있다. 우리나라는 세계에서 과학논문 발간 건수가 1990년대부터 빨리 증가한 나라이므로 SCI 등재 학술지는 계속 늘어나고 있다. 현재 우리나라에서 발행하는 과학학술지 중 SCI 등재학술지는 다음과 같다(2012년 현재).

SCI 학술지

Bulletin of the Korean Chemical ETRI Journal
Journal of Ceramic Processing Research
Journal of Communications and Networks
Journal of the Korean Physical Society
Macromolecular Research
Metals and Materials International
Experimental and Molecular Medicine
Journal of Korean Medical Science
Journal of Medicinal Food

SCI(E) 학술지

이공계열 SCIE	351개
생의학계열 SCIE	249개

과학논문을 작성하는 원칙에는 정직하게 자료를 제시하는 것, 그리고 윤리적으로 문제가 없어야 한다는 대전제가 있다. 정직하지 않은 논문 작성 행위가 발각되었을 때에는 전문가 집단에서 영원히 제거되는 것이 과학 세계의 법칙이다. 여기에 해당하는 행위는 표절(plagiarism), 조작(falsification)과 날조(fabrication)에 의한 논문 작성 등이다. 표절은 지식의 절도행위이다. 그러므로 전문가 집단이라는 윤리적 집단에서 법률 위반행위를 한 사람을 같은 전문가 집단의 일원으로 받아들일 수 없는 것은 말할 필요가 없다. 같은 맥락에서 자료조작 행위는 거짓말일 뿐만 아니라 다른 과학자를 오도하여 시간과 연구비를 낭비하게 함으로써 표절보다도 더 큰 해악을 끼친다. 다른 사람을 자신의 목적을 위한 수단으로 이용하지 않으며 다른 사람에 대하여 배려한다는 현대사회의 윤리적 기반에 모두 맞지 않는 행위이다. 이러한 행위 여부는 개개의 사례에서 과연 그러했는지를 증거를 통하여 판단하며 과학학술지 편집인이 그러한 행위를 한 사례를 출판함으로써 전문가 집단에서 제거하고 해당 연구 기관에서 해고함으로써 전문가 집단의 윤리성을 유지한다. 이와 같은 대전제를 위반하는 사례는 특히 경쟁이 심할수록 늘어나는 경향이 있으나 최근 과학 데이터베이스가 발전함에 따라 사례가 더 많이 발견되기도 한다. 또 다른 형태의 비윤리적 행위는 이중게재(duplicate publication) 혹은 중복게재(redundant publication)이다. 이중게재에 대하

여는 매우 전문적인 판단을 해야 하는 경우가 많다. 과학논문의 이중게재를 비윤리적 행위로 판단하는 이유는 대부분 상업화한 과학학술지에 논문을 게재할 때에 그 논문에 실린 자료와 내용을 처음으로 발표한다는 원저성(first disclosure)을 전제로 하기 때문이다. 이중게재는 이를 위반함으로써 학술지의 이익과 명성에 해를 끼친다.

대부분의 학술지는 과거에 이미 타 학술지에 출간되었거나 출간 계획 중인 원고를 게재하지 않으며 이는 독자의 기대에 어긋나지 않고자 하는 편집인의 당연한 권리이자 의무이다. 과학분야의 학술지에서 이중게재의 예는 드물지만 이러한 경우가 발생할 경우 과학연구윤리, 과학정보의 교란 등의 면에서 중대한 문제로 취급이 되고 학술지의 편집인으로서는 이의 예방과 사후 처리에 지대한 관심을 가질 수밖에 없다.

이중게재는 일반적으로 저자의 고의에 의한 것이다. 대부분 교육기관에 종사하는 전문가로서 임용, 승진, 업적에 따른 차등 보수, 동료로부터의 평가 등 다양한 개인적인 필요에 의해서 이중게재의 유혹을 받게 된다. 이러한 유혹은 이중게재에 대한 감시가 소홀하거나, 이중게재가 발견되었을 시 사후 조치가 미흡할 경우 더욱 강해질 수 있다. 최근 인터넷을 통한 논문 검색이 쉬워짐에 따라 원고 심의 과정에서 심사위원(reviewer)에게 발견되는 경우가 늘고 있으며 이는 감시체계가 강화되고 있음을 의미한다.

이중게재이라 함은 이미 출판된 논문과 상당 부분 중첩된 논문을 출판하는 행위를 말한다. 일반적으로 주요 정기간행물의 독자는 그 학술지에 발표된 논문이 모두 중복출판이 아닌 원저라고 간주하게 되며 이는 국제저작권법(international copyright law), 윤리 지도(ethical conduct), 정보자원 효율성(cost-effective use of resources) 등의 정신에 입각한 것이다.

타 학술지에서 게재 거부된 원고를 게재하는 행위는 이중게재에 해당하지 않는다. 전문학회에서 초록 또는 포스터 발표 등의 예비보고한 결과를 논문으로 완성시켜 발표하는 경우 이중게재로 간주하지 않는 것이 일반적이다. 그러나 이 경우에도 원고 투고 시 전에 학술대회 등에서 발표되었다는 사실을 밝혀야 한다.

전문학회의 구연 또는 포스터 발표의 내용을 예비보고 혹은 회보(proceeding)의 형태로 출간하였을 시 이를 일반적으로 원저로 인정하지는 않아 이중게재로 간주하지 않으나, 만일 자세한 자료, 도해, 표, 등이 수록된 경우 학술지에 따라 이를 원저로 인정하여 게재를 거부하는 학술지도 있다. 최근 인터넷을 통한 검색과 접근이 원활하여짐에 따라 이중게재의 기준이 점차 엄격해지고 있다.

" … 과거에 출간된 적이 없다"라는 의미는 말 그대로 "어떠한 언어로도, 어디에서도, 일부 혹은 전부를 막론하고, 인쇄 혹은 전자 매체를 막론하고, 학술지의 등재 여부를 막론하고, 저작권에 관한 동의서에 저자의 서명 여부를 막론하고, 출간된 적이 없어야 한다"고 못박고 있다.

이중게재와 구분하여 정당화될 수 있는 이차출간(secondary publication)을 국제편집인협의회에서 다음과 같이 정의하고 있다.

1. 저자는 원전을 출간한 학술지 편집인과 이차출간을 하려는 학술지 편집인 양쪽의 승인을 받아야 한다. 이차출간을 하려는 학술지의 편집인은 원전의 복사물, 별쇄본 또는 원고 그 자체를 갖고 있어야 한다.
2. 원전을 출간한 학술지의 선취권은 존중되어야 하며, 가능한 한 일차출간(primary publication)과 이차출간의 사이는 최소 일주일 이상 간격을 두는 것이 좋다.
3. 이차출간을 하는 학술지는 원전 학술지와 다른 독자층을 목표로 하여야 한다.
4. 이차출간한 논문은 원전의 자료와 해석을 성실하게 그대로 반영하여야 한다.
5. 이차출간한 논문의 제목페이지의 각주에 이 논문 전부 혹은 일부가 이미 출간되었음을 독자, 상호심사위원, 초록색인기관이 알 수 있도록 명시하고 원전을 기록하여야 한다.

이러한 이중게재를 막기 위해 모든 학술지가 투고규정에 "이 논문은 과거에 출판된 적이 없으며 현재 타 학술지에 제출되었거나 제출할 계획이 없다"라는 저작권에 관한 동의서에 저자의 서명을 받고 있다. 이는 명백한 이중게재를 하지 않겠다는 저자의 공식적인 선언인 것이다.

연구와 논문출간의 윤리적 위반에 관한 사항을 규정하기 위하여 1997년에 설립된 간행윤리위원회(Committee on Publication Ethics)의 "올바른 간행 규범"은 표절, 자료조작, 이중게재 등의 부정행위에 대해 그 강도에 따른 순차적 제재 조치를 다음과 같이 기술하고 있으며, 이러한 제재 조치는 1개 항 혹은 여러 개 항을 동시에 적용할 수 있다고 밝히고 있다.

1. 원칙을 잘못 이해하여 위반한 것으로 보이는 부분에 대하여 교육적 서한 발송

2. 향후의 부정행위에 대한 견책과 경고의 서한 발송
3. 해당 기관장 혹은 연구비 지원 기관에 공식적 서한 발송
4. 이중게재 혹은 표절에 대한 고지의 글 게재
5. 위반사항의 전모에 대한 편집인의 글 게재
6. 위반에 책임있는 저자 개인, 연구진, 혹은 연구기관에 일정 기간 원고 투고 금지 조치
7. 타 학술지 편집인과 색인기관에 알리면서 공식적으로 해당 학술지에서 삭제
8. 해당 사례를 정해진 과정에 따라 조사와 행동을 할 수 있는 공공 기관에 고지

NOTE 1-3 • 이중게재(duplicate, dual, or redundant publicaton)

Definition: 1) identical or nearly identical data, same results, same conclusion

2) 50% 이하의 minor data addition, similar results, same conclusion

3) same control data

Sanctions: publishing embargo for 1 to 3 years in English-language journals

Exception: 1) abstract form만으로 게재한 경우

2) orginal data를 50% 이상 추가한 경우

02 과학논문 원고(manuscript)의 형식

■ 논문의 형식

과학논문은 객관적이고 공정한 시각에서 다른 사람들이 명확하게 이해하고 평가할 수 있도록 평이하게 써야 한다. 모든 논문 초고는 논문이 학술지에 실리는 것이 목적인데, 이때 논문이 명확하고 완벽하면서도 간결하게 작성되어야 한다.

과학논문의 저자들은 자신의 연구결과를 문제제기로부터 시작하여 그 해답을 증거제시와 이에 대한 논증을 통해 끌어내야 한다. 이 과정은 논문의 내용만이 아니라 그 순서에도 함축되어 있는데, 독자들은 논문의 서두에서부터 이 논문이 무엇에 관한 것이며, 어떤 문제에 대해 답하려고 하는 것인지 알 필요가 있는 것이다. 연구논문, 사례보고, 종설, 사설 또는 서평의 내용과 구성은 논문의 성격에 따라 다소 달라질 수도 있다.

과학 학술논문 중에서 가장 흔한 형태는 연구논문(research article)이라고 말할 수 있다. 아래에 서술된 논문을 위한 공통적인 형식은 어느 날 갑자기 생긴 독단적인 것이 아니라 수 십년간 계속되어 온 논쟁에서 이끌어낸 것이다.

■ 과학논문 원고의 구조

일반적으로 과학논문 원고(manuscript)는 다음과 같은 구조(format)를 가지고 있다.

- 제목페이지 Title page
- 초록 Abstract
- 본문 Body of Text
- 서론 Introduction
- 연구재료 및 방법 Materials and Methods
- 연구결과 Results
- 고찰 Discussion
- 결론 Conclusions, Summary or Comments
- 감사의 글 Acknowledgements
- 참고문헌 References
- 도해 설명문 Legends for Figures
- 표 Tables
- 도해 Figures

이러한 구성들은 대부분의 연구과정과 일치한다[표 2-1 참조]. 그러나 간혹 어떤 학술지는 고유의 구조를 가지고 있어 순서를 달리해야 할 경우도 있다. 예를 들어, 글을 맺는 결론 항목을 별도로 하지 않거나, 각 부분을 제목 구별없이 서술하고, 연구재료 및 방법이 논문의 말미에 오는 경우도 있다.

표 2-1. 연구논문의 구조

연구의 순서	형식과 내용
1. 답해야 될 의문점	서론
2. 해답을 찾는 방법	연구재료 및 방법
3. 연구소견	연구결과
4. 다른 연구자의 연구결과에 비추어 고찰된 연구결과의 해석	고찰, 지지증거 반대증거의 검토
5. 해답도출	결론

■ 과학논문의 준비와 작성

A. 과학논문초고(draft)의 작성

좋은 논문을 쓰려면 내용을 잘 구성해야 한다. 이를 위해서는 일반적으로 논문의 각 항목들—서론, 연구재료 및 방법, 연구결과, 고찰—에 대해 개략적인 윤곽을 가지고 시작하는 것이 좋다. 논문작성의 초기부터 집을 지을 때 벽돌을 쌓듯이 체계적으로 접근하면 나중에 논문을 수정하는 데 소요되는 시간을 많이 줄일 수 있다.

쓸데없이 많은 단어를 사용하는 것이 흔히 범하는 실수이므로, 우선 초고를 쓴 후, 필요 없는 부분들을 지워버리는 작업을 하는 것이 좋다. 그리고 며칠 동안 작업하지 않고 두었다가 2차, 3차에 걸쳐 의사를 분명하게 전달할 수 있는 간단 명료한 경제적인 문장이 되도록 다시 쓰는 것이 하나의 방법이다.

완곡하고 이해하기 힘든 표현은 사람에게 흔히 혼란을 야기한다. 또한 대체할 수 있는 짧은 단어나 단문이 있으면 긴 단어나 복합문을 피하는 것이 좋다(예: a number of → many, at the present moment → now, by means of → using, despite the fact that → although, as a consequence of → because, in close proximity to → near).

논문은 간단 명료하게 쓰는 것이 중요하지만, 같은 단어를 반복해서 사용하는 것은 좋은 작문이 되지 못한다. 특히 영작문에서는 같은 현상을 표현하더라도 동일 단어를 반복하고, 똑같은 문장구조를 반복하는 것은 유치한 표현이 된다. 따라서 이러한 문제를 해결하기 위해 동의어 사전(thesaurus, synonym dictionary)을 적절히 사용하여 다양한 단어, 표현법을 구사하도록 노력해야 한다. 요즈음 워드프로세서(word processor)용 프로그램에는 이미 이러한 동의어 사전의 기능을 내장한 것도 있다(예: Microsoft Word 12.0 이상).

영어 작문법에 있어서 활용 가능한 문장들이 국내, 국외에서 발간된 모범 예문집, 영작문사전에 나와 있으므로 이를 참고하는 것이 좋다.

1단계 논문초고의 윤곽(outline) 작성

처음부터 완벽한 논문초고의 윤곽을 기대하지 말고 생각이 떠오르는 대로 메모를 해 두었다가 시작하는 것이 좋다.

이렇게 만든 논문초고의 윤곽은 혼잡스럽지만, 이것을 정리해서 체계화하여 논문작성을 시작할 수 있고(예를 들면, 각 부분의 제목을 정하고 각 항목을 로마

숫자, 알파벳 등으로 체계를 갖춘다), 현재의 윤곽으로부터 문장을 붙여 나갈 수도 있으며, 표나 도해 등을 덧붙여서 논문초고를 만드는 방법도 있다.

제2단계 논문초고의 작성

준비된 논문초고의 윤곽과 자료를 가지고 초고를 처음부터 끝까지 계속해서 써 내려갈 수 있다.

논문초고를 쉽게 쓰는 한 가지 요령은 충분한 시간을 확보한 뒤 방해받지 않고 단숨에 가능한 한 빨리 써 내려가는 것이다. 논문을 쓰기 위한 여러 가지 원칙을 지키면서 써도 좋지만 이 단계에서는 많은 내용을 종이나 컴퓨터 안에 넣는 것이 더 중요하므로, 속도를 내서 진행하는 것이 일일이 문장을 고치면서 하는 것보다 일이 쉽다고 생각된다.

매우 빠르게 타자를 치고, 컴퓨터의 워드프로세서 프로그램을 잘 이용하면 많은 시간과 경비를 절약할 수 있다. 특히 워드프로세서 프로그램으로 논문을 작성하면 그 안에 문법 오류, 철자 오류가 각각 초록색 굵은 선과 빨간색 굵은 선으로 표시된다. 어떤 저자들은 녹음해서 타자수가 받아 쓰게 하기도 하고, 어떤 저자는 종이와 연필을 선호한다. 종이와 연필은 그 위에 그릴 수도 있고, 생각의 흐름을 볼 수도 있어 받아쓰기 기계나 모니터의 24줄 스크린과는 다른 장점을 가지고 있다.

이 단계에서 많은 불편을 줄이고 시간을 절약할 수 있는 몇 가지 요령을 다음에 기술한다.

1) 참고문헌의 초기 단계 정리

논문초고에서부터 참고문헌의 인용을 정리해야 한다. 대부분의 과학학술지는 참고문헌 목록에 들어 있는 참고문헌이 본문에서 처음 인용된 순서대로 번호가 매겨지는 체계인 citation-by-reference system (Vancouver system)을 사용한다. 그러나 어떤 학술지는 citation-by-author-and-date system (Harvard system)을 사용한다.

논문을 투고하고자 하는 학술지가 Vancouver system을 사용하더라도 원고 작성 단계에서는 참고문헌 인용에 Harvard system을 이용하는 것이 좋다. 초기 단계부터 참고문헌 번호를 붙이면 참고문헌을 보충하고 삭제할 때 그 번호들을 계속적으로 변화시켜야 하므로 좋지 않다. 논문초고 교정을 끝마치고 마지막 원고를 준비할 때에 적합한 시스템으로 변경하면 되고 최근에는 이러한 작업을 용이하게 해주는 컴퓨터 software가 개발되어 있다(예: EndNote Program, Reference Manager). 이러한 저서목록관리 프로그램은 초기 인용에서부터 참고문헌을 자동적으로 정리해서 저자와 연도를 참고문헌 번호로 바꾸어 주는 일을 해준다.

2) 본문의 행 인식을 용이하게 하는 줄 번호 매기기

워드프로세서 프로그램이 줄 번호를 붙이는 기능을 가지고 있기 때문에 공동저자들 간에 논문초고 교정을 하면서 의사소통을 확실하게 하기 위해 각 줄의 왼쪽 가장자리에 자동적으로 번호를 매기는 기능을 활용하면 편리하다.

3) 초안들을 구별할 수 있는 표시하기

초고에서부터 계속해서 논문을 수정하여 감에 따라 원고들이 섞이지 않도록 워드프로세서의 header/footer 기능을 이용하여 원고번호, 날짜, 페이지 등을 기록함으로써 다른 초안과 페이지가 섞이지 않도록 해야 한다. 첫 논문초고가 마지막 원고가 될 수는 없다. 아주 뛰어난 저자들은 초안에서 쓴 것을 그대로 발표할 수도 있겠지만 대부분은 여러 번의 수정을 거치게 된다. 많은 연구논문을 발표했던 대부분의 연구자들도 3번 내지 4번의 수정을 거쳐 마지막 원고를 완성하게 된다.

■ 원고에서 논문으로 되기까지의 과정

작성이 완료된 논문초고는 그것이 적절한 학술지에 게재되기까지는 엄밀하게는 논문이 아니라 원고(manuscript)이기 때문에 이것이 많은 독자에 의해 읽히기 위한 논문으로 되기까지는 몇 가지 필요한 과정을 거쳐야 한다.

1. 과학논문 원고의 투고

투고원고가 어떤 학술지의 편집인에게 호의적으로 받아들여져서 궁극적으로 출간되려면, 그 학술지가 규정하는 대로 원고가 준비되어 있어야만 한다. 각 학술지가 요구하는 투고규정을 다시 한번 확인하고 그 체제에 맞추는 것이 필요하다.

투고 시에는 학술지가 원하는 수의 원고를 작성하여 보내고, 이때 학술지의 편집인에게 원고의 내용에 관한 투고편지(covering letter)를 함께 보내야 한다[제2부 제1장 covering letter 예 참조]. 또 중요한 것은 앞으로 그 원고에 대하여 교신할 저자(corresponding author)의 정확한 주소와 이름 그리고 Fax 번호/전화번호/E-mail 주소가 원고의 논문 제목 페이지(title page)에 표시되어야 한다.

물론 투고원고는 편집인에게 보내게 되는데 이때 편집인의 권한은 대단히 크다. 편집인은 그 논문에 대한 전체평가를 할 뿐만 아니라 심사위원을 선택할 권한이 있으며 심사평을 참고하여 게재여부를 최종 결정하는 권한을 가진다.

따라서 모든 논문은 편집인에게 쓴 편지와 함께 보내는데 편지에는 원고가 몇 쪽으로 되어 있으며, 표와 도해가 각각 몇 장이고 몇 부를 보낸다는 설명이 포함되어 있는 것이 좋다.

대부분의 학술지가 각 페이지에 충분한 여백을 준 상태에서 좌측으로 정렬하여(우측은 정렬하지 않음) double space 또는 특별한 경우 triple space로 원고를 작성하기를 원한다. 논문 제목페이지(title page)는 교신저자의 학위, 성명, 소속기관, 주소, Fax 번호/전화번호/E-mail 주소와 더불어 단축제목(running title) 등을 포함하여야 하며, 별도의 페이지에 작성하는 것이 원칙이다[제2부 제1장 논문 제목페이지 예 참조].

작성한 원고에 대해서 확인해야 할 점은 무수히 많은데, 1) 초록이 규정보다 길지 않은지, 2) 공동저자들 중 다른 과나 다른 연구소에 대한 각각의 주소가 명기되어 있는지, 3) 원고의 각 장의 일련번호를 논문 제목페이지부터 붙이는 것인지 초록부터 붙이는 것인지, 4) 논문 제목페이지와 초록 사이에 제목만 적은 논문 제목페이지(blind title page)를 삽입해야 하는지, 5) 참고문헌은 규정에 맞게 기술했는지, 6) 참고문헌 끝에 마침표를 붙이는지 혹은 마침표가 없는지, 7) 참고문헌에서 부제목이 있을 때 주제목의 끝을 칸을 띄우지 않고 '콜론(:)'을 사용하는지 혹은 부제목의 첫 단어에 대문자를 사용하는지, 8) 참고문헌의 저자가 6명까지일 때는 그대로 적고 그 이상일 경우는 처음 3인까지 적은 후 et al.을 붙여야 하는지 등등의 수많은 세부 사항을 확인해야 한다. 점검표(check list)대로 꼼꼼하게 하지 않으면 편집인이나 제작편집인(copy editor), 심사위원들에게 사무적으로 불편을 주고 부주의한 사람으로 취급당하기 쉬우며 그 결과 저자의 지적 수준이나 학문적인 치밀성에 대한 의심의 여지를 주어 논문자체의 내용심사에 좋지 않은 영향을 미치게 된다.

표와 도해는 각각 독립된 페이지에 만들어야 하고, 참고문헌도 별도의 페이지에 작성하여야 한다. 다른 문헌에서 인용한 표나 도해의 사용허가서, 신원을 알 수 있는 사진의 사용허가서 등도 확인해야 한다. 그리고 철저한 교정을 보아서 철자가 틀리지 않도록 해야 한다.

예 논문이 접수되었다는 편지

February 12, 2013

Gildong Hong, PhD
Professor
Department of Architectural Engineering
Dokdo National University
28, Yongon-dong, Chongno-gu
Seoul 110-744
Republic of Korea

Manuscript No. 429, entitled
Moment Redistribution in Continuous Fiber-Reinforced Polgmer-Strengthened Reinforced Concrete Beams

Dear Professor Hong:

Thank you for submitting the above mentioned manuscript to the ACI Journal. It has been forwarded to our reviewers and we will inform you as soon as possible of the decision reached by the editorial board.

Sincerely yours,

Linda Hass

Linda Hass

과학논문의 별책(reprint 또는 offprint)에 대한 주문은 게재가 결정된 뒤에 하게 된다. 간혹 별도의 페이지에 따로 하거나, 출판사에서 요구하는 양식을 채워야 하는 경우도 있다.

투고규정에 맞도록 모든 사항이 점검되면 우송하게 되는데, 다른 연구자보다 빨리 접수하는 것이 유리하다.

2. 원고의 개정(revision)

심사위원(reviewer)이 투고원고를 심사하는 방법은 이론적으로 원고의 작성요령과 차이가 없다. 단계별로 잘 계획되고 논리적으로 작성된 원고는 심사위원이 호감을 갖는 경우가 많다. 개정을 요구하는 내용은 문장의 삭제나 추가는 물론이고 자료의 보충, 다른 방법의 추가연구 등 그 종류와 정도가 다양하다.

일단 심사에서 게재승인을 받은 경우는 편집인으로부터 축하의 글과 원고개정에 대한 지시사항이 포함되어 있는 편지[편집인으로부터 온 원고개정에 대한 지시사항이 포함된 편지 예 참조]가 저자에게 보내진다. 저자는 편집인의 지시사항, 심사위원의 심사평 내의 지적사항을 토대로 논문을 수정하여 개정된 원고(revised manuscript)를 작성하여야 한다. 이때 투고규정의 형식대로 작성되어 있는가, 결과에 대한 연구자료는 초록부터 고찰까지 일관성 있게 기술되어 있는가 등에 세심한 주의를 기울여야 한다. 또한 영문 문장도 심사위원이 지적한 대로 다시 간결 명료하게 군더더기를 삭제하는 것이 좋다. 편집인이나 심사위원들로부터 내용을 요약하여 줄이라는 지적은 많으나 보충 설명을 하라는 지적은 거의 없다.

저자는 각 심사위원의 심사평에 대하여 각각의 질문에 답을 하는 것이 원칙이다. 수정사항이 많은 경우에는 편집인으로부터의 지시사항에 대하여 별지에 답신을 작성한다. 이때 편집인이나 심사위원의 의견이 부적절하다고 생각되는 경우는 저자의 의견을 합리적으로 기술하여 의견의 모순을 정중하게 지적하는 것이 좋으며, 이러한 확실한 저자의 지식이나 태도는 편집인으로 하여금 저자에 대한 신뢰성을 높이는 데 기여할 수 있다.

예 편집인으로부터 온 원고개정에 대한 지시사항이 포함되어 있는 편지

January 30, 2013

Bang-Taek Ryu, PhD
Department of Information and Communication
Engineering, Dongil University
128 Yangon-dong, Chong-gu
Seoul 110-744, Korea

RE: T-SP-12825-2011.R2 "Source Transmit Antenna Selection for MIMO Decode-and-Forward Relay Networks"

Dear Professor Ryu:

Your manuscript has been carefully considered by the members of our Editorial Board and specialists in your area of interest. They have recommended some revision before publication can be considered.
Copies of the reviewers' comments are attached. Please consider carefully all of their suggestions and make appropriate changes in your manuscript.
When submitting your revised manuscript, please respond to all the comments made by the reviewers in the space provided. Please also highlight the changes to your manuscript within the document by using the track changes mode in MS Word. Return the revised manuscript as quickiy as possible and we will gladly review your revised manuscript.

Sincerely yours,

Josep Vidal
Dr. Josep Vidal
Associate Editor
IEEE Transactions on Signal Processing
josep.vidal@upc.edu

원고의 개정 작업이 완료되면 요구하는 복사본의 수대로 개정원고(별도의 1부를 지적사항에 대한 저자의 개정부위를 밑줄로 표시한 원고로 만들어 보내면 더 좋다)와 도해 그리고 별지에 작성한 심사위원의 지적에 대한 개정사항(list of corrections)[개정사항을 알리는 편지 예 참조]을 동봉하여 편집인에게 송부한다. 이때 편집인이 개정하기 전의 원고도 함께 보내기를 요구하는 경우도 있다. 대부분의 경우 개정은 1회로 끝나며 논문이 최종적으로 게재승낙되었다는 편지를 저자에게 보내 오지만[편집인으로부터의 게재 승낙 편지 예 참조] 편집인이 판단하여 다시 개정이 필요할 때는 2차개정을 요구하는 경우도 간혹 있다. 이때도 같은 요령으로 교신하며 그 후 최종결정이 나게 된다.

저자가 원고를 지시사항 대로 개정하기 보다는 차라리 다른 학술지에 투고하겠다고 결정하면 그 사실을 그 편집인에게 알린다.

3. 원고의 교정쇄(galley proof) 수정

수정완료원고(revised manuscript)가 편집인으로부터 최종 게재승낙을 받으면 이 원고는 게재 학술지의 출판부로 송부되며, 이곳에서 전문적인 제작편집인(copy editor)에 의해 원고정리 편집이 이루어진다. 논문이 최종적으로 게재승낙되었다는 편지를 편집인으로부터 받은 후 1주일 이내에 교정쇄가 저자에게 송부된다. 이때 대부분의 학술지는 저작권이전(transfer of copyright agreement)을 서명하는 서류를 함께 송부한다[저작권 이전동의서 예 참조]. 또한 저자는 별책(reprint)에 대한 주문서(reprint order form)를 받게 된다[별책주문서 양식 예 참조]. 교정쇄는 원고정리 편집인과 저자 간에 논문의 내용에 대한 불분명한 부분이나 의문점에 관한 의견 교환을 하기 위하여 필요하며, 원고가 논문으로 발간되기 전에 최종적으로 수정할 수 있는 자료이다. 교정쇄에서 저자는 원고정리 편집인이 질문한 내용에 대해 의견을 교정쇄 원고 자체에 제시하여야 하고, 또한 완벽하게 오자 수정을 하여야 할 의무가 있으며 많은 학술지가 이에 대한 지침자료를 제시하고 있다. 또한 교정쇄는 가능한 한 빨리 출판부로 회송하여야 하며, PDF 파일을 E-mail로 보내거나 Fax 또는 속달우편이나 DHL 등을 이용하는 것이 좋다.

예 편집인으로부터 온 게재 승낙 편지

February 27, 2013

Young-Sil Chang, PhD
Professor
Department of Architectural Engineering
Hanil University
Seoul, Korea 130-715

RE: Decision on Manuscript ID S-2012-332.R9

Dear Dr. Chang:

We are pleased to inform you that Manuscript ID S-2012-332.R9 titled, "Deformation Capacity of Structural Concrete in Disturbed Regions," has been accepted for publication in the *ECI Structural Journal* subject to satisfactory compliance with the reviewers' comments.
In accordance with the review procedures established by the *ECI*, the decision to publish a manuscript was based on the results of a technical peer review, the merit of the manuscript to the *ECI* readership, and the comparative quality to other submitted manuscripts. For the last several years, about one-third of submitted manuscripts have been accepted for publication.
Thank you for you contribution to the *ECI Journal*.

Sincerely yours,

Jamie McMann
Mrs. Jamie McMann
Editor-in-Chief
Jamie.McMann@concrete.org

■ 별책(reprint, offprint)의 관리

별책은 학술지에서 자신의 논문만을 따로 묶은 것으로 별쇄라고도 한다. 이것은 원문과 원도표를 그 해당 학술지와 같은 질로 만든 것이기 때문에 복사본과 달리 이것은 원본과 같은 의미를 가진다. 특히 사진이 포함된 원고의 경우는 복사본과 근본적으로 다른 정보원이기 때문에 이것을 얻기 위하여 많은 사람들이 노력하고 있다.

불행히도 별책은 무한정 공급받을 수가 없고 또 비용이 소요되므로[논문 게재료 청구서 예 참조] 별책 요구편지 접수 순으로 보내게 된다. 원고가 학술지에 게재되면 여러 곳에서 별책요구를 받게 되기 때문에 준비하였다가 요구가 있을 때 보내주는 것이 좋고 무료로 봉사하는 것이 상례이다. 학문사회에서 자신의 논문 별책을 요구받는다는 것은 보람 있는 것이고, 또 별책 교환은 그 방면에 흥미를 가진 연구자들과 교신이 시작되는 좋은 계기가 된다[별책 요구 편지 예 참조].

예 저작권 이전 동의서

TRANSFER OF COPYRIGHT AGREEMENT

In consideration of the American Nuclear Society taking action in reviewing and editing my submission, the author(s) undersigned hereby transfer(s), assign(s) or otherwise convey(s) all copyright ownership to the American Nuclear Society in the event such work is published by the American Nuclear Society.

____

Date

______________________ ______________________

Author's printed name Author's signature

______________________ ______________________

Author's printed name Author's signature

______________________ ______________________

Author's printed name Author's signature

______________________ ______________________

Author's printed name Author's signature

______________________ ______________________

Author's printed name Author's signature

______________________ ______________________

Author's printed name Author's signature

(USE A CONTINUATION SHEET IF NECESSARY FOR ADDITIONAL SIGNATURE.)

예 논문게재료 청구서 예

(314)367-4987
Fax: (314)367-4988
ANNALS PUBLISHING COMPANY
4507 LACLEDE AVENUE
ST. LOUIS, MO 63108
DATE: 05/14/2013
INVOICE NO: 112-10-4746
YANG-GI MIN, PhD
DEPT OF PHYSICS
HANKOOK NATIONAL UNIV
28 YONGON-DONG, CHONGNO-GU
SEOUL 110-744
KOREA

Order No.	Terms:	Net	30	Days

ANNALS OF JANUARY 2013

Publication of Paper: QUANTUM-CHEMICAL CALCULATIONS OF THE EQUILIBRIUM CONSTANTS OF A FISSION PRODUCT MIXTURE IN A STEAM-HYDROGEN CARRIER GAS IN SEVERE ACCIDENT CONDITIONS

Author: MIN, YANG-GI

Illustrations	$76.25
Tables	$6.00
Extra Pages	$0.00
References	$0.00
Alterations	$0.00
Reprints	
Quantity: 100	$278.00
Shipping and Handling	$67.10
Total	$428.15
Payments	$0.00
Balance	$428.15

예 별책 주문서 예

REPRINT ORDER FORM

ANNALS OF STRUCTURAL ENGINEERING
ANNALS PUBLISHING COMPANY,
4507 LACLEDE AVENUE
ST. LOUIS, MO 63108
Phone (314)367-4987; Fax (314)367-4988

AUTHOR(S): SEUNG-JUN OH, YANG-GI MIN, JEONG-WHUN KIM, SEUNG-JU LEE, PETER R JARIN

TITLE: INTEGRATION OF CONTINUOUS AND DISCONTINUOUS QUADRATIC BOUNARY ELEMENTS FOR ELASTOSTATICS

ESTIMATED NUMBER OF REPRINT PAGES: 8 MANUSCRIPT NUMBER 254-033

The following costs are for reprints only, and DO NOT include charges for illustrations, tables, references (over 30), alterations, extra pages (over 6), and shipping. All charges will appear on your reprint invoice. Reprints are printed on heavy enamel paper and are shipped approximately 30 days after publication.

SIGN AND RETURN THIS FORM WITH YOUR PROOFS.
IF NO REPRINTS ARE REQUESTED, INDICATE SO ON THIS FORM AND RETURN WITH PROOFS.

	100 Copies	250 Copies	500 Copies	1000Copies	Each Additional Thousand Copies
			WITHOUT COVER		
2 pages	$128.40	$144.75	$158.95	$184.10	$ 93.95
4 pages	263.85	294.60	350.35	405.70	207.00
8 pages	278.80	334.10	397.25	460.05	290.85
12 pages	488.65	556.75	661.95	766.50	501.55
			WITH COVER		
4 pages	362.25	453.05	608.85	864.45	584.00
8 pages	377.20	492.55	655.80	918.80	664.40
12 pages	581.05	715.20	920.50	1271.00	867.25

QUANTITY ☐ WITHOUT COVER ☐ WITH COVER

SHIP TO: Seung-Jun Oh BILL TO :

STREET ADDRESS Dept of Civil Engineering The same as left

NOT POST

OFFICE BOX HanKook National University
28 Yongon-dong Chongno-gu
Seoul 110-744, Korea

SIGNATURE *Seung-Jun Oh* DATE May 16, 2013

예 별책 요구 편지 예

Miriam Linschoten, Ph.D.
Department of Civil Engineering
University of Colorado
Box B205
4200 E. 9th Avenue
Denver, CO 80262 USA

Please send me a reprint of your paper entitled EFFECTS OF LATERAL MOTION OF CABLE STAYS ON BRIDGE STRUCTURES which appeared in the *Journal of Structural Engineering and Mechanics*. Please also include other pertinent reprints.

Thank you

03 과학논문 원고의 준비와 작성

A. 과학논문을 쓰기 전에 고려할 사항

우리가 논문을 쓰게 되면 그 논문이 학술지, 특히 권위 있는 학술지에 게재될 때 비로소 그 의미가 생기게 된다. 그러면 어떻게 권위 있는 학술지로부터 게재 승낙을 받겠는가? 여러 조건들이 있겠지만 가장 중요한 것은 논문 내용에 크든 작든 새로운 사실(new conclusion)이 들어 있는가 하는 점이다. 그리고 논문의 연구결과가 응용가치가 높으면 더욱 게재될 가능성이 높다.

따라서 과학논문을 쓰거나 쓸 계획을 세울 때에 우선 다음의 질문들에 답해보면 구체적인 진행을 하는 데 방향이 잡힐 것이다.

1. 이미 그런 논문이 출판되지 않았는가?
2. 그 논문의 올바른 형식이 무엇인가?
3. 그 논문을 읽을 사람이 누구인가?
4. 그 논문을 실을 적합한 학술지는 어느 것인가?

이러한 질문들에 스스로 대답할 수도 있지만, 좀 더 경험이 많은 선배, 동료에게 자문을 구하는 것이 더 확실할 경우도 있다.

독자에 의해 읽힐 수 있는 논문은 바로 독자들이 가진 질문에 대해 답을 제공해 주는 것이고 새로운 것이어야 한다. 좋은 논문은 적절한 증거를 들어서 중요한 질문에 대한 답을 명확히 제공한다. 어떤 의문점에 대해 하나의 짧고 간단한 문장으로 그 대답을 표현할 수 있다면, 쓰려는 논문이 명백하고 강한 메시지를 가질 수 있다.

과학학술지에 실린 내용은 표 3-1에 기술되어 있는 형태로 나눌 수 있다. 대부분의 학술지의 편집인은 매호마다 각 형태 간의 균형을 잃지 않도록 함을 편집 방침으로 하고 있다. 이러한 방침은 학술지에 투고된 원고 성격에 따라 영향을 받게 마련이므로 언제나 실천할 수 있는 것은 아니지만 전체 균형이 흔들리지 않도록 편집인은 상당한 영향력을 행사한다.

표 3-1. 과학학술지의 내용 분류

· 연구논문(이론 연구, 실험 연구)	· 연구단신
· 사례보고	· 논평
· 사설	· 서평
· 종설	· 독자 교신

실제로 전문적인 학습지에 발표되는 모든 논문—연구논문, 사례보고, 종설, 사설—은 관찰데이터, 사례 기술, 사진, 다른 논문의 인용 등의 증거를 가지고 결론을 도출한다. 글을 쓰려고 할 때 이런 증거들을 가지고 있어야 하며 기억력에 의존해서는 안 된다. 당신은 그 전자현미경 사진이나 그 복사본을 다 가지고 있어야 하고 논문을 쓰려고 할 때 몇 달 전에 본 기억을 가지고 써서는 안 되고 그 사진을 보면서 써야 한다.

기존의 논문을 인용할 때도 기억력에 의존해서 쓰는 것은 좋지 않다. 컴퓨터에 저장된 기존의 파일이나 독서카드, 또는 연구프로토콜을 만들려고 1년 전에 읽은 논문 내용을 기록해 놓은 노트 등에 의존해서 기억하려고 하면 그 후에 연구자들의 경험에 의해 얻은 새로운 내용을 놓칠 수도 있다. 인용하려고 하는 논문의 복사본을 모아두는 것이 더 안전하다. 만약 복사본이 없으면 지금이라도 복사본을 만들고, 인용하려고 하는 논문을 완전히 소화했다고 생각하면 그때 인용하라. 절대로 다른 논문에 인용된 문장을 다시 인용해서는 안된다.

1. 연구논문원저(research article, original article)

흔히 연구논문은 원저라고도 불리는데, 저자가 새로운 사실을 보여줄 수 있는 연구결과는 연구논문의 형태로 게재하여 높은 평가를 받을 수 있다. 주로 원저로 쓰이는 내용은 아직까지 알려지지 않았던 새로운 진리의 발견, 새로운 연구방법의 개발, 지금까지의 보고에 비해 월등히 많은 수의 사례 분석, 또는 새로운 현상의 관찰 등이다.

명백한 요점을 가진 좋은 논문이 만들어질 가능성은 '그 논문이 어떻게 쓰여졌느냐'보다는 '애초에 그 연구가 어떻게 계획되고 실행되었느냐'에 더 많이 좌우된다. 여기서 새로운 사실의 발견이 가장 중요하다. 그러므로 연구가 계획되기 전에 명확한 질문이 제기되어야 하고, 연구의 디자인이 적합해야 하고, 그리고 마지막으로 데이터가 잘 모아지고 분석되어 새로운 결론이나 지식을 창출해야 한다.

연구결과를 보고하는 논문은 이미 발표되기 오래 전부터 이미 쓰여졌다고 이야기하는 것이 옳다. 이 이상한 파라독스는 논문으로 발표될 만큼 중요한 내용을 가지고 있는 논문은 분석 가능한 가설로 짜 맞출 수 있는 중요한 질문에 대한 답을 적절히 가지고 있다는 것을 의미한다. 연구는 적합한 연구방법과 통계학적 분석방법을 가지고 행해지고 연구자는 유의한 데이터와 결론을 가지고 있다.

초고를 쓰기 전에 도표화된 데이터가 완벽해야 하고 잘 정리되어야 한다. 도

NOTE 1-4 • 과학연구논문의 여러 가지 형식

연구논문원저의 형식은 실험, 이론, 또는 이론과 실험의 병행에 따라 다르다.

1. 실험논문

   Introduction → Materials and Methods → Results → Discussion → Conclusions

2. 이론논문

   Introduction → Background → Modeling → Experimental Assessment

3. 이론과 실험논문

   Introduction → Summary of the Theory → The xxx Model (제안하는 모델에 대하여 기술함) → Materials and Methods → Results → Discussion → Conclusions

해는 논문의 결론을 위한 증거로서 통계학적 분석을 거쳐야 한다. 초고를 쓸 때까지 통계학적 분석이 되지 않으면 나중에 결론이 바뀌어 초고의 대부분을 다시 써야 되는 경우도 있다. 심한 경우에는 초고를 다 쓰고 난 후 연구하기 전에 가졌던 질문에 대한 답을 하나도 얻지 못하는 경우도 있을 수 있다.

만약 어떤 연구가 기금을 받았거나 또는 연구위원회에 의해 문서화된 프로토콜로 기술되어야 한다면, 그 기금을 지원받기 위한 연구계획서나 프로토콜에는 연구계획이나 방법들이 논문 작성 시 바뀔 수 있게 작성되어야 한다. 다음에 기술한 내용들은 대부분의 연구논문에 필요한 준비사항들이다.

① 인용될 논문(노트보다는 복사본이나 별책): 연구계획서를 쓰기 전이나 쓸 때 읽어 본 논문, 연구 중 관심을 갖게 된 논문, 연구결과를 쓰려고 계획하기 직전에 마지막으로 찾아 본 논문
② 연구계획(study design)과 방법들의 기술: 연구방법을 위해 기술되어 있는 논문, 연구소의 심사위원회에 의해 승인된 연구계획서나 프로토콜
③ 서명된 동의서의 사본
④ 데이터의 도표: 통계학적 방법을 거친 분석된 데이터
⑤ 예비그래프(필요한 경우 통계학적 분석이 끝난 그래프)
⑥ 사례요약
⑦ 여러 종류의 도해: 사건현장 사진, 현미경 사진 또는 이와 비슷한 자료

예비 도해들은 초안에 적합하다. 마지막 원고에 실을 도해는 초고나 두 번째 원고를 쓴 다음에 모든 것이 확실해졌을 때 직접 작성하든지 아니면 도안사에게 부탁하여 준비하는 것이 좋다. 시료 사진이나 현미경 사진, 특수 실험 사진 등도 마찬가지이다.

원저는 과학학술지의 대들보이다. 편집인은 어느 분야의 연구 원고를 우대하는 방침을 세워 학술지의 성격을 바꿀 수 있고(예를 들면, 실험연구와 이론연구의 비율을 바꾸는 것), 또 세분화된 특정 분야의 원고를 투고하도록 장려하면서 그 대신 일반적인 논문을 적게 게재할 수도 있다.

2. 사례보고(case report)

과학연구자들은 어떤 사례가 독특하고 드물다고 생각했을 때 그 사례를 알고 싶어한다. 그러나 사례가 단지 드물다는 점에 사례보고의 의미가 있는 것이 아

니라, 그 사례보고에 의해 어떤 물리적, 화학적 현상에 대한 개념이 바뀌고 대치법의 범위가 넓어질 수 있을 때 그것이 참된 사례보고가 된다. 사례보고도 정확한 메시지를 가져야 하므로, 철저하게 관련문헌을 찾아봄으로써 그것을 확인해야 한다.

사례보고는 편집인에게 상당히 부담이 된다. 투고원고의 전체 게재승낙률(overall acceptance rate)이 낮은 월간 학술지일수록 사례보고에 대하여는 특히 더 엄격한 기준을 설정하는 경우가 많다. 수의학(veterinary science) 분야에서 *British Journal of Anesthesiology*에 사례보고를 게재하려면 특별히 독특한 사례이거나 마취 사망률과 같이 대단히 중요한 문제에 대하여 반론을 제기하는 것이어야 한다.

3. 종설(review article)

연구논문은 그 연구결과가 주어진 질문에 대해 대답을 주고 있다고 판단될 때 그 논문을 쓰게 되지만, 종설은 대개 학술지의 편집인으로부터 종설 의뢰를 받은 후에 쓰게 된다. 관련문헌을 완전히 소화시키기 전까지 종설의 메시지에 대한 확실한 결론을 내릴 필요는 없지만, 무엇에 대해 답할 것인지 어느 정도 잠정적인 결정을 내리고 문헌조사를 하여야 한다. 사례보고에서와 마찬가지로 문헌검색을 통해 비슷한 종설이 없다는 것을 확인한 후에 종설을 쓰게 된다. 종설도 장황하게 많은 문헌을 반복 기술하는 것이 아니며, 답하려고 하는 한 두 가지의 중요한 질문을 구성해 내지 못하면 그 가치가 상실된다.

표 3-2. 각 학술지마다 연구논문(원저), 종설, 또는 짧은 편지형식의 보고(연구단신) 등에 대해 서로 다른 용어를 사용한다.

	Nature	Science	NEJM	Lancet
연구논문(원저)	Article	Researcharticle	Original article	Article
연구단신	Letters to the Nature	Report	Brief report	Short report
종설	Review article	Article	Review article	Review article

종설에서도 편집인은 편집위원회가 정한 범위 내에서 종설의 숫자와 내용을 결정하는 데 상당한 권한을 행사한다. 편집인은 투고한 종설 원고를 전문가 심사 후 게재할 수도 있고 편집인 자신이 게재여부를 결정할 수도 있다.

4. 사설(editorial)

사설은 학술지에 게재하기로 결정한 원저 논문들에 대한 논평이나 해설이며, 전문가에게 의뢰하여 게재한다. 정식 종설로 쓰기에 적합하지 않은 내용을 짧게 게재하려고 할 때, 또는 최근에 이룬 학술적인 성과를 독자가 주목하도록 하는 데 사설이 적합하다. 저자가 게재한 원저 논문에서 균형 감각을 잃고 쓴 부분이 있거나 일반 독자를 위하여 논문 내용을 해설할 필요가 있는 경우 이를 보완하는 데 특히 사설이 적합하다.

종설과 사설은 중요한 의문점을 분석적이고 과학적으로 다루어 합당한 답을 주려고 한다는 점에서 비슷하다. 따라서 초고를 쓰려고 할 때 수집해야 할 사항도 비슷하다. 대부분의 사설이 편집인에 의해 의뢰된다. 저자는 사설을 쓰기 전에 독자적으로 써야 되는지 아니면 공동저자와 같이 써도 되는지 편집인과 협의해야 한다.

또한 출판물이 어떤 형태로 출판되는지 가령, 단순한 견해인지, 확실히 게재 가능한지, 아니면 추대사설 같은 건지 확실히 협의해야 한다.

만약 사설이 같은 발행 호에 게재될 다른 논문과 연관이 있다면 그 논문의 복사본을 미리 받아볼 수 있는지 알아봐야 한다.

모든 사설에는 다음과 같은 추가작업이 필요하다.

① 중심되는 내용의 개념을 가능한 한 잘 다듬고, 글을 쓰기 전에 한 문장으로 만들어라.
② 참고문헌의 길이나 수에 제한이 있는지 미리 알아보고 표나 도해가 게재 가능한지, 가능하면 몇 개나 실을 수 있는지 확인하라.
③ 참고문헌이나 도표화된 표를 잘 모아라.

명백한 형식이 없기 때문에 사설은 종종 비공식적인 편지쯤으로 여겨진다. 사설을 작성할 때, 아마도 저자는 연구논문이나 종설을 쓸 때 필요한 지적인 구조에 대해 깊이 주의를 기울이지 않아도 된다고 생각할지 모른다. 이러한 점은 서평(book review)이나 독자교신(letter-to-the editor)를 고려할 때 더 심한 것 같다. 그러나 사실, 비평적 논법에 필요한 요소에 주의를 기울이는 것은 사설이나 서평, 독자교신이 효과적인 문서가 될 수 있도록 도와준다.

예전에는 사설이라는 용어는 학술지의 편집인으로부터의 메시지를 가리켰다. 오늘날 전문 학술지의 사설은 대개 다른 기능을 제공한다. 많은 사설은 과학적인 주제 특히 최근 중요한 발전을 보이는 주제에 대한 간결하고 비평적인 논평이다. 사설은 같은 호에 발표된 원저에 대해 주석을 달 수도 있다. 주석적인 사설은 논문의 과학적인 타당성(유효성)에 대해 비평적으로 평가할 수도 있고, 그 자료에 대해 다르게 해석할 수도 있다. 논문이 쓰여질 당시 고려될 수 없었던 최근 보고된 결과에 대한 전망에 이 논문이 기여한 바에 대해 언급할 수도 있다. 논문이 미래의 개념이나 실행에 대해 함축하고 있는 것에 대해 추측해 볼 수도 있다. 어떤 사설은 정치적인 입장을 취하기도 한다.

사설을 쓰는 것은 어떤 면에서 연구논문을 쓰는 것보다 더 큰 노력을 요하는 일이다. 연구논문에서는 잘 알려진 전통적인 형식에 자료와 해석을 쉽게 배치할 수 있다. 그러나 사설은 일정한 형식이 없다. 연구논문은 대개 두 페이지 이상이기 때문에 그 사고의 흐름에서 간혹 연결이 끊어지는 부분이 인지되지 못할 수도 있다. 사설은 짧기 때문에, 결점이 있는 견해나 결론이 두드러질 수 있다. 따라서 사설에서는 말해야 할 것을 꽉 짜인 공간 속에 맞추어 넣고, 명확하고 논리적인 결론을 제시해야 한다.

비평적 논법(critical argument)의 단계를 염두에 두면 사설을 쓰는 것이 좀 더 쉬워진다. 사설저자(editorialist)는 이슈, 문제, 의문점을 정하여 하나 이상의 가능한 해답을 주장해야 한다. 이러한 해답을 지지하는 증거를 수집하여 고찰해야 하고 반증(counterevidence)을 평가해야 한다. 그리고, 하나의 답으로 결론 내려야 한다. 그 해답이 "더 많은 정보가 필요하다"는 것일 수도 있지만, 그 자체가 해답이 될 수 있다. 이렇게 명확하지 않은 해답조차도 비평적 논법을 통해 잘 추론된 사설이 될 수 있다.

사설의 길이와 문단의 수는 다루고 있는 문제의 복잡한 정도, 검증하고 있는 증거의 분량, 가능한 답변의 개수 등에 좌우된다. 어떤 사설은 비평적 논법의 요소들이 단지 하나의 문장으로 구성되었으면서도 원래의 순서에 따라 논법의 주요 요소를 다 가질 수도 있다.

서두의 문단에서는 논법의 첫째 요소인 문제 혹은 의문점을 말한다. 대부분의 사설은 전문가를 위해 쓰여지지는 않는다. 문제점을 말하기 위한 도입부에 얼마나 많은 배경지식이 필요한가에 대한 질문에는 연구논문의 서론부분(introduction)에서와 같다고 하면 아마 가장 좋은 대답이 될 것이다. 사설저자는 독자들이 사설의 토픽에 대해 자신보다 적게 알고 있지만 그 주제가 속한 광범위한 주제(subject)분야에 대해서는 잘 알고 있다고 가정해야 한다. "지진의 위험도를 낮추는 데 있어서의 건축 구조학의 유용성"에 대한 사설의 저자는 독자들이 구조학의 역학적 효과에 대해 분석하는 경험이 있는 전문가보다는 덜 알지만, 구조학의 일반적인 사항에 대해서는 잘 알고 있다고 가정해야 한다.

마지막 결론 부분에는 도입 부분에서 제시된 의문에 대한 명백한 최종 답안이 있어야 한다. 만약 그 답안이 '해답 없음'이라도 좋다. 그러나 그럴 경우 사설저자는 무해답 답변을 해결할 수 있을지 모를 새로운 증거가 될 수 있는 가능한 사항들을 제시할 수 있다.

5. 서평(book review)

출판된 전문서적에 대하여 균형을 잃지 않은 정보를 제공하는 것이 서평이다. 독자는 학술지에 게재된 어떤 논문보다 서평을 더 많이 읽는다. 서평은 해당 분야 전문가에게 의뢰하여 작성된다. 여기에는 예외가 없다. 의뢰하지 않았는데 투고한 서평 원고는 반드시 게재를 거부당한다.

서평은 대개 과학학술지의 편집인에 의해 초대되는데, 편집인은 비평적 판단을 내릴 자격이 있는 평론가(비평가)로 제한한다. 이런 현실에도 불구하고, 응용과학학술지의 서평부분을 읽어본 사람들은 대부분의 서평이 평범하다는 사실에 마주치게 된다. 서평의 실망스런 부분들은 책커버(dust jacket 또는 book jacket)의 요약이나 목차에 씌어 있다. 독자들은 종종 평론가가 그 책을 읽었는지 의심스럽다. 그런 서평은 책을 마치 사하라 사막 가운데 있는 책상 위에 홀로 놓여져 있는 것처럼 평가한다. 우리는 그 책이 그런 종류 중 첫 번째 책인지, 만약 그렇다면 그것이 필요한 것인지에 대해서는 배우지 못한다. 우리는 비슷한 책이 존재한다면 그것보다 더 좋은지 나쁜지, 누구에게 그것이 도움이 되는지 듣지 못한다. 이러한 실수는 평론가가 대충 그 책을 읽어보고, 내용에 관해 약간의 메모를 하고, 내용을 짧게 요약하면서 왜 서평이 필요한지 그 구조가 어떠해야 하는지 먼저 생각해 보지 않은 채, 끝까지 쭉 써내려가서 지정된 짧은 분량으로부터 결론짓는 데에 기인한다.

논리 정연하고, 철저하고, 주의 깊게 쓰인 서평은 사설보다 간단한 구조가 아니다. 서평은 대개 함축적인, 그러나 때로 직접 서술하는 질문으로 시작하여, 증거와 반증으로 옮겨가고, 해답으로 끝맺는다. 서평은 편집인에 의해 허용된 길이 안에서 각 논리의 단계를 충분히 전개해야 한다. 따라서 서평을 쓸 준비를 할 때, 서평저자는 어떤 질문에 대해 그 해답이 구해지게 될 것인지 고려해야 한다.

이 책이 필요한가? 비슷한 종류의 다른 책보다 더 나은가? 왜 내가 이 책을 즐겼는가? 누구를 위해 이 책이 쓰였고 또한 제대로 쓰였는가? 증거와 반증의 전개는 서평의 주된 문장을 구성한다. 그 해답과 결론은 서평저자의 입장을 명확히 하여야 한다.

대부분의 독자는 그 책에 대한 평가를 서평에서 발견하기를 기대한다. 때때로 서평은 그 책이 다룬 견해에 대한 평론을 제공한다. 그런 평론은 서평의 저자가 개인적으로나 직업적으로 풍부한 가치관을 가지고, 그것을 기술할 수 있다면, 많은 독자들에게 큰 즐거움을 제공한다.

6. 독자교신(letter-to-the editor)

독자교신란은 과학학술지에서 대단히 중요하다. 편집인은 독자들이 내용이 있는 토론을 활발히 하도록 장려한다. 독자교신은 보통 이미 출판된 논문과 관련된 것이 대부분이다. 독자교신은 그 이외에도 새로운 가설을 내세운다든지 중요한 문제에 대하여 독자의 주의를 집중시키는 데 특히 유용하다. 학술지 어느 부분보다도 투고 후 게재되는 데 소요되는 시간이 짧고 기동성이 있는 부분이기 때문이다. 독자교신란이 사례보고나 연구논문을 짧게 써서 전문가 동년배심사를 회피하는 방법으로 악용되어서는 안 된다.

왜 전문 학술지를 위한 논문을 쓰는 방법을 언급하는 책에 독자교신란 작성방법에 대한 자세한 설명이 있는가? 사람들은 항상 단숨에 편지를 쓰고, 누구나 편지를 쓸 수 있다. 그러나 누구나 다 전문 학술지에 실리는 편지를 쓸 수는 없다. 출판된 편지를 갖는다는 것은 가치 있는 일이다.

드문 사례를 간략히 보고하는 독자교신은 저자가 같은 문제에 관심 있는 전세계의 다른 사람들과 성과 있는 교신을 시작하도록 해줄 수 있다. 출판된 편지를 갖기 위해 경쟁하는 것은 공식적인 보고서를 갖는 것보다 덜 치열하지만, 독자교신을 출판하는 학술지는 많지 않다.

독자교신을 쓰기 전에 학술지의 요구사항을 세밀하게 읽어야 한다. 그것은 학술지에서 독자교신 부분이 시작부에 편집될 수도 있고, 저자를 위한 정보 페이지, 혹은 양쪽 모두에 편집될 수도 있다. 만약 학술지가 수용가능한 독자교신의 길이에 대해 제한을 두지 않으면 독자교신 작성자는 학술지의 독자교신란을 훑어 봄으로써 허용가능한 길이를 추정할 수 있을 것이다. 대부분의 학술지는 독자교신에 도해나 표를 포함하지 않는다. 또한 참고문헌의 수가 제한되어 있다.

대부분의 독자교신은 연구논문, 사례보고, 종설, 사설의 축소형에 해당한다. 학술지에 출판된 논문에 대해 견해(comments)를 쓸 때, 왜 그 독자교신을 쓰게 되었는지 명백히 하기 위해 독자교신의 시작부 근처에 그 논문을 인용하여야 한다. 독자교신은 본문 내에 그 저자와 제목을 기술하여 언급하는 논문을 밝히는 것을 요구한다.

독자교신 작성자는 너무 길게 문장을 쓰지 않도록 많은 주의를 기울여야 한다. 같은 메시지를 가진 두 독자교신 중에서 길고 비비 꼬고 흐리멍텅한 것은 거부되기(reject) 쉽고, 짧고 간결하고 명백한 것이 채택되기(accept) 쉽다. 독자교신의 논조를 과학학술지에 적합하도록 유지하는 데 특히 주의해야 한다. 논문의 저자나 논문을 출판한 학술지의 편집인에 대한 개인적인 공격이나 비방을 해서는 안 된다. 독자교신을 보내기 전에 한두 주일 여유를 가지고 다시 읽었을 때 객관적인 분석보다는 분노와 감정적인 불평이 보인다면 논조를 가라앉힐 수 있도록 하는 것이 현명하다.

마지막으로 원고에 허용된 길이를 초과하지 않도록 본문의 단어 수를 세어보아야 한다. 전형적인 과학논문의 원고처럼 독자교신도 2줄 간격(double space)으로 작성해야 한다. 독자교신에 모든 저자가 포함되어 있는지 확인하여야 하며 저작권 이전 동의서(transfer of copyright agreement)가 독자교신원고에 포함되어야 한다.

B. 과학논문의 원고 작성 준비

과학논문의 초고를 쓰기 전에 우선 다음의 네 가지 사항이 준비되어야 시행착오 없이 논문을 쓸 수 있다.

1. 저자의 결정(authorship): 단독논문이 아니라면 공동저자가 될 가능성이 있는 사람들이 누구누구인지 미리 생각하고 공동저자들과 논문 내용에 대해 논의해야 한다. 나중에 제기될 수 있는 논문내용에 관한 반박에 대해 누가 해결할 것인지, 즉 누가 교신저자(책임저자, corresponding author)가 될 것인지, 누가 논문을 개정(revision)할 것인지에 대해서도 합의하는 것이 좋다.
2. 학술지의 결정: 논문을 투고할 학술지를 결정하고 그 학술지의 "원고 투고 규정(instructions for authors)"을 확실히 알아야 한다.

3. 자료의 확보: 초고를 작성하기 전에 연구자료, 사례기록, 사진, 참고문헌 등 필요한 자료가 갖추어져야 한다. 참고문헌의 사진이나 표를 인용할 수 있는 허가서 등도 확보해 놓아야 한다.
4. 적절한 원고 작성방법 결정: 요즈음은 대부분의 학술지에서 원고를 마이크로소프트 워드(Microsoft Word) 컴퓨터 파일로 받고 있으므로 이 프로그램으로 원고를 작성해야 한다.

■ 저작권(authorship)

논문초고가 완성될 때까지 기다리지 말고 논문준비를 시작하기 전에 미리 저자를 결정하는 것이 좋다. 아직 우리나라 사람들은 저자결정에 다소 관대한 편이지만, 미리 합의하지 못해서 불쾌한 결과를 초래하는 일이 생기기도 하고 연구자의 경력에 나쁜 영향을 끼치는 일이 생기기도 한다. 공동저자인 경우는 논문을 준비할 때 미리 저자를 확실히 결정하고 시작하면 완성된 논문을 원하는 학술지의 편집인에게 보낼 때 다른 사람이 누구도 저자권을 주장하지 못할 것이다.

1. 저자로서의 자격(criteria for authorship)

저자에 대한 결정은 윤리적인 원칙에 의해 저자들 자신이 내려야 한다. 독자들은 저자들이 논문의 내용에 대해 공적으로 책임질 수 있는 사람들이라고 생각한다. 이러한 전제로부터 논문 내용에 대해 논박을 받았을 때 방어할 수 없는 사람이 저자가 되어서는 안 된다. 논문은 단지 연구자료를 열거하는 것이 아니라 지적 과정 즉, 개념의 도출과 연구자료의 해석을 내용으로 하기 때문이다. 논문을 쓰거나 내용을 고칠 때 참여하지 않고서는 어느 누구도 논문 내용에 대해 책임질 수 없고 저자가 될 수 없다. 구체적으로 공동저자들을 결정하는 조건은 다음과 같다.

1) 저자는 최소한 논문내용 중 지적 과정의 일부분을 도출했어야 한다.
   ① 연구보고의 경우 연구를 착상 · 설계했을 때, 사례보고의 경우라면 사례의 특징들을 확인하였을 때, 종설이나 사설의 경우는 대답해야 할 예상 질문들을 확인하고 그에 대해 계획을 세웠을 때 저자가 될 수 있다.
   ② 논문을 쓰는 일은 실험관찰을 포함하여 연구자료를 모아 결론을 위해 그것을 해석하는 것이다. 자료의 해석이 저자가 되는 데 중요하며, 단순히 자료를 모으는 것만으로 저자가 되기에는 부족하다.

2) 저자는 논문을 쓰고, 원고 교정이 아닌 그 지적인 내용 즉, 개념 도출, 자료 해석을 창출하는 일에 참여했어야 한다.
3) 저자는 그 논문의 모든 지적인 내용에 대해 공적으로 방어(defense)할 수 있어야 한다.

예) 1) A가 연구를 구상(design)하고, 조사 실험을 B에게 시켜 연구결과를 산출하였다. — A만 저자로 한다.
2) A가 연구를 구상하고 연구결과가 나오지 않아 B가 해결책을 제시, 그대로 받아들여 결과를 산출하였다. — A와 B를 저자로 한다.
3) A가 연구를 구상하고 결과해석의 일부를 C에게 자문을 구하고, C가 자문에 의해 해석의 단서를 제공하였다. — A와 C를 저자로 한다.
4) A가 연구를 구상하고 C의 추가연구에 의해 새로운 표 등이 추가되고 고찰(discussion)이 수정되었다. —A와 C를 저자로 한다.

저자의 표기 순서에는 특별한 규칙이나 통일된 방법은 없다. 연구실의 실장이나 연구그룹의 대표자가 제1저자가 되는 관례는 좋지 않다. 과거에는 실험실의 실장이나 연구그룹의 대표자를 맨 뒤에 표기하는 경향이 있었으나, 최근에는 연구과정에서 공헌한 순서대로 표기하는 것이 상례이며, 그 논문을 위해 가장 많이 공헌한 젊은 연구자나 대학원과정의 학생들이 제1저자가 되는 바람직한 현상이 있다. 참고로 Nobel상 심사에서는 제1저자를 그 연구의 대부분을 시행한 주저자로 간주한다.

2. 여러 연구기관이 관련된 경우의 저자 결정

여러 연구소, 여러 팀에 의한 연구보고일 때 저자의 범위를 결정하기 어려운 경우가 있다. 최근 다기관 연구(multicenter study)가 흔해지고 있는데, 대부분 학술지의 편집인들은 이런 경우 열 명, 스무 명 등의 많은 "저자들"을 나열하기보다는 "대한 콘크리트 구조 연구회" 같은 집단이름으로 저자들이 표기되기를 원한다.

대부분 이런 연구논문의 저자들은 아주 작은 기여로부터 매우 중요한 공헌을 한 경우까지 다양하다. 따라서 이런 연구에서는 저자를 "집단명(group title)"으로 하고 그 집단의 구성원을 "제목 페이지"의 각주에 나열함으로써 해결할 수 있다. 또한 논문 후미에 있는 "감사의 글(acknowledgments)" 부분에 명시될 사람들도 따로 구별하여 미리 결정되어야 한다.

3. 저자들의 역할 분담

저자들을 일찍 정하는 것은 또 다른 실질적 효과가 있다. 결정된 예비 저자들은 논문 쓰는 일을 분담할 수 있다. 짧은 논문의 초안은 한 사람의 저자가 쓰는 것이 가장 좋겠지만, 길고 복잡한 논문에서는 일을 나누어야 할 경우도 있다. 예를 들어, 통계분석 부분은 저자들 중 통계학자에 의해 가장 잘 쓰여질 수 있다. 초기 원고부터 이처럼 일을 분담할 때에는 초안 완성일과 그것들을 모아서 하나의 통합된 원고초안으로 만들 사람에 대해서도 미리 합의가 이루어져야 한다.

4. 저자의 유형

저자를 다음과 같이 세 가지로 분류할 수 있다.

(1) 제1저자(first author 또는 primary author): 논문을 대표하며, 대개 해당 논문을 직접 집필하고, 내용이나 경과에 가장 공로가 많은 저자
(2) 교신 저자(corresponding author): 복수의 저자가 있는 경우, 투고로부터 게재까지의 과정에 대해, 투고된 원고에 책임을 갖고 접촉하고 응대하는 저자
(3) 유고 저자(deceased author): 원고의 투고, 심사, 출판과정에서 사망한 경우로 이때는 가족이 그 저자를 대신해서 서명해야 한다.

이 때는 death dagger (+) 즉, 원고가 출간되기 전에 사망한 저자에게 붙이는 기호를 사용하여 표시한 후 다음과 같은 성명을 기입한다.

+Dr. Sheng-Jin Chen, the primary author [또는 the first author] of this paper was killed tragically in an automobile accident on December 8, 2012.

+Died November 17, 2012.

+Deceased

어떤 한 개의 연구 논문에 2명의 연구자가 동시에 기여한 경우 제1저자가 2명일 수 있다(대개의 대학이나 연구소에서 논문점수를 평가할 때 4인 이상 논문에서 제1저자와 교신저자는 70점을 평가받을 수 있고, 나머지 저자들 30점을 평가받는다).

이 경우는 각각의 저자 이름에 별표(*)나 번호(1)를 윗첨자로 붙이고 아래와 같이 기입한다.

*C.W. Michalski and F. Selvaggi contributed equally to this work.
[1]Both authors contributed equally to this work.

Corresponding author가 2명일 때도 마찬가지로 해당되는 저자 각각에 별표나 번호를 윗첨자로 붙이고 다음과 같이 기입한다.

*Correspondence should be addressed to P.F. (peter.fraser@bbsdc.ac.uk) and S.M.G. (susan.gasse@fmu.ch).

부당한 저자 유형으로는 다음과 같은 저자들이 있다.

(1) 선물저자(gift author): 저자 자격이 없거나 부족한 연구자를 연구자와의 개인적인 친분으로 저자에 포함시켜 주는 경우
(2) 명예저자(honorary author): 기관이나 조직의 장이나 은사 등 윗사람을 저자에 포함시키는 경우
(3) 유령저자(ghost author): 연구에 매우 중요한 역할을 하였지만, 아랫사람이라는 이유로 저자에서 제외되는 경우
(4) 교환저자(swap author): 학문이 세분화되면서 같은 관심분야를 전공하며 서로 도움을 주는 다른 과 연구자와 서로 자기논문에 상대편을 저자에 포함시켜주는 경우, 특히 이를 상습적으로 할 때 교환 저자라는 용어를 쓴다.

심사 중에 있는 논문의 저자변경에 관한 규정(alteration to authorship or contributorship)에 있어서, 모든 국제 학술지가 현재 심사 중에 있는 논문에서 새로운 저자를 삽입하거나 기존의 저자를 제외시킬 수 없도록 규정하고 있다. 교신저자(corresponding author)도 교체할 수 없다. 또한 저자의 순서도 바꿀 수 없다. 만일 저자에 관한 사항이 바뀌면 새로운 논문으로 간주되므로 투고(submission) 단계부터 다시 시작해야 한다. 다만 예외적으로 모든 저자의 동의가 있을 때 저자의 변경, 삭제, 추가가 가능하다. 이때는 편집인(editor)에게 납득할 수 있는 정당한 저자변경 사유를 밝히고, 모든 저자가 동의한다는 내용을 보내야 한다.

국제편집인협의회의 공식 입장은 다음과 같다.

- 최초 투고(submission) 후의 저자변경은 반드시 모든 저자의 승인을 받아야 한다.
- 저자변경이란 저자추가, 저자삭제, 저자순서의 변경을 포함한다.
- 어떤 변경도 편집인에게 설명해야 한다.
- 편집인은 저자변경에 동의했는지 여부의 확인을 위해 저자와 접촉할 수도 있다.

■ 원고 투고(manuscript submission)

1. 학술지의 선정

맨 먼저 투고할 학술지를 선정해야 한다. 논문의 주제와 관련된 학술지는 여럿이 있으므로 얻어진 결과를 싣는 데 가장 적합한 학술지를 고르는 것이 중요하다. 일반적으로 말해서 분야면에서 관련이 깊고, 국제적으로 지명도가 높고, 그리고 많은 과학자들이 읽는 학술지에 투고해야 한다. 그 판단기준으로서 아래의 사항이 포함된다.

① 국제성(국제적 학술지에 속하는가?)
② 지명도
③ 독자층(좁은 범위의 전문가인가? 일반적인 연구자인가?)
④ 구독자 수
⑤ 게재의 난이도
⑥ 게재의 소요시간
⑦ 종합지인가? 전문지인가?
⑧ 학술지인가? 상업지인가?
등이다.

예컨대 많은 학자들 사이에서 오랫동안 현안이던 문제를 해결한 논문이라면 높은 국제적 지명도에 주목하여 선정해야 할 것이고, 한편 최근에 급성장하고 있는 공업에 관련된 화제라면 속보성에 주목하는 것이 중요하다. 아무리 생각해도 판단을 못 내리고 망설일 때는 동료나 지도교수의 의견을 참고하여 정하면 된다.

학술지의 게재 난이도를 어림짐작하도록 Thomson Institute for Scientific Information (Thomson ISI)사에서 학술지의 순위와 상대적 평가를 위해 제공하는 정량적 규칙을 이용할 수 있다. 이러한 규칙의 하나로 이른바 영향력지수(impact factor)가 있다. 대체로 학술지의 영향력계수와 거기에 게재되기 전에 행하여지는 교열의 완전성과 엄격함 사이에는 상관이 있다. 높은 영향력지수를 지닌 학술지에 게재되기 위해서는 투고 논문이 독창성, 중요성, 정확성 등의 질적 요인에 관한 지극히 높은 수준을 충족시키지 않으면 안 된다. 간단히 말하면 이 영향력지수는 그 학술지에 실린 논문이 어떤 특정년도 또는 기간에 인용되는 빈도를 반영한다. 그러나 영향력지수의 계산법에도 한계가 있으며, 이것이 연구자들에게 잘못된 인상을 줄 가능성이 있다는 점에 주의해야 한다. 그 한계는 데이터를 모으는 기간이 통상 수년이 걸리고, 또 데이터를 모으는 범위가 그 학술지와 관계된 특정분야 뿐만 아니라 모든 분야에 걸쳐 있다는 데 원인이 있다. 이것은 최근「화제가 된 논문(hot paper)」이 영향력계수를 바꿔 놓을 수 있는 가능성이 있음을 의미한다. 그러나 그렇다 하더라도 영향력계수는 투고하는 학술지의 격식에 대한 대략적인 평가를 내리는 데 도움이 된다.

요구받은 모든 자료, 즉 논문원고, 편지, 서류 등은 적당한 전자 파일(file)로 준비해서 그것을 website상의 파일에 보내거나, E-mail의 경우에는 편집위원 앞으로 편지에 첨부해서 보낸다. 송부한 후 얼마 지나지 않아 원고와 다른 자료를 틀림없이 받았다는 확인편지가 편집인으로부터 도착한다. 만일 오랜 시간이 지나도 저자에게 아무런 회답이 오지 않을 때는 논문을 받았는지의 여부를 편집인에게 문의하는 것이 좋다. 투고규정에 맞지 않게 작성된 논문은 심사과정에 들어가지 못하므로 회답이 오지 않는다. 다음의 American Concrete Institute 학회의 투고규정을 참조하라.

예 American Concrete Institute 학회의 투고규정

Author Guidelines and Submission Procedures for ACI Journal Manuscripts
Initial Submission
Final Submission
Discussions, Closures, and Errata
Initial Submission

ACI Publications Policy sets the principles for all ACI publications. The Author Guidelines below describe in detail the requirements for submission of manuscripts for the ACI Structural Journal and ACI Materials Journal.
Please submit your manuscript through Manuscrit Central at http://mc.manuscriptcentral.com/aci.

BASIS OF ACCEPTABILITY

ACI Journal manuscripts must be within the area of interest of ACI and further the knowledge in concrete materials, design, and construction; be original in authorship and publication; be based on adequate factual record; and be significant in data or treatment. Reviewers will evaluate the suitability of the manuscript for publication and state justification for publication.

The language of publication is English and the manuscript must be understandable and correct in spelling, grammar, and punctuation.

FORMATTING REQUIREMENTS

Please refer to the Sample ACI Journal Manuscript that can be used as a template.

Manuscripts that do not meet the Formatting Requirements (1 to 5) below cannot be processed for peer review.
Please submit a clean manuscript that does not show changes, corrections, or deleted material marked on.

2. 원고 투고규정

대부분의 과학 학술지들이 "저자들을 위한 투고규정(instructions for authors)" 란을 마련하여 그 학술지가 수용할 수 있는 논문의 총 쪽수, 표(table), 도해(figure), 참고문헌의 수 등의 제한을 설명하고 있다. 만약 논문의 최종원고를 준비할 때까지도 이 사항들을 잘 지키지 못하면, 마지막 순간에 원고 투고규정에 맞추기 위해 키보드 작업을 더 해야 하고, 이런 과정에서 생기는 실수의 위험도 감수해야 한다. "투고규정" 페이지에서 표나 도해의 수의 제한이 없을 때는 최근 해당 학술지에 발행된 논문들을 읽어 보고 본문의 단어 수에 대한 표, 도해의 수의 비를 계산함으로써 그 제한을 추측할 필요가 있다. 예를 들어, *Annals of Nuclear Energy*에서는 본문의 750단어(대략 double space로 인쇄된 3페이지 분량의 원고)마다 하나의 표나 도해로 제한한다. 이러한 제한을 미리 알아야 투고논문을 준비하는 마지막 단계에서, 혹은 편집인의 요구에 의해 표를 교정하고 도해를 빼는 번거로운 일을 줄일 수 있다.

■ 연구자료의 확보

과학 학술지에 실린 모든 논문들(연구논문, 사례보고, 종설, 혹은 사설)은 관찰 자료, 사례 기록, 사진, 출판된 논문의 인용 등의 여러 가지 자료와 증거를 가지고 그 결론을 뒷받침한다. 논문을 쓰기 위해 책상에 앉았을 때, 모든 필요한 증거를 가지고 있어야 하며 단지 기억에 의지해서는 안 된다. 이 시점에 모든 연구자료가 최종적인 형태를 가질 필요는 없다. 그러나 기억에 의해 참고문헌을 인용하는 것은 부정확하고 위험하다. 만약 연구계획서(protocol)를 준비하면서 일 년 전에 읽었던 논문의 내용을 요약해 놓은 카드나 노트로부터 고찰해 내려고 한다면, 최근에 발표된 새로운 지식과의 연관성을 알지 못할 수도 있다. 인용이 예상되는 논문의 복사나 별책(reprint 또는 offprint)들을 수집하는 것이 중요하다. 인용할 논문들을 전체적으로 소화하여야 하며, 그것을 초록이나 2차자료로부터 간접적으로 인용해서는 안 된다.

과학논문에서는 적절한 계획하에 수행된 중요한 자료를 가지고 결론적인 해답을 내리게 된다. 표로 만들어진 연구자료는 완전해야 하고 명확하게 작성되어야 한다. 표는 결론에 대한 증거로서 흔히 통계학적 분석결과를 포함한다. 초고를 쓰기 시작하기 전에 통계학적 분석결과가 얻어지지 않으면 후에 통계학적 분석결과에 맞추기 위해 초고의 내용을 크게 고쳐야 할지도 모르며, 이런 경우는 연구목적에 대한 결론을 사실상 얻기 힘들다.

과학연구논문에서 전형적으로 필요한 자료를 열거하면 다음과 같다.

- 인용될 논문들(요약노트가 아니라 복사본이나 별책)
- 연구 계획과 방법의 기술
- 서명된 동의서(informed consent)
- 통계학적인 분석을 포함하는 예비적인 표와 도해
- 사례 요약
- 연구소나 기관의 객관적인 기록
- 사례를 보여주는 자료(특수한 실험자료 등)
- 현장 사진과 사용허가서(사례 사진)

사건의 현장을 알 수 있는 사진을 사용할 때에는 그 책임 있는 기관으로부터 사용해도 좋다는 허락을 받은 서한을 취득해야 한다. 이미 출판된 도해나 자료를 인용할 때에는 저작권(copyright)을 소유하고 있는 출판사로부터 사용허가 서한을 취득하여야 한다.

종설과 사설도 어떤 해답을 제공할 목적으로 당면한 질문들을 분석적으로 그리고 비판적으로 본다는 점에서 연구논문과 유사하다. 이들은 대개 초대형식으로 쓰여지는데, 저자 자신이 고유한 취지를 가질 것인지 혹은 편집인의 요청에 따라 어떤 방향을 취할 것인지에 대해 편집인과 저자 사이에 확실한 사전 토론이 있어야 한다. 공동저자가 필요하다면 이의 가능성에 대해서도 알아야 한다. 그 논문이 논설이라면 자신의 이름이 저자로 출판될 것인가에 대해서도 확실히 하는 것이 좋다. 투고 마감시간에 대해 편집인에게 확인해야 하며, 출판조건에 대해 확실히 이해하여야 한다. 예를 들면, 동일분야 전문가심사(peer review)의 가능성이 있는지, 보내기만 하면 수정 없이 출판될 것인지, 원고료는 얼마인지 등에 대해 미리 알아보는 것이 좋다.

종설과 논설을 잘 쓰기 위해서는 중심적인 메시지에 대한 저자의 개념을 가능한 한 예리하게 하는 것이 중요하다. 초고를 써 나가기 전에 미리 윤곽을 잡고 중심 개념을 한 문장으로 기술할 수 있으면 좋다. 길이나 참고 문헌의 수에 대한 제한에 대해 알아야 하고, 표나 도해의 사용이 가능한지(가능하다면 그 수)에 대해서도 미리 알아야 한다.

과학논문의 결론을 뒷받침하기 위해 이미 출판된 논문의 사례사진을 사용할 경우에는 반드시 그 저작권(copyright)을 가진 기관으로부터 사용허가를 받아야 한다. 이런 자료들은 저작권에 의해 보호되어 저작권 소유자의 허가 없이 사용할 수 없으므로 논문 준비 초기부터 이런 허가서를 얻는 작업을 미리 시작해야 논문을 완성하는 데 차질을 피할 수 있다. 대부분의 과학논문들은 그 학술지의 발행인이 저작권을 가지고 있으며, 표 하나, 도해 하나를 인용하기 위해서도 허가서를 일일이 받아야 한다. 비록 자신이 게재한 논문에서 표나 도해를 인용하는 경우에도 그 논문의 저작권을 가지고 있는 편집인의 허가를 받아야 한다[자료인용 허가를 요청하는 편지의 예 참조]. 과학논문의 저작권이 저자에게 있다면 대개 그 저작권의 소유가 논문의 제목 페이지에 명시되어 있다. 영문 서적의 저작권 소유자는 "제목 페이지"의 다음 페이지에 나와 있다. 비록 저작권 소유자가 자료의 사용에 대해 허가서를 주었다 해도 저작권을 위임한 본래의 저자로부터 또한 그 사용에 대해 동의를 얻는 것이 윤리적으로 바람직하다.

개인적인 서한이나 아직 출판되지 않은 논문 등의 개인적인 의사소통(personal communication, 강의록 포함)도 역시 상대방으로부터 그 사용에 대해 허가를 받아야 한다. 개인적인 의사소통자료를 사전허가 없이 인용할 경우 당사자를 당혹케 하고 자극할 수 있으므로 허가서를 구하는 것이 예의이다.

다른 간행물로부터 문장을 인용하는 것도 저작권 소유자의 허가서를 필요로 할 수도 있다. 인용문이 전체 문장의 일부분이라면 허가서는 필요하지 않다. 만약 인용문이 원래 문장의 한 단락(paragraph) 이상이라면 허가서가 명백히 필요하다. 5개 이상의 연속되는 비교적 긴 문단을 인용할 때도 대부분의 학술지는 관대하게 허가서를 보내준다. 그러나 상업적 발행물의 경우, 비교적 짧은 인용문이라 하더라도 저작권 사용료를 청구하기도 한다.

예 이미 자신이 출간한 논문의 내용을 사용하기 위한 허가요청편지

October 6, 2012

Prof. Jason P. McCormick
Editor-in-Chief
Journal of Applied Physics
555 N. Kensington Ave. La Grange Park
IL 60526, USA

Dear Dr. McCormick:

We would like to quote some figures and tables of an articles published in 2009. The quotation is to be used in a paper entitled, "Radio Observations of NGC 6388: An Upper Limit on the Mass of Its Central Black Hole". We are preparing for *Current Opinions on Physics and Astronomy*. The reference for the article from which we wish to quote is as follows:
Chung Y-Y, Chon kM, Hong SH. Effects of Temperature on Chronicity Co-ordinates Over a 700 Degree Range. Journal of Applied Physics. 2009;116:465-71. Table 1 and Figure 3 of the reference are to be quoted. Acknoweledgements of permission to quote the articles will be given in our manuscript.

Thank you very much for considering this request.

Sincerely yours,

Yak-Yong Chung

Yak-Yong Chung
Professor
Department of Physics and Astronomy
Hankook University
Tel: 82-22100-9654 FAX: 82-2-2100-6952
E-mail: yyc@hankook.ac.kr

PERMITTED
October 10, 2012

Jason P. McCormick

■ 적절한 원고 작성방법의 선택

최근 들어 많은 과학학술지는 편집작업을 간편하게 하기 위해 워드프로세서(word processor)로 작성된 컴퓨터 파일을 요구한다. 이런 정보는 대부분 투고규정에 있으므로 이를 참고하면 되고, 미국에서 발행되는 학술지는 대부분 Word Perfect나 Microsoft Word에서 제작한 파일, 또는 순수한 text file의 형태를 요구한다. 우리나라의 경우 한글시스템과의 호환성이 문제가 될 경우가 있으므로 이를 잘 확인하여 문제가 없는 software를 준비해야 한다. 예를 들면, 한글 Windows로 제작한 file은 영문 Windows에서 운영하면 제대로 작동하지 않는 경우가 있으므로 원고를 작성할 때는 항상 영문 Windows에서 작업하는 것이 좋겠다.

■ 과학논문의 학술지 투고준비

과학학술지에 보낼 원고가 완성되면, 저자는 학술지에 있는 투고규정에 맞추어 원고와 도표를 준비하고 보관용 사본과 공동저자를 위한 추가 사본을 준비한다. 이때 여섯 항목이 필요하다.

① 원고에 첨부할 투고편지 준비
② 투고하는 학술지에서 요구하는 형식대로 모든 저자의 서명 수집
③ 원고에 첨부하여야 하는 모든 항목들의 정리
④ 동의서, 원고, 도표, 및 다른 서류들을 첨부
⑤ 워드파일의 원고를 CD 혹은 E-mail로 제출할 것인지 학술지의 투고규정에서 다시 확인
⑥ 원고의 발송

• 투고편지(covering letter, cover letter 또는 submission letter)

저자가 원고를 투고하려는 학술지의 편집인은 저자와 저자의 원고에 대한 정보를 필요로 한다. 저자는 학술지의 편집인이 원고를 검토하고 결정을 내리는 과정에 도움을 주는 추가적인 정보를 보내야 한다. 이러한 모든 정보는 투고편지에 포함되어야 한다. 의뢰서에 어떤 내용과 추가적인 정보를 포함시켜야 하는지는 학술지의 투고규정에 기술되어 있다.

• 원고의 확인

원고는 전체 제목과 모든 저자의 성명이 확인되어야 한다. 편집인은 기입되어 있는 모든 저자들이 최종 수정본을 검토하였으며 그 내용에 동의하는 것으로 간주한다. 어떤 학술지는 그러한 동의에 대한 명확한 서명서를 요구한다. 저자의 소속과 소속 기관명은 의뢰서에 기입할 필요가 없으며 "논문 제목페이지(title page)"에 적는다.

• 원고의 서술

만약 원고의 내용이 복잡하여 원고의 제목이 그 내용을 충분히 요약하지 못한다면 내용을 투고편지에 자세하게 서술할 수 있다.

그 학술지가 원저(research article), 연구 단신(brief communication), 종설(review article), 사설(editorial) 등의 다양한 형태와 형식의 논문을 출간한다면 편집인이 처음 원고를 검토해 볼 때 적합하게 분류될 것이다. 저자가 학술지의 투고규정이나 원고를 작성하기 전에 학술지의 내용을 검토해 보면 적합한 분류를 결정할 수 있다.

• 이중게재(duplicate publication)

전문 학술지는 출판하는 데 비용이 많이 들기 때문에 편집인은 학술지에 가능한 한 최신 정보만을 게재할 수 있도록 한다. 편집인은 과학연구로부터 얻은 동일하거나 매우 유사한 결과를 기술하는 논문들이 참고색인을 번잡하게 만드는 것을 방지할 윤리적인 의무를 가진다. 이와 같은 이유로 저자는 서면에 "논문의 내용과 논문의 전체 혹은 일부가 이미 출간되지 않았다는 것과 다른 학술지에 제출하지 않았다는 것"을 명시하여야 한다.

투고된 원고내용의 일부분이라도 출간되었지만 내용의 재출간이 필요하다고 생각하면 학술지의 편집인에게 그 필요성과 중복되어 있는 내용에 대하여 상술한다. 원고는 오직 한 학술지에만 제출되어야 하며 게재불가 통보를 받기 전에는 다른 학술지에 제출하여서는 안 된다. 저자가 다른 학술지에 동시에 제출하여 게재허가를 받았기 때문에 게재철회를 요구하면, 그 원고를 검토하고 진행하는 데 시간과 노력을 낭비한 것에 대해 편집인으로부터 배상을 청구받는다. 이런 방법으로 조금 더 빨리 허가를 받아서 시간을 절약하려는 것은 신용을 잃을 수 있다. 서면에는 원고가 오직 한 학술지에 제출되었고 다른 학술지에 제출되지 않은 것에 대한 문장이 포함되어야 한다.

• 소유권 분쟁

어떤 학술지는 의뢰서에 적합하게 고안된 연구의 객관적 보고와 재정적 혹은 계약관계에 있는 기관의 이권 사이에 저자들 간에 실제적 혹은 발생 가능한 이해관계의 분쟁에 관해 명시할 것을 요구한다. 이러한 종류의 정보는 개별적인 형식으로 명시해야 한다. 이러한 요구들은 학술지의 투고규정에서 다시 확인해야 한다.

• 출간의 조건

학술지로부터 게재 승낙을 받아 논문이 출간될 때 저자는 어떤 조건을 제시할 수 있다. 예를 들어 6월에 출간예정된 논문을 5월에 전문집담회에서 논문의 내용을 발표할 수 있으며, 아직 출간되지 않은 내용을 발표하게 된 것에 대해 집담회의 정책에 감사해야 한다는 내용을 "감사의 글" 부분에 기술한다. 그러므로 필요하면 저자는 원고가 게재허가를 받았더라도 언제 출간되는지를 편집인에게 문의해야 한다. 저자는 원고가 학술지에 출간된 후에도 학술지 편집인으로부터 학술회의의 회보에 재출간을 허락하는 승인을 받아서 학술회의의 회보에 게재하여 충분한 토론이 되게 할 수 있다. 이러한 상황들은 편집인에게 미리 설명하여 원고의 검토에 필요한 시간, 출판 일정들이 저자의 요구에 맞도록 결정할 수 있게 한다. 컬러 도해의 경우 저자는 게재가 승낙되면 흑백 대신에 컬러로 게재하도록 요구할 수 있으나, 컬러도해의 경비는 매우 비싸므로 고려해야 한다.

• 저작권(copyright)

대부분의 과학 학술지는 논문이 투고되거나 게재 승낙이 되었을 때 저작권을 저자가 학술지로 이전하기를 요구한다. 만약 저자가 국가고용인의 신분으로서 원고를 작성했거나, 혹은 저자가 원고 작성 시에 어떤 기관의 고용원으로서 저작권이 사립조직의 재산이라면 저자는 이러한 두 가지 경우에 저작권을 이양할 수 없다. 만약 저자가 이러한 두 가지 경우 혹은 다른 이유로 저작권을 학술지에 이양할 수 없다면 그러한 내용을 편집인에게 통고하여야 한다. 어떤 학술지는 저작권이 이양되지 않으면 논문 게재를 승낙하지 않는다.

• 선택적 출간의 내용

지나치게 많은 수의 표나 도해를 사용한 원고는 매우 길어질 경우가 있으나 저자가 그 내용이 독자들에게 유용할 것이라고 생각하면, 저자는 출간된 원고에서 삭제된 부분의 내용을 관심 있는 독자들이 볼 수 있도록 편집인에게 요구할 수 있다. 학술지는 저자들에게 원고의 출간호에 포함되어 있지 않은 표 혹은 다른 내용들을 독자에게 제공하도록 허가하며, 이러한 내용들은 또한 학회의 웹사이트에 게시될 수 있다.

• 심사위원에 대한 저자의 제안

대부분의 편집인들은 각 분야의 전문가들로 능력 있는 심사위원들의 명단을 확보하고 있다. 그러나 이러한 심사위원들은 매우 전문화된 어떤 주제에는 적합하지 않을 수 있다. 만일 원고의 내용이 어떤 학술지에 자주 다루어지지 않는 내용이라면 원고의 내용에 중요한 판단을 할 수 있는 전문가를 심사위원으로 추천할 수 있다. 그렇게 하기 위해서는 추천한 심사위원이 어떠한 방법으로도 원고의 작성에 참여하지 않았고, 투고 전에 원고를 읽어 본 적이 없으며 그 원고에 불공정한 편견을 줄 수 있는 친분관계가 아니라는 것을 편집인에게 확인시켜야 한다.

저자의 연구분야가 매우 경쟁적인 분야라면 저자는 경쟁자가 그 내용의 출간을 방해하거나 숨기려고 할 수 있다고 느낄 수 있으므로 경쟁자가 심사하지 않도록 요구할 수 있다. 저자는 편집인에게 지정한 사람을 심사위원으로 추천하지 않을 것을 정당히 요구할 수 있다. 그렇지만 저자의 원고 심사과정에서 약점을 찾아내지 못하도록 의심을 받을 정도로 많은 수의 심사위원을 제외시키기를 요구해서는 안 된다.

• 책임저자(corresponding author)

투고 논문에는 누가 편집인으로부터 교신 및 전신을 받을 것인지에 대한 기술과 누가 원고의 교정을 책임질 것인지를 명시해야 한다. 항상 그렇지는 않지만 흔히 이 두 사람이 동일인일 수 있다. "제목 페이지"란에는 책임저자의 이름, 주소, 전화번호를 기재해야 하고, E-mail 주소, fax, telex를 포함시켜야 한다. 책임저자가 긴 휴가나 업무상 외유, 안식년 등의 사정이 있을 때는 또 하나의 다른 책임저자를 주소 및 전화정보와 함께 명시해야 한다.

• 원고처리의 비용

어떤 학술지는 투고규정에 명시되어 있는 대로 원고의 검토와 심사에 대한 비용을 요구한다. 학술지가 원고와 비용을 같이 받기를 요구하면 투고편지를 쓸 때 수수료 송금수표가 송부되어야 한다.

• 투고논문에 첨부하는 여러 가지 서류

어떤 학술지는 투고된 원고에 합당한 특정 형식의 서류를 동봉할 것을 요구한다. 이러한 서류는 저작권 이전서류, 원작자 확인서류, 실제 혹은 가능한 저자권의 분쟁에 관한 서류 등을 포함한다. 투고논문에 이러한 서류들을 포함하도록 학술지의 투고규정에 명시되어 있다. 저자는 원고작성을 시작하기 전에 학술지의 투고규정에서 그러한 요구들을 확인하여야 한다. 만일 그렇지 않았다면 지금이라도 확인해야 한다.

투고원고를 준비한 뒤에 최종적으로 확인해야 할 사항은 다음과 같다.

① 투고원고 목록(manuscript list)

원고 이외에 편집인에게 보내야 할 것들이 있다. 반드시 보내야 할 목록과 어떤 상황에서만 필요한 목록들이 투고원고 점검표에 기술되어 있다. 예를 들어 word processing file로 원고를 요구하는지 등의 원고의 목록에 대한 학술지의 투고규정을 확인해야 한다.

a. 투고편지
b. 학술지가 요구하는 원고(manuscript): 도해는 각 set 별로 개별 작성.
c. 저작권 이전서류(transfer-of-copyright form): 의뢰서에 저작권 양도를 명시하지 않았을 때
d. 투고원고와 관련된 원고 혹은 논문
e. 사례의 사진을 게재하는 승낙서, 미출간된 발표의 인용 허가서, "감사의 글" 부분에 기술하기 위한 허가서

② 주소 확인

투고원고가 보내질 곳의 정확한 E-mail 주소를 확인하고 확실하지 않다면 학술지의 투고규정을 점검해야 한다. 간혹 어떤 저자들은 학술지의 광고회사나 출판사로 원고를 잘못 보낼 때가 있다. 이 회사들은 편집인 사무실과 같은 위치에 있지 않을 경우가 많다.

2부

영문과학논문을 학술지 투고규정에 따라 작성하는 방법

CONTENTS

01 투고편지(covering letter, cover letter, submission letter) 쓰기

대부분의 국제학술지는 저자의 책임기준(standards on authors' responsibilities)을 채택하고 있다. 여기에서는 투고원고에 첨부하는 투고편지(covering letter, cover letter, submission letter)에

1. 이전에 그 논문의 내용의 일부를 보고한 적이 있는가, 다른 학술지에 동시에 같은 원고를 보냈는가.
2. 분쟁의 씨앗이 될지도 모르는 연구비와 그 외의 저작권에 관련된 사항
3. 모든 공저자가 원고를 읽고 동의하고 있는가에 대한 확인
4. 이 투고논문에 대한 연락을 받을 저자의 지정과 그 연락처

등을 명기하도록 정하고 있다[투고편지 예 참조]. 공동 연구자는 그 논문에 대해 공동 책임을 지지 않으면 안되므로, 의견의 불일치가 없도록 조정하여 두어야 한다. 또한 투고원고의 저자들은 다음과 같은 의무를 가진다.

1. 저자에 의해 실제로 이루어진 연구를 보고해야 한다. 도달한 결론과 일치하는 내용만 보고하고 일치하지 않는 것은 생략한다거나, 저자에 의해 데이터가 조작되거나 부당하게 취급되지 않았는가를 확인해야 한다. 만약 어

떤 데이터가 보고에서 제외된 경우에는 이것을 자세히 설명해야 하며, 다른 자료에서 인용한 미발표의 데이터는 그 발췌처를 명기해야 한다.

2. 다른 연구자의 연구와 정직한 관계를 가져야 하며, 다른 연구자의 연구와 상반되는 증거를 무시해서는 안 된다.
3. 연구 윤리의 기준을 지킨 사실과 심사위원회에서 동의 절차를 밟고 있음을 명확하게 기술해야 한다.

이 가운데 조작에 대해서는 저자가 아니라 연구책임자 자신에게도 문제가 있다. 또한 연구의 주제에 따라 논문의 결론이 소속기관의 견해를 의미하지 않는다는 양해를 각주를 달아 명시해 둘 필요성이 있다. 또한 이미 발표된 논문의 재발표 및 동일한 논문을 다른 학술지에 동시에 보내는 문제에 대해서도 언급해야 한다.

NOTE 2-1 • 투고편지(cover letter 또는 submission letter) 작성요령

1. 이전에 그 논문 내용의 상당 부분을 보고한 적이 없고, 다른 학술지에 동시에 같은 원고를 보내지 않았다는 확인
   - 예 Neither the entire paper nor any part of its content has been published or accepted by another journal.
   - 예 The paper is not being submitted in its entirety or in part to any other journal.
   - 예 The manuscript has never been published before, nor is it under consideration for publication elsewhere.
2. 분쟁의 씨앗(conflict of interest)이 될지도 모르는 사항과 모든 공저자가 원고를 읽고 동의하고 있는가에 대한 확인 기술
   - 예 All authors have read and approved the manuscript.
   - 예 We confirm that there is no conflict of interest to disclose.
   - 예 This study was approved by the Institutional Review Board of Korea University.
3. 이 투고논문에 대한 교신저자와 그 연락처를 기입

편지는 양쪽 정렬하며, 줄 간격은 1.0x 내지 1.5x로 한다.

예 Covering letter

April 27, 2013

Anne Bindslev, PhD
Editor-in-Chief
Scandinavian University Press
PO Box 3255, S-103 65
Stockholm
Sweden

Dear Dr. Bindslev:

We have recently obtained some data on atmospheric turbulence. The title of our manuscript is "Characteristics of Atmospheric Turbulence Near the Ground." The manuscript consists of 16 pages of text, 2 tables and 3 figures.

The manuscript has been written according to the guidelines provided by the *ECI Structural Journal*. All authors have read and approved the manuscript. The manuscript has never been published before, nor is it under consideration for publication elsewhere.

We thank you in advance for your concern.

Sincerely yours,

Sun T. Kim

Sun T. Kim, PhD
Professor
Department of Architectural Engineering
Dokdo National University
Tel 82-2-2072-2446 Fax 82-2-2072-2448
stkim@gmail.com

■ 과학논문 원고의 형식(manuscript format)은 다음과 같다.

Title page (TAIMRAD structure)	제목 페이지
Abstract	초록
Body of Text (IMRAD format)	본문
Introduction	서론
Materials and Methods	연구 재료 및 방법
Results	연구 결과
Discussion	고찰
(Conclusion or Summary)	
Acknowledgements	감사의 글
References	참고문헌
Legends for Figures	도해 설명문
Tables	표
Figures	도해

02 제목 페이지(title page)와 논문제목 만들기

■ 제목 페이지(title page)

논문제목을 분명하게 만드는 것은 가능한 한 자세하게 논문의 내용을 묘사하는 것이다. 초고를 처음으로 쓸 때 그 제목은 아마도 완벽하지도 않고 정확하지도 않을 것이다. 초고를 두세 번 수정하면서 초고의 본문에서 어떤 부분이 생략될 때 그때의 논문 제목은 본문의 내용과 달라져서 부정확하게 될 수 있다. "A Study of …"와 "Observations on…"와 같은 진부한 표현은 쓰지 않는 것이 좋다.

내용의 일부를 부제목으로 옮김으로써 굉장히 긴 제목을 이해하기 쉽게 만들 수 있다. 글자와 빈칸을 모두 포함하여 100자 이상되는 제목은 너무 긴 제목이다. 많은 과학학술지가 독자들이 논문을 쉽게 읽을 수 있도록 아주 짧게 만든 제목을 삽입하고 있다. 각 페이지의 맨 위에 그 논문의 내용을 표현하는 이 난외표제(running title)는 글자나 공간을 모두 포함하여 45자를 초과하지 않는 것이 좋다. 이 단축제목 안에 있는 단어는 그 논문의 제목으로부터 선정해야 한다[난외표제 작성요령 참조].

NOTE 2-2 • 난외표제(running title; running head or running foot) 작성요령

학술지의 page top이나 bottom에 한 page에 한번씩 또는 두 page마다 한번씩 나타나는 short phrase (space를 포함하여 45 character 미만)의 제목을 난외표제라고 한다.

작성 요령 [1] 논문제목 중에 있는 연구대상은 대개 삭제함
[2] 논문제목 안에 있는 주요단어(명사)를 한 개 또는 두 개 선택함
[3] 주요단어를 두 개 선택한 경우 적합한 전치사 또는 "and"로 연결함

예 1) Full title: The Modified Compression-Field Theory for Reinforced Concrete Elements Subjected to Shear Strength → Running title: Theory for Concrete Elements

예 2) Full title: Quasi-Continuously Pumped Sub-nanosecond Highly Doped Nd:YAG Oscillator-Amplifier Laser System in Bounce Geometry → Running title: Quasi-Continuously Pumped Laser System

예 3) Full title: A Non-linear Theory of the Parallel Firehose and Gyrothermal Instabilities in a Weakly Collisional Plasma → Running title: Theory of Firehose and Gyrothermal Instabilities

저자로 기술된 모든 연구자는 완성된 초고를 주의깊게 읽고, 인증해야 한다. 어떤 저자는 모든 권한을 책임저자에게 일임할 수도 있다. 그러나 대부분의 학술지는 모든 저자들이 투고한 논문을 인증하는 것을 확인하는 서명을 제출하도록 요구하고 있다. 저자들의 서명은 학술지에 원고를 투고할 때 혹은 인쇄소로 심사완료된 원고가 이송될 때 법적으로 요구된다.

저자 수 늘리기도 최근 수십 년간 기하급수적으로 증가하고 있으며 이 중에는 무자격 공저자들이 많이 포함된다. 과장이나 자기 분야의 원로를 항상 포함시키는 등 예우를 위한 경우가 가장 많고, 친지나 동료 등에게 선물의 의미로서 포함시켜주는 경우, 또는 한 팀이라는 이유로서 연구에 참가하지 않은 동료 전원을 공저자에 포함시키는 경우 등이 있다. 최근에는 세부전공이 보편화되면서 연구부서 사이에, 연구원 사이에 저자를 교환하는 교환저자(swap author)가 증가하고 있다. 무자격 공저자가 포함되는 것은 일종의 사기로서 저자됨의 권위를 손상시키며 아울러 지적인 정직성에 의문을 갖게 한다.

국제적인 저자 기준에 의하면 저자 또는 공저자는

1. 연구의 개념설정, 디자인, 자료획득, 분석과 해석
2. 초안 작성, 지식적 내용을 포함하는 논문 수정
3. 출간을 위한 마지막 점검

세 가지 작업에 모두 참여하여야 한다.

한편 그 논문의 제작 과정 또는 대상과 관계가 있으나 저자의 자격이 없는 경우는 연구자와 같은 팀의 구성원, 소속 과장, 연구실 또는 실험실의 책임자, 증례를 제공해준 사람, 일상적인 일과로서 해당 사례의 각종 기록을 작성한 사람 등이다. 위의 저자 기준에 합당한지를 조사한 어떤 보고에 의하면 전체적으로 68%의 저자만이 조건에 합당하였고, 제1저자와 제2저자의 경우에 비해 기타 저자의 경우에 부적합 저자가 많았다. 또한 미국의 저자가 다른 외국의 저자에 비해 합당한 저자의 비율이 높았다. 이들은 필요에 따라 "감사의 글(acknowledgments)"에 표기함으로써 충분히 알리고 감사의 표시를 할 수 있다. 일반적으로 저자의 표기 순서는 논문의 작성에 가장 역할이 컸던 사람이 제1저자가 되는 경우가 많으나 원고의 초안을 작성한 사람이 제1저자가 될 수도 있다. 연구 감독자(supervisor)는 제1저자가 안 되는 경우 끝저자가 된다. 이들 중 한 사람이 교신저자(corresponding author)가 되며 나머지 저자들은 기여도에 따라 제2, 제3저자가 된다.

저자가 근무하고 있는 기관이나 연구소에서 담당하고 있는 일을 수행하면서 그 내용의 일부로서 논문을 쓴 경우에는 원고의 "제목 페이지"에 그 원고내용이 저자들의 근무기관이나 연구소 또한 그 고용주에게는 아무런 책임이 없다는 서약을 기술해야 한다. 만약에 저자들이 이러한 서약문을 어떻게 작성해야 할지 모를 때에는 저자들의 근무기관의 책임자와 상의하여 서약문을 작성할 수 있다.

한편 어떤 과학학술지는 이러한 서약 내용을 "감사의 글(acknowledgments)"란에 기술하도록 하고 있으므로, 자신이 투고하고자 하는 과학학술지의 "저자 투고규정"을 다시 확인할 필요가 있다.

예 제목 페이지 예

Permeation Properties of Self-Consolidating Concretes With Mineral Admixtures

Seok C. Hong, MS, PhD,[1] Perry A. Debar, MS, PhD,[2] Benjamin J. Browing, BsCE, MSCE,[3] Peter R. Jarin, MSc, PhD,[4] and Gil D. Hong, MS, PhD[4]

[1]Department of Civil and Environmental Engineering, Sungkyunkwan University, Seoul, Korea
[2]Department of Civil Engineering, St. Louis Unversity, St. Louis, MO, USA
[3]Department of Civil Engineering, Construction and Environmental Engineering, Bradley University, Bradley, CA, USA

Presented at the ANS 2012 Annual Meeting & OT EXPO, September 22-25, 2012

Correspondence: Gil D. Hong MS, PhD.
Professor
Department of Civil and Environmental Engineering,
Sungkyunkwan University
53 Myoungryun-Dong Chongro-Gu
Seoul, 110-744, Korea
Tel: 82-2-760-2447, 2448, 2446
Fax: 82-2-745-9945, 2387
E-mail: gdhong@plaza.su.ac.kr

■ 논문제목 만들기

논문의 제목(title)은 매우 중요한데, 그 제목에 의해 그 논문이 읽혀서 인용이 될 것인지 아니면 영원히 잊혀진 논문이 될 것인지가 결정된다고 해도 과언이 아니다.

논문제목을 먼저 만들고 논문의 초고를 쓰기 시작할 수도 있지만, 물론 최종 제목은 논문이 완성될 때까지 미루었다가 신중하게 작성해야 한다. 논문 자체를 다 읽는 독자는 제한되어 있지만, 수많은 독자들이 제목은 읽는다는 것을 잊지 말아야 한다.

논문제목 작성요령

좋은 제목의 특징은 정확하고 완전하며 구체적이고, 명확하고 간결하며, 주요한 단어가 먼저 나타난다는 점이다. 제목을 아래 네 조건에 따라 판단하면 바람직하고 좋은 제목을 만들 수 있다.

1. 제목이 주제를 정확하게 나타내고 있는가?
2. 결과 전체가 함축되어 있는가?
3. 독자가 이해하기 쉽게 되었는가?
4. 가능한 간결하게 표현하였는가?

논문제목을 작성할 때의 주의사항은 다음과 같다.

1) 가능한 최소의 단어 수로 정보를 제공한다. 제목은 영어 글자와 자간 공간을 포함하여 100자 정도이며 8 내지 12단어가 최적이다.
2). 필요하다면 콜론(:)을 사용하여 부제목과 함께 나타낸다.

- Rigidity-plasticity-viscosity: Electrorheological dampers protect base-isolated structures from near-source ground motions

그러나 논문제목을 설정할 때 특수한 경우가 아니면 가급적이면 부제목을 사용하지 않도록 한다. 부제목을 사용하면 할수록 습관이 되어 논문 작성에서 가장 어려운 과정인 제목설정에 고심하지 않게 되고 제목 또한 길어진다. 이것은 바람직한 논문작성법에서 벗어난 행위이다. 연구자는 간결하고 짧게 논문제목을 만들도록 평소에 문헌을 검색할 때 좋은 제목을 기록하고 정리하여 참고하는 습관을 가져야 한다.

3) 해설논문에서 전반적인 것부터 세부적인 내용까지 함께 언급하는 경우에 콜론(:)과 세미콜론(;)을 함께 사용하기도 한다.

- Reinforced concrete for highway bridge: Strength-behavior interactions under prestressed conditions; beams prestressed with unloaded tendons; and ultimate stress in continuous members

4) 주제어(key word)를 사용하여 제목을 작성하되 주요 단어를 가능한 한 앞쪽에 배치하여 독자로 하여금 관심을 갖게 한다.

- Viscoelastic damper and supporting stiffness under variable critical excitations

이 연구에서는 Viscoelastic damper가 중요한 주제이므로 앞쪽에 배치하여 이것을 강조하고 있다.

5) 중요한 단어와 구로 시작하되 내용 전달에 불필요한 단어의 사용을 피한다. 즉, 제목에 다음의 어휘를 사용하지 않는 편이 좋다.

Results on~, Studies on~, Investigation on~, Observation on~, Notes on~, A report on~, A discussion of~, A study of~, A consideration of~, Some aspects of~, The investigation of~

아래의 사례에서 보는 것처럼 위에서 언급한 단어를 제거하면 제목이 훨씬 간결하다.

- **Some observations on** seismic strengthening of reinforced concrete frames by precast concrete panels에서 'Some observations on'을 삭제한다.
- **On the** microreactor physics of MOX-fueled core에서 'On the'를 삭제한다[맨 앞에 있는 정관사는 제목에서 생략하는 것이 통례이다].
- **The** effect of space-dependent self-shielding on doppler reactivity calculation for thermal reactor cells에서 정관사 The를 삭제한다.

논문투고자는 논문을 투고할 때 이러한 주의사항을 세밀하고 주의 깊게 이해해야 한다. 심사자는 이러한 주의사항을 무시하고 제출한 투고논문을 접했을 경우에는 논문저자가 이 학술지를 평소에 구독하지 않은 연구자이거나 또는 주의력이 부족한 과학자로 판단하고 논문심사에 임할 수도 있다. 외국 유명 학술지에 게재된 논문의 저자들은 그 분야에서 수십 년 동안 연구와 학술지를 구독해 온 과학자들이다. 논문출판 경험이 부족한 논문투고자는 이러한 출판문화에 익숙해져야 한다.

6) 제목은 정확성, 명료성 그리고 간결성을 지녀야 한다.

- Fabrication and microstructure characterization of Ti_3SiC_2 synthesized from Si_2O_3 powder using the pulse discharge sintering technique

이 제목은 새로운 공정을 이용하여 어떤 원료로부터 소결제품을 제조하고 물질의 성질을 평가한 논문으로 독자에게 매우 긴 내용을 전달하고 있다. 독자가 새로운 공정을 이용하였다면 제품에 대한 성분평가는 당연히 이루어진 결과를 예측할 수 있다. 따라서 위 제목에서 시작 단어인 'Fabrication and microtstructure'를 생략하여, 원료와 제품의 조성에 대한 표현을 하나로 함축하여 간결하면서도 정확한 의미를 전달하는 편이 좋겠다.

7) 같은 주제를 여러 편의 논문으로 출판하는 경우, 연속적인 번호(I, II, …… 또는 1, 2, ……)를 사용하지 않는다. 각각의 논문을 독립된 제목으로 발표하기를 권장한다.

① Strong winds in the atmosphere bowndary layer. Part I: Mean-hourly Wind speeds

① Strong winds in the atmosphere bowndary layer. Part II: Discrete gust speeds

①과 ②는 동일 저자가 출판한 논문이다. 저자는 ①을 작성하여 투고할 때 차후 발표할 새로운 논문인 ②를 생각하고 I의 번호를 사용하였다. 만약 I의 논문만 출판된 상황이라면 독자는 II의 출판도 기대하겠지만 II가 어떤 학술지에 그리고 언제 게재될지 모른다. 또한 뜻하지 않은 이유로 인하여 I의 논문의 후속연구인 II가 게재거부될 수도 있으며, 논문 심사 시 문제가 제기되거나 게재가 거절되어 학술지에서는 I만을 볼 수 있는 경우가 있다.

8) 널리 알려져 있지 않은 약어 또는 표준화되어 있지 않은 약어, 화학식 등은 제목에 사용하지 않는다.

- Comparison between structural parameters of PF carbon from XRD and HRTEM techniques

PF는 Phenol formaldehyde, XRD는 X-ray diffraction, HRTEM은 High resolution transmission electron microscopy를 나타낸다. 재료관련 연구자들에게 XRD, HRTEM은 잘 알려져 있으나 carbon 재료를 모르는 사람에게 PF 약자는 새롭다. 이 경우에 서론과 초록에서 약어들을 설명하고 있으나 제목에서의 약어사용은 바람직하지 않다.

PF를 검색어로 논문검색에 사용한다면, Packet Filter, Photon Factory, Pedafofical Framework, Potential Field, Precipitation Filter, Pseudomonas Fluorescens, Personnel Feature, Plug Flow, Polyfluorene, Preferential Flow 등 관련 논문들이 검색되기 때문이다. 이렇게 논문검색 시의 정보 혼돈을 줄이기 위해서 일반적으로 검색을 할 때에는 전체 단어를 사용한다. 따라서 제목에 약어사용은 피한다.

NOTE 2-3 • 논문 제목 작성 요령

1. 정확하고 구체적인 용어를 사용한다.
2. 약어, 상품명은 사용하지 않는다.
3. 논문제목의 standard form은 "Effect(s) of X on Y in Z"이다.
4. Subtitle을 사용할 때는 main title과 subtitle 사이에 colon을 찍는다.
   (main title = general topic, subtitle = specific topic)
   이때 colon은 전치사[of]를 대신하게 된다.

   예 Effect of Ligand backbone ring size of manganase II complexes pyridyl-appended diazacycloalkanes on catalytic olefin oxidation in the TCA cycle
   [이 제목에는 of~구가 두 개 중복되어 있어서 좋지 않은 제목이다]
   Lignad backbone ring size of manganase II complexes pyridyl-appended diazacycloalkanes: Effect on catalytic olefin oxidation in the TCA cycle
   [콜론을 사용하여 of~ 구를 한 개로 만듦으로써 세련된 제목이 되었다]

논문 제목 작성방법에는 세 가지가 있다: (1) 문장으로 표현하는 방법: 현재시제로 만듦, 조동사 불필요함, 평서문으로 만듦, (2) Colon을 사용하는 방법, (3) Standard form.

9) 문장으로 제목을 만들 수도 있다. 문장인 경우 ① 현재시제를 사용한다. ② 가능성 조동사(can, could, may, might 등)는 사용하지 않는다. ③ 가급적 평서문으로 작성한다.

- Seismic drift and ductility depend on ground motions.
- Uncertainties influence the performance of passive systems.

논문제목에서 허용되는 공인약어(standard abbreviation)는 다음과 같다.

1) 널리 사용되고 있는 약어 예: LAN (local area network), DNA (deoxyribonucleic acid), NASA (National Aeronautics and Space Administration)
2) 측정단위 예: pH, °C
3) 긴 복합전문용어

예) MOPP (mechlorethamine, oncovin, procarbazine, and prednisone의 합성약어)는 아주 긴 복합전문용어이므로 제목에 사용하는 것을 허락한다. 그러나 이 용어가 본문에 처음 나타났을 때 정의해야 한다.

▶ 과학논문에서는 경칭(honorific), 과학전문용어(scientific term) 등의 약어에 마침표를 찍지 않는다.

예) M.H.C → MHC Ph.D. → PhD *E.* coli → *E coli*

그러나 만들어 놓은 약어가 의미를 갖는 보통명사(common noun)가 되면 마침표를 찍는다. Fig 2는 "무화과 나무 2번"이라는 의미로 해석된다. 따라서 Fig. 2로 기술해야 한다. sample No 7은 "시료 아니오 7번"이라는 의미로 해석되므로 sample No. 7로 기술해야 한다.

논문 제목이나 Table 제목에서 대문자와 소문자의 사용 원칙

다음과 같은 사항을 적용하여 대문자와 소문자를 구분하여 제목을 작성한다.

원칙적으로 모든 단어를 대문자로 사용한다. 그러나 다음과 같이 중요하지 않은 단어(minor word)는 소문자로 한다.

1) 관사(a, an, the)
2) 등위 접속사(and, or, but, for)
3) 세 글자 이하의 전치사는 소문자로 한다.

그러나 as는 전치사일 경우에는 소문자, 접속사일 경우에는 대문자를 사용한다. 전치사 중에서 네 글자 이상인 것, 예컨대 after, around, because, between, through, until, without 등은 대문자를 사용한다.

4) 접두사와 접미사 관계에서 접미사는 소문자로 한다.

예) Intra-cluster Medium / Anti-slide Piles
Extra-atmospheric Stellar Magnitude / Intra-arc Regions

5) Single word로 간주되는 복합어는 뒤에 있는 단어를 소문자로 한다.

예) X-ray Pulsars / Follow-up Studies
Cost-effectiveness Analyses / Long-term Treatment

예) Dust Formation Around Evolved stars
Dust Grain-Size Distributions and Extinction in the Milky Way
Time-Dependent Atmospheric Structure of 4 M-Type Model Series
Characterization of Drying-Induced Deformation Behavior of Opalinus Clay in No-stress Regime
Pulselike Character of Blackbody Radiation From Neutron Stars

관사, 전치사, 등위접속사도 문장 맨 앞에서는 물론 대문자로 쓴다.

제목에 쓰이는 용어의 나열 순서

제목에 쓰이는 용어의 나열 순서는 독자가 학술지의 목차페이지를 훑어보다가 그 논문을 들여다보게 하는 데 영향을 미친다. 일반적으로 논문 제목의 첫 머리는 가장 중요한 단어로 시작되어야 한다.

Prehistoric Herders in the South-Western Cape of South Africa: An Isotopic Analysis of Sheep Tooth Enamel (이 제목은 독자의 관심을 끄는 연구대상을 앞에 두었다. 아래의 제목에 비해 강한 느낌을 준다.)

An Iostopic Andlysis of Sheep Tooth Enamel for Prehistoric Herders in the South-Western Cape of South Africa

실험논문은 아직 결정되지 않은 의문에 대한 답을 제시한다. 예를 들어 이전에 수컷 생쥐에서만 연구된 화학물질에 대해 새로이 암컷 생쥐에서의 생리학적 현상을 규명하고자 할 때 논문제목에 연구대상집단을 언급할 필요가 있다. 따라서 논문제목 속에 연구대상의 동물 종을 제시하는 것이 바람직할 수도 있다.

제목의 구조

제목은 거의 모두가 다음 세 가지 중 한 가지 구조를 가지게 된다.

- 하나의 연속된 제목
  First and Second Law Analyses of the Laser Cutting Process in Relation to the End Product Quality

- 주제목 뒤에 콜론을 찍어 부제목(subtitle)을 사용하는 구조
  Competitive Hydrogenation of Alkyl-Substituted Arenes by Transition-Metal Nanoparticles: Correlation With the Alkyl-Steric Effect

- 문장을 사용한 논문제목
  Approximate Methods Solve the Monoenergetic Boltzmann Equation.

최근에 게재된 논문들의 제목을 조사해 보면 그 학술지에서 요구하는 제목의 구조를 추정할 수 있다. 어떤 학술지에서는 위에서 기술한 세 가지 이외의 유형의 제목을 받아들이지 않는다. 두 번째 유형의 제목은 가장 중요한 단어들을 제목의 첫 머리에 두면서도 제목을 짧게 만들어주는 장점이 있다.

만약 초고를 쓰기 시작할 때 제목을 작성했다면 논문을 최종본까지 수정하는 과정에서 무리하게 이 첫 제목을 유지하려고 노력할 필요는 없다. 저자들이 서로 토론하여 논문의 제목을 재배열하거나 어떤 용어를 첨삭하는 것이 좋다.

최종 제목을 결정하기 전에 학술지의 "논문 투고규정"란을 확인하여 제목에 관한 학술지의 요구사항을 점검하는 것을 잊지 말아야 한다.

제목의 유형

암시적인 논문제목

이러한 논문제목은 그 논문이 무엇에 대한 논문인가를 표현하는 것이다.

예) Uncertainty and Sensitivity Analysis Techniques for Use in Performance Assessment for Radioactive Waste Disposal

또한 부제목(subtitle)을 사용하여 내용을 보다 분명히 할 수도 있다.

예) The Impact of Manuring on Nitrogen Isotope Ratios in Cereals: Archaeological Implications for Reconstruction of Diet and Crop Management Practices

이러한 논문제목들은 그 논문의 요점이 무엇인지는 표현하지 않지만, 어떤 내용을 포함하고 있는지는 알려준다.

정보를 제공하는 논문제목

이러한 논문제목은 그 논문의 주제를 문장(sentence)형식으로 간단하게 표현한 것이다.

예) Stiffness or Mass Asymmetries Result in Very Complex Torsion Responses.

때때로 이러한 제목들은 너무 길어서 어떤 학술지에서는 인정받지 못하는 경우도 있지만, 그 논문의 내용을 유추하기에 충분한 대부분의 요소를 나타내는 단어들을 포함하고 있다. 위의 예에서 첫 부분은 독자에게 왜 Stiffness or Mass Asymmetries가 필요한지를 말하고, 뒷부분은 새로운 결론에 대해 언급한다.

논문제목 작성 시 고려사항

1. 단순, 간결하게 작성할 것
2. 연구목적과 부합되는 내용으로 할 것
3. 정확하고 구체적인 용어를 사용할 것
4. 단어배열순서(syntax)에 유의할 것
5. 추상적이거나 모호한 표현은 삼갈 것
6. 약어, 속어, 상품명은 사용하지 말 것
7. Series title 사용을 금지할 것

컴퓨터를 이용한 문헌검색을 하는 현 시대에서 자신의 연구논문이 보다 자주 인용되기 위해서는 검색할 때 쉽게 발견되도록 key word 선정에 신경을 쓰는 것이 필요하다.

1) 논문제목을 작성하기 위한 구체적인 요령

① 논문내용을 적절히 표현하고 내용에 알맞은 어구를 사용하며, 애매한 표현은 피한다.

예) Experimental Study of Differential Mobility Analyzers와 같은 애매하고 광범위한 표현은 피하고 논문의 내용을 구체적으로 표시한다. (대신에 Effects of Gravity in Differential Mobility Analyzers: A New Method for Determining the Density and Mass처럼 작성한다.)

2) 최근에는 논문제목에서 관사를 사용하지 않는 경향이 다소 있고 경우에 따라서는 복수형으로 표시한다. 불특정한 물질명사는 단일물질이 아닌 것이 확실할 경우에 복수형으로 표시한다.

예) Compounds, Complexes, Flavors, Peroxides 등으로 표현한다.

이러한 요령에 의해 논문제목을 여러 가지 형태로 만들 수 있다.

"2011년 돼지에서 발생한 비정형성 폐렴 67례에 관한 보고"라는 동물학분야의 논문제목을 다음과 같이 영역할 수 있다.

1. Epidemic pneumonia: Sixty-seven Atypical Cases Seen in Pigs in 2011
2. Epidemic Pneumonia of Atypical Nature: 67 Cases Experienced in Pigs in 2011
3. Atypical Pneumonia: Epidemic Occurrence of 67 Cases in Pigs in 2011
4. Report of 67 Atypical Pneumonia Cases in an Epidemic Occurrence in Pigs in 2011
5. Sixty-seven Cases of Atypical Pneumonia of Epidemic Occurrence Observed in Pigs in 2011
6. Epidemic Occurrence of Atypical Pneumonia in Pigs in 2011
7. Some Epidemiological Aspects of Pneumonia: Epidemic Occurrence of Atypical Pneumonia in Pigs in 2011

논문제목의 영문 예문

1. 결과(result, result in~, result from~)

1) Preliminary **Results** on Joining of Thin SiC/SiC Composites by Silicides Compounds and Local Heating

2) Comparison **Results** of 2 Optimization Techniques for a Combined Wind and Solar Power Plant
3) Operational **Results** of an Intermittent Absorption Cooling Unit
4) Electron Distributions in Inorganic Solids: A Survey of Techniques and **Results**
5) **Results** of Cosmic Radiation In-Flight TEPC Measurements During the CAATER Flight Campaign and Comparison With Simulation
6) Materials of Large Wind Turbine Blades: Recent **Results** in Testing and Modeling
7) Analysis of Calibration **Results** From Cup and Propeller Anemometers: Influence on Wind Turbine Annual Energy Production (AEP) Calculations
8) Dynamic Behaviour of Tris(2-methylally)chromium: NMR and DFT **Results**
9) A Mass Spectrometric Investigation on Humic Acid Structure: Some Preliminary **Results**
10) The Chemical Ionization (CH_4 and I-C_4H_{10}) Mass Spectra of Tetracyanoquinodimethane and Tetracyanoethylene: the **Results** of a Complx System of Competing Reactions
11) Mass Spectrometry in Structural and Stereochemical Problems: Anomalous Cleavage Ions in Bifunctional Compounds **Results** From Participative Interaction
12) Diastereoselectivity in the Allylation of *N*-Trialkylsilylimines of *O*-Protected (2S)-Lactal: Some Unexpected **Results**
13) Chemical Ionization Mass Spectrometry of Benzoyl Peroxide: A Radical Aromatic Substitution **Results** in Biphenylcarboxylic Acid in the Gas Phase
14) New N-Donor **Results** in Highly Active Ruthenium Catalysts for Transfer Hydrogenation at Room Temperature
15) Supramolecular Dimers of Copper(II) Complexes **Results** From Designed Host-Guest Interactions
16) Important Steric Effects **Results** From the Additional Substituent at Boron Within Scorpionate Complexes Containing k3-NNH Coordination Modes

2. 성과, 결과(outcome)

1) Analysis of the Combined Effect of Lasers of Different Wavelengths for PDT **Outcome** Using 600, 630, and 660 nm
2) Unexpected **Outcome** of the Oxidation of Triphenylphosphanegold
3) The Role of Anions in Addressing the **Outcome** of the Reaction of Tetramethylthiourea With the Crystal Structure of *bis*(Triphenylphosphane)Platinum
4) Factors Affecting the Polymorphic **Outcome** of Glycine Crystals Constrained on Patterned Substrates
5) Unexpected **Outcome** in the Reaction of Triazolinedione With Carbon Nanotubes
6) On the Unexpected Stereochemical **Outcome** of the Magnesium in Methanol-Conjugate Reduction of an Exocyclic, β-Unsaturated Ester
7) Reverse Engineering Adverse **Outcome** Pathways
8) Adverse **Outcome** Pathways: A Conceptual Framework to Support Ecotoxicology Research and Risk Assessment
9) Metapopulation Dynamics: Indirect Effects and Multiple Distinct **Outcome** in Ecological Risk Assessment
10) Palladium-Catalyzed Oligocyclizations of 2-Bromoalk-1-ene Influence of Tether Lengths and Substituents on the **Outcome** of the Reaction
11) Metapopulation Dynamics: Indirect Effects and Multiple Distinct **Outcome** in Ecological Risk Assessment
12) Influence of HMPA on the Stereochemical **Outcome** of the Addition of a Racemic Allenylzinc Onto Enantiopure *N*-tert-Butanesulfinimines: Stereoselective Access to Enantiopure *cis*-Ethynylaziridines
13) Intermolecular Hydrogen-Bonding Pattern of a Glycosyl Donor: The Key to Understanding the **Outcome** of Sialylation

3. 관련성(relation)

1) Energy **Relations** of Gas Estimated From Flare Radiation in Nigeria
2) Energy **Relations** Between Russia and EU With Emphasis on Natural Gas

3) Wind Turbine Power and Sound in **Relations** to Atmospheric Stability
4) Oxygen Coordination to the Active Site of Hmd in **Relation** to Hydrogenase
5) **Relations** Between Nonstoichiometry and Physical Properties
6) Multi-channel Receptors and Their **Relations** to Guest Chemosensing and Reconfigurable Molecular Logic Gates
7) **Relations** Between Alkali Ion Affinity and Ionic Radius Ratio by Means of Fast Atom Bombardment Tandem Mass Spectrometry
8) Coupling Constants in *N*-substituted Pyridines and Their **Relations** With Electronegativity
9) **Relations** Between Carbon Chemical Shifts and Spin-Spin Coupling Constants
10) A **Relation** Between Ion Structures and Experimental Overall Cross-Sections for Collisionally Activated Decomposition
11) Indicial Lift Response Function: An Empirical **Relation** for Finite-Thickness Airfoils
12) Phase **Relations** Between β-Tricalcium Phosphate and Hydroxyapatite With Manganese(II): Structural and Spectroscopic Properties

4. 관련성(relationship)

1) The **Relationship** Between Energy Consumption and CO_2 Emissions in Iron and Steel Making
2) The **Relationship** Between Chord Length and Rime Icing on Wind Turbines
3) The **Relationship** Between Mechanism and Rate Law
4) Monohydrocalcite and Its **Relationship** to Hydrated Amorphous Calcium Carbonate in Biominerals
5) **Relationships** Between Catalyst Production and Performance
6) Some Important **Relationships** Based on Theory
7) Saturated Hydraulic Conductivity and Water Retention **Relationships** for Alpine Mountain Soil

8) Multiple Structure-Reactivity **Relationships** for Nucleophilic Substitution Reaction
9) Thermophysical **Relationships** for Waste Heat Recovery Using Looped Heat Pipes
10) A Karplus-type **Relationship** for the Vicinal Coupling 3J(CCCP) in Phosphonates
11) Layered Perrhenate and Vanadate Hybrid Solids: On the Utility of Structural **Relationships**
12) The Mass Spectra of Carboxylic Acids: Carboxyl-Carboxyl Interaction in Dicarboxylic Acids and Its **Relationship** With Molecular Geometry

5. 관련성(correlation)

1) Determination of Molecular Orientational **Correlations** in Disordered Systems From Diffraction Data
2) **Correlation** Effects in Diatomic Molecules Obtained From Configuration Interaction Using Hartree-Fock Orbital
3) **Correlation** Between Stable Carbon Iostope Ratios and Terrestrial Proteins in Ancient Diets
4) On the Calculation of Time **Correlation** Functions
5) **Correlation** Between Structure and Magnetic and Magnetotransport Properties of CMR Manganites
6) Selective Precipitation of Alkaline Earth Metal Cations With Dipicrylamine Anion: Structure- Selectivity **Correlation**
7) **Correlations** of Alkyl and Polar Substituents in the Elimination Kinetics of 2-Substituted Ethyl Methanesulphonates in the Gas Phase
8) Application of Rank **Correlation** to Lanthanide-Induced Shift Data
9) **Correlations** of ^{14}Nitrogen Nuclear Quadrupole Resonance Data in Sulfanilamides With the *In Vitro* Activities
10) Arylation of Carbonyl Compounds Catalyzed by Rhodium and Iridium: Structure-Reactivity **Correlations**
11) How to Find **Correlations** Between Molecular Shape and Packing in a

Molecular Crystal: Application of a Novel Strategy to Recognize n-Point Polyhedra in 3-Dimensional Space

12) Mass Spectrometry of thio Analogues of Pyrimidine Bases: **Correlation** of the Intensities of the M^+ and the $[M-{}^{\cdot}SH]^+$ Ions of 2-Alkylthiouracils
13) Detection of Halogen Bond Formation by **Correlation** of Proton Solvent Shifts
14) Some Recent Revelopments in the Quantum Theory of Many-Electron Systems and the **Correlation** Problem

6. 관련성(association)

1) Reduced-Scale Large-Zone Analytical Gel-Filtration Chromatography for the Measurement of Protein **Association** Equilibria
2) Hydrogen Production From Water Gas Shift Reactions in **Association** With Separation Using a Palladium Membrane Tube
3) The **Association** Between Meteor Showers and Comets
4) Model Orientation-Dependent Pair Distribution Functions Describing the **Association** of Simple Carboxylic Acids and of Ethanol in Aqueous Solution
5) Ruthenium Complex Fragments as Constituents of Trinuclear Photoactive Supramolecular Assemblies Based on Hydrogen Bond **Association**
6) Isolation of a New Cs-Symmetrized $MO_3(\mu 3\text{-}A)(\mu\text{-}S)(\mu\text{-}S2)$ Structural Type Through Complementary **Association** With a Cubane-Type MO_3NiS_4 Cluster
7) Redox Characteristics and Anion **Association** Behavior of Stereoisomeric Forms of Mono- and Oligonuclear Metal Complexes Using High Pressure Electrochemistry
8) Synthesis, Structure, and Ion-**Association** Properties of a Series of Schiff Base Oxidovanadium Complexes With 4-Substituted Long Alkoxy Chains
9) Self-**Association** of Acetone Phenylhydrazone by Hydrogen Bonding
10) Multipolar Complexes-II: The Self-**Association** of $-NO_2$, $-CN$, and $-COCN$ Polar Groups

11) Different **Association** Processes in the Octan-3-ol Series by ^{13}C Relaxation Time Measurements

12) Ion **Association** and Reactivity of the Alkali Metal Salts of Alkanoic in Dipolar Aprotic Solvents

13) Metal Complexation and Ion **Association** in Hydrothermal Fluids: Insights From Quantum Chemistry and Molecular Dynamics

14) Self-**Association** of Non-Covalent Outer-Sphere Complex With Fluoranthene

15) Water and Alcohol: A Proton NMR and DFT Study of Hetero-**Association** With Pyridine

7. 변화(change)

1) **Changes** in Conductance and Stability Properties of Electrically Excitable Membranes During Voltage-Clamp Experiments

2) Formulation and Combustion of Emulsified Fuel: The **Changes** in Emission of Carbonaceous Residue

3) The Use Phase-**Change** Coatings for Estimating the Heat Transfer Characteristics in a Rotating Disc System

4) First Evidence of a Photoinduced Spin **Changes** in an Fe(III) Complex Using Visible Light at Room Temperature

5) Heat-Induced Luminescence **Changes** of Chromophore-Quencher Tricarbonylpolypyridylrhenium Complexes With 4-Pyridinealdazine

6) Effect of Halide Contaminant Ions in the Hydrothermal Treatment of Amorphous Titania on the Phase **Change** From Anatase to Rutile During Calcination

7) Detecting Small Structural **Changes** of Metalloproteins by the Use of NMR Pseudocontact Shift

8) Valency **Changes** of Sulphur in the Mass Spectra of Sulphones

9) Micelle-Induced **Change** in the Rate-Limiting Step of Substituted Benzoate Ester Thiolysis

10) Social **Change** to Avert Further Climate Change: Defining the Scale of

Change and Principles to Guide a New Strategy

11) Equilibrium and Kinetic Properties of Cu-Cyclophane Complexes: The Effect of **Changes** in the Macrocyclic Cavity Caused by **Changes** in the Substitution at the Aromatic Ring

12) Visible-Light Photoresponsivity of a 4-(Dimethylamino)azobenzene Unit Incorporated Into Single-Stranded DNA: Demonstration of a Large Spectral **Change** Accompanying Isomerization in DMSO and Detection of Rapid (Z)-to-(E) Isomerization in Aqueous Solution

13) Conformation **Changes** Induced in 2-Spiro-Substituted Cephalosporin Sulphoxides by the Configuration of the Spiro Bond: A Combined ^{1}H and ^{13}C NMR Study

14) **Changes** of Electron Density in the OHN Hydrogen Bond Upon Proton Transfer in Complexes of Phenols With Trimethylamine: DFT Study

15) Dynamic of Energy Storage in Phase-**Change** Drywall Systems

8. 비교(comparison, compared)

1) Ensemble Forecasts of a Flood-Producing Storm: **Comparison** of the Influence of Model-State Perturbations and Parameter Modifications

2) Thin-Disc Theory With a Non-Sero-Torque Boundary Condition and **Comparison** With Simulations

3) **Comparison** of Observed and Calculated Parameters for Electron Exchange

4) Historical Overview and **Comparison** of Silicon With Carbon

5) **Comparison** of Steric Effects on 31P Chemical Shifts in Some 7-Norbornyl, 7-Norbornenyl, and Cyclohexyl Phosphorus Compounds

6) A Critical **Comparison**: Copper, Silver, and Gold

7) Kinetic Study of WSi_x-CVD Processes: a **Comparison** of WF_6/SiH_4 and WF_6/Si_2H_6 Reaction Systems

8) Analysis of an Unconventional Cycle as a New **Comparison** Standard for Practical Heat Engines: The Circular/Elliptical Cycle in T-S Diagram

9) Proton Computed Tomography as a Tool for Proton Therapy Planning:

Preliminary Computer Simulations and **Comparison** With X-ray CT Basics

10) Spectroscopic **Comparison** of Dinitrogen Complexes With Cp*/ Pentafulvene and Amine/Amide Ligation: Moderate Versus Strong Activation of N2

11) Electrochemical Reactivity Patterns: **Comparison** With Homogeneous Reactivities

12) **Comparison** of Isoelectronic Heterometallic and Homometallic Binuclear Cyclopentadienylmetal Carbonyls: The Iron-Nickel Versus the Dicobalt System

13) Local Structure in Americium and Californium Hexacyanoferrates: **Comparison** With Their Lanthanide Analogues

14) Structure Characterization of Tryptophan Melanin: **Comparison** Between Filament and Curie-Point Pyrolysis Gas Chromatography/Mass Spectrometry

15) Low-Energy Tandem Mass Spectra of the Cyclic Depipeptide Valinomycin: A **Comparison** With Four-Sector Tandem Mass Spectra

16) A Near Wake Model for Trailing Vorticity **Compared** With the Blade Element Momentum Theory

17) **Compared** Reductive Chemistry of Molybdenocene and Indenyl-Substituted Complexes

18) Better Performance of Monodentate Stereogenic Phosphanes **Compared** to Bidentate Analogues in Pd-Catalyzed Asymmetric Allylic Alkylations

19) Chemical Residues in Organic Meats **Compared** to Conventional Meats

20) A Radical and An Electron Transfer Process Are **Compared** in Their Regioselectivities Towards A Molecule With Two Different C-I Bonds: Effect of Steric Congestion

21) Directed Syntheses of New Quaternary Niobium Oxysulfides: Crystal Structures and Properties of $K_4Nb_2S1_0O$ **Compared** to $K_4Nb_2S_{11}$

22) Ping Intermediates and **Comparing** Relative Reactivities: a DFT M06-2X Study on Diels-Alder Cycloadditions of Butadiene to C60 and C70

23) **Comparing** Models for Heisenberg Antiferromagnetic Chains: The Validity of Different Approaches for Describing One-Dimensional Coordination Polymers
24) **Comparing** Different Dynamic Stall Models
25) **Comparing** Solar Energy Alternatives
26) Exergy Methods for Assessing and **Comparing** Thermal Storage Systems
27) **Comparing** the Fundamental Physics and Device Performance of Transparent, Conductive Nanostructured Networks With Conventional Transparent Conducting Oxides

9. 분석(analysis, analytic)

1) **Analysis** of Continuous Composite Beams Including Partial Interaction and Band
2) **Analysis** Solution of Two-Layer Beam Taking Into Account Interlayer Slip and Shear Deformation
3) Finite Element **Analysis** of Layered Wood Systems
4) **Analysis** of Reinforced Concrete Structures Under Seismic Loads
5) **Analysis** of Cable-Stayed Bridges During Construction by Cantilever Methods
6) Pretension Process **Analysis** of Prestressed Space Grid Structures
7) Simulating **Analysis** of Prestressing Construction Process of the Suspend-Dome of the Badminton Gymnasium for 2008 Olympic Games
8) **Analysis** of Radiation Fields at Aircraft Altitude
9) **Analysis** of Solar Particle Enhancements to the Radiation Environment at Aviation Altitudes in the Earth's Atmosphere
10) **Analysis** of Fluence-to-Effective Dose and Fluence-to-Ambient Dose Equivalent Conversion Coefficients for High-Energy Radiation
11) Radar **Analysis** of Precipitation Initiation in Maritime Versus Continental Clouds Near the Florida Coast
12) **Analysis** Description of Non-Relativistic Bond States in a Finite Volume

10. 영향(effects, influence, impact)

1) **Effect** of Hight Level Wind Speed on Droplet Spectra Near Cloud Base in Trade Wind Cumulus
2) Aerosol **Effect** on Clouds, Precipitation, and the Organization of Shallow Cumulus Convection
3) **Effect** of Amazon Smoke on Cloud Microphysics
4) The **Effect** of Smoke, Dust, and Pollution Aerosol on Shallow Cloud Development Over the Atlantic Ocean
5) Simulation of **Effect** of Atmospheric Aerosols on Deep Turbulent Convective Clouds Using a Spectral Microphysics Mixed-Phase Cumulus Cloud Model
6) The **Effect** of Aggregate Size on the Beam-Shear Strength of Thick Slabs
7) **Effect** of Concrete Strength and Minimum Stirrups on the Shear/Strength of Large Members
8) **Effect** of Radiation Exposure on Memory Function in Low-Earth Orbit
9) **Effect** of Cosmic-ray Neutrons on Solar Energetic Particles in Civil Aircraft
10) UNSCEAR 2010 Report on Sources and **Effect** Ionizing Radiation
11) **Influence** of Soil-Foundation-Structure Interaction on the Seismic Response of I-880 Viaduct
12) **Influence** of Abutment Modeling on the Seismic Response of Bridge Structures
13) **Influence** of Added-Damper Distribution on Seismic Responses in Building Structures
14) **Influence** of Stiffness Degradation on Strength Demands of Structures Built on Soft Soil Sites
15) **Impact** of External Confinement on Flexural Hinging in Drilled Pile Shafts
16) FRP Reinforcement at Sagging and Hogging Zones in Continuous Beams: **Impact** on Redistribution of Moment
17) Indirect **Impact** of Atmospheric Aerosols in Idealized Simulations of Convective-Radiative Quasi-equilibrium

11. 문장을 사용한 논문제목

1) Radiation Doses Are Potentially Received On-board Aeroplane During Recent Solar Particle Events.
2) SDOF Systems Subjected to Narrow-Band Earthquake Ground Motion Require Hysteretic Energy.
3) Capacity Demand Diagram Methods Estimate Seismic Deformation of Inelastic Structures.
4) Lightly Reinforced Concrete Beams Are Safe.
5) Rapid Loading Influences the Behavior of Anchors Installed in Concrete at Seismic-Relevant Loading Rates.
6) Approximate Methods Solve the Monoenergetic Boltzmann Equation.
7) The Vibrational Method Is Applied to the Equations of Reactor Physics.
8) Phases in the Anderson Model Are Correlated Among One Another.
9) The Anisotropic Scattering Effect Increases UO_2 assembly.
10) Exact Integration in the Boundary Element Method Solves Two-Dimensional Elastostatic Problems.
11) Periodic Motions of Towers Induce Oscilations of Bridge Stay Cables.
12) Low-Level Wind Speed Influences Droplet Spectra Near Cloud Base in Trade Wind Cumulus.
13) Mixing Promotes Cloud Droplet Growth.
14) Air Pollution Impacts on Precipitation Along the Front Range of the Rocky Mountains.
15) Radiation Influences Tropical Cloud Distributions in a Radiative-Convective Equilibrium Cloud-Solving Model.
16) Cytomegalovirus Induces Gastritis in Bone Marrow of Transplant Mice.
17) Cigarette Smoking Inhibits Acid-Stimulated Duodenal Mucosal Bicarbonate Secretion in Gerbils.

03 초록(abstract) 쓰기

대부분의 학술지들이 최근 규격초록(structured abstract)을 요구하고 있다. 이러한 초록은 논문의 각 부분(section)을 요약한 것과 크게 다를 바가 없고, 논문의 각 부분을 나타내는 소제목이 붙여진다. 이러한 형식의 초록은 전통적인 초록(unstructured abstract)에 비해 보다 상세하게 기술되는 편이다[다음 페이지의 2개의 초록 예 참조]. 비록 저자가 투고하고자 하는 학술지의 초록이 이러한 구조를 사용하지 않는다고 하더라도, 이러한 작성 방법은 초록의 모든 중요한 요소들을 빠짐없이 기술하게 된다는 점에서 도움이 된다.

초록은 논문의 얼굴이라고 할 수 있는 것으로 논문 전체를 읽어 볼 것인가 하는 그 필요성을 판단하게 한다. 초록은 짧을수록 좋다. 거의 대부분의 학술지의 투고규정에는 그 길이에 제한이 있고, 그 형식에 제한이 있다. 초록에서는 단락을 나누지 않는 것이 상식이나, 예외도 있다. 규격초록에서는 연구목적, 연구재료 및 방법, 연구결과, 결론 등을 구별하여 기술하기를 요구하고 있다.

예 전통적인 초록(unstructured abstract)

Boreal pine forest floor biogenic volatile organic compound emissions peak in early summer and autumn

Abstract

In boreal forests, canopy-scale emissions of biogenic volatile organic compounds (BVOCs) are rather well characterised, but knowledge of ecosystem-scale BVOC emissions is still inadequate. We used adsorbent tubes to measure BVOCs from a boreal Scots pine(L.) forest floor in southern Finland and analysed the compounds with a gas chromatograph-mass spectrometer. The most abundant compound group was the monoterpenes (averaging 5.04 μg m^{-2} h^{-1}), in which, Δ3-carene and contributed over 90% of the emissions. Emissions of other terpenoids(and sesquiterpenes) were low (averaging 0.05 and 0.04 μg m-2 h-1, respectively). BVOC emissions from the forest floor varied seasonally, peaking in early summer and autumn, with most of the compounds following similar patterns. The emission pattern was sustained throughout the measurement period, suggesting that the main sources of the emissions remained more or less stable. We compared the BVOC fluxes with environmental parameters, such as temperature, precipitation and PAR, and with fluxes of other trace gases(CO_2, CH_4, N_2O), as well as with ground vegetation photosynthesis and with litter input. Several of these parameters were correlated with the presence of BVOCs. The sources of soil BVOC emissions are very poorly understood, but our results suggest, that changes in litter quantity and quality, soil microbial activity and the physiological stages are linked with changes in BVOC fluxes.

예 규격초록(structured abstract) 예

The Role of Microsporidia in the Pathogenesis of HIV-Related Diarrhea in Cows

Objective: To determine whether infection with Microsporidia leads to diarrhea in cows with HIV infection.

Design: Case-control study.

Subjects: One hundred six HIV-infected cows.

Measurements: Each cows underwent upper endoscopy and flexible sigmoidoscopy to obtain duodenal, rectal, and sigmoid colonic biopsy specimens. At the time of endoscopy, a fresh stool was obtained for culture, ova and parasite assessment, and Cryptosporidium examination. Biopsy tissue was examined using electron microscopy to detect Microsporidia.

Results: The microsporidian parasite Enterocytozoon bieneusi was detected in the duodenal biopsy specimens of 31 (29%) of the 106 cows; 24 (23%) of the 106 cows had other enteric pathogens. No significant difference was observed in the occurrence of microsporidiosis in cows with (18 of 55 [33%]) and without (13 of 51 [25%]) chronic diarrhea (odds ratio, 1.42; 95% CIs, 0.61 to 3.31). A similar nonsignificant difference was observed after controlling for CD4 count and other enteric pathogens (odds ratio, 1.66; 95% CIs, 0.68 to 4.06). Among cows with microsporidiosis, no difference was observed in the intensity of infection (defined by the presence of few, moderate, or abundant organisms) among cases and controls ($P = 0.243$).

Conclusions: This is the first report to document the presence of *E. bieneusi* in HIV-positive cows without gastrointestinal symptons. No significant difference was observed in the occurrence of *E. bieneusi* infection in HIV-infected cows with or without chronic diarrhea. Thus, the association between microsporidiosis and diarrhea, if one exists, may not be as strong as is currently believed.

초고를 쓰는 과정에서 초록준비에 관한 도움말이 필요한 이유는 무엇인가? 논문초고를 쓰는 초기 단계부터 최소한 예비적인 형태의 초록이라도 구성해두면 초록을 전체적으로 구성하는 데 도움이 된다. 물론 초록의 최종본을 쓰기 전에는 그 학술지의 저자를 위한 투고규정을 점검하여 초록에 대한 요구사항을 확인하고 그 학술지에 최근에 게재된 논문의 초록을 예로서 참조하여야 한다.

초록의 형태에는 정보를 제공하는 초록과 암시적인 초록의 두 가지가 있다.

1) 정보를 제공하는 초록

실험논문이나 이론논문의 경우 논문이 말하고자 하는 내용을 요약한 정보를 제공하는 초록을 써야 한다. 초고를 쓸 때 처음부터 잘 다음어진 최종본 초록을 쓰려고 노력할 필요는 없다. 초록도 본문과 마찬가지로 여러 번 수정하게 된다. 초록의 초고를 쓸 때는 과학논문의 일반적인 구성을 따른다. 정보를 제공하는 초록을 쓸 때는 초록에서 허용하고 있는 길이의 한도 내에서 논문의 각 부분을 요약하는 내용을 최소한 한 문장 이상 포함하도록 한다.

현재 다수의 학술지들이 실험논문이나 이론논문 등에 대해 일정한 양식의 초록을 요구하고 있다. 미국에서 발행되는 학술지들은 모든 형태의 논문에 대해서 규격초록을 권장하고 있다. 규격초록은 전통적인 한 문단의 초록에 비교해 크게 내용적으로 다르지 않으나, 논문의 주요 구성부분을 나타내는 부분제목(section title)을 붙임으로써 초록의 각 부분이 좀 더 뚜렷한 세부내용을 포함하게 한다. 다음은 과학논문의 초록에 사용되는 부분제목의 전형적인 순서이다.

① 연구배경(Background)
② 연구목적(Objective)
③ 연구방법(Design)
④ 연구설정(Setting)
⑤ 연구대상(Subjects)
⑥ 측정방법(Measurements)
⑦ 연구결과(Results)
⑧ 결론(Conclusions)

종설의 초록양식은 일반적인 연구논문과 다를 수 있다.

① 연구목적(Objective)
② 자료출처(Data sources)
③ 연구선정(Study selection)

2) 암시적인 초록

또 다른 형태의 초록은 암시적인 초록으로 그 논문이 무엇에 대해 기술하는지를 표현하지만 그 내용을 요약하지는 않는다. 이러한 형태의 초록은 몇 가지 요점으로 요약할 수 없는 많은 세부내용을 담게 되는 종설의 초록으로서 가끔 사용된다.

일반적으로 이론논문에서도 상세한 내용을 포함하는 정보를 제공하는 초록을 암시적인 초록보다 선호한다. 특히 메타분석(meta-analysis)과 같이 사례분석의 성격을 띠면서도 최근 출판물을 체계적으로 탐색하여 정량적 분석기법으로 자료를 분석하는 성격을 갖는 경우 특히 그러하다.

논문제목에서와 마찬가지로 초록에서도 약자사용은 가능한 한 피해야 한다. 논문제목에서의 약어를 사용하는 규칙이 초록에도 적용된다. 특정 학술지에서 허용되는 약어가 어떤 것인가는 그 학술지의 대부분의 독자들이 바로 이해할 수 있는 약어가 어떤 것인가에 의해 결정된다. 학술지의 저자를 위한 투고규정에 어떤 약어가 표준으로 인정되며 그 분야에서 널리 사용되는 것인지 기술되어 있다.

대부분의 학술지에는 저자를 위한 투고규정 안에 허용되는 초록의 최장 길이가 명기되어 있다. 이러한 제한점이 제시되어 있는 경우, 이를 주의깊게 점검해야 한다. 초록의 허용된 길이가 지정되어 있지 않은 경우에는 초록을 250단어 이내로 작성하도록 한다. 이것은 미국에서 과학논문 데이터베이스에 초록을 등재시킬 때 250단어 이하로 줄여서 등록한다는 점에서 권장된다.

초록에서는 참고문헌 인용이나 표, 도해를 사용하지 않고, 대부분 250단어 이내로 문장으로 작성한다. 어떤 학술지에서는 초록을 100단어로 제한하고 있다.

NOTE 2-4 • 초록(abstract) 작성요령

1. 바쁜 독자에게 논문의 개요를 알린다는 것을 염두에 두고 추상적인 표현은 피하고 중요하다고 생각되는 수치 등을 분명히 표시한다.
2. 과학논문의 초록은 하나의 문단으로 기술하는 unstructured abstract가 많다. 그러나 최근 structured abstract(예; Background, Methods, Results, Conclusions)를 요구하는 학술지의 수가 증가하고 있다.
3. 초록에서는 일반적으로 단어 수를 100 내지 250개로 제한하고 있다.
4. 초록은 요약된 또 하나의 논문이므로 필요한 약어를 다시 설명해야 한다.
5. Key words [또는 index words]로 색인되기 원하는 단어를 5개 내외로 선택한다.

   이공계 논문은 IEEE taxonomy, ACI terminology 등 각 분야의 Journal homepage에 access해서 key word를 선택한다.

   예 Laser-trapping assembling dynamics of molecules and proteins at surface and interface. Key words: laser trapping, assembly formation, protein, glycine, urea.

   예 Characterization and modeling of near-fault pulse-like strong ground motion via damage-based critical excitation method.
   Key words: near-fault, pulse-like ground motion, damage index, critical excitation, frequency content, energy rate, inelastic response, ductility

   논문제목으로부터 색인되기 원하는 단어를 출현순서로 선택한다. 제목에 없어도 저자들이 필요하다고 생각되는 단어를 본문(full text) 안에서 선택하여 추가한다.

Key word는 왜 필요한가?

Key word가 필요한 이유는 다음에 원문 그대로 인용하는 어느 미국 과학학술지의 안내문에서 알 수 있다.

NOTE 2-5 • Why use key word?

Given the ubiquity of web-searching, it is essential nowadays that authors, editors, and publishers make every effort to ensure articles are found online, quickly and accurately, ideally. A strong correlation exists between online sites and subsequent citations for journal articles. Search engines are beginning to rank highly as starting points. The use of keywords helps to increase the chances of the article being located, and therefore cited.

How can authors and editors improve search engine rankings for articles?

Authors should know the key phrases for their subject area. Reference to an established common indexing standard.

Advice to authors

Authors should be required to supply keywords with their abstract(s).

Keyword listings adjacent to the abstract of the article should also be used.

Keyword terms should accurately reflect what the article is about.

Use key phrases rather than individual words in your article title, keywords and abstract, e.g. "policy initiative(s)". "education policy". Key phrases need to make sense within the title and abstract.

■ 다음은 American Concrete Institute의 학술지에서 제시하는 Key word 용어집이다. 참고하기 바란다.

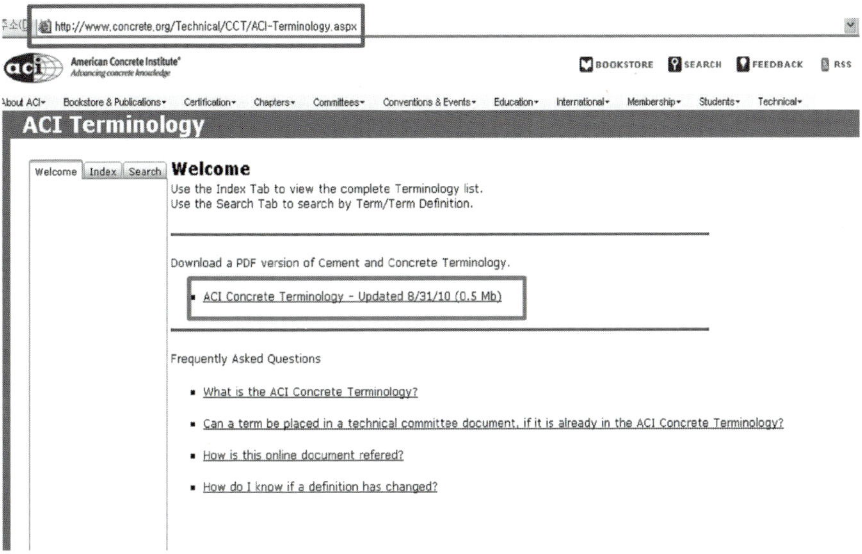

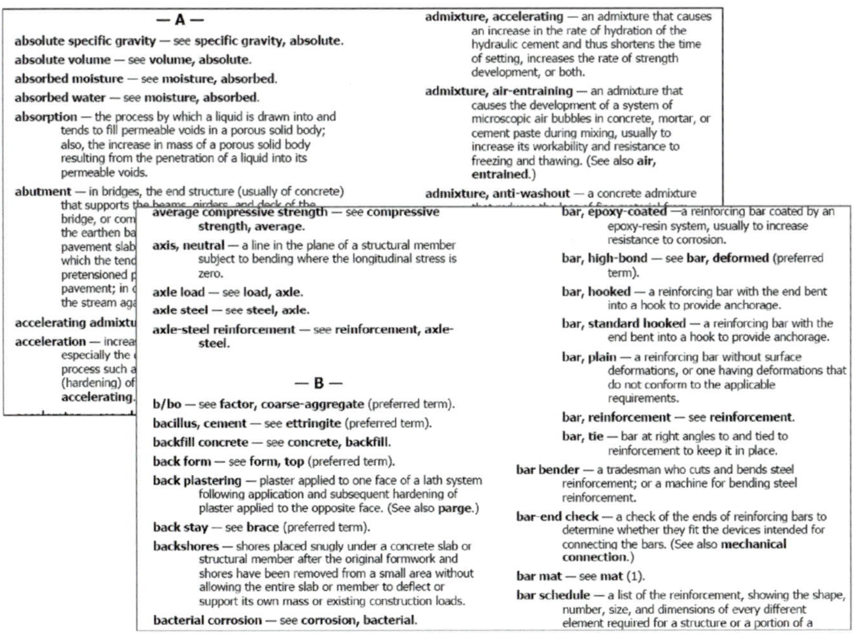

— A —

absolute specific gravity — see **specific gravity, absolute.**

absolute volume — see **volume, absolute.**

absorbed moisture — see **moisture, absorbed.**

absorbed water — see **moisture, absorbed.**

absorption — the process by which a liquid is drawn into and tends to fill permeable voids in a porous solid body; also, the increase in mass of a porous solid body resulting from the penetration of a liquid into its permeable voids.

abutment — in bridges, the end structure (usually of concrete) that supports the beams, girders, and deck of the bridge, or com... the earthen ba... pavement slab... which the tend... pretensioned p... pavement; in c... the stream aga...

accelerating admixtu...

acceleration — increa... especially the ... process such a... (hardening) of... **accelerating.**...

admixture, accelerating — an admixture that causes an increase in the rate of hydration of the hydraulic cement and thus shortens the time of setting, increases the rate of strength development, or both.

admixture, air-entraining — an admixture that causes the development of a system of microscopic air bubbles in concrete, mortar, or cement paste during mixing, usually to increase its workability and resistance to freezing and thawing. (See also **air, entrained.**)

admixture, anti-washout — a concrete admixture ...

average compressive strength — see **compressive strength, average.**

axis, neutral — a line in the plane of a structural member subject to bending where the longitudinal stress is zero.

axle load — see **load, axle.**

axle steel — see **steel, axle.**

axle-steel reinforcement — see **reinforcement, axle-steel.**

— B —

b/bo — see **factor, coarse-aggregate** (preferred term).

bacillus, cement — see **ettringite** (preferred term).

backfill concrete — see **concrete, backfill.**

back form — see **form, top** (preferred term).

back plastering — plaster applied to one face of a lath system following application and subsequent hardening of plaster applied to the opposite face. (See also **parge.**)

back stay — see **brace** (preferred term).

backshores — shores placed snugly under a concrete slab or structural member after the original formwork and shores have been removed from a small area without allowing the entire slab or member to deflect or support its own mass or existing construction loads.

bacterial corrosion — see **corrosion, bacterial.**

bar, epoxy-coated — a reinforcing bar coated by an epoxy-resin system, usually to increase resistance to corrosion.

bar, high-bond — see **bar, deformed** (preferred term).

bar, hooked — a reinforcing bar with the end bent into a hook to provide anchorage.

bar, standard hooked — a reinforcing bar with the end bent into a hook to provide anchorage.

bar, plain — a reinforcing bar without surface deformations, or one having deformations that do not conform to the applicable requirements.

bar, reinforcement — see **reinforcement.**

bar, tie — bar at right angles to and tied to reinforcement to keep it in place.

bar bender — a tradesman who cuts and bends steel reinforcement; or a machine for bending steel reinforcement.

bar-end check — a check of the ends of reinforcing bars to determine whether they fit the devices intended for connecting the bars. (See also **mechanical connection.**)

bar mat — see **mat** (1).

bar schedule — a list of the reinforcement, showing the shape, number, size, and dimensions of every different element required for a structure or a portion of a

■ 다음은 어느 전자공학 학술지에서 제시하는 Key word 용어집이다. 참고하기 바란다.

2009 IEEE Taxonomy

Version 1.01

©2009 IEEE. Created by The Institute Of Electrical And Electronics Engineers (IEEE)

IEEE Celebrating 125 Years of Engineering the Future

IEEE Taxonomy: A Subset Hierarchical Display of IEEE Thesaurus Terms

The IEEE Taxonomy comprises the first three hierarchical 'levels' under each term-family (or branch) that is formed from the top-most terms of the IEEE Thesaurus. In this document these term-families are arranged alphabetically and denoted by **boldface** type. Each term family's hierarchy goes to no more than three sublevels, denoted by indents (grouping of four dots) preceding the next level terms. A term can appear in more than one hierarchical branch and can appear more than once in any particular hierarchy. The IEEE Taxonomy is defined in this way so that it is always a subset of the IEEE Thesaurus.

Aerospace and electronic systems
Aerospace control
........Air traffic control
Altitude control
Ground support
Aerospace engineering
........Aerospace biophysics
........Aerospace electronics
Aerospace safety
............Air safety
Aerospace simulation
........Aerospace testing
........Satellites
............Artificial satellites
............Earth Observing System
Low earth orbit satellites
............Moon
Space stations
........Space technology
............Space exploration
Aerospace materials
........Aerospace components
Aircraft manufacture
....Aircraft navigation
Aircraft propulsion
Propellers
Command and control systems
Electronic warfare
........Electronic countermeasures

........Multistatic radar
MIMO radar
........Passive radar
Radar applications
Radar countermeasures
Radar detection
............Radar imaging
............Radar measurements
Radar polarimetry
............Radar remote sensing
Radar tracking
........Radar clutter
........Radar cross section
........Radar equipment
........Radar theory
Spaceborne radar
........Spread spectrum radar
Synthetic aperture radar
............Inverse synthetic aperture radar
............Polarimetric synthetic aperture radar
Ultra wideband radar
....Sensor systems
Gunshot detection systems
....Sonar
Sonar applications
Sonar detection
Sonar measurements
Sonar equipment
........Synthetic aperture sonar

2009 IEEE Taxonomy

Version 1.01

©2009 IEEE. Created by The Institute Of Electrical And Electronics Engineers (IEEE)

IEEE Celebrating 125 Years of Engineering the Future

Engineering in medicine and biology
...Bioinformatics
...Biology
......Biochemistry
.........Amino acids
.........Biochemical analysis
.........Peptides
.........Proteins
......Biodiversity
.........Biogeography
......Bioelectric phenomena
.........Electric shock
......Biological cells
.........Cells (biology)
.........Chromosome mapping
.........Fibroblasts
.........RNA
.........Stem cells
......Biological information theory
......Biological processes
.........Biological interactions
.........Chronobiology
.........Circadian rhythm
.........Coagulation
.........Symbiosis
......Biological system modeling
......Biological systems
.........Anatomy
.........Molecular communication
.........Organisms
.........Biology computing
......Biophotonics
......Biophysics
......Biomedical telemetry
.........Telemedicine
...Biomedical computing
......Biomedical informatics
......Medical expert systems
......Medical information systems
...Biomedical engineering
......Bioimpedance
......Biological techniques
......Biomedical applications of radiation
......Biomedical electronics
......Biomedical signal processing
.........Biomedical image processing
......Biotechnology
......Cloning
......Drug delivery
.........Targeted drug delivery
......Neural engineering
.........Neural microtechnology
.........Neural nanotechnology
.........Neural prosthesis
......Protein engineering
......Tissue engineering
.........Regeneration engineering
...Biomedical equipment
......Biomedical electrodes
......Biomedical telemetry
......Biomedical transducers
......Catheters
......Cybercare
......Endoscopes
......Gerontechnology
......Handicapped aids
.........Wheelchairs

04 서론(introduction)부분

A. 서론부분의 내용

개인의 업적이 논문 수, 특히 SCI학술지에 발표한 논문의 수에 의해 평가되는 최근의 상황은 연구자의 의무 이상으로 연구결과를 영문논문으로 발표할 필요성이 증가되고 있다. 상당수의 연구자에 있어서 영문논문을 쓰는 것은 그리 쉬운 일이 아니다. 그러나 과학논문을 영어로 표현하는 데 반드시 어학에 깊은 조예가 필요한 것은 아니며, 어떻게 하면 자기의 연구결과를 정확하게 전달하느냐에 성공의 요점이 있다고 본다. 그러기 위해서는 과학논문에서의 관용적 표현법에 대해 자주 접하고 익숙해지는 수밖에 없다. 누구나 다 느끼고 있는 바이지만 애써서 만든 논문을 국외학술지에 영문으로 발표하는 것은 여간 마음이 무거운 것이 아니다. 그럴 때마다 외국인에게 어렵게 부탁을 하든지 아니면 영어사전과 씨름을 하게 되는데, 잘 되지 않을 뿐 아니라 누구나 바쁘기 때문에 쉽게 응해 주지 않는다.

영문논문은 우리나라 말로 된 논문을 그대로 직역한다고 되는 것은 아니며, 영문논문에서 흔히 요구하는 형식에 맞추어 영어다운 표현을 써야 할 것이다.

과학논문의 서론부분은 두 가지 목적을 이루어야 한다. 하나는 독자의 흥미를 유발하는 것이고, 또 하나는 독자들이 논문을 읽기 시작하는 데 어려움이 없도록 준비시켜 주는 것이다.

이 부분은 쓰기가 쉽지 않다. 서론부분은 논문이 편집인으로부터 게재 승낙을 받는 데 결정적으로 영향을 미칠 수 있을 뿐만 아니라, 출판된 후 논문이 독자들에게 읽힐 것인지 아닐지를 결정하기도 하므로 매우 중요한 부분이라고 말할 수 있다. 서론이 너무 길다면 짜증스럽고 지루하며, 만약 너무 짧다면 왜 그 연구가 시도되었는지 잘 설명할 수가 없다. 서론부분은 연구자로서 그리고 논문의 저자로서의 능력에 대한 인상을 가장 강하게 심어줄 수 있는 곳이다.

독자의 흥미를 끌기 위해서는 요점을 직접적으로 지적하여야 한다. 가능하면 짧고 명료하게, 애매하거나 전반적인 접근이 아닌 구체적인 기술로써 평이하게 써야 한다. 알고 있는 것으로부터 모르는 것, 그리고 논문의 연구목적을 향해 마치 깔때기로 물을 모으듯이 진행해 나가야 한다.

이곳에서 다루어져야 하는 내용은 다음과 같다.

1. 다루고자 하는 연구주제에 대해 그 주제를 설명하고 의의, 중요성 등을 서술한다.
2. 참고자료의 검토, 분석을 통해 쓰려고 하는 논문의 내용과 직접 관련이 있는 이미 알려져 있는 사실들을 요점적으로 서술하고, 또한 그럼에도 불구하고 아직 알려져 있지 않은 사실이나 논쟁의 여지가 있는 사항들을 서술한다.
3. 위의 과정을 통해 이 실험이나 조사가 추구하는 목적의 필요성을 유도해 낸다.
4. 논문의 구체적인 연구과제나 목적을 제시하고, 연구 범위, 방법 등을 간략히 기술한다.
5. 주된 연구목적을 짧게 언급하면서 서론을 끝낸다.

위와 같은 내용을 논리적으로 기술하기 위해 가설, 전제사항, 용어의 정의 등을 먼저 제시하는 경우도 있다. 문헌고찰을 하면서 너무 많은 논문에 대해 장황한 역사적 배경 등을 기술하는 것은 좋지 않다. 그 분야의 어느 저서에나 있는 교과서적인 내용은 설명하지 말고, 인용하는 논문의 선택에 신중을 기하여 독자들이 논문을 이해하는 데 어려움이 없도록 해야 한다. 실제로 어떤 학술지는 2 내지 3단락으로 서론부분을 제한하며, 결과, 의의 등이 포함되도록 요구하고 있다.

또한 어떤 학술지는 다른 분야 사람들도 이해할 수 있는 참고문헌의 요점을 기술하도록 요구하고 있다.

흔히 범하는 실수로 논문의 제목에 사용된 용어를 상세히 설명하는 경우가 있다. 예를 들어, 논문제목이 "Relationships between energy consumption and CO_2 emissions for Alpine mountain"이라면, energy consumption과 CO_2 emission를 설명하면서 서론부분을 시작할 필요는 없다. 이 제목의 의미가 무엇인지 모르는 사람은 애초부터 논문을 읽을 흥미를 가지지 않기 때문이다.

가장 중요한 것은 이 연구가 어떤 질문에 대해 대답하도록 짜여 있는지를 확실히 하는 것이다. 서론 끝부분에서 연구계획에 대한 간략한 요약을 하여 연구가 어떻게 진행된 것인지 독자들에게 미리 강조할 수 있다. 연구결과의 간략한 요약으로 서론을 마칠 수도 있다. 그러나 이 방법은 독자들의 관심을 모으는 방법으로서 인정되기도 하지만, 한편으로는 결과를 미리 기술하는 것은 논리적 추론과정에 어긋난다는 비판을 받기도 한다. 논문의 서론부분 끝에 요약을 기술하지 않는 또 다른 이유는 많은 학술자들이 제목 페이지에 초록을 위치시키고 있으므로 이렇게 되면 해답(요약)을 논문의 첫 페이지에 두 번씩이나 기술하게 되기 때문이다.

서론부분을 영문으로 쓰는 요령은 다음과 같다.

1. 단락(paragraph) 만들기

효과적인 읽기와 쓰기를 위해서 단락을 구분해 준다. 단락을 만들 때 흔하게 발생하는 두 가지 실수는 짧은 문장을 나열하여 너무 많은 단락을 만들거나 아니면 너무 긴 단락을 만드는 것이다. 이 두 가지 실수는 독자들에게 혼동을 줄 수 있을 뿐 아니라 글 쓰는 솜씨가 나쁘게 느껴진다.

단락은 3칸 내지 5칸 들여쓰기를 해서 시작을 하거나 한 줄의 빈 공간을 띄어 준다.

단락을 정확하게 만드는 것은 매우 중요한데 게으르거나 부주의하여 아주 엉망인 단락구성 습관에 빠지기 쉽다. 한 문장짜리 단락을 만들거나 단락이 너무 길다고 생각이 되거나 또는 어느 순간 새로운 단락을 시작해야 할지 확신이 서지 않으면 단락 구성이 힘들어진다. 저자들이 논문 집필을 시작하기 전에 미리 정리해두면 상당한 도움이 된다. 언급하고자 하는 모든 아이디어/개념을 적어둔 뒤 그것들을 과학논문에서 각 단락의 첫 번째 문장으로 넣는다. 이렇게 함으로써 독자들은 그 논문에서 다루고자 하는 여러 가지 주제에 대해 좋은 아이디어를 얻을 수 있다. 이런 방식이 단락을 구성하는 가장 좋은 방법이다.

2. 시 제

현재 시점에서 옳다고 알려져 있거나(학술지에 발표된 논문의 결론) 믿고 있는 것, 또는 아직 모르고 있는 것들은 현재 시제를 사용한다.

의문점을 제시할 때는 반드시 현재 시제로 써야 한다. 왜냐하면 의문점은 어떤 특정한 실험에만 해당하는 것이 아니라 항상 존재하는 것이므로 과거 시제를 쓸 수 없다.

3. "The authors" 또는 "We"의 사용

서론부분에서 "The authors" 또는 "We"를 쓸 수 있다. "We"는 "our +명사" 형태를 사용하여 변형할 수 있다. 그러나 이러한 변형은 생동감이 떨어진다.

예) The authors tested the hypothesis that …
To answer this question, we assessed …
Our first objective in this study was …
The purpose of our study was to determine …
This report describes our experiment designed to determine …

4. 다른 연구자의 연구내용

서론에서 다른 연구자의 이름을 자주 쓰는 것은 바람직하지 않다. 그 연구자의 연구업적(발표논문의 결론)을 언급하고 연구자의 이름은 참고문헌에서 보도록 하면 되기 때문에 반드시 필요한 경우에만 연구자의 이름을 본문에 기술한다.

5. 종속접속사(whether), 관계사(which, what, how 등)의 사용

의문점을 말할 때 흔히 "whether" 또는 관계사를 쓰게 되는데, "whether"는 어떤 다른 선택이 있음을 암시하는 경우가 많다.

예) We did experiment to determine whether beta-adrenergic agents could increase lung liquid clearance in anesthesized adult sheep.
We used an experimental model to decide which material to use for tissue augmentation.

6. 질문의 나열

여러 의문점을 나열하기 위해서 번호를 붙이는 것은 좋지 않고, 어쩔 수 없이 붙이는 경우는 한 논문에 한 번만 사용하는 것이 좋다.

NOTE 2-6 • 서론(introduction) 부분 작성요령

1. [이미 알려진 사실] 문헌에 발표된 이미 알려진 사실(진리)을 기술한다. 현재완료시제[또는 과거시제] + that + [현재시제]로 표현한다.

   첫 문장은 It has been demonstrated that the repetition and space-time algorithms achieve cooperative diversity.[10]로 기술한다.

   그 다음에 계속해서 기술하는 문장에서는 주절의 동사를 바꿔써야 한다.

   It has been documented that ~.
   It has been reported that ~.
   It has been shown that ~.
   It has been indicated that ~.
   It has been suggested that ~.
   It has been pointed out that ~.
   It has been proposed that ~.
   It has been advocated that ~.
   It has been asserted that ~.
   It has been contended that ~.

   예 Galileo et *al.*[2] have reported [또는 과거형 reported] that the earth turns round the sun.
   Pythagoras et *al.*[7] have indicated that both sides of a triangle are greater than the third.

2. [현재 알려져 있지 않은 사항] 현재까지 알려지지 않은 것(의문점)을 제시한다. 가능한 한 일련번호를 붙이지 않고 기술한다.

   예 However, the mechanism for the diversity has not yet been fully determined.

   다음과 같은 동사를 사용하여 표현할 수도 있다.

   예 However, the mechanism for the diversity has not yet been fully clarified [또는 elucidated; understood; known; defined; established].

   다른 문형으로서 "~의 보고는 거의 없거나 드물다"라고 표현하는 문장을 사용할 수도 있다.

   예 Few studies on ~ ~ have been found in the literature.
   예 There have been few studies on ~ ~.
   [전치사 on 다음에 오는 단어가 많아서 아주 길어질 때는 위에 있는 문장보다 아래 있는 문장을 사용하는 것이 좋다]

예 Although azoalkanes have been widely used to generate free radicals, the effect of an azo substituent on the adjacent radical center has received little attention. [또는 Little is known about the effect of an azo substituent on the adjacent radical center.]

예 To the best of our knowledge, no complete interpretation has been formulated.

예 To the best of our knowledge, no catalysts of these types have ever been reported in the literature.

3. [연구목적] 연구의 목적(의문점)을 기술한다.
과거시제를 많이 사용하며, 가끔 현재시제를 사용한다.

예 The ① aim [② objective ③ purpose] of the present study was [또는 is] to examine whether low mass stars can be formed around a VMS. The present study was ① conducted [② designed ③ attempted ④ undertaken ⑤ carried out ⑥ performed] to ~, to ~, and to ~.
영어논문 속에서는 "본 연구"를 ① this study ② the present study ③ the current study를 사용하여 표현한다. 서론부분은 교과서처럼 방대한 내용으로 쓰지 말고 학술지의 투고규정에 따라 요구하는 참고문헌만을 선택하여 함축성 있게 기술한다.

B. 서론부분에서 자주 사용되는 영문표현

1. 사람이 주요 단어로 사용된 표현

1) The present **authors** postulated that cocaine may be modulating the immune system in pigs by altering the expression of T-cell differentiation markers after direct interactions with thymocytes or indirectly through the neuroendocrine-thymus axis.
이번 **저자**들은 cocaine이 돼지의 흉선세포와 직접 상호작용하거나 신경내분비-흉선 축을 통해 간접적으로 T세포 분화 표지의 발현을 변화시켜 면역계를 조정할 수 있을 것이라고 가정했다.

2) Most **authors** have advocated excision if lesions can be removed without substantial morbidity.
대부분의 **저자**들은 상당한 이환을 남기지 않고 병변을 제거할 수 있다면 절제를 주창한다.

3) The **authors** reported previously that this compound is effective in gastrointestinal disease manifesting diarrhea in mice.
저자는 이 화합물이 설사를 보이는 생쥐의 위장관질환에서 효과가 있다고 이전에 보고한 바 있다.

4) **Investigators** have sought to develop isotope scanning techniques to delineate such substances.
연구자들은 그런 물질을 묘출할 수 있는 방사선동위원소 스캔법을 발전시키는 데 매진해 왔다.

5) The **investigators** have studied the development of cognitive anthropology.
그 **연구자들**은 인지 인류학의 발전에 대해 연구해왔다.

6) Recent **reporters** suggest that these chemicals may be hazardous.
최근의 **보고자들**이 이 화학물질이 역시 해로울 수 있다는 사실을 제시한다.

7) **Researchers** are increasingly aware that air pollution is influenced by the legal, social, economic, and physical environment.

연구자들은 공기오염이 법적, 사회적, 경제적, 물리적 환경에 영향받는다는 것을 점차로 알게 되었다.

8) The first **researcher** to pay attention to the process was Harvey.
그 과정에 대해 처음으로 주의를 기울인 **연구자**는 Harvey이다.

9) In 1943, **Einstein** asserted the law of relativity.
1943년에 **아인슈타인**은 상대성원리를 주장했다.

10) In their study, **Williams *et al.*** discovered that dietary fibers, such as pectin, improve immunologic function.
Williams 등은 그들의 연구에서 펙틴과 같은 식물 섬유가 면역기능을 향상시킨다는 것을 발견했다.

11) Every **manufacturer** is interested in producing quality parts within his limited economic resources.
어느 **제조업자**도 한정된 경제상의 자원의 허락 범위 내에서 양질의 부품을 생산하는 것에 흥미를 갖고 있다.

12) **We** reasoned that many of these biologic agents could be delivered directly to the lung during liquid ventilation process.
우리는 이 생물학적 제제들 중 많은 것들이 액체 환기과정 동안에 폐로 직접 전달될 수 있다고 생각했다.

13) **We** must pay special attention to the target organs in relation to the permissible dosage.
우리는 약물의 허용량에 관해서는 목표장기를 신중히 고려하여야 한다.

14) In this paper, **we** attempt to locate the domicile of the Iceman during his last years by using geochemical signatures in bone.
이 논문에서 **우리**는 유골에서 지구화학적 표시법을 사용하여 빙하인간의 마지막 생애의 주거지를 찾아내고자 하였다.

15) **We** have already **studied** subsistence patterns in the Iron Age based on the analysis of plant and animal remains from the excavated site.

우리는 이미 철기시대의 생존 양식에 관해 발굴장소에서 취득한 식물과 동물의 화석 분석에 기초를 두어 연구하였다.

2. 문헌고찰의 내용(지금까지 알려진 사실)에 관한 표현

1) It has become increasingly **evident** that postasphyxial reperfusion injury is a major component of ongoing neuronal damage.
질식 후 재관류 손상이 진행 중인 신경손상의 주요 요인이라는 것이 점차 **확실해지고** 있다.

2) It has been **recognized** by archaeologists that architecture reflects cultural beliefs and practices.
건축물은 문화적 신념이나 관습을 반영한다는 사실이 고고학자들에 의해 **인식되어** 왔다.

3) It has been **shown** that correction of peripheral vasodilatation with octreotide results in amelioration of Na^+ retention in animal portal hypertension.
Octreotide로 말초혈관 확장을 교정하면 동물의 간문맥 고혈압에서 Na저류가 회복된다는 사실이 **알려져** 왔다.

4) It has generally been **accepted** that TSH stimulates various chemical reactions.
TSH가 여러 가지 화학반응을 자극한다는 것이 일반적으로 **받아들여져** 왔다.

5) It has been **demonstrated** that lowering the plasma levels of total cholesterol and LDL cholesterol by means of diet therapy is associated with a reduced risk of coronary heart disease in adult rats.
식이요법으로 혈중 총 콜레스테롤과 LDL 콜레스테롤을 낮추는 것이 성장한 흰쥐에서 관상동맥질환의 위험이 낮은 것과 관련이 있다는 것이 **제시되어** 왔다.

6) PLPSs rarely occurred, **accounting for** about 5% of all products.
PLP는 드물게 생성되어 전체 생성물의 약 5%에서 **차지하였다**.

7) During the past 2 decades, **there has been** a significant **evolution** in the field of computer science.

과거 20년 동안 컴퓨터공학의 현저한 **발전**이 **있어 왔다**.

8) **There has been** increasing interest in gardening, especially among young people in recent years.
원예에 대한 흥미가 최근 몇 년 사이에, 특히 젊은이들 사이에서 점차 증가**하였다**.

9) **There have been** few studies that have attempted to prove this hypothesis.
지금까지 이 가설의 입증을 시도한 연구는 **없었다**.

10) **There have been** few applications of isotope analysis in the Incipient period (6000-5000 B.C.) due to the lack of human remains from this time.
동위원소 분석을 초기신석기시대(기원전 6000-5000년)에 적용하는 일은 이 시대의 화석채취가 부족하여 거의 **이루어지고 있지 않다**.

11) **There has been** considerable disagreement regarding the best treatment.
가장 좋은 처치 방법에 대해 상당한 이견이 **있어 왔다**.

12) **There is** general consensus that endoscopy is superior to barium meal X-rays in evaluating the esophagus, stomach, and duodenum in dogs.
내시경이 개의 식도, 위장, 십이지장을 검사하는 데 바륨 조영술보다 우수하다는 것이 일치된 견해**이다**.

13) It is **essential** to find out the components of this substance.
이 물질의 구성 요소를 알아내는 것이 **필수적**이다.

14) It is **important** to examine the cause of the error.
오차의 원인을 조사하는 것은 **중요하다**.

15) It is vitally **important** to elicit a history of exposure to chemical agents since every class of these agents can produce pulmonary toxicity in pigs.
모든 종류의 약제가 돼지에서 폐 독성을 나타낼 수 있기 때문에 약제에 폭로된 병력을 유도하는 것은 매우 **중요하다**.

16) Without oxygen, it is **impossible** for organisms to survive.

산소가 없으면 생물은 생존**할 수 없다**.

17) First of all, it could be **helpful** to distinguish basic and applied chemistry.
먼저, 기초 화학과 응용 화학을 구별해 두면 **도움이 된다**.

18) It is **estimated** that 80% of the infant monkeys would be RH(D)-positive.
80%의 어린원숭이가 Rh(D) 양성일 것이라고 **추정된다**.

19) It is widely **assumed** that some of the RNAs are translated into specific proteins.
몇 개의 RNA는 특정 단백으로 전사된다고 널리 **추정되고** 있다.

20) The results of these efforts **indicated** that mitochondria might have traces of both DNA and RNA.
이런 노력들의 결과는 미토콘트리아가 미세한 양의 DNA와 RNA를 함유한다는 것을 **제시하였다**.

21) Inability to catabolize other amino acids has been **documented** in a few cases.
다른 아미노산을 이화하는 것이 불가능한 몇몇 사례가 **제시되어** 왔다.

22) It is well **documented** that opioids produce a variety of pharmacological effects.
Opioid가 여러 가지 약리학적 효과를 나타낸다는 것이 잘 **기술되어** 있다.

23) Nicotine is **known** to have both pre- and postsynaptic actions in the central nervous system.
Nicotine은 중추신경계에서 스냅스 전 · 후 작용이 있음이 **알려져** 있다.

24) **To the best of our knowledge**, these antibodies have not been used for the characterization of MPD.
우리들이 아는 한, 이들 항체들은 MPD를 특성화하는 데 사용된 적이 없다.

3. 사상이 주요 단어로 사용된 표현

1) General **acceptance** has been slow to develop because fibrin glue is not available commercially.
Fibrin 아교가 상업적으로 입수 가능하지 않았기 때문에 일반적으로 **받아들여지는** 데 시간이 걸렸다.

2) Recent **advances** in assay techniques have provided an opportunity for [또는 have led to] improvement in the measurement of chemical compounds.
측정기술에 대한 최근의 **진보**는 화학 복합물의 측정을 개선할 기회를 제공하였다.

3) A comprehensive **analysis** encompassing imumochemistry applied to a group of MPA is, to the best of our knowledge, absent from the literature.
MPA군에 적용되는 면역화학기법을 포함하는 종합적인 **분석**은 내가 아는 한 문헌에 존재하지 않는다.

4) Numerous **attempts** have been made to assess prognostic indicators for serious borderline tumors (SBTs) in swine.
장액성 경계종양(SBT)의 예후인자를 평가하기 위해서 돼지에서 많은 **시도**가 이루어져 왔다.

5) **Attention** has focused on the appearance of a new clone characterized as electrophoretic type 15.
전기영동 15형으로 특징지어지는 새 clone의 출현이 주목되어 왔다.

6) The current commerical **availability** of CPAP has resulted in more widespread use in laboratories.
CPAP의 현재의 상업적 **유용성**은 검사실에서 널리 사용되게끔 하였다.

7) Newer **categories** and more precise **definitions** have evolved from discussions at a recent consensus conference.
더 새로운 **분류**와 더 정확한 **정의**가 최근의 consensus conference의 토의에서 나왔다.

8) The **point** is not that we can predict earthquakes but that we can deal with the consequences when they happen.
요점은, 우리가 지진을 예측할 수 있어야 한다는 것이 아니라, 지진이 발생했을 때의 결과에 우리가 대처할 수 있어야 한다는 것이다.

9) **Glutamic acid** belongs to the group of amino acids.
글루타민산은 아미노산의 부류에 속한다.

10) There is a **controversy** as to whether these induced lesions are similar to the spontaneous lesions in gerbils.
이런 유발 병변이 gerbils에서의 자발 병변과 비슷한지 여부에 대해서 **이견**이 있다.

11) The **method** seems to be efficient for constructing rules related to a knowledge base for expert systems.
이 **방법**은 전문가 시스템을 위한 지식 베이스에 관련하는 규칙을 구축하는 데 효율적인 것처럼 생각된다.

12) This **current sensor** has been widely used as a Hall effect device which operates by using the magnetic field created by a current.
이 전류 센서는 전류에 의해 생기는 자장을 이용하는 것으로 기능하는 호올 효과 소자이다.

13) The **noise** can be removed from the system by processing the data through a fast Fourier transform filter.
이 잡음은 고속 푸리에 변환 필터에 의해 데이터를 처리하는 것으로 시스템으로부터 제거할 수가 있다.

14) Electromagnetic **shielding** has generally been used to protect electronic equipment and systems from electromagnetic interference.
전자 차폐는 전자장치나 시스템을 전자 방해로부터 보호하는 데 일반적으로 사용되어 왔다.

15) Lack of absolutely reliable immunomarkers of neuronal differentiation

compounds the nosologic **problem**.
뉴런 분화의 절대적으로 신뢰할 수 있는 면역표지가 없기 때문에 질병분류학적 문제가 복잡해진다.

16) The **problem** can be avoided completely by using an approach based on current conveyors.
이 **문제**는 전류 수송 장치에 기초를 둔 방법을 채용하는 것으로 완전히 피할 수가 있다.

17) This **goal** can be reached by simulating the frequency characteristics of these subsystems.
이 **목적**은 이들 서브시스템의 주파수 특성을 모의 시험하는 것으로 달성될 수 있다.

18) This **technique** has been proposed not only to correct errors caused by hardware failure but also to debug programs.
이 **기술**이 제안된 것은 하드웨어 고장에 기인하는 잘못을 검출하고 정정하기 위함뿐만 아니라 프로그램의 결함을 찾아내어 제거하기 위함이기도 하다.

19) Recent bipolar **technology** has already obtained switching time under 100 ps/gate.
최근의 쌍 극성 **기술**은 이미 100 ps/게이트 이하의 개폐 시간을 달성하고 있다.

20) Over the last 20 years, **UIDs** have been manufactured from conventional or low-temperature superconductors having transition temperatures below 23 K.
최근 20년에 걸쳐 **UID**는 전이 온도가 23 K 이하인 종래의 초전도체 즉 저온초전도체로 제작되어 왔다.

21) **Findings** of gram-positive or gram-negative bacteria have been used to predict final culture results.
그람 양성 혹은 음성균의 **소견**은 최종 배양결과를 예측하는 데 이용되어 왔다.

22) Considerable **progress** has recently been made toward understanding the basic pathogenesis of *C. difficile* infection in monkeys.

원숭이에서의 C. difficile 감염의 발병원인에 대해 최근 상당한 **진보**가 있었다.

23) The Neolithic **transition** can be viewed as one of the most dramatic and significant changes in modern human economic, social, and cultural life.
신석기시대로의 **변천**은 현대인의 경제, 사회, 문화생활의 가장 극적이고 의미있는 변화로 간주할 수 있다.

24) The **rationale** for this approach stems from retrospective series that have claimed superior locoregional control results compared to nonrandomized control groups treated with radiation alone.
이 접근법의 **합리성**은 방사선 하나로만 처치한 비무작위 대조군에 비해 더 나은 국소치료결과를 주장한 후향적 연구들에서 기인한다.

25) **Little** is knawn about photogermination of rung liverwort.
우산이끼의 광발아(光發芽)에 대해서는 현재 알려진 것이 **거의 없다**.

26) There is **evidence** that dietary lipid can be an important determinant of radiation-induced liver injury.
식이성 지질이 방사선 유발 간손상에 중요한 결정요인일 수 있다는 **증거**가 있다.

27) A significant **trend** toward reduced mortality ranging from 13% to 23% is observed in several studies.
통계학적인 의의가 있는 13%에서 23%까지 사망률 감소 **경향**이 몇몇의 연구들에서 관찰된다.

28) More recent **experiments** have questioned its reliability.
더욱 최근의 **실험**은 그것의 신빙성을 의심하게 하고 있다.

29) The **investigation** of subsistence patterns in the paleolithic culture has always been an important and debated topic in archaeology.
구석기 문화에서의 생존양상 **연구**는 항상 고고학 분야에서 중요하고 논쟁이 많은 주제가 되어 왔다.

30) Previous **investigations** have been limited by the lack of a technique that has permitted detection of microorganisms *in vitro*.
이전 **조사**들은 생체 외에서 미생물을 감지하는 기술이 없어 한계가 있었다.

31) Preliminary **reports** of isolates of cell wall variants of *Psudomonas*-producing cytopathic effects in tissue culture have yet to be confirmed.
조직배양에서 세포병변결과를 나타내는 세포막 변형 녹농균 분리물에 대한 예비 **보고**들은 아직 확증되지 않고 있다.

32) Over the past few years, several **studies** have been made on soil contamination by dioxin.
과거 수년에 걸쳐 다이옥신에 의한 토양 오염에 대해 몇몇 **연구**가 진행되어 왔다.

33) Some of the most compelling **studies** have focused on the roots of bonsai in Chinese landscape gardening.
중국의 정원 조성에 있어서 분재의 유래에 초점을 맞춘 매우 설득력 있는 **연구**들이 몇 편 발표되었다.

34) Most previous **studies** on subsistence patterns in the Iron Age have been based on the analyses of plant and animal remains from excavated sites.
철기시대의 생존 양식에 관한 과거의 대부분의 **연구**들은 발굴장소에서 취득한 식물과 동물의 화석 분석에 기초를 두어 왔다.

35) A few **studies** are available to approximate the current lead levels of 10 ng/dL.
몇몇 **연구**들은 10 ng/dL의 현재의 납 농도를 추정하는 데 유용하다.

36) Numerous **studies** have observed improved detection of acetone using this technique.
여러 **연구**에서 이 기술을 이용하여 개선된 아세톤검출이 관찰되고 있다.

37) Recent **surveys** have attempted to document the extent of animals' exposure to radiation.
최근의 **조사**들은 동물의 방사능에 노출된 정도를 파악하려고 시도되고 있다.

38) Previous **work** in our laboratory and others has shown that Neospora proteins have epitopes cross-reactive with *T. gondii*.
우리 실험실과 다른 실험실에서의 이전의 **연구**는 Neospora 단백이 T. gondii와 교차반응하는 에피토프를 가지고 있다는 사실을 제시해 오고 있다.

4. 연구목적에 관한 표현

1) The **aim** of our study was to identify one or more of the autoantigens to which these antibodies are directed.
우리 연구의 **목적**은 이들 항체들이 향하고 있는 한 개 이상의 자가항원을 동정하는 것이었다.

2) The **purpose** of the present study was to decide which material to use for tissue augmentation.
이번 연구의 **목적**은 조직 확대술을 위해서 어떤 물질을 사용해야 하는지를 결정하는 것이었다.

3) The main **purpose** of the scheme was to prevent intruders from accessing resources illegally.
이 계획의 주된 **목적**은 침입자가 자원에 불법으로 접근하는 것을 방지하는 것이었다.

4) The **purpose** of this study was to examine the distribution and relative influence of habitat conditions on the Eurasian otter in the Han River water system, Korea.
이 연구의 **목적**은 한국의 한강수로계에 생존하는 유라시아 수달의 분포와 서식환경조건의 상대적인 영향을 조사하는 것이다.

5) The **purpose** of this paper is to review what is currently known of Korea avian ichnology and to draw attention to important sites which have been described in the literature.
이 논문의 **목적**은 한국의 조류 화석학에서 현재까지 알려진 사실들을 검토하고 문헌에 보고된 중요한 장소에 주의를 집중시키는 것이다.

6) The **objective** of this study was to design and build a practical voice-band HF modem that could cope with frequency selective fading.
본 연구의 **목적**은 주파수 선택성 페이딩에 대처할 수 있는 실용적인 음성대역 HF 모뎀을 설계하여 세우는 것이었다.

7) The **goal** of this study was to compare the immunophenotypic features of CLL/SLL LNs with and without abundant PCs.
이 연구의 **목표**는 다량의 PC를 가지고 있는 CLL/SLL LN과 PC를 가지고 있지 않는 CLL/SLL LN의 면역표현형의 특성을 비교하는 것이었다.

8) The present study **aimed** to provide a physical basis for earthquakes.
이번 연구는 지진의 물리적 기초를 제공하는 것이 **목적**이었다.

9) The current study was **designed** to evaluate the safety and efficacy of In-pentetrotide scintigraphy for the detection of the particles.
이번 연구는 그 입자의 발견에 있어서 인디움-pentetrotide 섬광조영술의 안전성과 효율성을 연구하기 위해서 **고안되었다**.

10) **In order to characterize** this Li^+-induced desensitization phenomenon, the effects of Li^+ on intracellular signalling and intracellular calcium sequestration were investigated.
이 Li이온 유발성 탈감작 현상을 **특징짓기 위해** Li이온의 세포 내 신호와 세포 내 Ca의 격리에 대한 효과를 조사하였다.

11) Here we **present** the most extensive palaeodietary reconstruction applying stable isotopes to the remains of human Linear Pottery Culture (Linear Band Keramik, LBK) individuals and associated fauna from 3 recently excavated sites in Central Germany.
여기에 저자들은 안정성 동위원소를 LBK 개개 유골과 최근 중부 독일의 세 장소에서 발굴된 동물상과 연관된 유골에 적용시킬 수 있는 가장 방대한 구석기 식품 재구성을 **제시한다**.

12) We **tested** the hypothesis that high dietary intakes of fat, protein, and milk are associated with the development of NHL in a cohort of older monkeys.

우리는 고령의 원숭이 코호트에서 지방, 단백, 우유의 많은 식사 섭취가 NHL의 발생과 관련있다는 가설을 **검증하였다**.

13) The current study was **performed** to examine whether phase modulators are useful for optimizing sensor performance.
본 연구는 위상변조기는 위상센서의 성능을 최적화하는 데 유용한지를 조사하기 위해 **시행되었다**.

14) The present study was **carried out** to give an example of a simple linear circuit which will help answer these questions.
본 연구는 이들의 의문에 답하는 데 도움이 되는 간단한 선형회로의 한 예를 보여주기 위해 **시행되었다**.

15) In this study, we **investigated** whether nonlinear elements may serve as important building blocks in various optical signal processing applications.
본 연구에서 저자들은 비선형 소자는 여러 가지 광학적 신호처리의 용도에 있어서 중요한 구성물로서 도움이 되는지를 **알아보았다**.

16) This paper was **intended** as an investigation of water pollution in the Han River.
본 논문의 **목적**은 한강의 수질 오염 조사 연구**에 있다**.

17) This study was **conducted** to determine whether a parallel digital architecture could allow this device to be of practical use in real-time applications in the area of fuzzy neural networks.
본 연구는 병렬 디지털 · 아키텍처에 의해 이 장치가 퍼지 · 신경망의 영역에 있어서 실시간 용도로 실제로 도움이 되는지를 알기 위해 **시행되었다**.

05 연구재료(materials) 및 연구방법(methods)부분

A. 연구재료 및 연구방법부분의 내용

연구목적을 규명하기 위해 어떻게 연구를 진행하였는가에 대해 기술하는 부분으로 독자가 그 연구를 반복할 수 있을 정도로 상세하고 정확하게 기술한다. 크게 보아 연구대상 또는 재료, 자료수집 또는 실험조사방법, 그리고 자료분석방법 등을 기술해야 한다.

일반적으로 "아무리 자세해도 지나치지 않다"는 원칙에 따라 중요한 순서대로 또는 연구 진행순서에 따라서 다른 연구자가 그대로 재현할 수 있을 정도로 기술해서 연구결과의 이해, 평가에 지장이 없도록 충분한 정보를 전달해야 한다.

잘 계획된 연구는 다음의 논리적 단계를 거친다.

- 연구디자인
- 연구상태나 조건의 정의
- 연구대상의 정의(동물, 식물, 시료)
- 연구대상 선정방법 계획
- 구체적인 실험방법 결정
- 모든 관찰항목과 관찰방법의 구체적인 결정
- 자료 평가를 위한 통계학적 분석법 선택

"연구재료 및 방법"부분의 기술은 대체로 이러한 과정을 따라서 순서대로 기술하며 각 단락이 구체적으로 연관성 있게 전개되어야 한다.

연구계획은 구체적으로 기술되어야 하는데, 연구집단, 시행된 처치 내용을 포함하여 명확하게 서술되어야 한다. 예를 들어, 대조군과 실험군의 정의가 내려져야 하며, 여러 가지 처치에 대한 연구대상의 무작위 할당방법 등이 서술되어야 한다. 세부적인 항으로서 실험에 참가하는 연구대상기준, 실험군할당을 정하기 전에 적용된 적격 기준, 그리고 처치에 대해 연구원들이 알지 못하고 있음(blindness) 등에 대한 사항들이 포함되어야 한다.

잘 계획된 연구는 연구대상의 특성에 의해 야기되는 편차를 최소화하기 위해 주의깊게 분류되고 선택되어진 대상을 사용한다. 결과에 영향을 미칠 수 있는 사항들이 배제될 수 있을 때 연구결과는 정확하게 해석될 수 있다. 그러므로 가능한 한 철저하게 연구대상의 특성을 결정해야 한다.

따라서 연구재료 및 방법부분에서 기술되어야 할 내용들은 구체적으로 다음과 같다.

1. 연구의 궁극적인 대상을 제시: 대상(재료)의 특성 등을 포함시킨다.
2. 연구대상(재료)의 채택기준(inclusion criteria) 및 제외기준(exclusion criteria)
3. 개개의 연구대상(재료) 선정 방법, 규모 및 그 과정: 표본추출에 의한 경우는 추출방법, 표본규모의 결정방법, 여러 가지 처치에 대한 무작위 할당방법을 명확히 한다.
4. 일반명(generic name)에 의한 재료 표시: 괄호 안에 상품명, 제조회사명, 제조일시, 제조번호 등을 명기한다. 시약은 화학명을 사용하고, 기계나 kit는 제조회사의 이름, 제조회사의 소재 도시명과 국가이름을 기재한다. 특수조제에 관해서도 상세히 기술한다.

예) DMEM culture medium (Gibco BRL, Long Islands, NY, USA)

5. 동물실험인 경우 실험동물의 genus, species, strain을 명시하고, 성별, 나이, 생리학적 상태 등을 기재한다.
6. 이용된 대조군에 관해서 언급한다.
7. 미생물에 관해서는 종, 유전형질, 혈청형 등이 확인되어야 한다.

8. 연구 또는 실험방법: 이미 개발된 방법을 사용한 경우는 이를 인용했음을 표시하고 인용문헌에 삽입한다.
   측정법과 관철방법의 인용: 공인된 표준방법은 단지 그 방법명과 문헌인용으로 충분하지만 변형(modification)이 있는 경우에는 그 내용을 기술해야 하며, 다른 연구자가 재현할 수 있도록 상세하게 써야 한다. 이전에 발표되지 않은 방법은 정당화될 수 있는 증거들과 함께 상세히 기술한다.
9. 실험의 관찰항목과 이를 채택한 배경, 과정 등을 명기한다.
10. 개개 항목에 대한 관찰자료의 수집방법을 기술하고 그 방법의 정확성 및 재현성의 검증을 제시한다.
11. 관찰내용을 계량적으로 환산하는 경우에는 그 계량화 방법과 그 내용을 설명한다.
12. 사용한 방법 혹은 적용한 방법의 제한점이나 취약점을 평가하고 이를 최소화할 수 있는 대안 등을 설명한다.
13. 통계학적인 분석(statistical analysis)에는 그 방법을 명기하여야 하는데, 그 분야에서 잘 알려진 방법(컴퓨터 프로그램을 포함하여)에 대해서는 간단히 그 방법명을 밝히고 표준 자료를 이용하면 된다. 잘 알려져 있지 않은 방법은 상세히 기술되어야 한다. 연구결과부분에 있는 중요한 자료는 통계학적 분석을 시행해야 하고 짧고 명확하게 언급해야 한다.

"연구재료 및 방법"부분의 제목으로서 어떤 학술지에서는 다른 소제목들 예를 들면, "Study Design, Subjects and Methods" 또는 "Study Plan, Samples and Procedures" 등을 사용할 수 있고 어떤 학술지는 "Materials and Methods"를 고집하기도 하므로 미리 확인하는 것이 좋다.

"연구재료 및 방법"부분에서는 문단을 구분하여 연구 순서를 보여줄 수 있다. 너무 길면 각 단위에 다른 소제목을 삽입할 수도 있다.

연구 · 실험을 시행한 순서대로 필요한 만큼의 분량으로 쓰되 불필요한 단어나 쓸데없이 상세한 기술은 피한다. 또한 연구디자인 과정의 주요 부분만을 쓰고, 더 상세한 기술은 논문 끝에 부록으로 기술하는 것도 하나의 방법이다. 그러나 이를 위해서는 편집인의 동의가 있어야 한다.

연구재료 및 방법을 영문으로 표현하는 요령은 다음과 같다.

1. 시 제

대부분 과거 시제를 사용한다.

2. 연구대상의 기술

동물실험인 경우에는 어떤 실험동물을 사용했는지 정확히 기술해야 한다.

예) "Animal" 같은 애매한 단어를 사용하는 것보다 "New Zealand White rabbit, Sprague-Dawley rat" 등의 구체적인 표현을 사용하는 것이 좋다.

3. 표본의 크기

연구에 사용된 개체의 수 또는 시료의 수를 정확히 표시하여야 한다.

예) 100마리의 흰쥐에서 연구가 시행되었으나 20마리가 부적격했으면 전체는 80마리이고 이 중 30마리가 어떤 처치를 받았으면 이를 분명히 밝혀야 한다.

In 30 of the 80 rats, we tested ....

Of the 80 rats, 30 were given ....

또 다른 30마리가 추가되었으면

In 30 other rats, we tested .... 또는 Thirty other rats were given .... 으로 표현한다.

4. 괄호의 사용

연구방법에서는 생각의 흐름을 방해하지 않도록 자세한 기술을 괄호 속에 넣는 경우가 많다. 흔히 괄호 속으로 들어가는 것은 시료의 크기, 동물의 체중, 농도, 투약용량, 제작회사의 이름, 모델번호 등이다.

예) nitroglycerin (10 mg)
densitometer (362MS, Samsil, Seoul, Korea)

5. 정확한 용어의 사용

행해진 연구과정에 대해 정확한 단어를 선택해야 한다. 단어 measure, calculate, estimate 등을 구분해서 써야 하며, 포괄적인 경우는 포괄적인 의미를 가지는 단어(determine)를 써야한다.

예) We **measured** precipitation rate and **calculated** maximal positive dP/dt.We **determined** precipitation rate and maximal positive dP/dt.

6. 기술의 시점

실험내용은 수동태를 사용하여 과거시제로 기술하는데 문장이 늘어지고 생동감이 없는 단점이 있다. 능동태를 사용하게 되면 주어 "we"를 너무 많이 사용하게 된다. 주어 "we"의 사용은 최소화하는 것이 좋은데, 이를 위해 한 단계의 실험 조작을 모두 한 문장으로 표현하는 것이 좋다.

예) We dehydrated the pellets, cleared them with propylene oxide, and embedded small pieces of each pellet in blocks of Spurr's resin.

"We"를 덜 강조하기 위한 또 다른 방법으로 문장의 문두를 변형시켜서 시간을 표현하는 문구로 시작하여 기술한다.

예) After 30 seconds, we centrifuged the samples. Then, we centrifuged the suspension as before.

한 단락 안에서 수동태, 능동태를 섞어 쓰는 것은 피해야 한다.

7. 측정단위

항상 International System of Units (SI units)를 사용하여야 한다[NOTE 2-7 참조]. 연구재료 및 방법을 요약하면 NOTE 2-8과 같다.

NOTE 2-7 • SI unit의 사용법

1. 멱지수(exponent): square meter 대신 m^2, cubic meter 대신 m^3을 사용한다.
2. 복수형: 70 Ls (X) → 70 L (O)
3. 주어-동사 일치법: 집합명사이므로 단수동사를 필요로 한다.

   예 Seventy-five milligrams of lidocaine was administered to the rats.

4. 문장, 논문의 제목을 숫자로 시작할 수 없다.

   예 Sixty-five milligrams of amoxicillin was given 20 minutes later.

5. 하이픈: 단위기호가 형용사로 쓰일 때 사용한다.

   예 a 10-cm visual analogue scale

6. 접두사(prefix)를 사용해야 한다: 15,000 g → 15 kg, 0.003 mL → 3 μL
7. 소수점(decimal point): 1 이하의 수는 소수점 앞에 0를 쓴다.

   예 $r = 0.48$, 예외) $P = .013$

   P value는 어떤 결과 사이에서의 상관관계의 강도나 임상적인 의의를 표현하는 것이 아니고, 단지 어떤 통계검사법의 결과표현이므로 논문의 본문에서 "statistically significant" 또는 "not significant"라고 기술한다("highly significant" 혹은 " very highly significant"라고 기술하지 말 것).

8. Dual reporting: SI unit과 traditional unit을 모두 인정하는 경우(glucose, bilirubin, calcium 등)에는 두 unit을 모두 기술한다.

   예 7.8 mmol/L (140 mg/dL)

NOTE 2-8 • "연구 재료(materials) 및 방법(methods)"부분 작성요령

1. 연구가 진행된 순서에 따라 혹은 연구 내용의 형태에 따라 독자가 실험을 재현할 수 있을 정도로 상세히 기술한다.
2. 사용한 연구 대상의 종류, 개체 수 등을 구체적으로 기술한다.

   예 Sixteen female New Zealand White rabbits were used as subjects.

3. 분류방법, 표본 선정기준(inclusion criteria), 제외기준(exclusion criteria)을 기술한다.

   예 Seven dry treatment plants were excluded from the analysis because the reference leaves were not detectable.

4. International System of Units (SI units)를 사용한다.

   예 m, kg, mL, °C, Hz, Pa

5. 시약, kit, 실험기계 등은 괄호 속에 모델번호, 제작회사명, 도시명, 국가명을 기입한다.

   예 collagenase P (P-5417, Sigma Chemical Company, St. Louis, MO, USA)
   densitometer (362MS, Samsil, Seoul, Korea)

6. 결과의 분석평가방법, 통계처리방법에 관해 기술한다.

   예 Bacteriologically, cures were defined as eradication of the isolated pathogen in repeated cultures.
   Statistical analysis was performed using the x^2 test.
   A P value of $<.05$ was considered (statistically) significant.

7. 연구 방법은 수동태, 과거 시제로 기술한다: 한글논문은 능동태로 기술함

   예 HIV-1 activity was monitored by assaying p24 antigen concentration in plasma.

   ▶ 주어가 아주 길 때는 능동태를 사용할 수 있다.

   예 We added a solution containing ~ ~ ~ ~ ~ ~ ~ ~ ~ ~ ~ ~ ~.

숫자와 단위 쓰기

1. 숫자와 단위 사이에 한 칸(full space)을 띄운다. 예) 23 mL
   [예외] percent, 각도, °C, 화폐는 붙여 쓴다: 45% 45°C 37.5°C $560
   범위를 표시할 때 단위는 뒷 숫자에만 붙인다

예) 2-8 g [예외] 2%-8% 25°C-45°C 36.0°C-40.0°C

2. 부호와 숫자를 함께 표현하는 방법: A ± B 또는 A > B 또는 A = B의 형태로 기술된 숫자는 원칙적으로 띄어 쓴다. 그러나 필요에 따라 붙여 쓴다.

예) 28.0 ± 4.5 *P* > .301 *N* = 315
그러나 A ± B 또는 A > B 또는 A = B의 형태가 아닌 경우는 붙여 쓴다.

예) The mean TP concentration (±SD) in group A specimens was 0.59 mg/L (±0.23; range, 0.117-1.442; *n* = 19).

[예외] 면적, 부피, 배율은 붙여 쓴다.
15×20 cm^2 20×13×12 cm^3 at ×400 magnification

3. slash(/), ratio(:), range(-)는 붙여 쓴다.

예) 20 mg/kg s.c. daily
an average ratio of 13:1
50%-70% of the cases in industrialized countries

▶ 문장 안에서 range는 전치사 "to"를 사용하여 표현할 수도 있다.

예) The onset of the physical reactions was 2 to 3 minutes.
The duration of eclipse in XTE J1710-281 is 400 to 430 s.

■ 그 외에 혼동하기 쉬운 띄어쓰기와 부호

1) 기호 +, −, =의 앞과 뒤는 띄어 쓴다.
   $R = x^3 + 3x$
2) 1시간 이상인 경우 약어로 h를 사용하며 띄어 쓴다. hr은 사용하지 않는다.
   for 2-4 h of incubation
3) p.13: 13쪽의 내용을 인용하는 경우 붙여 쓴다. pp.13-25: 13 내지 25쪽
   (주의: P. 13 (X), PP. 13-25 (X)는 틀린표현이며, 소문자 p를 사용해야 한다)

4) 백분율의 경우 소문자로 표시하고 붙여 쓴다. 구두점은 없다.
   7 Wt.% (X), 5 Vol.% (X)
   7 wt% (O), 5 vol% (O)
5) 접두사 kilo는 소문자 k를 사용하며 접두사 mega는 대문자 M을 사용한다.
   9 kPa, 12 MPa
6) 음의 부호를 포함한 경우에는 하이픈 대신에 'to'를 사용한다.
   −20 to +120 K, −145°C to −30°C

산술데이터를 표현하는 방법

1) P is the midpoint of the side BC.
   P는 변 BC의 중점이다.

   Point P lies on the straight line.
   P점은 그 직선 상에 있다.

   What type of path does point P trace?
   점 P는 어떠한 궤적을 그리는가?

   Take an arbitrary point C on the extension.
   그 연장선 상에 임의의 점 C를 정하라.

   The center I is where the bisectors of the angles meet.
   중심 I는 각의 2등분선의 교점이다.

   Three lines intersect at a point.
   3직선이 1점에서 교차한다.

   The intersection of the x-axis and the y-axis is called the origin.
   x축과 y축의 교점은 원점이라고 불린다.

   A straight line connects any 2 points on that surface.
   한 직선이 그 면 위의 두 점을 연결한다.

   Any point not in the line does not satisfy the given condition.
   선상에 없는 어떠한 점도 주어진 조건을 만족하지 않는다.

2) Draw a line through P and parallel to AB.
P를 통과하여 AB에 평행한 직선을 그어라.

Each diagonal line makes 2 triangles of a 4-sided figure.
또는
Each diagonal line divides a 4-sided figure into 2 triangles.
각각의 대각선은 사변형을 두 개의 삼각형으로 한다.

The slope of the tangent to the curve is 2x.
곡선의 접선의 기울기가 2x이다.

This is the tangent to the curve from any point.
이것은 곡선 외의 임의의 점에서 그은 접선이다.

Draw a line perpendicular to a given line.
주어진 선에 수직선을 그어라.

Construct [또는 Draw] a line perpendicular to the straight line AB from a given point C.
정점 C에서 직선 AB에 수직선을 그어라.

Drop a perpendicular line from a vertex.
정점에서 수직선을 내려라.

Divide a line segment externally in a ratio of m:n.
선분을 m:n의 비로 외분하라.

The segment OC is rotated about 0.
선분 OC는 0의 둘레를 회전한다.

You can use a slant line to write a ratio.
비를 나타내는 데에 사선을 사용한다.

3) Sound detectors have parabolic surfaces.
음파 탐지기는 포물선상의 면을 하고 있다.

If we plot the values in the table, we obtain a parabola.
표의 값을 도시하면 포물선이 된다.

4) Two sides of a triangle respectively equal to 2 sides of the other.
하나의 삼각형의 두 개의 변이 다른 삼각형의 두 변과 각각 같다.

If 2 sides of a triangle are equal, the angles opposite these sides must be equal.
하나의 삼각형의 두 변이 같으면 그것들의 두 변에 대응하는 각은 같아야 한다.

Subdivide the square into 2 right-angled triangles.
그 사각형을 두 개의 직각 삼각형으로 나누어라.

a right triangle whose 2 sides forming the right angle are a, b
직각을 낀 두변의 a, b인 직각 삼각형

a parallelogram with a base 4 cm long and a height 6 cm long
저변 4센티, 높이 6센티의 평행사변형

Parallelograms having equal bases and equal heights are equivalent.
저변과 높이가 같은 평행사변형의 면적은 같다.

Join B and A, D and C, and the quadrilateral ABCD is a parallelogram.
B와 A, D와 C를 맺으면 사각형 ABCD는 평행사변형이 된다.

Three of its faces are triangular.
그 면중의 세 개는 삼각형이다.

A cube is a polyhedron whose 6 faces are all squares.
정육면체는 6면이 모두 정방형인 다면체이다.

AB has no point in common with the plane MN.
AB는 평면 MN과의 공유점을 갖지 않는다.

5) a circle with the center at the origin
원점을 중심으로 하는 원

Move round uniformly in a circle.
원 위를 일정하게 회전하라.

a body traveling in a circle at a constant speed
일정한 속도로 원내를 움직이는 물체

a circular plate having the diameter a
직경 a의 원판

The inner diameter is small.
내경은 작다.

Describe a semicircle of 2 cm diameter.
직경이 2 cm의 반원을 그려라.

At least 10 cm in diameter should be used.
적어도 직경 10 cm는 사용되어야 한다.

the circle with a radius of r
반경이 r인 원

The radius of curvature is 5 mm.
곡율의 반경은 5 mm이다.

With points A and B as centers and with equal radii, make [또는 draw] arcs intersecting at C and D.
A, B를 각각 중심으로 하고 같은 반경으로 C, D에서 교차하는 호를 그려라.

When we refer to 2 equal arcs, we mean arcs of the same or of equal circles.
두 개의 같은 호를 말할 때 같은 원 또는 같은 호를 의미한다.

Given 2 coplanar circles with radii a and b and with d as the distance between their centers.
반경이 a와 b이고 중심 간 거리가 d인 공통 평면상의 원이 주어지고 있는 것으로 한다.

If 2 coplanar circles intersect in 2 points, then the line determined by their centers is the perpendicular bisector of the segment joining the 2 points.
동일 평면 위에 있는 두 개의 원이 두 점에서 교차하면 그것들의 원의 중심에 의해 정해지는 직선은 두 개의 교점을 맺는 선분의 수직 2등분선이 된다.

From any point Q in the exterior of a circle, the 2 tangent segments to the circle are congruent and the 2 tangent rays form congruent angles with the ray from Q through the center of the circle.

또는

The lengths of 2 tangents to a circle from any point outside the circle are equal, and the line from the point to the center of the circle bisects the angle between the tangents.
원의 외측에 있는 임의의 점 Q에서 원으로 그은 두 개의 접선분은 합동이며 또한 그 두 개의 접선 반직선과 Q에서 그은 원의 중심으로 근 반직선으로 되는 각은 합동이 된다.

If circles tangents to each other are on opposite sides of their common tangents, they are tangents externally.
서로 접하는 원이 공통 접선의 반대측에 있으면 그것들의 원은 외접한다.

If 2 circles are tangents internally, they have a common external tangent.
두 개의 원이 내접하면 그것들의 원은 공통 외접선을 하나 가진다.
The table is elliptical.
그 테이블은 타원형이다.

6) Let α and β be the angles between line *g* and the *x*-axis/*y*-axis (*x* and *y* are all positive).
α, β를 직선 *g*와 x축, y축과 이루는 각으로 한다(x와 y는 모두 양수이다).

The corresponding angles of similar triangles are equal.
닮은꼴 삼각형의 대응하는 각은 같다.

The angle θ increases from 0 to 90 degrees.
각 θ가 0도에서 90도까지 증가한다.

Draw CD perpendicular to AB.
AB와 수직으로 CD를 그려라.

If a quadrilateral is inscribed in a circle, the opposite angles are supplementary.
원에 내접하는 4변형의 대응하는 각은 서로 보각을 이룬다.

7) Let S denote the area of a circle.
원의 면적을 S로 놓아라.

The area is spreading.
면적이 넓어지고 있다.

Its surface area becomes large for its volume.
체적의 비율에 대하여 그 표면적은 크게 된다.

The product of the pressure and volume of a gas is constant.
기압의 압력과 체적의 곱은 일정하다.

Temperature decreases; therefore, volume decreases.
온도가 내리는데 따라 체적도 감소한다.

Make up the volume to 10 mL.
체적을 10 mL로 놓아라.

Let the volume of the solids be 100 cm^3
고체의 용적을 100 cm^3로 놓아라.

8) Keep it in a constant temperature box and weigh once a day until the weight reaches a constant value A.
그것을 항온기에 넣고 1일 1회 꺼내서 중량을 측정하여 항량(A)가 되기까지 반복해라.

The length of the specimen was measured with a micrometer-equipped 120 times microscope.
그 시료의 길이는 현미경에 마이크로미터를 장착하고 120배로 측정하였다.

The results shown in Table 3 were obtained from the measurements of the diameter d, using an inner diameter-measuring device.
지름 d를 내경 측정기로 측정하여 표3의 결과가 얻어졌다.

The data is the average of 3 measurements.
그 데이터는 3회 측정의 평균치이다.

The measured values by 2 different methods almost agree.
두 개의 방법에 의한 측정치는 거의 일치하고 있다.

To indicate the amount of scatter in measured values, the difference between the minimum and maximum values are shown.
측정치의 산포를 나타내는 기준으로서 최소치와 최대치의 차를 나타내고 있다.

Plot the measured value in the same figure
측정에서 얻어진 값을 같은 그림에 점묘해라.

The calculator did not break down, but it did not show [또는 indicate] the correct value either.
그 계산기는 고장은 아니었지만 바른 값을 제시하지 않았다.

The results are affected by [또는 depend on] the conditions of measurements.
측정 조건의 차이에 따른 결과를 여러 가지의 영향을 받는다.

We exclude the errors which arise either in measurement or in calculation.
측정 또는 계산 처리상의 오차는 제외하고 생각한다.

Make corrections at every measurement.
측정할 때마다 보정해라.

It is necessary to make a few corrections.
약간의 보정할 필요가 있다.

9) errors due to inaccuracy of the thermometer
온도계의 부정확도에 의한 오차

The accuracy of the measurement was $\pm 2 \times 10^{-5}$.
측정 정확도는 $\pm 2 \times 10^{-5}$이었다.

Accuracy better than 1% is obtained.
1%를 넘는 정확도가 얻어졌다.

Increase the accuracy by improving the approximations.
근사도를 높임으로써 정확도를 올려라.

The accuracy after considering the thickness of the scale lines and the size of the indicator is 95%.
눈금선의 굵기, 지침의 크기를 고려한 판독의 정확도는 95%이다.

Extremely accurate measurements are made.
측정 정확도는 현저하게 높다(매우 정확한 측정을 하도록 되었다).

It is difficult to maintain the accuracy.
정확도를 유지하는 것은 곤란하다.

10) Observe [또는 Make observation of] the samples.
그 시료들을 관찰해라.

The structure wes observed with a microscope.
현미경으로 구조가 관찰되었다.

The particle was barely visible with the unaided eye.
그 입자는 육안 관찰로는 의미하게 보였다.

Irregular projections of oxides were observed.
불규칙한 산화물의 돌기가 관찰되었다.

11) Align stars in the west with the cross-hairs in the telescope.
망원경 속의 십자선과 서쪽의 별들을 일치시켜라.

Keep the field of vision dark.
시야를 캄캄하게 해라.

The right-hand side is light and the left-hand side is slightly dark.
우측은 밝고 좌측은 어두컴컴하다.

Investigate the optical properties of substances at a low temperature using a spectrometer.
분광기를 사용하여 저온에서 물질의 광학적 성질을 조사해라.

Receive rays with different properties.
다른 성질의 광선을 수신해라.

Adjust so that the image *d* of the line comes between the 2 lines.
선의 상 *d*가 두 선 사이에 오도록 해라.

Set the dial reading to it.
다이얼의 눈금을 그것에 맞춰라.

Balance approximately by hanging it on one of the arms of the balance.
천칭의 한 쪽 팔에 그것을 매달고 대략 균형을 맞춰라.

Stop the reaction by adding 5 mL of precipitating reagent.
침전 시약 5 mL를 가하여 반응을 정지시킨다.

12) Take the average value of the 2 readings.
두 개의 판독의 중앙을 취하라.

Read the magnified scale.
눈금을 확대하여 읽어라.

Amplify it and read the result.
그것을 증폭하여 그의 결과를 판독해라.

Obtain a reaction point by turning the knob.
반응점을 다이얼을 돌려서 구하라.

Read the temperature every 30 seconds while stirring.
교반하면서 30초마다 온도를 읽어라.

Make sure that the scale registers zero.
눈금이 0을 가리키고 있는가 아닌가를 확인해라.

Most of the measurements were made by comparing the standard weight and by reading the small difference by the inclination of the layer.
표준이 되는 분동의 질량과 비교하여 그의 표준과의 약간의 차를 지레의 기울기에 따라 판독하는 것으로 대부분의 측정은 행해졌다.

13) The sample was used as a very fine powder, if possible, by grinding it in a mortar.
시료는 절구로 잘 갈아서 가급적 미세한 분말로 사용했다.

Take exactly 10 mL of the solution.
용액의 10 mL를 정확하게 취해라.

Take 1 mL of the sample solution in a test tube.
시료액 1 mL를 시험관에서 취해라.

Increase the volume to 100 mL with the addition of water.
또는
Add water until the total volume is 100 mL.
또는
Adjust the volume to 100 mL by adding water.
물을 가하여 100 mL로 하여라.

Weigh 100 mg accurately, put in a 200-mL measuring flask, and add water to the mark [또는 line].
100 mg를 정밀하게 재고 200 mL의 측정플라스크에 넣고 마크[또는 표시선]까지 물을 가하여라.

After leaving for 15 minutes and drying at 120° for 50 minutes, we used it.
15분간 방치한 후 120°로 50분간 건조하여 사용하였다.

Put the sample on the plate.
시료를 접시에 올려 놓아라.

Take the sample off the plate.
시료를 접시에서 내려 놓아라.

Analyze the drug to check for any abnormalities.
약에 이상이 있는지 어떤지를 알기 위해 약제를 분석해라.

The test was stopped [또는 halted] periodically every 200 times, each test piece being detached.
시험은 200회마다 중단되었지만, 그때마다 각 시험편은 제거되었다.

A long endurance test was performed at room temperature under the same experimental conditions.
동일 시험 조건하에서 장시간의 상온 마모시험을 하였다.

Record the thermometer reading at each time.
각 시간에 있어서 온도계의 판독을 기입해라.

Record it on an electromagnetic oscillogragh.
그것을 전자 오실로그래프에 기록해라.

Calculate it to three decimal places.
소수 3자리까지 계산해라.

Take a figure down one place.
1자릿수 내려라.

Calculate down to the third places of decimals.
소수 셋째 자리까지 계산하여라.

Discard decimals.
소수점 이하는 반올림하여라.

The fifth decimal place and on are meaningless.
소수 다섯째 자리 이하는 무의미하다.

14) Let x be a real number.
x를 실수로 하여라.

Both the integers and fractions belong to rational numbers an integer.
정수와 분수는 양쪽 모두 유리수에 속한다.

the positive integers from 1 through 10
1에서 10까지의 양의 정수

the negative integers from −1 through −5
−1에서 −5까지의 음의 정수

15) The reciprocal or 5 is 1/5.
5의 역수는 1/5이다.

Either +5 or −5 is the square root of 25.
+5 또는 −5가 25의 평방근이다.

Three is the cube root of 27.
3은 27의 3승근이다.

If we first assign a definite value to x, then the value of y depends upon the value of x.
x의 값이 정해지면 그것에 대응하여 y의 값이 한 개 정해진다.

These values [또는 figures] become reference standards.
이들 수치가 참고 기준이 된다.

16) an approximate quantity [또는 value] and an error
근사치와 오차

the (a) margin of the error
오차의 폭

the difference between the mean values of maxima and minima
극대치의 평균치와 극소치의 평균치의 차

The maximum value of the error increases approximately proportionally to the square of the maximum inclination angle.
오차의 최대치는 이 최대 경각의 2승에 대략 비례하여 증대한다.

Measure the length to the nearest millimeter.
길이를 오차 1밀리 이내까지 측정해라.

Divide PQ in a ratio of 3:1
PQ를 3:1로 나누어라.

a solution of phosphoric, sulfuric, and nitric acids at the ratio of 2:1:3 (volume)
인산:황산:초산의 2:1:3(체적비)의 혼합액

an alloy of copper (4 parts), tin (88 parts), and antimony (8 parts)
동 4, 주석 88, 안티몬 8의 합금

Y varies as X and Z jointly.
Y는 X와 Z의 적에 비례하여 변화한다.

The volume varies inversely with the pressure.
체적은 압력에 반비례하여 바뀐다.

The force of gravitation falls off as the inverse square of the distance.
인력의 강도는 거리의 2승에 반비례하며 감소한다.

A tube is cooled at a rate of about 2°C per 5 minutes.
튜브가 5분간에 대략 섭씨 2도의 비율로 냉각된다.

Data is expressed as a percentage.
데이터는 퍼센테이지로 표시되있다.

The percentage of recovery is 40%.
회수율은 40퍼센트이다.

a photograph with a high magnification [또는 a highly magnified photograph]
고배율의 사진

a micrograph with maximum magnification
최고 배율의 현미경 사진

17) Let the coordinates of P be x, y.
P의 좌표를 x, y에 놓아라.

In order to plot the point P(2, 3), we simply mark the point of intersection of the vertical line that intersects the *x*-axis at the point with *x*-coordinate 2 and the horizontal line that intersects the *y*-axis at the point with *y*-coordinate 3.
점 P(2, 3)을 점추하는데에는 x좌표가 2인점에서 x축과 교차하는 수직선과 y좌표가 3인 점에서 y축과 교차하는 수평선과의 교차점을 나타내면 된다.

The equation y + mx + b is called the slope-intercept form of the equation of a line.
방정식 y = mx + b는 직선을 나타내는 방정식 가운데 기울기 절편 방식이라 불린다.

The equation of the line of the form Ax + By + C = 0 is called a first-degree equation(in x and y), provided A, B, and C are real numbers and neither A nor B is zero.
Ax + By + C = 0 표시방식의 직선 방정식은 (x 및 y에 대한) 1차 방정식이라 불리운다. 단 A, B, C가 실수이며, A 및 B는 모두 0이 아닌 것으로 한다.

Split a vector into 2 components.
벡터를 두 개의 성분으로 나누어라.

18) the probalility that A will happen.
A가 일어나는 확률

the probalility that both A and B will happen
A와 B가 모두 일어나는 확률

the probalility of the simultaneous occurrence of 2 events A and B
사건 A, B가 동시에 일어나는 확률

If one has occurred, the other can never occur.
한쪽이 일어나면 다른 쪽은 결코 일어나지 않는다.

The event a_1 is twice as probable to occur as the event a_2.
a_1가 일어날 가능성도 a_2의 2배이다.

a table of random numbers
난수표

a table of specific gravity
비중표

a tabular difference
표차

수식을 읽는 엄밀한 규칙은 없다. 다음에 몇 가지 표준적인 읽기 방식을 소개한다. 덧붙여서 아래의 예문에서 알 수 있듯이 물리량(物理量)은 이탤릭체로 표시한다.

수, 수식, 기호를 읽는 방법

1) 소수와 분수(decimals and fractions)

12.035	twelve point zero three five
0.67	zero point six seven
$\frac{1}{2}$	a half (one half)
$\frac{1}{3}$	a third (one third)
$\frac{1}{4}$	a quarter
$\frac{1}{10}$	one tenth (분자는 기수사, 분모는 서수사)
$\frac{3}{12}$	three twelfths (분자가 2 이상이면 분모의 서수사는 복수형)

$7\frac{3}{5}$	seven and three fifths
$\frac{a}{b}$	*a* over *b* (*a* by *b*)

2) 지수(index of exponential functions)

a^2	*a* squared
a^3	*a* cubed
a^{n}	*a* to the power n (a to the *n*-th power, *a* to the *n*)
$a^{-\mathrm{n}}$	*a* to the power mi8nus n (*a* to the minus n-th power, *a* to the minus n)
$a^{-\mathrm{n}/\mathrm{m}}$	*a* to the power minus n by m (*a* to the minus n by m)
$\sqrt{a}$	the square root of *a*
$3\sqrt{a}$	the cube root of *a*
$\mathrm{n}\sqrt{a}$	the n-th root of *a*

3) 관계(relations)

$m = n$	*m* equals *n* (*m* is equal to *n*)
$m \neq n$	*m* is not equal to *n*
$m \approx n$	*m* is nearly/approximately to *n*
$m \propto n$	*m* is proportional to *n*
$m < n$	*m* is less/smaller than *n*
$m \leq n$	*m* is less/smaller than or equal to *n*
$m \ll n$	*m* is much smaller than *n*
$m > n$	*m* is more/greater than *n*
$m \gg n$	*m* is much greater than *n*
$m \geq n$	*m* is greater than or equal to *n*
$m \rightarrow n$	*m* tends [또는 approaches] to *n*

4) 상부기호, 하부기호(superscripts, hats/subscripts)

R_n	*R* subscript n (*R* sub *n*)
R^n	*R* superscript n (*R* super *n*)
R'	*R* prime (dash)

R^*	*R* asterisk (star)
$\hat{R}$	*R* hat
$\bar{R}$	*R* bar
$\tilde{R}$	*R* tilde

5) 괄호(parenthesis)

( )	parenthesis
[ ]	bracket
{ }	brace
(x)	x in parenthesis
(∞)	infinity

6) 연산(operations and operators)

$a \pm b$	a plus or minus (plus-minus) *b*
$a \times b = c$	*a* times b equals *c* (a multiplied by *b* equals *c*)
$a/b = c$	*a* divided by *b* equals *c*
$\lvert x \rvert$	modulus of *x* (absolute value of *x*)
df	differential of *f*
df/dx	derivative of *f* with respect to *x*
$\int_b^a f(x)dx$	integral of f *x* from *a* to *b*
$\iint$, $\iiint$, $\oint$	double, triple, and loop integral
$\sum_{m=1}^{N} xm$	the sum of all x m, m runs from 1 to N

7) 도해(figure)에서 사용되는 선

1. Graph에서 사용하는 선의 종류

————	solid line
-·-·-·-·-	chain line
------------	dash line
············	dotted line

solid line (unbroken line)에는 3종류가 있다.

————	thin (light) solid line

medium solid line

thick (heavy) solid line

2. 각수치를 연결하는 graph의 표현방법

solid line connecting solid circles (solid circles connected by solid line)

thick broken line connecting open triangles (open triangles connected by thick broken line)

dash line connecting semisolid squares (semisolid squares connected by dash line)

chain line connecting crosses (crosses connected by chain line)

3. 막대 graph의 일반적인 표현방법

open bar (open column)

hatched bar (diagonally striped bar)

shaded bar

stippled bar

4. 논문 사진에서 흔히 사용하는 부호들은 다음과 같다.

⇨ empty arrow (white-on-black arrow)	curved empty arrow (curved white-on-black arrow)
→ small arrow	curved black arrow
▶ arrow head	large arrow
➡ black arrow	⇒ open arrow

B. 연구재료 및 방법부분에서 자주 사용되는 영문표현

1. 일반실험에 관련된 영문 표현

1) In a preliminary investigation, freshly abraded **specimens** of iron about 1 cm^3 were totally immersed in 0.1 N solutions of the 4 inhibitors contained in 100-mL beakers.
예비연구에서 새로 연마한 철 **시료** 약 1 cm^3를 100 mL짜리 비커에 들어 있는 4종의 억제제 0.1 N 용액 안에 완전히 담갔다.

2) All **samples** were collected twice a day in the study group before and after the experiment for 6 consecutive days.
시료를 작업이 실험되기 전과 끝난 후, 하루에 2차례씩 6일 연속 수집하였다.

3) For this test, the **samples** were left alone at 75°C.
이 시험을 위해서 **시료**를 섭씨 75도에 방치하였다.

4) Prior to the analysis, **samples** of each bone were cleaned by air abrasion to remove any soil contaminants.
분석 전에 각각의 유골 **시료**를 공기처리법으로 깨끗이 하여 토양오염물질을 제거하였다.

5) The **sample** used in this study was grown by the radiofrequency (RF) magnetron sputtering technique.
이 연구에서 사용한 **시료**를 무선주파수(RF) 마그네트론 스파터 기법에 의해 성장시켰다.

6) Triplicate **samples** of NIST1400 and NIST1468 standard bone powders were treated in the same manner.
NIST1400과 NIST1486 표준 유골분말의 3복제 **시료**를 같은 방법으로 처치하였다.

7) **Data** for 15 variables was collected to determine the habitat conditions.
서식 조건을 평가하기 위해 15개 변수에 대한 **데이터**를 수집하였다.

8) A total of 5 multiple-mode resonant structures were tested and the results were compared to computer simulations. Of the 5, 4 were linear drive-base **designs** and the remaining was an angular drive-base design.
다중 모드 공진구조 총 5개를 검사하여 그 결과를 computer simulations과 비교하였다. 그 5개 중 4개는 선형추진 기저의 **구조**이었고, 나머지 1개는 각도추진기저의 **구조**를 가지고 있었다.

9) We implemented the cycle-breaking partial scan **design** on 5 circuits synthesized by BESTMAP.
저자들은 BESTMAP에 의해 통합된 5개의 회로에서 주기적으로 단속되는 국소적인 스캔을 **설계**하였다.

10) The optical **fiber** used in this experiment was made of 2 types of material: silica for the core and polymer for the coating.
이 실험에서 사용된 광**섬유**는 두 종류의 재료로 만들어졌다. 즉 중심부에는 규소, 피복에는 중합체이었다.

11) The **measurement** of the strain was made by measuring the permeability at constant strain.
이 일그러짐의 **측정**은 찌그러짐을 일정하게 유지한 채로 투과율을 측정하는 것에 의해 이루어졌다.

12) For each of the 3 scenes, **measurements** were made at the 25 test locations and the results were compared to theoretical predictions based on the radiosity method.
세 개의 각각의 상황에 대해 25개 검사 지점에서 **측정**하여 그 결과를 이론상의 예측치와 비교하였다.

13) **Measurements** of irradiation were made at 14 locations in the plane of the open face of the cube (shown in Figure 2A) and compared to the simulations.
방사선 조사는 입방체의 개구면에 있는 14개의 장소(그림 2A에 보여주고 있음)에서 **측정**하고 그 보조물과 비교하였다.

14) The Sr isotopes from the skulls and the bone **material** from the Iceman were measured by thermal ionization multicollector mass spectrometry using 2 similar instruments.
두개골과 유골물질로부터 얻은 스트론튬 동위원소를 2개의 유사한 기계를 사용하여 열이온화 다중질량분광법에 의해 **측정하였다**.

15) This paper presents our new technique used to **classify** the ECG patterns.
본 논문에서는 이 ECG 유형의 **분류**에 신경망을 이용하는 다른 하나의 기술을 보인다.

16) This **counter** continued to calculate until it reached a value of 16.
이 **계수기**는 16인 값에 이를 때까지 하나하나 계산하였다.

17) The Dunner T3 **test** was used in *post hoc* comparisons of the mean value.
평균치의 사후 검증 비교를 위해서 Dunner T3 **검사법**을 사용하였다.

18) The data acquisition **system** was calibrated using a signal generator as a standard source.
데이터 수집 **시스템**은 신호발생기를 표준원으로서 사용하는 것에 의해 교정되었다.

19) Field testing of the COPSK **system** through an INTELSAT V-A satellite across the Atlantic Ocean proceeded in 2 phases.
대서양을 가로지르는 INTELSAT V-A 위성에 의한 COPSK **시스템**의 실지 검사는 두 단계로 진행되었다.

20) The **frequency stabilities** of these lasers were maintained for 3 hours without any adjustment.
이들 레이저 **주파수 안정도**는 아무런 조정 없이 며칠간 유지 되었다.

21) The first phase of the study characterized the **capabilities** of the LORIA instrument, including equipment set-up, set-up reproducability, and instrument-to-instrument consistency of readings.
연구의 제1단계에서는 LORIA 장치의 **성능**에 대해 그 장치의 배치, 배치의 재생산성, 장치 사이의 데이터 판독의 일관성을 특정화하였다.

22) The modulated **optical power** was kept low to reduce the photorefractive effect.
피변조 **광 파워**는 광 굴절효과를 저감시키기 위하여 낮게 유지 되었다.

23) The **sigma-delta modulator** was divided into a linear loop filter and a nonlinear quantizer as shown in Fig. 1.
이 **시그마 델타 변조기**는 그림 1에 보인 바와 같이, 선형 루프 필터와 비선형 양자화기로 분류하였다.

24) Very large size AC **motors** were assigned to 2 major categories: induction and synchronous machines.
초대형 교류 **전동기**는 2개의 주요한 범주로 나누어진다. 즉, 유도기와 동기기이다.

25) **Performance** of a neural network was defined as its ability to categorize input vectors by varying the number of hidden neurons in the BP model.
신경망의 **성능**은 BP 모델에 있어서 숨겨진 신경 수를 바꾸는 것에 의한, 입력벡터를 분류하는 능력으로서 정의되었다.

26) **Performance** of a new type of light source for use in the WDM system was estimated.
본 논문에서는 WDM 시스템에서 사용하는 새로운 형식의 광원의 **성능**을 예측하였다.

27) **Performance** of the superconducting ceramic was analyzed in terms of porosity.
다공성의 관점에서 초전도 세라믹의 **성상**을 분석하였다.

28) The precision (32-bit) **performance** of this implementation was tested on an NCUBE distributed-memory MIND architecture.
이러한 실행의 정밀도(32비트)에의 **성능**을 NCUBE의 분산 메모리 MIND 구조로 검사하였다.

29) To confirm the **existence** of the embedded voids and characterize the particle-packing structures, optical microscopy and SEM were used.
내부공격의 **존재**를 확인하고 입자 충진의 특성을 확인하기 위해 광학현미경 및 주사 현미경을 사용하였다.

30) Pore-size **distributions** were obtained by assuming a mercury surface tension of 0.485 N/m and a contact angle of 130°.
세공경의 **분포**는 수은 표면장력 0.485 N/m, 접촉각 130°라고 가정하여 측정하였다.

31) To determine the sintering and crystallization **characteristics** of the glass powders, 1.2-cm-dismeter cylinders of 2.5 g were drypressed at 900 kg (86 MPa) pressure and fired at between 700°C and 1000°C for 0.5 to 96 hours at a furnace ramp of between 1°C/min and 5°C/min.
유리 분말의 소결 및 결정화의 **특성**을 측정하기 위해 직경 1.2 cm, 무게 2.5 g의 시린더를 사용하여 900 kg (86 MPa)의 기압에서 건조압축하고 700°C-1000°C에서 0.5-96시간 연소 온도 기울기 분당 1°C/min-5°C/min에서 연소시켰다.

32) To facilitate testing and reduce development costs, we employed the "design for testability" **philosophy**.
검증을 촉진하고 개발 경비를 줄이기 위해 저자들은 "검사가능성 있는 설계"의 **원칙**을 이용하였다.

33) Sideslip "sweeps" in 2° increments from −10° to +10° were obtained at selected angles of attack and **Mach numbers**.
공격시에 선택한 기체각도와 **Mach수**에서 −10°부터 10°까지 2°씩 증가시키면서 횡전곡선을 얻었다.

34) These **applications** were grouped into 3 major categories: the data acquisition system, the mass storage system, and the computer system back-up.
이들 **용도**는 3개의 주된 범주로 분류할 수 있다. 즉, 데이터 수집 시스템, 대용량 기억 시스템, 그리고 컴퓨터 시스템의 백업.

35) The collagen **extraction** followed the Longin method modified by Brown *et al*.
콜라겐 **추출**은 Brown 등이 개량시킨 Longin 법에 따랐다.

36) A multiprocessor machine was **simulated** and the performance achieved was compared to the performance of a parallel version of the centralized-time synchronous simulation method.
다중프로세서머신을 **시뮬레이션하고**, 그 실현성능을 집중시간 동기시뮬레이션 방법의 패럴렐버전의 성능과 비교하였다.

37) Three-dimensional **simulations** were executed to clarify physical mechanisms of relaxation activities that were observed in the spherical tokamak experiments.
구상토카막 실험에서 관찰된 완화활동의 물리학적 기전을 규명하기 위해 3차원의 **시뮬레이션**을 실시하였다.

38) Several experimental spectra were **analyzed** using this theory with emphasis on the importance of the resonance intermediate states.
공명중간상태의 중요성을 강조한 본 이론을 사용하여 몇 가지 실험 스펙트럼을 **분석하였다**.

39) Repeated laser diffraction particle size **analyses** were used to characterize aggregate disintegration over time.
시간의 경과에 따라 골재의 붕괴를 특성화하기 위해 반복성 레이저 화절입자 크기 **분석법**을 사용하였다.

40) We conducted an **analysis** of recorded sounds using the method described in section 2.
저자들은 제2절에서 기술한 방법에 의해 녹음된 소리를 **분석**하였다.

41) Chemical and mineralogical **analyses** of samples from all levels were performed by neutron activation analysis and X-ray diffraction.
전체 레벨에서 시료의 화학적 및 광물학적 **분석**을 중성자방사화 분석 및 X선 회절에 의해 시행하였다.

42) The impulse responses of the virtual reality and the tested reproductions were **convolved** with 2 different anechoic sounds.
가상현실의 임펄스응답과 시험재생음을 두 개의 다른 무향음과 **회선시켰다**.

43) A single-cylinder spark-ignition prototype was **fabricated** with reference to the geometric and control parameters of a conventional 4-stroke engine.
재래식 4-사이클엔진의 기하학적 제어 파라미터에 관해 단일 실린더의 불꽃점화 시작품을 **제조하였다**.

44) The **computation** for the determination of the impulse responses was carried out in Matlab's double-precision floating-point arithmetic.
임펄스응답을 얻기 위한 **계산**을 Matlab의 배정도 부동소수점 연산에 의해 시행하였다.

45) The THD of an amplifier was **calculated** by applying a sinusoidal signal to the input and by analyzing the output waveform using the Fourier methodsis.
입력에 정현파신호를 주어 그 출력파를 Fourier 방법에 의해 분석함으로써 증폭기의 전고조파편위(THD)를 **계산하였다**.

46) The flow rate between a gridblock at (i, j) and an adjacent gridblock an $(i+1, j)$ was **calculated** by the cubic law.
(i, j)에 있어서의 그리드블록과$(i+1$, j)에 있어서의 인접하는 그리드블록 사이의 유속을 3승법칙으로 **계산하였다**.

47) Cores were **placed** in the center of HTS coil to reduce the density of magnetic flux which penetrates the coils. Then, an armature having 6 coils was **placed** in the motor's center. The cores existed outside the cryostat and they were connected with the back-yoke.
코어를 HTS 코일의 중앙에 **배치하고** 코일을 통과하는 자속 밀도를 감소시켰다. 그런 후에 6개의 코일을 가지고 있는 전기자를 모터의 중앙부에 배치하였다. 코어를 저온저의 외부에 방치하고 계철과 접속시켰다.

48) **Laboratory tests** of the 2 COPSK units were conducted to verify the functionality of each unit and to characterize the performance of the

hardware.
두 대의 8상위상편이변조(COPSK) 장치에 있어서의 각 장치의 기능성을 검증하고 하드웨어의 성능을 조사하기 위해 **실험실 시험**을 시행하였다.

49) The glasses for the current **study** were melted in 500-cm^3 platiunm crucibles at 1600°C for 2 hours and quenched by either pouring the melt into water or pouring the melt between water-cooled steel rollers.
이 **연구**에 사용한 유리는 용량 500 cm^{3}의 백금도가니 안에서 1600°C로 2시간 용해시킨 후 용해액을 물에 넣거나 수냉식 철제롤러 사이에 부어서 냉각시켰다.

50) In this **study**, we attempted to reconstruct human diets in the 2 shell midden sites and to compare their isotopic measurements with those of other Neolithic shell midden sites in order to assess dietary variations of the Neolithic people in Korea.
이 **연구**에서 저자들은 두 곳의 패총 장소에서 그 당시 사람들의 식품을 재구축하고 또한 한국에서의 신석기인들의 식품 변화를 평가하기 위해 이 동위원소 분석 측정치와 다른 신석기 패총 장소와 비교하였다.

51) In order to obtain insight into the nature of Co in calcined catalysts, detailed MES **studies** of various calcined Co-Mo/Al catalysts were performed.
하소촉매 안에 들어있는 코발트의 성상을 관찰하기 위해 여러 가지의 하소코발트–몰리브텐/알루미늄 촉매에 관하여 상세한 MES **연구**를 시행하였다.

52) To test the **effect** of environmental conditioning, the panels were stored in a room with a constant temperature of 70°C and a relative humidity of 45% to 50%.
주변의 환경상태에 의한 **영향**을 검증하기 위해 패널을 일정온도 70°C, 상대습도 45%-50%의 실험실에 보관하였다.

53) Continued sampling and testing were carried out to determine the **effect**, if any, of the infiltration of applied fertilizers on ground water characteristics.

지하수질에 대한 화학비료의 침윤 **효과**가 조절 이하로 있다면 그것을 측정하기 위해서 표본추출과 검사를 계속하였다.

54) The stearic acid was further purified in the **manner** suggested by Brown *et al.*: the acid was recrystallized at −20°C from freshly distilled acetone, dried, and then annealed at 64°C-68°C for 48 hours.
스테아린산은 Brown 등이 제안한 **방법**에 따라 정제하였다. 즉, 그 산은 −20°C에서 증류직후의 acetone으로부터 재결정한 것을 건조한 후 64°C-68°C에서 48시간 어닐링(열처리)하였다.

55) Tests were made to examine the potential sources of **error** in the measurements.
측정**오차**를 일으키는 원인을 조사하기 위한 검사를 시행하였다.

2. 동물실험에 관련된 영문표현

1) The **age** of the animals ranged from 23 to 58 weeks (mean, 42 weeks).
동물들의 **연령**의 분포는 23주에서 58주로 평균치는 42주이었다.

2) **Data** was collected from 13 animals exposed to radiation during a 3-week period.
3주 동안 방사능에 노출시킨 13마리의 동물로부터 **데이터**를 수집하였다.

3) The study **group** was composed of 78 male cats and 66 female cats, with a mean (±SD) age of 39.9 (±14.8) weeks.
연구**대상군**은 78마리의 수컷 고양이와 66마리의 암컷 고양이였으며 평균(±표준편차)은 39.9 (±14.8)주이었다.

4) Twenty 4-month-old and twenty-one 9-month-old **horses** were observed for 3 hours on each of the 4 days.
4개월된 **말** 20마리와 9개월된 **말** 21마리를 4일간, 각각 3시간씩 관찰하였다.

5) Eighty **rabbits** were included in the experiment.
80마리의 **토끼**가 실험에 포함되었다.

6) Heart rate was measured continually before, during, and after the exercise in **pigs**.
그 운동을 **돼지**에서 실시하기 전후와 중간에 단속적으로 심장 박동수를 측정하였다.

7) The *S. pneumoniae* strains used for infecting **mice** were strains 40492 (serotype 4), 40336 (serotype 7), 40500 (serotype 9V), 40527 (serotype 14), and 40421 (serotype 18) obtained from Sanofi Diagnostics Pasteur.
생쥐를 감염시키는 데 사용된 폐렴구균주는 Sanofi Diagnostics Pasteur에서 구입한 균주 40492(혈청 4형), 40336(혈청 7형), 40500(혈청 9V형), 40527(혈청 14형), 40421(혈청 18형)이었다.

8) **Monkeys** were implanted with both a venous catheter (internal iliac vein) for the delivery of the test substance and an arterial catheter (internal iliac artery) for the measurement of oxygen concentration.
원숭이에서 시험물질투여를 위해 정맥 카테터(내장골정맥)를 그리고 산소농도 측정을 위해 동맥 카테터(내장골동맥)를 삽입하였다.

9) Data was collected from 400 **cows** in 2010.
데이터는 2010년에 400마리의 **소**로부터 수집하였다.

10) The male:female **ratio** was 2.5:1 and the right:left:both sides **ratio** was 10:5:1.
수컷암컷**비**는 2.5:1이었고 우측, 좌측, 양측의 **비**는 10:5:1이었다.

11) To determine the tissue distribution of the 3 transporters, 5 male Sprague-Dawley rats (200-250 g; Sasco Inc., Wilmington, MA, USA) were **acclimated** to the housing facility (2-3 rats/cage, 50% relative humidity, 12-h light/dark cycle) for 1 week and fed with Teklad 8604 rodent chow (Harlan Teklad, Indianapolis, IN, USA).
세 개의 이동물질의 조직 내 분포를 측정하기 위해 5마리의 수컷 Sprague-Dawley 흰쥐(체중이 200내지 250그램, Sasco Inc., Wilmington, MA, USA)를 1주일 동안 사육시설(쥐틀당 2내지 3마리 쥐 사육, 50% 상대습도, 12시간 주야주기)에서 **적응시켰고**, Teklad 8604 설치류먹이(Harlan Teklad, Indianapolis, IN, USA)로 사육하였다.

12) Using ketamine (100 mg/kg) and xylazine (3 mg/kg) **anesthesia**, dialysis guide cannulas (20 gauge, 14 mm; Small Parts, Roanoke, VA, USA) were implanted into the nucleus accumbens (+1.6 mm anterior to the bregma according to the atlas of Paxinos and Watson [2011]).
Ketamine (kg당 100mg) 및 xylazine (kg당 3 mg)으로 **마취**하여 투석유도카눌러(20 게이지, 1.4 mm; Small parts, Roanoke, VA, USA)를 측중격핵에 Paxinos 및 Watson (2011년도) 도감에 따라 정수리점의 앞 쪽으로 1.6 mm에 끼워 넣었다.

13) Dogs underwent **general anesthesia** using pentobarbital (50 mg/kg initial bolus injection followed by ~50 mg/h) and had mechanical ventilation with a Harvard ventilator.
개를 pentobarbital(초기에 kg당 50 mg을 bolus 주사한 후 시간당 약 50 mg을 주사)로 **전신마취**하고, Harvard 환기장치로 기계적으로 환기시켰다.

14) Gerbils were **anesthetized** with isofluorane or sodium pentobarbitone (200 mg/kg i.p.) and killed by cervical transection.
Gerbil을 isofluorane 혹은 sodium pentobarbitone (체중 kg당 200mg을 복강내 주사)로 **마취하고**, 경추횡단에 의해 도살하였다.

15) The animals were **killed** by cervical dislocation, followed by decaptitation, and the intact soleus and extensor digitorum longus (EDL) muscles were dissected out.
그 동물을 경추탈구시켜 **도살**한 후 단두하여, 온전한 가자미근과 장지신근을 해부해냈다.

16) The animals were randomly **assigned** to 1 of the 2 equal groups (group A, control group; group B, experimental group) and the designated procedure was performed on the right ear as described later.
그 동물을 2개의 동일한 수의 군 중 1개군(대조군인 A군과 실험군인 B군)

에 무작위로 **할당하여** 나중에 기술하는 바와 같이 우측 귀에서 지정된 처치를 시행하였다.

17) The test drugs were **allocated at random** and were administered to animals in ascending numerical order at each institution.
시험약물은 **무작위로 할당되어** 각 기관에서 번호순서로 동물에게 투여되었다.

18) Following decapitation, the brains were **removed** and 300-nm coronal slices containing the striatum were prepared as described proviously (Lee *et al.*, 2012).
단두한 후, 뇌를 **제거하고**, 이전에 기술된 방법으로(2012년 Lee 등의 연구) 선조체를 포함하는 30 nm의 관상면 절편을 제작하였다.

19) The care, maintenance, and treatment of animals in these studies followed protocols **approved** by the Institutional Animal Care and Use Committee of Johns Hopkins University.
이 연구 등에서 동물의 관리, 유지 및 처치는 Johns Hopkins 대학의 기관동물관리 및 사용 위원회에서 **승인**하는 프로토콜에 따랐다.

20) Control animals **remained naive** until tissue collection or they received 0.3 mL of intracolonic saline (0.9% NaCl) under anesthesia.
대조군의 동물은 조직채취 때까지 아무 처치없이 **그대로 두거나** 마취 하에 0.3 mL의 식염수(0.9% 염화나트륨용액)를 장 내 투여하였다.

21) The monkeys' daily food intake was **restricted** to maintain a constant body weight throughout the course of the experiment (800-1000 g).
원숭이들의 1일 먹이 섭취량은 실험기간 중에 체중이 일정하게 유지되도록 (800 내지 1000그램) **제한하였다**.

22) Female Swiss mice (Iffa-Credo Laboratories, St. Germain sur l'rbresle, France), aged 7 weeks (20 to 22 g), were **infected** by the intratracheal peroral route as described in detail elsewhere.

연령이 7주된(20 내지 22그램) 암컷 스위스 생쥐(Iffa-Credo Laboratories, St. Germain sur l'rbresle, France)를 다른 데서 기술한 대로 경구 기관내 경로로 **감염시켰다**.

23) A viral-pathogen-free environment **was maintained** by autoclaving food, acidifying drinking water, and placing cages covered with filtered bonnets in a laminar flow hood.
먹이를 고압소독하고, 식수를 산성화시키고, 쥐틀에 층류지붕 속에서 여과시킨 보닛모양의 덮개를 씌워서 바이러스병원체가 없는 환경을 **유지시켰다**.

24) Male ddY mice (weighing 20-30 g) and New Zealand White rabbits (weighing 2-3 kg) purchased from Japan SLC Inc. (Hamamatsu, Japan) **were maintained on 12-h light/dark cycle** at 22°C-23°C.
일본 SLC회사(Hamamatsu, Japan)에서 구입한 수컷 ddY 생쥐(체중 20 내지 30그램)와 New Zealand 흰 토끼(체중 2 내지 3 킬로그램)를 섭씨 22도 내지 23도에서 **12시간 주야주기로 유지시켰다**.

25) Male C57BL/6 mice (6-8 weeks old) were **housed in hanging cages** in the Animal Resource Facilities at the University of Virginia, and food and water were provided *ad libitum*.
수컷 C57BL/6 생쥐 6마리 (생후 6주 내지 8주짜리)를 Virginia대학의 동물자원시설에 있는 걸어 놓는 **쥐틀에 넣고**, 먹이와 물을 무제한으로 공급하였다.

26) For the induction study, the following treatments were **administered** to 5 male Sprague-Dawley rats (200-250 g): TCDD (3.9 ng/kg, 1 day, i.p.) and indole-3-carbinol (56 mg/kg, p.o.).
유발연구를 위해서 5마리의 수컷 Sprague-Dawley 흰쥐(200 내지 250그램)에게 다음 처치 약물을 **투여하였다**. 즉, TCDD(1일 체중 kg당 3.9ng을 복강 내 주사)와 indole-3-carbinol (kg당 56mg을 경구투여).

27) **Intravenous** cyclosporin A was **given** at 5 mg/kg as a loading dose starting on

day 3 and then 2.5 mg/kg per day thereafter.
Cyclosporia A를 시작 3일째에 부하용량으로 5 mg/kg를 **정맥주사하였고** 그 이후로는 매일 2.5 mg/kg씩 **정맥주사하였다**.

28) Porcine tracheas were **obtained** within 24 hours of necropsy from a supplier (Spear Products, Quakertown, PA, USA) and cleaned, and the epithelium and submucosa were removed from the cartilage layer.
돼지 기관을 공급회사(Spear Products, Quakertown, PA, USA)로부터 부검 24시간 이내에 **얻어** 세정하고, 상피와 점막하조직을 연골층으로부터 제거하였다.

29) Twelve juvenile cynomolgus monkeys weighing between 2.8 and 4.2 kg were **quarantined** for 45 days and examined by oximetry to document bilaterally normal ME status.
체중이 2.8 내지 4.2kg인 어린 cynomolgus 원숭이 12마리를 45일간 **격리시키고**, 양측성으로 정상 ME 상태를 증명하기 위해서 산도농도측정에 의해 검사하였다.

30) Male New Zealand White rabbits were **suspended** vertically by placing the upper incisor teeth on a wire hook, with the ventral side of the rabbit facing the experimenter.
수컷 New Zealnad 흰 토끼를 상악절치에 철사 고리를 걸어서 토끼의 복부가 실험자를 향하도록 수직으로 자세를 **유지하였다**.

31) Adrenalectomized male Wistar rats with body weights of 339 ± 28 (SD) g were used in the study, and a time period of at least 2 weeks was **allowed** before they were prepared for experiment.
체중이 339 ± 28그램인 부신절제술을 받은 수컷 Wistar 흰쥐가 이 연구에 사용되었으며, 이 동물을 실험하기 위한 준비를 할 때까지 최소 2주간을 경과**시켰다**.

32) Each dog was **screened** to rule out *Ehrlichia canis* and *Dirofilaria immitis*.
모든 개에서 **선별하여** *Ehrlichia canis*와 *Dirofilaria immitis*를 제외시켰다.

33) Rats were **placed** in the standard position on the operating table, and caudally based, 3×10-cm random flaps which included muscle were raised along the dorsum of the rat.
흰쥐를 수술대에 표준체위로 **놓고**, 흰쥐의 등을 따라 근육을 포함하는 피부에 기선을 둔 3×10-cm의 임의 피판을 박리하였다.

34) The **strains of mice** used in this study are listed in Table 2.
이 연구에 사용된 **생쥐 변종**은 표 2에 나열되어 있다.

35) By referring to Table 2 giving the relationship between the diameter of zones of inhibition and drug concentrations, the approximate value of the minimum inhibition concentration required to inhibit the growth of the organisms was **calculated**.
성장저해지역의 직경과 약물의 농도와의 상관관계를 보여주는 표 2에서 미생물의 성장을 억제하는 최소억제농도를 **계산하였다**.

36) Amyloid deposits in articular samples were **identified** by Congo red staining and the nature of the amyloid was determined by immunohistochemistry.
관절 표본에서의 아밀로이드 축적은 Congo red 염색으로 **확인하였고**, 면역조직화학학적 방법으로 아밀로이드의 성상을 결정하였다.

37) We used an enzyme-linked immunosorbant assay modified from the method of Koskela *et al*. to **measure** IgG antibody levels to pneumococal serotypes 3 and 14.
우리는 Koskela 등의 방법을 변형한 ELISA를 이용하여 폐렴구균 3과 14 혈청형의 IgG 항체의 수치를 **측정하였다**.

38) After an overnight fast, all animals underwent **measurement** of gastric emptying time with real-time ultrasonography.
밤새 금식 후 모든 동물은 실시간 초음파검사법으로 위 공복시간을 **측정하였다**.

39) HIV-1 activity was **monitored** monthly by assaying p24 antigen concentration in samples.

HIV-1 활성도를 시료의 p24 항원 농도를 분리하여 매달 **추적하였다**.

40) At 30, 60, and 90 days, the animals were **sacrificed** [또는 **necropsied; killed**].
동물들은 30일, 60일, 90일째 **희생되었다**.

41) This study used dot enzyme assays (DEA) and enzyme-linked immunosorbent assays (ELISA) to **determine** the reactivity patterns of 21 murine monoclonal antibodies.
이 연구는 DEA와 ELISA를 사용하여 21개의 생쥐 단클론항체의 반응양상을 **결정하였다**.

42) An investigation **was conducted** to see whether suction drains could be safely removed within 48 hours of the experiment.
흡입배액관이 실험 후 48시간 내에 안전하게 제거되는가에 대하여 **연구하였다**.

43) In calculating the activity index, cellular crescents were **weighted** by a factor of 2.
활동지수를 계산하는 데 있어서 세포의 반달형 변화는 2의 **가중치를 주었다**.

44) **Examination** of the cerebrospinal fluid was required at least every 4 months.
뇌척수액의 **검사**는 최소한 매 4개월마다 필요했다.

45) **Examination** were deemed inadequate if the probe could not be positioned over the veins.
프로브가 정맥 위에 위치하지 않으면 **검사**는 불충분한 것으로 간주되었다.

46) A **diagnosis** was considered certain when *M. tuberculosis* was isolated from the specimen.
표본으로부터 *M. tuberculosis*가 검출되면 **진단**이 확실하다고 간주되었다.

47) Each vial of lyphophilized powder was reconstituted with sterile water **in accordance with the instructions** in the drug package insert.

동결건조 분말이 든 용기를 약 **설명서대로** 무균수에 섞었다.

48) This study was performed **in accordance with** the PHS Policy on Humane Care and Use of Laboratory Animals and the NIH Guide for the Care and Use of Laboratory Animals.
이 연구는 인간의 실험동물관리 및 사용에 대한 PHS 지침과 실험동물 관리 및 사용에 대한 NIH **지침에 따라** 시행하였다.

06 연구결과(results)부분

A. 연구결과부분의 내용

논문의 핵심부분으로 무엇을 알아내었는가에 대한 서술부분이다. 크게 두 가지 목적을 달성해야 하는데, 그 하나는 "연구재료 및 방법부분"에서 기술한 실험에 대한 결과를 보여 주는 것이고, 또 다른 하나는 결론을 지지하는 증거(데이터)나 도해를 제공하는 것이다.

구체적으로 기술해야 하며, 만연체의 기술은 절대로 피한다. "연구결과부분"이 논문의 핵심이므로 모든 내용을 이곳에 넣으려는 경향이 있는데, 구체적인 데이터를 모두 나열하는 것보다는 요점을 논리적으로 간결하게 전달해서 '나무보다는 숲'을 보도록 하는 것이 중요하다.

이 연구결과부분에서는 현상적인 결과로서 데이터(예: 통계처리 결과 등)를 제시하지만, 결과에 대한 저자의 의견은 언급하지 않는다.

데이터에는 "raw"데이터(예: 측정된 화학물의 농도), "summarized" 데이터(예: 대조군에 대한 percent) 등이 있다. 연구결과는 데이터를 해석하여 얻은 대략적인 설명이다. 따라서 연구결과부분에서는 데이터를 나열하면서 그 설명이 함께 기술되어야 한다.

증거들을 효율적으로 제시해야 하는데, 숫자 데이터는 문장보다는 표로 표현하는 것이 좋다. 개체의 수가 적은 실험에서는 개체에 대한 간단한 기술이 설득력이 있을 수 있다.

연구결과부분의 내용을 기술하는 순서는 독자가 기대하고 있는 순서를 따르는 것이 좋다. 이때 연구목적(가설)에 상응하는 결과로서 결론의 도출이나 유도에 직접적으로 관련되는 긍정적인 데이터와 부정적인 데이터를 논리적인 순서로 제시해야 하며, 그 외의 보조적인 내용이나 부수적인 내용은 필요 시 표나 도해로 표현하는 것이 좋다.

연구결과부분은 연구에서 얻은 데이터가 허락하는 한, 연구에서 주어진 질문에 대한 명확한 답변을 제시해야 한다. 따라서 표에서 제시된 데이터를 기술한 논문의 본문에는 통계학적으로 유의한 분석이나 신뢰구간이 포함되어야 한다. 통계학적 유의성이 없는 연구결과를 회피성 문구(예: 더 커지는 경향이 있다.)를 써서 표현하는 것은 가급적 피한다. 통계학적 유의성이 있는 결과는 통계처리에 사용된 방법(예: "Fisher exact test", "Student's *t* test")에 대해 간단한 언급이 포함되어야 한다.

표(table)와 도해(figure)는 한 눈에 내용을 이해할 수 있도록 작성해야 하는데, 표와 도해만 보고 연구결과부분의 내용이 이해될 수 있도록 상세한 설명을 도해 설명문(legends for figures)에 넣는 것이 좋다. 표의 제목은 상단에, 도해의 제목은 하단에 기입하여야 한다. 본문에서 다시 표나 도해를 설명해야 하는 경우는 중요한 부분만 서술해야 하며, 표와 도해에 나와 있는 사항을 일일이 다시 기술하지 말아야 한다. 대부분의 학술지는 표와 도해의 사용을 3개 이내로 제한하고 있다.

연구결과를 영문으로 표현하는 요령은 다음과 같다.

1. 시제

연구결과는 과거 시제로 가급적 수동태 문장으로 기술한다.

2. 비교하는 표현을 사용할 때 "compared with [또는 to]"보다는 "than"을 쓰는 것이 더 명확하다.

예) A increased compared with B. (X)
A was greater than B. (O) A increased more than B. (O)

3. 정확한 단어 선택은 여기서도 중요하다. 능력(ability)과 실상(actuality)은 다른 것으로 서로 구별되어야 한다.

예) 능력을 표현한 문장: We could not demonstrate high-affinity, low-capacity DHE-binding sites in the particles prepared from sample 3.
실상을 표현한 문장: There were no high-affinity, low-capacity DHE-binding sites in the particles from sample 3.

4. 통계수치를 정확히 표현해야 한다. 통계수치를 기술할 때에는 다음과 같이 항상 5가지 정보를 제시해야 한다.
1) 평균
2) 표준편차 또는 표준오차
3) 통계 숫자의 설명
4) 표본의 크기
5) 통계학적 의의

예) The number of clouds was significantly lower at the 2-dB ZDRm threshold than at the 1-dB ZDRm threshold (24 ± 3 [SD] versus 85 ± 5 [SD]; P = .032, Student t test).

계산된 P value는 그대로 보여 주는 것이 좋다(예: P = .002). P value가 본문에 표시되어 있어도 표나 도해에서 다시 반복하는 것이 좋다.

표본의 수를 기술할 때에는 "n = 16"이라고 쓰는 것보다 무슨 표본인지도 같이 문장으로 표시하는 것이 좋다.

예) in 16 rabbits from 3 experiments

P value를 기술하는 방법은 다음과 같다.
1) P value는 소수점 이하 3자리까지만 표기한다.

예) P = .032 P = .020

2) P value가 .001 미만일 때는 P < .001로 표기하고 P value가 .999보다 클 때는 P > .999로 표기한다.
3) P value를 기술할 때는 어떤 parameter나 group이 비교되었는지, 어떤 statistical test가 사용되었는지를 함께 기술하여야 한다. Table의 footnote

에는 다음과 같이 기술한다.

Statistically different from group B (P = .028, Student's paired t test) and group C (P = .042, two-sample t test).

4) P value는 실제 값으로 표기한다. 실제 값 대신 "not significant" 혹은 "NS"로 표기하지 않는다.
5) P value는 어떤 결과 사이에서의 상관관계의 강도나 임상적인 의의를 표현하는 것이 아니고, 단지 어떤 통계검사법의 표현이므로 논문의 본문에서 "statistically significant" 또는 "not significant"라고 기술한다("highly significant" 혹은 "very highly significant"라고 기술하지 말 것).

5. 연구결과부분을 기술할 때의 주의사항

1) 결과의 내용을 기술할 때 연구실험에서 얻은 결과를 강조한다. 또한 이 때 문장의 형식은 수동태가 좋다.

More importantly, **the diffusivitie** reported by Mulfinger *et al*. **were obtained** during dehydroxylation of melts.

2) 본문에서 도해나 표를 설명할 때 무의미한 단어를 사용하지 않는다. 그러나 도해, 표의 경우 논문을 보지 않아도 이해할 수 있을 정도로 자세한 설명이 필요하다.

3) 결과는 과거시제로 기술한다. 그러나 표와 도해를 설명하는 경우에는 현재시제로 한다.

Similar effects **were observed** for the thermal expansion coefficient.
(결과 소개-과거시제)
The data shown in Fig. 4 **offers** strong support for the earlier statement.
(도해 설명-현재시제)
Table 3 **gives** the DTA results for fine and coarse samples together with the XRD results obtained after the experiment. (표 설명-현재시제)

4) 표와 도해의 결과가 반복되어 기술되지 않도록 주의한다.

5) 문장은 숫자로 시작하지 않는다.

Fifteen of the SmAS compositions were melted in the fire. (O)

6) 날(day)은 항상 숫자로 표시한다.

July 10, 2009 (미국식 표현), 10 July 2009 (영국식 표현)

7) 분석에 관한 연구논문에서는 결과를 소주제별로 구분하여 기술한다. XRD, SEM 등 기기의 이름은 다음 예와 같이 내용상의 소주제로 바꾸어 쓰는 것이 바람직하다.

사용 기기별로 구분하여 소주제를 표현한 예는 다음과 같다.

(1) Thermal analysis

(2) XRD analysis

(3) SEM analysis

그러나 그 결과의 내용을 다음과 같이 소주제의 내용으로 표현함으로써 독자가 연구의 흐름을 쉽게 파악할 수 있도록 하는 것이 더 바람직하다.

(1) Uncorroded grain microstructure

(2) Microstructure of slag heated without alumina present

(3) Corroded microstructure

8) 표나 도해를 인용하는 경우에는 반드시 출판사의 사용허락을 받아야 하며 논문에는 아래와 같은 표현을 사용한다.

도해에서는 도해설명문 끝에 다음과 같이 기술한다.

(1) From Ref. 10.

(2) From Smith *et al.*, 1982.

(3) Courtesy of J. Smith Blank Corporation, New York, USA.

표에서는 footnote에 다음과 같이 기술한다.

(1) Source: Ref. 3.

(2) Source: Wilm *et al.* (1973).

(3) Source: Courtesy of Siemens Corporation, Germany.

NOTE 2-9 • 연구결과(results)부분 작성요령

Data: raw data (measured value), summarized data (mean, SD), transformed data (percentage)로 구별되며 raw data 대신 transformed data로 기술하는 것이 좋다.

Results: data를 interpret하는 general statement

1. 가급적 data와 results statements (통계수치 및 통계방법 언급)를 함께 기술한다.

   예 [Results statement 없이 데이터만 기술한 예문]
   The heliosheath thickness in the present model at *Voyager* 1 was 71.7 ± 3 AU, while the earlier models had a thickness of 77.7 ± 6 AU.

   예 [데이터와 Results statement 함께 기술한 예문]
   The number of clouds at the 2-dB ZDRm threshold significantly diminished compared to that of clouds at the 1-dB ZDRm threshold (24 ± 3 [SD] vs. 85 ± 5; $P < .032$, X^2 test).

2. 연구가 진행된 순서로 기술한다.
3. 데이터는 본문에서는 중요한 것을 모두 기술하고, 나머지 대부분의 데이터는 Table이나 Figure에 넣는다. Raw data 대신 transformed data로 기술하는 것이 좋다.

   예 The results of other laboratory tests are shown in Table 2.

4. 연구결과부분의 소제목을 문장으로 기술할 때는 현재시제를 사용한다.

   예 Lysol activity is markedly reduced in the Lox specimens.

5. 동물, 시료, 실험 예를 기술할 때는 animal [specimen; case] A, animal [specimen; case] B, animal [specimen; case] C··· 보다는 animal [specimen; case] 1, animal [specimen; case] 2, animal [specimen; case] 3···을 사용한다.
6. 연구결과부분은 가급적 길게 자세하게 쓴다.

B. 연구결과부분에 관한 영문표현

1. 일반실험에 관련된 영문 표현

1) Habitat **variables**, such as site condition, river width, bottom status, bankside vegetation, land use type, grass height, artificial structures, water use, and pollutants, were significantly different among areas. (Pearson X^2 test, $X^2 = 13.97\text{-}100.39$; $P < 0.05$).
장소조건, 강의 넓이, 바닥 상태, 제방주변 식물, 토양사용 형태, 잡초 크기, 인위적인 구조물, 수자원 이용과 오염물질 등의 서식 조건 **변수**는 지역들 사이에 유의한 차이가 있었다.

2) When **the delay T** was slightly greater than the pulse separation L, pulse A reached the semiconductor laser amplifier before pulse B.
지연 T가 진동 간격 L보다도 조금 클 때, 진동 A는 진동 B보다도 먼저 반도체 레이저 증폭기에 도달했다.

3) The AC-AC **converter** controlled the output voltages as well as the input currents.
이 AC-AC **변환기**는 입력전류뿐만 아니라 출력전압도 제어하였다.

4) The $\delta^{13}C$ and $\delta^{15}N$ values obtained from the 15 samples are **presented** in Table 2 and plotted in Fig.
15개의 시료에서 얻은 δ^{13}탄소값과 δ^{15}질소값이 표 2에 **제시되어** 있고 도해 4에 그려져 있다.

5) Several numerical examples were **presented** to illustrate the design and performance evaluation of the detection system.
검출 시스템의 설계와 성능평가를 예증하기 위하여 대여섯 개의 수치 예가 **제시되었다**.

6) These signals were **displayed** on a digital oscilloscope in real time.
이들 신호는 디지털 · 오실로스코프에 실시간으로 **표시되었다**.

7) Noise generated by a variety of natural and man-made electromagnetic radiation sources, such as atmospheric noise, **exhibited** impulse characteristics.

대기 소음 같은 여러 가지 인공의 전자 방사원에 의해 야기되는 소음은 임펄스 특성을 **보였다**.

8) The current investigation **revealed** that there was a good correspondence between the results measured by the biosensor and by the commercially available portable photosynthesis system under controlled conditions.
이번 조사에 의하면, 바이오센서에 의해 얻은 측정 결과와 관리조건하에 시판되고 있는 휴대 광합성시스템에 의해 얻은 측정 결과 사이에 좋은 반응이 **나타났다**.

9) This **revealed** that the approximation was better for low frequencies than for high frequencies.
이것은 이 근사법이 고주파보다도 저주파의 경우에 유효하다는 것을 **보였다**.

10) Simulation results **showed** that our proposed technique could simultaneously estimate the signal attributes, even if it was highly distorted due to the presence of non-linear loads and noises.
시뮬레이션 결과에 의하면, 비선형부하 및 잡음의 존재 때문에 신호가 상당히 왜곡되었지만 저자들이 제안한 기법은 그 신호의 속성을 동시에 추정할 수 있다는 것을 **제시하였다**.

11) Fig. 2 **shows** a significant loss in velocity due to amplitude compression.
진폭압축에 의해 유의한 속도의 손실이 발생한 사실이 도해 2에서 **제시된다**.

12) Figure 5 **shows** the frequency response which was measured by the optical heterodyne method using 1.3-μm wavelength lasers.
도해 5는 주파수 응답을 **보이며**, 이 응답은 파장이 1.3-μm의 레이저를 이용한 광 헤테로다인법으로 측정되었다.

13) Analysis of the soil samples from 10 different cemetries and from the reference location did not **show** any suspiciously extreme compositions.
10곳의 매장지와 기준장소에서 얻은 토양시료분석에서 상당히 극단적인 구성성분은 **보이지** 않았다.

14) Fig. 1 **shows** the oscillator circuit which comprised 2 operational amplifiers.
도래1은 2개의 연산증폭기를 포함한 발진기의 회로를 **보이고 있다**.

15) In 1 case, our optical methods required a theodolite of high precision and large aperture, while, in the other case, they required a specially built instrument **as shown in Fig. 3**.
한 사례에서 저자들의 광학법은 정밀하고 근 구경을 가진 데오돌라이트를 필요로 하였으나, 다른 사례에서는 **도해 3에서 보듯이** 특별히 제작된 기구를 필요로 하였다.

16) **It is clear, from Fig. 1, that** temperature distributions of FGM plates were nonlinear and lower than those of pure metal due to their small thermal conductivity in comparison to that of metals.
도해 1에 의하면 FGM 판의 온도분포는 비선형이었고 그 열전도율이 금속보다 낮기 때문에 순금속의 온도분포보다 낮았다.

17) According to **Fig. 2 and Table 1**, 16.2% of the cases analyzed exceeded the maximum tolerance.
도해 2와 표 1에 의하면 분석된 사례 중 16.2%가 최대 허용오차를 벗어났다.

18) Fig. 4 is **indicative of 3** identical complex shapes consisting of lines and arcs.
도해 4는 선과 원호로 구성되어 있는 세 개의 동일한 복합형을 **보여준다**.

19) The result in Fig. 5 **indicates that** a mixed native oxide layer consisting of Ga_2O_3 and As_2O_3 with a thickness of 1.5-2.0 nm is present on the surface.
두께가 1.5-2.0 nm인 Ga_2O_3 및 As_2O_3로 구성된 혼합 자연산화물 층이 그 표면상에 존재 한다는 것을 도해 5가 **보여준다**.

20) For your reference, the overall mean results for each processor **are given** in Fig. 6.
참고사항으로서, 각 프로세서에 있어서의 전체평균결과가 도해 6에 **제시되어 있다**.

21) **As can be seen from Table 2 and Figure 7**, most estimates are accurate because more than 50% of the cases haev absolute errors smaller than 0.3.
표 2와 도해 7로부터 알 수 있는 것은 사례 중 50% 이상이 0.3 미만의 절대오차를 가지고 있기 때문에 대부분의 추정치가 정확하다는 것이다.

22) The thick film was **formed** on an MgO substrate using the ceramic sol-gel process.
두꺼운 막이 세라믹 솔–겔법에 의해 산화마그네슘 기판 위에 **형성되었다**.

23) The shapes of P_s (τ) and P_i (τ) **were affected** by the distributions of arrival angle and amplitude of the multipath waves.
P_s (τ)와 P_i (τ)의 모양은 다중파의 도달 각도 및 진폭의 분포에 **영향을 받았다**.

24) This compact disc **consisted of** high-precision mechanical and optical components actuated by electromagnetic force.
이 콤팩트디스크는 전자기력으로 작동하는 고정밀도의 기계부품과 광학부품으로 **구성되어 있다**.

25) The fading signal **was composed** of many multipath waves reflected from buildings surrounding the automobile.
이 페이딩 신호는 자동차를 둘러싼 건조물로부터 반사하는 많은 다중파로부터 **구성되어 있었다**.

26) The skull sample (all except 4 which **contained** up to 0.5 ppm Cs) had low (<0.15 ppm) biogenic Cs levels.
두개골 시료(세슘 0.5 ppm까지 **포함하는** 4개 시료를 제외한 모든 시료)는 낮은(세슘 0.05 ppm 미만) 생명유지치를 보였다.

27) The signal s(t) **contained** the phase information extracted by using the IQ-technique or discrete Hilbert transform.
신호 s(t)는 IQ법 혹은 이산 힐버트변환을 이용하여 추출할 수 있는 위상 정보를 **포함하고 있었다**.

28) The antenna **was made up of** an inner conductor of radius r_2 surrounded by insulating dielectric of radius r_1 and permittivity ε_1.
이 안테나는 반경 r_1, 유전율 ε_1의 절연 유전체에 둘러싸인 반경 r_2의 내부 도체로부터 **이루어졌다**.

29) Visible lasers **included** bar code scanning, optical data storage, and printing.
가시 광레이저는 바코드 주사, 광학 데이터 기록, 인쇄 등을 **포함하였다**.

30) The narrow-band filter in the receiver **distorted** the modulated signal.
수신기 내의 협대역 필터에 의해 피변조신호가 **일그러졌다**.

31) The sampled-data system was **unstable** unless certain low-pass filters were introduced into the system.
어떤 종의 저역통과 필터를 도입하지 않는 한 이 샘플 값 시스템은 **안정되지 않았다**.

32) In this method, the thermal conductivity of the gallium arsenide did not **change** with increasing temperature.
이 방법에서는 비화갈륨의 열전도율은 온도의 상승에 따라 **변화하지** 않았다.

33) The position of the manipulator tip was **computed** as a high value from the joint angles.
조종기 선단부의 위치는 접합 각도로부터 높은 값으로 **계산되었다**.

34) The skin effect, which was proportional to frequency, was **considered** an important factor in this technique.
이 주파수에 비례하는 표피효과는 본 기술의 중요한 요소로 **생각되었다**.

35) In a direct current motor, torque **was directly proportional to** armature current, and speed was **directly proportional to** applied voltage.
직류전동기에서는 회전 우력은 전기자전류에 **정비례하고**, 속도는 실지로 적용된 전압에 **정비례하였다**.

36) For garnet materials used for these phase shifters, the critical power level **was inversely proportional to** saturation magnetization.

이들 위상변환기에 이용되는 석류석 재의 경우 임계전력 수준에서는 포화 자기화에 **반비례하였다**.

37) The outputs of resonant converters were controlled by varying **the ratio** of the switching frequency to the resonant frequency.
공진 변환기의 출력은 개폐 주파수와 공진 주파수의 **비**를 바꾸는 것으로 제어할 수 있었다.

38) The signal laser was directly frequency-modulated at **a rate of** 1 Gbit/s.
신호 레이저는 1 Gbit/s의 **비율**로, 직접 주파수 변조되었다.

39) The isotopic data from the aforementioned 6 sites **was similar to** that from 5 western paleolithic sites of Canada.
위에서 언급한 6개의 장소에서 얻은 동위원소 데이터는 캐나다의 5곳의 서부 구석기시대 장소에서 얻은 데이터와 **유사하였다**.

40) The design procedure **was** very **similar to** that of a variable-structure system control.
이 설계 순서는 가변구조 시스템 제어의 경우와 대단히 **비슷하였다**.

41) The structure of this device **was analogous to** that of the SIT except that the P^+ layer was added to the anode side.
이 소자의 구조는 P^+층이 양극 측에 더해진 것을 제외하면 SIT의 구조와 **유사하다**.

42) The number of design parameters in the linear state feedback **was equal to** that of state variables.
이 선형 되먹임 제어에 있어서 설계 유형수는 상태변수의 수와 **같았다**.

43) Energy variations **were equivalent to** periodical changes in the nonlinear coefficients of the nonlinear Maxwell equation.
에너지 변동은 비선형 Maxwell 방정식의 비선형계수의 주기적 변화와 **동등하였다**.

44) The noise performance **was comparable** to that of Levine *et al*.
소음 성능은 Levine 등의 그것과 **비슷했다**.

45) The architecture **was** functionally **identical to** the technique commonly used in conventional semiconductor integrated circuit technology.
그 구성은 전통적인 반도체 집적회로 기술로 흔히 사용되고 있는 방법과 기능적으로는 **동일하였다**.

46) The superconducting values in this study were **the same as** those used in the experiment of conducted by Stamberger *et al*.
이 연구에서 사용된 초전도 값은 Stamberger 등의 실험에서 사용된 것과 **같았다**.

47) The second findings **demonstrated** the value of using diagrams developed according to the principles of aggregation by abstraction for maintenance problem solving.
두 번째 소견은 정비의 문제해결을 위한 추상화에 의해 집약원칙에 따라 작성된 다이어그램의 유용성을 **제시하였다**.

48) **According to the survey**, photovoltaic grid connection inverters had fairly good performance.
조사한 결과에 의하면 태양광 발전계통 접속 컨버터는 매우 양호한 성능을 가지고 있었다.

49) The effect of small horizontal separation of the measurements **was found to be** insignificant.
측정치의 작은 수평분리의 영향은 유의하지 않은 것으로 **나타났다**.

50) In this case, analytical results were obtained for small perturbations and noise, which **agreed well with** simulation results.
이 사례에서 작은 섭동 및 잡음에 대해 분석결과를 얻었는데 이것은 시뮬레이션 결과와 잘 **일치하였다**.

51) Some of the analytical solutions (buckling loads) were compared to the results of shell finite-element analyses and an excellent **agreement** was found in all cases, thus validating the mathematical model and confirming the correctness of the analytical results.

몇 개의 분석해법(좌굴하중)을 셀유한-요소 해석결과와 비교하여 전체 사례에서 우수한 **일치**가 관찰되었고, 그 결과는 수학모델이 맞는다는 것을 증명하였고, 해석결과가 정확하다는 것을 확인하였다.

52) The experimental results and the theoretical values showed good **agreement**.
실험결과와 이론값은 좋은 **일치**를 보였다.

53) The results from the HTLS method were very **accurate** in both time and frequency.
HTLS 기법에서 얻어진 결과는 시간과 주파수에서 매우 **정확하였다**.

2. 동물실험에 관련된 영문표현

1) An increased height of the cylindric cells and hyperplasia of the basal cells were frequent **findings** irrespective of the pathogen inoculated.
원주형 세포의 높이 증가와 기저세포의 과증식은 접종된 병원체에 관계없이 흔하게 관찰되는 **소견**이었다.

2) The **research findings** are illustrated in the bar graph below.
연구 소견은 아래의 막대그래프에 도시되어 있다.

3) The results suggested that the relative **efficacy** of penicillins approximately equals that of cephalosporins in horses.
결과를 보면, 말에서 penicillin의 상대적인 **효과**는 대략 cephalosporin의 효과와 같았다는 사실을 제시하였다.

4) The results of other **laboratory tests** are shown in Tables 1 and 2.
다른 **실험실검사**의 결과는 표 1과 표 2에 제시되어 있다.

5) Clofazimin was added to our regimen because of its **ability** against *Bacillus fragilis*.
Bacillus fragilis에 대한 **항균능력** 때문에 clofazimin이 우리들의 제제에 추가되었다.

6) Gram stain showed no **bacteria**.
Gram stain상 **세균**은 보이지 않았다.

7) The total 24-hour urinary **excretion** accounted for more than 90% of the administered dose of the drug in adult rabbits on day 3.
3일째에 토끼에서 24시간 소변으로 **배설**된 총량은 투여한 약물 용량의 90% 이상에 해당하였다.

8) The 24-hour urinary **excretion** achieved with a single oral 3 g dose of amoxicillin equaled that achieved with 3.5 g of ampicillin plus 1 g of probenecid or 4.8×106 units of procaine penicillin plus 1 g of probenecid.
3 g의 amoxicillin을 1회 경구투여하였을 때 도달하는 약물의 24시간 요 **배설량**은 3.5 g의 ampicillin과 1 g의 probenecid를 병용하였을 때나 4.8×106 단위의 procaine penicillin과 1 g의 probenecid를 병용하였을 경우에 도달하는 24시간 요 배설량과 동일하였다.

9) **Half-lives** in serum were 1.8, 1.1, and 0.5 hours for levofloxacin, fleroxacin, and ofloxacin, respectively.
혈청 **반감기**는 levofloxacin, fleroxacin, ofloxacin의 경우 각각 1.8, 1.1과 0.5시간이었다.

10) The **minimum inhibition concentration** of ofloxacin against *Staphylococcus aureus* at innocula of 108 cells/mL was between 1.0 and 100 ng/mL, with a peak value of 25 ng/mL.
108 cells/mL의 농도로 세포를 접종하였을 때 *Staphylococcus aureus*에 대한 ofloxacin의 **최소억제농도**는 1.0과 100 ng/mL 사이에 있었으며 25 ng/mL에서 최고값을 보였다.

11) Urinary **recovery** in the first 6 hours amounted to 238 mg.
최초 6시간 동안 요 중 **회수량**은 238 mg에 달하였다.

12) The reciprocal aminoglycoside **values** at entry and at 6-month intervals to 24 months revealed no statistical difference.
처음과 6개월 간격으로 측정하여 24개월까지 잰 aminoglycoside의 **농도**는 유의한 차이가 없었다.

13) The mean cyclophosphamide value for these animals **at the start of treatment was** 3.5 mg/dL.

치료를 시작할 때의 동물들의 평균 혈중 cyclophosphamide의 **농도**는 3.5 mg/dL이었다.

14) A daily **dose** of 1,100 mg/kg of cephaloridine administered to the 25 rats for 14 days induced thrombi in the absence of systemic platelet activation.
14일 동안 25마리의 흰쥐에 cephaloridine을 매일 1,100 mg/kg의 **용량**으로 투여했을 때 전신적인 혈소판 항진이 없을 때도 혈전을 유발하였다.

15) The 50% **nephrotoxic dose** of cisplatin was more than 30 times greater in mice than in rabbits.
Cisplatin의 50%의 **신독성량**은 토끼에서보다 생쥐에서 30배 이상 더 컸다.

16) The urine **had** a specific gravity of 1.025 with a pH of 6.0 and questionable urobilinogen in a dilution of 1:32.
요비중은 pH가 6.0이고 비중이 1.025이었고, 1:32 희석에서 urobilinogen이 의심되는 **소견을 보였다**.

17) The direct bilirubin-total bilirubin ratio **decreased** by 25% within the first week in the experimental group.
출생 1주의 실험군에서 direct bilirubin 대 total bilirubin 비율이 25%가 넘게 **감소하였다**.

18) The creatine kinase concentration **dropped** to 186 U/L.
그 creatine kinase 농도는 186 U/L로 **떨어졌다**.

19) The WBC count was slightly **elevated** with little or no shift in the differential count.
WBC 수치는 경미한 **증가를 보였지만** 백분율수의 변위는 거의 없었다.

20) The BCD + LPS-induced **elevation** in plasma GPT and GOT levels was more pronounced after NO production was inhibited by NMA treatment.
BCG + LPS에 의한 혈장 GPT, GOT 치의 **상승**은 NMA 처치에 의해 NO 생산이 억제된 후 더 뚜렷하였다.

21) By 4 hours, the sensitivity of fibrin **increased** to 85%.
4시간 만에 fibrin의 민감도는 85%로 **증가하였다**.

22) Arterial pO_2 values **increased** by day 14 in both the high-dose and low-dose groups.
동맥혈 산소분압값은 고용량, 저용량 두 군 모두에서 14일째 **증가하였다**.

23) A toxin screen test was **negative** for salicylates and methanol.
Salicylate와 methanol에 대한 독소 선별검사는 **음성**이었다.

24) The sample was **trace-positive** for protein and the sediment contained 13 red cells and 10 to 30 hyaline casts per high-power field.
표본은 단백에 대해 **약한 양성**이었고 요침에서는 13개의 적혈구와 현미경의 고배율시야당 10개 내지 30개의 hyaline cast가 관찰되었다.

25) Immunohistochemical staining of frozen and paraffin-embedded tissue was **positive** for S-100 protein.
동결절편과 파라핀 포매 조직의 면역조직화학염색상 S-100 단백에 대하여 **양성**이었다.

26) The differential count showed a **predominance** of neutrophilic promyelocytes: 69% neutrophils, 26% band forms, 1% myelocytes, and 2% lymphocytes.
백혈구 백분율수는 호중구성 전골수구의 **우세 소견**을 보였다. 그 중 호중구 69%, 간상핵구 26%, 골수구 1%, 임파구 2%이었다.

27) Urine cultures showed intermittent coliform infection with no **evidence** of urea-splitting organisms.
요배양상 coliform 감염이 간혹 검출되었고, urea-splitting organism의 **증거**는 없었다.

28) The activity of the enzyme was completely **stable** in hemolysates from specimen 2.
2번 시료의 hemolysate에서 효소의 활성도는 확실히 **안정적**이었다.

29) A **trend** toward decrease [또는 reduction] in GOT, GPT, and LDH was observed with alpha- tocopherol supplementation.
Alpha-tocopherol 보충 후 GOT, GPT, LDH의 감소 **경향**이 관찰되었다.

30) The Karsdorf faunal sample **contained** cattle (n = 12), sheep/goat (n = 8), pig (n = 8), and wild animals like aurochs (n = 3) and deer (n = 1), and thus allowed for a closer view on animal husbandry practices in area B.
Karsdorf에서 채취한 동물상 시료는 소 12개, 양/염소 8개, 돼지 8개, 오록스와 사슴 같은 야생동물을 **포함하였고**, 그로 인해 B 지역의 축산업의 보다 세심한 관찰이 가능하였다.

31) Calcitrol levels **varied directly** with ionized calcium levels.
Calcitrol의 측정치는 유리 칼슘치에 **정비례하였다**.

32) The decrease in serum digoxin concentration was **directly proportional** to the initial serum digoxin concentration.
혈중 digoxin 농도의 저하는 최초 농도에 **정비례하였다**.

33) The results of liver function tests (LFTs) were **within normal limits** at baseline.
기준일에 간기능검사 결과는 **정상 범위 내**에 있었다.

34) The residual aldolase activity was 4% of the **normal level**.
잔류 aldolase 활성도는 **정상치**의 4%이었다.

35) Blood culture **yielded** *Salmonella typhi* in each case.
각 사례에서 혈액배양 상 *Salmonella typhi*가 **산출되었다**.

36) Electron microscopy **revealed** normal glomerular basement membrane and fusion of the foot processes.
전자현미경 검사상 정상 사구체 기저막과 족돌기의 융합소견을 **보였다**.

37) Abnormal electroencephalograms (EEGs) were **exhibited** in 75% of the animals.
비정상적 EEG가 75%에서 **나타났다**.

38) The domestic animal sample obtained from area A **featured** mean a δ^{13}C value of −21.0 ± 0.9 and a mean δ^{15}N value of 7.3 ± 0.9.
A 지역에서 얻은 가축시료는 δ^{13}탄소의 평균치는 −12.0 ± 0.9이었고 δ^{15} 질소의 평균치는 7.3 ± 0.9라는 **특징을 보였다**.

39) Our results were **different from** those of Kristinsson *et al.*, who studied 43 strains of planktonic *S. epidermidis* for opsonophagocytosis by luminol-dependent chemiluminescence.
우리의 결과는 Kristinsson 등의 결과와 다른데, 그들은 luminol의존성 화학 발광에 의한 옵소닌 식작용에 대해 43종의 부유생물 *S. epidermidis*균주를 연구하였다.

40) These results were **in agreement with** those of previous studies comparing reactivities to HCV proteins between the competent and immunocompromised animals.
이 결과는 정상인과 면역기능 손상 동물 사이에 HCV 단백과의 반응성을 비교한 이전의 연구와 **일치하였다**.

41) These results are **in close agreement with** those of numerous authors.
이 결과는 많은 저자들의 결과와 **거의 일치하였다**.

42) The results obtained in our survey **indicated** that the overall positivity rate for domestic dogs in Korea was well over 70%.
우리 조사에서 얻은 결과는 한국에서 집에서 기르는 개에서의 전체적인 양성 반응률이 70%를 훨씬 넘는다는 것을 **시사하였다**.

43) It is **inferred** that slow motoneurons have axons of small diameter.
속도가 느린 운동신경은 축삭의 직경이 작다고 **추론된다**.

44) The low overall positivity rate in this study **reaffirmed** similar results in previous studies.
이 연구에서의 전반적인 낮은 부작용의 발생빈도는 이전 연구에서 보이는 결과와 비슷한 결과임을 **재확인하였다**.

07 고찰(discussion)부분

A. "고찰부분"의 내용

"고찰(discussion)부분"은 과학논문에서 가장 쓰기 어려운 부분 중의 하나로서 서론에서 제기되었던 연구목적에 답하기 위해 시행한 연구의 결과를 가지고 객관적으로 판단하여 어떤 결론에 이르도록 논리적으로 전개하는 과정이다.

하나의 영어논문에서는 동일하거나 유사한 문장을 두 번 기술할 수 없다. 그런 이유로 고찰부분의 첫 문장을 쓰기가 쉽지 않다. 그러나 연구목적 문장은 한 번 더 기술해도 되기 때문에 연구목적 문장으로 고찰부분을 시작하는 저자들이 많다. 다른 방법으로, 고찰의 앞부분에 연구목적에 대한 답변을 제시하는 저자들도 있다. 첫 번째 문단 안에 연구결과로부터 도출된 결론에서 제시할 중심내용 또는 해답을 간략하게 언급할 수 있다. 결과에 대한 해석(interpretation)과 추론(inference)은 명확한 증거, 논거를 바탕으로 전개해야 하며, 막연한 추측, 주관적 선입견 등에 의존하거나 논리의 비약에 의한 해석이나 주장은 금물이다. 연구목적과 연관시켜 저자의 판단에 의해 주장하고자 하는 결론을 유도해야 한다.

다른 저자들에 의해서 보고된 연구소견 혹은 결론 등 추가적인 증거자료를 인용해서 해답을 완전히 뒷받침할 수 있는데, 참고문헌을 인용함으로써 증거자료에 대한 완전한 신뢰를 가지게 할 수 있다. 저자의 연구논문이 유일한 것이며, 가치있게 보이도록 하기 위해서 참고문헌으로부터 얻은 보충자료를 첨가한다. 만약 같은 질문에 대해서 이미 출간된 논문이 같은 답변을 하고 있더라도 고찰에서 그 인용을 제외시키지 말 것이며, 자신의 주장을 지지하는 참고문헌만 이용할 것이 아니라 반대문헌도 언급해야 한다. 고찰에서는 모든 자료를 다루어야 하지만 제시된 결과와 관련이 없는 논문은 절대로 인용해서는 안 된다.

고찰을 마무리하는 방법에는 여러 가지가 있는데, 연구결과에서 얻어진 소견이 어느 정도까지 일반화될 수 있을지를 논하고, 자신의 연구나 다른 저자들의 연구에서 얻어진 상반되는 결과를 해석하기 어려울 때는 앞으로의 연구에서 어떻게 해결해야 할지를 제시하는 것이 필요하다. 독자들은 사실에 기초한 확실한 결론을 기대하므로 암시와 전망을 너무 지나치게 기술하지 않는 것이 좋다.

고찰에서 흔히 다루는 내용들은 다음과 같다.

① 서론에서 제기된 질문에 대해 답변한다.
② 그 답변을 지지하는 소견을 제시한다.
③ 답변이 정당함을 과거의 연구와 비교하여 설명한다.
④ 제시한 해답이 다른 연구와 비교하여 우월함을 피력한다.
⑤ 상반된 결과들을 해석한다.
⑥ 새로운 시도였음을 지적한다.
⑦ 다른 결과와의 차이점을 설명한다.
⑧ 예상되지 않았던 관찰에 대해 설명한다.
⑨ 연구방법의 한계, 연구 디자인의 취약점, 가설의 정당성 등을 설명한다.
⑩ 연구의 중요성을 피력한다.

나타난 결과에 대한 일반적인 저자들의 견해를 기술한다. 다른 연구자의 결론(참고문헌)을 조화 있게 다루면서 자신이 목적하는 방향으로 내용을 이끌어 가는데, 자신있는 결과에 대해서는 겸손할 필요가 없다. 길이는 충분한 만큼 쓸 수 있지만, 이해를 어렵게 하고 횡설수설하지 않기 위해서 가능한 한 짧게 쓰는 것이 좋다.

다음은 고찰부분을 쓸 때에 유의해야 할 사항들이다.

1. 시제

고찰부분의 의문점에 대한 답변(결론)은 저자의 견해로서 영원한 진실이라고 생각되는 것이므로 현재 시제를 쓰고, 연구결과에 해당하는 부분은 과거 시제로 표현한다.

예1) 의문점에 대한 답변(결론)
Our results indicate that alterations in glycosylation of IgE-binding factors expressed from a single-cloned gene may result in different biological activities of the factors.

예2) 연구결과에 해당하는 표현
IgE-binding factors from carbohydrate-deficient cells suppressed an *in vitro* IgE response, whereas factors from untreated cells potentiated the IgE response.

Find의 용법은 특별해서 과거시제로 쓰이는 "found" 또는 명사형으로 쓰이는 "finding" 등은 결과 뿐만 아니라 의문점에 대한 답변을 제시하는 경우에도 쓸 수 있다.

예3) 결과를 표시
No close relationship was found.

예4) 답변을 제시
In this study, we found that the gene coding for the precursor of the peptide hormones VIP and PHM-27 is 9 kb long and consists of 7 exons.

반면에 show와 indicate는 흔히 현재 시제로 쓴다.

예5) The study shows the answer. The results indicate the answer.

2. 정확한 단어의 선택

의문점에 대한 해답을 제시하거나, 그 응용을 제안한다거나, 추론이나 유추를 할 때 각 수준에 맞는 동사를 적절히 선택하여야 한다.

- Prove, Demonstrate, Document: 매우 강한 표현으로 질문에 대해 논란의 여지가 거의 없는 경우에 사용한다.
- Show, Indicate, Find: 보다 약한 표현으로 다소 불확실한 대답을 나타낼 때 적합하다.

- Suggest, Imply: 훨씬 약한 표현으로 추론하는 데에 적합하다.
- Speculate: 보다 더 추론적일 때 사용한다.

또한 조동사를 사용함으로써 위의 여러 수준의 주장을 변형시킬 수 있다.

- Will: 약 90%의 확실성을 표시할 때 사용하며, 질문에 대한 대답이나 그의 적용에 대해 기술할 때 적합하다.
- Would: 약 85%의 확실성을 표시하며, 강한 추론(implication 또는 speculation)을 표시할 때 사용한다.
- Can: 약 80%의 가능성으로 발생할 수 있는 경우에 사용한다.

예) The results of this study indicate that fluctuation analysis can help understand and monitor the dynamics of power generation in the nuclear plants with boiling water reactors.

- Could (약 75%), May (약 70%), Might (약 65%): 보다 적은 확실성으로 약한 추론에 사용한다.

예) The results of the present study suggest that marine foods may be the main food sources in the Southern costal regions of Canada.

고찰에서도 능동태를 사용하면 생생하고 박력있는 표현이 된다. 그러나 능동태는 자주 사용할 수 없으며(대략 한 개의 논문에서 10문장 이하로 사용하는 것을 권장하고 있다), 한 문장에서 능동태와 수동태를 혼용하는 것은 문법에 어긋나므로 피해야 한다.

3. 부제목

일반적으로 부제목(subtitle)을 사용하여 단락을 만들어 기술하지 않는다. 그러나 고찰이 상당히 길어지면 부제목을 사용할 수 있는데, 고찰을 다 쓴 뒤 key word를 사용하여 부제목을 짧게 만드는 것이 좋다.

4. 문장표현 요령

고찰부분에서는 서론에서 이미 기술한 문장을 다시 사용해서는 안 되며, 또한 연구결과에서 이미 기술한 결과를 반복하지 말아야 한다("The more noise, the less message"). 중요한 것은 고찰부분에서는 나타난 결과에 의한 사실과 추론을 기술하는 것이다.

5. 이 연구의 저자들과 다른 연구의 저자들의 구별

주의하지 않으면 독자들이 이 연구의 저자들의 업적과 다른 연구자들의 업적을 구분할 수 없게 된다. 저자들의 연구내용을 쉽게 판별할 수 있는 한 가지 방법은 'in this study' 혹은 'in our experiment' 같은 구를 덧붙여 문장("In this study, the samples were collected using a suction tube")을 만든다. 다른 연구자들이 한 일인 경우에는 적절한 참고문헌을 달아주어서("In a previous study by Brown *et al.* [3], their samples were collected using a suction tube") 구별해주는 것이다.

이런 구별이 필요할 경우의 표현방법은 다음과 같다.

어떤 실험이 저자들에 의해 시행되었다는 것을 분명히 나타내기 위해서는 this study/this experiment/this work/this trial 또는 our study/our results 등을 사용한다. 어떤 실험이 다른 저자들에 의해 시행되었다는 것을 확실하게 표현하려면 that study/that experiment/that work/that trial 또는 their study/their results/as in the results reported by Harvey *et al.* [3] 같은 구문을 사용한다. 대명사 'we'를 사용하면 의미가 분명할 수 있으나, 과학논문에서는 가급적 대명사 'we'는 사용하지 않는다.

6. 수동태 문장/능동태 문장(passive/active voice)

연구논문에 'we'라는 표현을 자주 사용해도 될까? 서론부분에서 저자들은 보통 이 논문에서 무엇을 할 것(실험 등)이며 무엇을 발표(결과)할 것인지에 대해 언급한다. 이때 연구그룹이나 연구팀을 의미할 때에는 'we'를 사용할 수 있지만 이는 일반적인 사람이나 인간을 의미할 때에는 사용하지 않는다. 사람에 의해 이루어진 일을 표현하고자 한다면 "It is thought that ~" 또는 "It has been recognized that ~" 처럼 'It'으로 시작하는 편이 더 좋다. 'We' 대신에 수동태 문장을 사용하는 것이 보편적이다.

학위논문은 한 개인의 실험에 대해 서술을 하므로 연구그룹이나 팀이 없다. 논문은 'I'를 이용해 표현할 수 없으므로 대개 수동형으로 논문을 작성할 것이다. 부득이한 경우 'I' 대신에 'the author'를 사용한다. 자신의 업적을 나타내고자 할 때에는 'here'나 'this study' 'the present study'같은 문구를 사용하여 독자들이 누구의 업적인지를 알 수 있게 해주어야 한다.

- **This study** describes an algorithm for clustering sequences into index classes.
- **The present study** presents a set of criteria for selecting such a component.

NOTE 2-10 • 고찰(discussion)부분 작성요령

1. 첫 문장에 내 논문의 연구목적을 기술하는 것이 가장 쉬운 방법이다. 연구목적 문장은 한 논문 안에서 동일한 문장이나 유사한 문장을 2회 사용할 수 없다는 규칙의 예외이기 때문이다.
2. 내 연구결과 중 그 연구목적을 지지하는 결과를 제시한다.
3. 내 연구결과와 합치되는 참고문헌을 제시하고 설명한다.

   예 The results of the present study ① correspond well with those found in the earlier experimental studies in rats.[9-11]
   Correspond with와 동의어로서 다음과 같은 것이 있다. ② be (quite) similar to ~; ③ resemble ~; ④ show the similarity to ~; ⑤ be in close agreement with ~; ⑥ be consistent with ~; ⑦ be almost identical with ~; ⑧ coincide well with ~; ⑨ be in perfect accord with ~ ⑩ be in general accord with ~

4. 내 연구결과와 상치되는 참고문헌을 제시 설명한다.

   예 These findings ① are in contrast to the results of Rimell *et al.*[12]
   동의어는 다음과 같다. ② differ from ~; ③ be distinct form ~; ④ be different from ~ ; ⑤ disagree with ~; ⑥ be not in accord with ~; ⑦ be contrary to ~; ⑧ be in disagreement with; ⑨ be inconsistent with ~; ⑩ do not correspond with ~

5. 내 연구결과의 새로운 점과 의의를 지적한다.

   예 prove (입증하다) > ① demonstrate; ② document; ③ propose; ④ show; ⑤ indicate; ⑥ suggest; ⑦ point out (제시하다); imply (의미하다); speculate; suppose; presume; assume; extrapolate; infer; inspire; postulate (시사하다, 추정하다, 추론하다)

6. 예기치 않은 소견이 있으면 설명이나 고찰없이 기술한다[Interestingly, ~ ~.].
7. 제한점(limitations):

   예 ① First, this is a retrospective study. ② Second, this study has a limitation stemming from [due to] its small sample size. ③ Third, other limitations of this study included the lack of specific information about the size and shape of the spaxel.

   주의: 서론에서 이미 사용한 동일한 내용이나 비슷한 의미를 갖는 문장을 반복하지 않는다.

여기에 고찰(discussion)부분을 시작하는 여러 가지 방법을 설명한다.

연구목적을 다시 기술한다.

1) **The objective of this study was** to investigate the mass transfer effects on the unsteady 2-dimensional and magnetohydrodynamic flow of an upper-convected Maxwell fluid bounded by a stretching surface.
2) **The purpose of this paper** was to investigate feedback in relation to stabilization and pole placement for a discrete-time plant.
3) **The aim of the present study was** to examine whether low mass stars can be formed around a VMS.
4) **This study was designed** to analyze severe accidents in nuclear power plants by using integral codes in order to develop accident management.
5) **The premise of this article is** that thermal radiation of low-temperature chemical processes is a possible natural energy source to explain the Shroud body image formation.

본 연구 주제가 현재 controversial point임을 지적한다.

1) **It is controversial whether** film morphology is affected by misfit and deposition rate.
2) The carcinogenic properties of asbestos is **a subject of controversy**.

본 연구의 주제에 대한 현재까지 보고된 발생빈도를 기술한다.

1) Severe unclear reactor accidents have been reported to occur in less then **0.001%**
2) In more than **60%** of these genes, NUP98 fusion oncogenes are found to be the most common cause.[5]

연구목적에 대한 결과(results)를 포괄적으로 기술한다[양괄식].

1) 건축학논문
   - This study **demonstrated that** inelastic curvatures in concrete walls vary linearly.
   - The present study **focused on** assessing the influence of the pier-deck stiffness ratio on the postelastic seismic behavior of continuous steel-concrete composite bridges.

2) 공학논문: The present study **indicated that** the high peak-to-average power ratio is one of the major drawbacks of orthogonal frequency division multiplying systems.

3) 기상학논문: The results **suggest that** aerosol indirect effects associated with shallow clouds may offset or compensate for the aerosol indirect effects associated with congestus and deep convection systems.

4) 화학논문: We **present** our calculations of the adiabatic excitation energy to the lowest excited state of CH_3SO_2.

서론(Introduction)부분에 있는 내용을 두 문장 이하로 줄여서 다시 기술한다. 이것은 좋은 방법이 아니다.

1) **Previous studies** with hydroxyapatite cements have shown them to be safe for various reconstructions.[8-11]

2) **Previous investigators** suggested that drainage of liquid from the lungs of fetal rabbits begins at birth.[1,2]

B. 고찰부분에서 흔히 쓰는 영문표현

1) In a similar fashion, the following issue can be **explained**.
비슷한 방법으로 다음 문제를 **설명할** 수 있다.

2) The body image characteristics can be **explained** by eating patterns.
신체 이미지의 특징은 식생활 패턴으로 **설명할** 수 있다.

3) These regional isotopic differences could **have some explanations**. First,~. Second,~. Finally,~.
이러한 지역 간의 동위원소의 차이는 몇 가지로 **설명할** 수 있다. 첫째로~. 둘째로~. 마지막으로~.

4) We **propose** the following mechanism to explain our observations.
우리들의 관찰결과를 설명하기 위하여 다음의 기전을 **제시한다**.

5) We can **interpret** this strange phenomenon as follows.
우리는 이 이상한 현상을 다음과 같이 **해석할** 수 있다.

6) **The primary advantage** of the filterbank approach is that the same filter coefficients can be used to pass different input frequencies by simply adjusting the sampling rate.
필터뱅크 법의 **가장 중요한 이점**은 표본화 주파수를 조절하는 것만으로 여러 가지 입력주파수를 통과시키는 데 같은 필터 계수를 이용할 수 있는 것이다.

7) The dynamic response of a multivariable control system can be **modified** by using proper eigenstructure assignment.
다변수제어 시스템의 동적 응답은 적당한 고유구조 배치에 의해 **수정할** 수가 있다.

8) It **appears** that most individuals have several inherited antigenic specificities on these lipoproteins.
대부분의 사람들은 이러한 지단백에 대한 여러 유전적 항원 특이성을 가지고 있는 **것 같다**.

9) These findings obtained from animals are **applicable** to humans.
동물에서 얻은 이러한 결과는 인간에게 **적용가능하다**.

10) The **chief issue** raised and unresolved by these studies, however, is whether bone marrow FDC precursors are derived from hematopoietic cells or stromal cells in the bone marrow.
이 연구에서 제기되었으나 해결되지 못한 **주된 문제점**은 골수 FDC 전구체가 골수 내에 존재하는 혈구조성세포에서 유래되느냐 아니면 간질세포에서 유래되느냐이다.

11) Our results **confirmed** those of Koopman *et al*. and Li *et al*.
우리의 결과는 Koopman 등과 Li 등의 결과를 **확인하였다**.

12) This study **demonstrated** that an RNA-dependent DNA polymerase is

present in the virions of RNA tumor viruses.
이 연구는 RNA는 의존성 DNA 폴리머라제가 RNA 종양의 바이러스 비리온에 존재함을 **제시하였다**.

13) There is enough **evidence** to show that the fact is true.
그 사실이 옳다는 것을 나타내는 충분한 **증거**가 있다.

14) The **evidence** that the hypothesis is not correct can be seen in the result of the experiment.
그 가설이 옳지 않다는 **증거**는 그 실험 결과로 알 수 있다.

15) There is enough **evidence** against the theory.
그 이론을 반증하는 충분한 **증거**가 있다.

16) It is **inferred** that slow motoneurons have axons of small diameter.
속도가 느린 운동신경은 축삭의 직경이 작다고 **추론된다**.

17) **Other possibilities** may include a proton-dependent, selective desensitization of channel calcium permeability, or a proton-dependent activation of cellular clearance mechanisms for calcium.
또 다른 가능성에는 양자 의존성이고 선택적인 통로칼슘이온투과성의 탈감작이나 칼슘이온에 대한 양자의존성 세포청소기전이 포함될 수 있다.

18) A hereditary defect in bile acid metabolism is **postulated** as the cause.
담즙산 대사의 유전성 결손이 그 원인으로 **추정된다**.

19) We **postulate** that the modulatory effects of PKA on respiratory rhythm are primarily due to phosphorylation of AMPA receptors or related synaptic proteins mediating excitatory synaptic transmission.
우리는 PKA는 호흡리듬에 대한 조절효과가 일차적으로 AMPA수용체의 인산화 또는 흥분성 시냅스전달을 매개하는 관련 단백에 기인할 것으로 **추정한다**.

20) This fact **proves** clearly that it is against the rule.
이 사실은 그것이 규칙에 어긋난다는 것을 분명히 **입증한다**.

21) Assuming that the **hypothesis** is correct, the question can be easily solved.
그 가설이 옳다고 **가정**하면 문제는 간단히 풀린다.

22) This rule does not support our **hypothesis**.
그 법칙은 그녀의 **가설**을 뒷받침하지 않는다.

23) One of the **results** of burning trash is air pollution.
쓰레기 소각의 **결과** 중 하나는 대기오염이다.

24) Since the optical fiber did not preserve polarization, the output SOS at point A **may not** be linear.
이 광섬유는 편광을 보전하지 않으므로 A점에 있어서 출력 SOS는 선형이 **아닐 수도 있다**.

25) If we think of this condition as a necessary and sufficient one, the method may be **inappropriate**.
이 조건을 필요 충분 조건이라고 생각한다면, 그 방법은 **적절하지** 않을 수도 있다.

26) It is **possible** that living creatures can exist on Venus.
금성에 생물이 존재한다는 것도 **가능한** 일이다.

27) What needs to be emphasized is what Dickinson *et al.* **mentioned** in their experiment.
강조해야 할 점은 Dickinson 등이 그들의 실험에서 **언급**한 것이다.

28) Application in digital signal processing **need** the implementation of high-speed digital signal microprocessors.
디지털 신호 처리에 적용하는 데는 고속 디지털 신호 마이크로 프로세스의 실현이 **필요하다**.

29) As the first step in our analysis, we will **examine** how much carotene carrots contain.
분석을 위한 첫 단계로, 당근에 포함되어 있는 카로틴의 양을 **조사해** 보기로 하자.

30) First of all, we will **focus** our attention on some of the literature.
우선, 몇몇 문헌으로 **초점**을 좁혀 보기로 하자.

31) The conclusion of our research **is in agreement with** theirs.
우리 연구의 결론은 그들의 결론과 **일치한다**.

32) These results **are in agreement with** those of previous studies comparing reactivities to HCV proteins between competent and immunocompromised cows.
이 결과는 정상 소와 면역기능손상 소 사이에 HCV 단백과의 반응성을 비교한 이전의 연구와 **일치한다**.

33) These results **are in close agreement with** those of numerous investigators.
이 결과는 많은 연구자들의 결과와 **거의 일치한다**.

34) Although studies have been made on the cause of thunderbolts, there **is** little **agreement on** how electric power is generated in thunderbolts.
벼락의 원인에 대한 연구는 진행되어 왔지만, 벼락에 어떻게 전기가 생성되는지에 대한 의견은 거의 **일치하고** 있지 않다.

35) The results obtained in our survey **indicate** that the overall positivity rate for domestic dogs in Japan is well over 70%.
우리 조사에서 얻은 결과는 일본에서 집에서 기르는 개에서의 전체적인 양성 반응률이 70%를 훨씬 넘는다는 것을 **시사한다**.

36) The output wavelength of the GEC laser can be adjusted so that it may **coincide with** one of the Fabry-Pérot modes of the laser diode.
GEC 레이저의 출력 파장을 레이저 다이오드의 파브리 · 페로 모드의 하나와 **일치하도록** 조절할 수 있다.

37) The result of Experiment I **is consistent with** that of Experiment II.
실험 I의 결과는 실험 II의 결과와 **일치한다**.

38) The state-space method in this paper **was distinct from** other methods in that no state-space matrices were used.
본 논문의 상태 공간 법은 상태 공간 행렬을 사용하지 않는다는 점에서 **다른** 방법과는 **달랐다**.

39) Our results **are different from** those of Kristinsson *et al.*, who studied 43 strains of planktonic *S. epidermidis* for opsonophagocytosis by luminol-dependent chemiluminescence.
우리의 결과는 Kristinsson 등의 결과와 **다른데**, 그들은 luminol의 존성 화학발광에 의한 옵소닌 식작용에 대해 43종의 부유생물 *S. epidermidis* 균주를 연구하였다.

40) The consequence of Bi diffusion quite **differs** from that of Ag diffusion as shown in Fig 1.
Bi를 확산한 결과는 도해 1에 보인 바와 같이 Ag를 확산한 결과와는 전혀 **다르다**.

41) The results of the survey **differs from** our expectation.
조사 결과는 우리들의 예상과 **다르다**.

42) In the light of the results of their experiment, big **differences** from ours were found.
그의 실험 결과에 비추어 보았을 때, 우리들의 실험 결과와 **차이점**이 발견되었다

43) Their results **are contrary to** ours.
그들의 결과는 우리들 결과와 **반대된다**.

44) Their explanation **is in striking contrast with** ours.
그들의 해석은 우리들의 해석과 **현저한 대조를 이룬다**.

45) This study **is related to** the development of appropriate algorithms to realize a self-tuning AVR.
본 논문은 자기 동조 AVR을 실현하는 데 적합한 계산법 개발에 **관계가 있다**.

46) Global warming is thought to **correlate** significantly with exhaustion of CO_2.
지구 온난화는 탄산가스의 배출과 의의있는 **관계**가 있다고 생각된다.

47) Desertification may **be relevant** to global warming.
사막화는 지구 온난화와 **관계가 있을** 수 있다.

48) We **considered** physical mechanisms that lie behind these environmental sensitivities and then correlate them with the performance of actual rubidium frequency standards.
이들 환경감도의 배후에 있는 물리적 메커니즘에 대하여 **고찰했고**, 그리고 이 메커니즘을 실제의 루비듐 주파수 표준 성능과 관련지었다.

49) One of the important problems associated with HVDC transmission lines **appeared** to arise due to the occurrence of corona on the line conductors.
HVDC 송전선에 관련되는 중요한 문제의 하나가 심선에 코로나가 발생하는 것 **같았다**.

50) The output wavelength **can** easily **vary** by using a wavelength tunable CW source; this **will allow for** tuning to the optimum wavelength for soliton transmission.
이 출력 파장은 파장가변 CW원을 사용하는 것으로 쉽게 바꿀 수가 있다. 이 일에 의해 고립파 전송에 최적인 파장에 동조**될 수** 있을 것이다.

51) An all-digital power amplifier **can be constructed** by using the principle of class D amplification, in which audio signals are converted into pulse-width modulated signals.
D급 증폭이라는 원리를 이용하는 것으로 전 디지털 전력증폭기를 **세울 수 있는데**, 이 증폭기에서는 가청신호는 심박 폭 변조 신호로 변환될 것이다.

08 결론(conclusion) · 요약(summary) 부분

A. 결론 · 요약부분의 내용

"결론(conclusion) · 요약(summary)부분"은 반드시 독립적으로 따로 만들 필요가 있는 것은 아니며, 고찰부분의 마지막에 기술하는 경향이 많고, 최근에는 초록이 결론을 대신하는 추세이다.

결론 · 요약부분은 연구목적(가설)달성 여부에 관해 저자의 견해를 포괄적으로 언급하는 곳이며, 흔히 범하는 잘못은 연구결과를 반복해서 기술하는 것이다. 따라서 구체적인 숫자나 지엽적인 사항의 나열은 배제되어야 하며, 연구결론에 입각하여 향후의 연구방향, 활용, 기대효과 등을 부언할 수 있다. 결론 · 요약의 내용을 번호를 붙여 길게 쓰는 것은 바람직하지 못하다(너무 긴 결론 문장 예 참조).

예) 너무 길게 쓴 결론 문장 예

The analytic solution makes us possible to carry out an extensive analysis of the effects of the transverse and the shear contact stiffness, and of the thickness of the connecting layer on the stress and strain state of 2-layer beams. It has been established that:

- The transverse contact stiffness between the layers has some influence on the tangential contact surface traction and largely dictates uplift at the contact interface at the point of the load application. It is somewhat surprising, however, that the transverse stiffness has only a minor influence on the rest of the equilibrium, deformation, and kinematic quantities of structural engineer's interest. Consequently, the delamination can be neglected in engineering design if small displacements are assumed.
- The thickness of the connecting layer is also found to be a negligible parameter that does not contribute to the accuracy of the strain-stress state of 2-layer timber beams. Thus, it can be neglected in the engineering analysis.
- The axial force in the nails close to the point of the load applicaion of an external force could be very for highly transversely flexible connections.

실제로 많은 연구논문들은 고찰부분에서 그 끝에 결론문장을 삽입하여 마무리 짓는다. 어떤 학술지는 초록이나 요약의 앞쪽에 결론을 두기도 하고, "제목 페이지"의 초록 마지막 부분에 정리하기도 한다. 이러한 자세한 사항들은 논문을 투고하고자 하는 학술지의 투고규정에서 확인해야 한다.

NOTE 2-11 • 결론(conclusion) · 요약(summary)부분 작성요령

1. 연구결과로부터 연구목적을 이론적으로 검증하는 단계인 고찰을 거쳐 마지막으로 맺음을 하는 부분이다. 따라서 결론 · 요약부분은 철저하게 저자의 연구 성적에 바탕을 둔 것이어야 한다.
2. 흔히 범하는 잘못은 연구결과를 반복해서 제시하는 것이다. 구체적인 수치나 데이터를 나열하지 않는다.
3. 도출한 결론에 입각하여 향후의 연구방향, 기대효과를 부언할 수 있다.
4. 최근에는 결론 · 요약부분을 따로 만들지 않고 도입부사(구)를 사용하여 고찰부분의 끝에 기술하는 경향이 많다. 이것을 IMRAD (**I**ntroduction, **M**aterials & **M**ethods, **R**esults **A**nd **D**iscussion) conventional format이라고 한다.

   예 다음과 같은 결론부 도입 부사(구)가 주로 사용되고 있다: ① In conclusion, ② In summary, ③ Taken together, ④ Collectively, ⑤ Altogether, ⑥ Overall, ⑦ To sum up,
5. 결론 문장은 주절의 동사는 현재 시제로 기술하고, that절 안에서는 가능성을 나타내는 조동사를 흔히 사용한다. 자주 사용하는 조동사들의 가능성의 정도를 대략 기술하면 다음과 같다.

   예 must (~100%) > will (90%) > would (85%) > can (80%) > could (75%) > may (70%) > might (65%)

   It is suggested [또는 concluded; believed] that the main factor controlling ozone deposition may [또는 could; can] be the friction velocity due to its effect on aerodynamic resistance.

B. 결론 · 요약에서 자주 쓰는 영문표현

1) **As a result of** this comprehensive treatment of the problem, we were successful in realizing the existence of critical suspension orbit.
그 문제를 종합적으로 해결한 **결과**, 우리는 한계성 완충궤도의 존재를 알아내는 데 성공했다.

2) **To the best of our knowledge**, our results are **the first reported** data on [또는 regarding; 또는 about] QCW passively mode-locked operation of highly doped Nd:YAG in bounce geometry.
우리들이 아는 한, 우리들의 **결과**는 탄력기화학에 있어서 고도로 도프된 Nd:YAG의 QCW수동모드잠금 작동에 관한 **최초의 데이터이다**.

3) **In conclusion**, we have demonstrated an easy and reproducible way to switch OTFTs from enhancement to depletion mode by photochemical reactions.
결론적으로, 우리는 OTFT를 촉진모드에서 탈퇴모드로 바꾸는 쉽게 재현할 수 있는 방법을 광화학반응을 이용하여 제시하였다.

4) **In conclusion**, we would like to state the following 3 points.
결론적으로, 나는 다음 세 가지 점을 주장하고자 한다.

5) **In summary**, the present study documents a regulatory action of the heme-HO system in endothelial cells on prostaglandin production in cows.
요약하면, 본 연구는 소의 내피세포 안에 존재하는 heme-HO계가 가지고 있는 prostaglandin 생성 조절기능을 제시한다.

6) **In summary**, the current study indicates that SB 235375 may be a high-affinity, selective, reversible, and competitive antagonist of the hNK-3R.
요약하면, 본 연구는 SB 235375가 hNK-3R에 대해 친화성이 높고, 선택적이고, 가역성이며, 경합적인 길항제라는 사실을 제시한다.

7) The results of this study **suggest** that very massive stars may also harbor planetary systems.
본 연구의 결과는 초밀질성군이 행성계들을 가질 수 있다는 것을 **제시한다**.

8) This study **suggests** that enhanced concentrations at the interface may result in dramatically increased overall quantum yields.
이 연구는 경계면에서의 증가된 농도가 전반적인 양자생산량을 현저하게 증가시킬 수 있다는 사실을 **제시한다**.

9) We **believe** that fludarabine, a potent immunosuppressive agent, should be added to the list of immunosuppressive agents which may be associated with ENV-BLPDs.
우리는 강력한 면역억제제인 fludarabine이 EBV-BLPD와 관련성이 있을 것으로 생각되는 면역억제제 목록에 추가되어야 한다고 **확신한다**.

10) It is **concluded** that Na-nitroprusside can be administered as late as 15 min before reperfusion and still have a protective effect.
Na-nitroprusside는 재관류 15분 전까지도 투여할 수 있고 여전히 방어적인 효과를 가진다고 **결론내릴** 수 있다.

11) There results lead us to **the conclusion** that the saturation point of a hot liquid may be higher than that of a cold one.
이들 결과를 통해 뜨거운 액체의 포화점은 차가운 액체의 포화점보다 높다는 **결론**을 내릴 수 있다.

12) A continuous examination of the mechanism of flowering would **strengthen this proposition**.
개화의 메커니즘을 계속 조사해 나간다면 **이 주장이 확고해**질 것이다.

13) The results of this experiment will **change the direction of** the entire study of dioxin.
이 실험 결과는 다이옥신에 관한 **연구 전체의 방향을 바꾸게** 될 것이다.

14) This study **confirms** that boreal forest floor can be a significant biogenic volatile organic compound in the periods of high emisiions measured in early summer.
이 연구는 북방의 삼림층이 초여름 방출기에 생존에 필수적인 휘발성 유기화합물을 제공할 수 있다는 사실을 **확인한다**.

15) The results of this study **confirm** that the presence of smoke alarms in home helps prevent fire-related injuries.
이 연구의 결과는 연기에 대한 경보의 존재가 화재와 관련된 손상을 방지하는 데 도움이 될 수 있다는 것을 **확증한다**.

16) This study clearly **demonstrates** the complex nature in which epitopes are distributed on the rOmpA and rOmpB proteins and **reaffirms** the diversity of these proteins among the SFG rickettsiae.
이 연구는 에피토프가 rOmpA단백과 rOmpB 단백에 분포되는 복잡한 성상을 **제시하고** SFG리케치아에 존재하는 이들 단백의 다양성을 **입증한다**.

17) Studies with ESS from phase I are needed to **further confirm** the role of *C. burnetii* in this process.
이 과정에서의 *C. burnetii*균의 역할을 **더 확인하는 데** I상으로부터 얻은 ESS를 이용한 연구가 필요하다.

18) **Future studies** will be required to ascertain the cytokine profile that is actually present during cryptococcal infections in pigs.
돼지에서의 효모균 감염 시에 실제로 존재하는 사이토카인 프로필을 확증하기 위하여 **추후의 연구**가 필요할 것이다.

19) **Future work** will focus on the site specificity of the mouse antibody response to poliovirus.
추후의 연구는 소아마비 바이러스에 대한 생쥐의 항체반응의 특이성에 초점을 맞출 것이다.

20) **Further studies** are needed to understand its origin.
그 기원을 알기 위해서는 **추가적인 연구**가 필요하다.

21) A **further direction** of this study will be to provide more evidence for this result.
이 연구가 **앞으로 나갈 방향**은, 이 결과에 대한 보다 많은 증거를 제공하는 것이다.

09 감사의 글(acknowledgments)부분

A. 감사의 글의 내용

"감사의 글"부분은 그 연구에 실질적인 기여를 한 사람에 대해 기술하여야 하며, 문서에 의해 승낙을 받아 두어야 한다. 감사의 글에 해당하는 것은 연구결과에 관한 도해를 제공해준 사람, 특수한 실험, 연구 등을 해준 사람, 연구비 및 물품, 기계 등 재정적 지원을 해준 사람, 저작권을 사용하게 해준 사람 등이다. 당연한 직무로서 행한 실험실기사와 타이피스트, 시약을 공급해준 사람과 기기의 제조자인 경우에는 그 서비스가 무료로 행해진 경우를 제외하고는 감사를 할 필요는 없으며, 논문에 대해 의견을 교환한 연구자에 대해서도 특별한 기여가 없는 경우에는 감사의 글부분에 기술할 필요가 없다. 또한 감사의 글의 내용은 과장된 것이 아닌, 가능한 한 단순한 것이 좋으며, "감사를 바친다"라는 표현보다, 단순히 "누구누구가 연구결과를 판독했다"라는 식으로 쓰는 것도 좋은 방법이다.

일반적으로 감사의 글을 논문 끝에 기술하지만, 연구 기여금에 대해서는 제1페이지의 하단에 쓰는 경우도 있다.

과학논문의 적절한 위치("제목 페이지"의 아래 주석란 혹은 논문 본문의 끝부분)에 "감사의 글"로서 다음과 같은 내용이 기술된다.

1. 저자 자신이 근무하고 있는 연구소나 대학교의 연구자료부터 도움을 받았으나 그 논문의 저자로는 자격이 없는 경우
2. 기술적 도움에 관한 감사
3. 후원의 내용을 구체적으로 밝힌 경제적, 물질적 지원에 관한 감사
4. 이익의 상충을 야기할 관계 등

과학논문에 지식적으로 공헌을 하였으나 그의 공헌이 저자로서의 자격이 되지 않을 때 그 공헌의 내용을 감사의 글부분에 언급한다. 예를 들면 과학적인 조언, 연구계획서의 수정, 연구자료 수집, 실험에 참여하는 것 등이 이 내용에 속한다. 이런 경우 당사자로부터 그가 감사의 글부분에 언급되는 것에 대해 승낙을 받아야 한다.

독자는 감사의 글부분에 언급된 사람의 이름을 보고 그 논문 안에 있는 자료와 결론을 신뢰할 수도 있기 때문에 저자는 반드시 그 사람들에게 알리고 서명동의서를 받은 후에 감사의 글부분에 그들을 기술하여야 한다. 연구방법에 있어서의 기술적인 지원은 다른 형태의 지원과 분리하여 따로 감사의 글부분 안에서 언급한다.

과학논문에서 conflict of interest가 없다는 표현은 대개 본문 마지막에 기술한다.

예) Financial Disclosure
The authors declare no conflict of interest.

예) Financial Disclosure Statement
No potential conflict of interest relevant to this article was reported.

그러나 어떤 학술지는 title page의 하단 footnote에 기술한다.

예) Financial Disclosure: None reported.

예) Disclosure of potential conflict of interest: The authors have declared that they have no conflict of interest.

다음 문장은 통계 처리를 정당한 방법으로 시행하였다는 내용을 기술한 것이다.

Independent Statistical Analysis: All study data was transferred from Sanofi-Aventis to the Department of Physics at St Luke's-

Roosevelt College for independent analysis by Stanley Heshka, phD. Statistical reanalysis of the raw data was performed by Dr. Heshka. There were no dicrepancies between the 2 reanalyses.

이 책의 독자는 다음에 나열한 감사의 글 예문을 주의깊게 읽음으로써 어떤 사례가 "감사의 글"부분에 주로 기술되는지를 알 수 있을 것이다.

예1) This work was originated in 2 courses: "Wind effects in urban environments" by Prof. Chris Baker at the University of La República Oriental del Uruguay and "Introduction to Dynamical Systems and Chaos" by Prof. Alejandro Mesón at the University of La Plata, Argentina. The authors are grateful to Professors Baker and Mesón for their suggestions and discussions on the topics presented here.

예2) The authors are grateful to the Cochin University of Science and Technology, the Indian Institute of Technology Roorkee, and the All India Council for Technical Education, New Delhi for supporting this study.

예3) This research was funded by the Spanish Ministry of Education and Science (project BIA2005-00591) and by the European Union (*Fonds Européen de Dévelopment Régional*).

예4) The authors thank the PTB colleagues George Winterbottom for manufacturing different phantoms and Ulrike Ankerhold for inspiring this investigation.

예5) Financial support from Geoscience Australia for the review work leading to this paper is gratefully acknowledged. The authors also acknowledge many useful discussions of various aspects of windborne debris modelling over several years, with a number of people including: Chris Baker, Brian Lee, Chris Letchford, Ning Lin, Lawrence Twisdale, and John Wills.

예6) This research was supported by a grant (code #06-E01) from Virtual Construction Research Center Program funded by the Ministry of Land, Transport, and Maritime Affairs of Korean government. The authors wish to express their gratitude for the support received.

예7) This work was financially supported by the Swedish Centre for Nuclear Technology, SKC and by Svensk Kärnbränslehantering AB SKB (the Swedish Nuclear Fuel and Waste Management Co.). Junji Hirohashi is acknowledged for his assistance in translating Japanese and Carl Magnus Persson for his valuable comments.

예8) This research work was partly supported by funds from the Japanese Society for the Promotion of Science. The support is gratefully acknowledged. The authors thank 2 anonymous reviewers for careful reading of the paper and insightful comments they made.

예9) This research investigation is supported by the California State Lands Commission (CSLC) under Contract No. C2005-051 with Martin Eskijian as the project manager. This support is gratefully acknowledged. Additional support is provided by a grant entitled "C3RP Building Relationships 2008/2010" from the Office of Naval Research under award No. N00014-08-1-1209. This support is also appreciated.

예10) This work was supported by the Human Resource Training Project for Regional Innovation funded by the Korea Industrial Technology Foundation (KOTEF). The U.S. part of the research was supported by the Oklahoma Transportation Center under grant No. OTCREOS10.1-21. The views expressed are those of the authors and do not necessarily represent those of the sponsers.

예11) We gratefully acknowledge support for this research, under a project entitled "Improved Hurricane Risk Assessment with Links to Earth System Models", funded through the Cooperative Institute for Climate Science (CICS) by the U.S. National Oceanic and Atmospheric Administration (NOAA). We thank Professor Kurt Gurley of the University of Florida for providing us with high-resolution hurricane wind time histories (of Hurricane Isabel) measured by the Florida Coastal Monitoring Program (FCMP).

예12) The support of this research by the National Science Foundation and Bradley University is greatly appreciated. Special thanks to D. Stahl from the Milwaukee School of Engineering (MSOE) for preparing and operating the testing equipment at MSOE, and to D. Miller, Shop Supervisor at Bradley University, for assisting in constructing the specimens.

예13) We appreciate the kind gifts of monoclonal antibodies from Dr. F. Marglis, Department of Biology, Northwestern University, Chicago, IL, USA.

예14) We appreciate the efforts of Libby Moss and Mary Eubanks in preparation of the manuscript.

예15) The authors gratefully acknowledge the supports of the Nature Science Foundation of China (NSFC10572117 and NSFC50875213), program for Now Century Excellent Talents in University (NCET-05-0868), Aviation Science Foundation (2007ZA53012), and Civil 863 Project (2007AA04Z401). The authors also would like to thank the reviewers for their valuable comments and suggestions.

예16) This work was funded by project grant no. 207778 from the National Health and Medical Research Council of Australia. The assistance of Peter Svensson in some of the experiments and the advice of Christopher Wallace on the interpretation of the data is gratefully acknowledged.

예17) The authors wish to acknowledge financial assistance from the Greek General Secreteriat for Research and Technology (GGET) provided through a Third EU Support Framewok grant PABET No. 05PAB327 entitled "Development of computer software for analysis of structures under repair and rehabilitation."

예18) The authors gratefully acknowledge partial support of this research by the Louisiana Board of Regents through the Pilot Funding for New Research (Pfund) Program of the National Science Foundation (NSF) Experimental Program to Stimulate Competitive

Research (EPSCoR) under Award No. NSF (2008)-PFUND-86. Opinions expressed in this study are those of the authors and do not necessarily reflect those of the sponsors.

예19) The authors thank Dr. Suresh Viswanathan for help with the experiments. We also thank Drs. Donald Hood and Trevor Lamb who kindly provided numerical animal ERG data for us to analyze. This work was supported by NEI grants EY06671, EY07024 and EY07751.

예20) The authors thank Drs. Donald Henson (pathology) and Peter Greenwald (biochemistry) for the critical review and comments on the manuscript.

예21) The authors thank Douglas M. England, PhD, Joo Ho Sung, PhD, Constance Stanton, PhD, Charles F. Dais, PhD, John E. Truell, PhD, Chales O. Sennette, PhD, Deb Davidson, DO, Robert P. Dinapoli, PhD, Ryo Nishikawa, PhD, Masao Matsutani, PhD, and Peter J. Philpott, PhD, who contributed cases in consultation, and Ms. Miyuki Furuta for technical assistance.

예22) The authors thank Richard McClintock, MD, Clinical Associate Professor at Stanford University, for allowing us to incorporate the expermental photograph from case no. 4.

예23) The authors thank C. Gerdes and J. Crim for technical help and R. Chronister for typing the manuscript.

예24) The authors thank Tara Kelly-Baker, Ph D, for her statistical analysis.

예25) We thank S. S. Negus for discussions regarding the data analysis and J. L. Cornish for comments on the manuscript.

예26) The authors thank Dr. Shelly Cohen for statistical assistance, Marie DeHart for secretarial assistance, and Josephine Schultz for technical assistance.

예27) The authors thank the following investigators of other institutions for contributing specimens and providing follow-up information when available:Dr. M. Riols, Niort, France (specimen no. 7); Dr. L. Giglio, Villeneuve-Sur-Lor. France (specimen no. 8); Dr. J. Camo, Perpignan, France (specimen no. 9); Dr. V. Hennequin, Vandoeuvre, France (case nos. 10); Dr. J. Politis, Vannes, France (specimen no. 11); Drs. J. Kapfer and P. Boyer, Orleans, France (specimen nos. 13 and 17) Dr. P. Familiades, Bayonne, France (specimen no. 14); Dr. V. Cales, Pau, France (specimen no. 19); Prof L. Israel, Paris and Dr. J. Bennevent, Limoges, France (specimen no. 20); Dr. B. Teron-Aboud, Basse-Terre, Guadeloupe, France (specimen no .22); Dr. T. Rusca, Locarno, Switzerland (specimen no. 36); Dr. B. Zurkinden, Rougemont, Switzerland (specimen no. 39); Dr, T. Witzig, Fribourg, Switzerland (specimen no .42); Dr. E. Saraga, Lausanne, Switzerland (specimen no. 47); Dr. F. Joris, Sion, Switzerland (specimen no. 48); Drs. Y. Jeffredo, Belfort and I. Lorent, Montbeliard, France (specimen no. 51); Dr. M. Broyer-Petit, Lorient, France (specimen no. 52); Dr. D. Figarella-Branger, Marseille, France (specimen no. 60); Dr. A. Billing, Strasbourg, France (specimen no. 61); and Dr. F. Petit, Caen, France (specimen no. 62). The authors also thank Dr. P Chaubert for immunohistochemical assistance and Mrs. S. Burki for photographic assistance.

예28) The authors thank Dr. Robert Genta for preparing the pathology specimens for Figures 1, 2, and 4 and taking the photomicrographs; Dr. Boris Yoffe for helping with the immunohistochemical stains shown in Figure 3; Dr. Atilla Ertan for taking the photograph in Figure 2, Right; and Drs. Linda Rabeneck, Wayne Shandera, Thomas Cate, Stephen Greenberg, and Fred Sutton for their suggestions and assistance.

예29) The authors thank Betty Treanor for excellent word processing.

예30) We would like to thank Dr. Ozgur Ogut for his comments on the manuscript. This work was supported by NIH grants HL44181 & HL64137(F.V.B.) and an AHA predoctoral fellowship 0110107B

(P.K.).

예31) The authors thank Sarah Worley from the Department of Biostatistics for statistical analysis and Joe Kanasz from the Department of Medical Illustration for his artistic contribution to the project.

예32) The authors thank Prof. Mark Feldman for his comments on the manuscript. The authors also thank the late Dr. A. Robert (Upjohn, Kalamazoo, Michigan) for the gift of natual PGE2.

예33) The authors thank Dr. Subramanialyer for his assistance in critical reading of the manuscript in English.

예34) The authors thank Orna Spitzer, MA, for conducting a large part of the laboratory evaluations; Baruch Shahal, PhD, and Ilana Doweck, PhD, for their contribution to the evaluation of the results; and Richard Lincoln for his skillful editing of the text.

예35) This work is a part of the master thesis of Dr. Huang Zhili. The authors wish to thank Professor Peter Alberti for kindly reviewing the manuscript.

예36) We would like to thank Schering-Plough Corporation (Hong Kong) for sponsoring the study.

예37) The authors thank Donald C. Lanza, PhD, for his valued critique and editorial review of the manuscript.

예38) We wish to thank John A Rudd for preparation of the manuscript. We also thank Hiroki Nogawa, Shinya Hara, and Koji Fujita for data measurements.

예39) This research is by Grant-in-Aid for Scientific Research in Japan. The writer would like to express their appreciation to Y. Kawae and Y. Nomura, undergraduate students of Kanazawa Institute of Technology, for their help in computational programming.

예40) Funding for this research was provided by the Engineering and Physical Sciences Research Council—grant number EP/F03489X/1. The authors wish to express their gratitude to Mr.

M. Vanderstam of the University of Birmingham for help with the construction of the experimental set.

예41) The authors would like to express their thanks to the Radiation Protection Institute of Ghana Atomic Energy Commission for providing the funds and logistics that enabled us to undertake this work.

예42) The authors would like to express their gratitude to the Natural Sciences and Engineering Research Council of Canada for a series of grants that made the long-term research project on the shear design of reinforced concrete possible at the University of Toronto.

예43) We are indebted to DJ Biotech Inc for its gift of recombinant erythropoietinn.

예44) This paper is dedicated in memory of Danna Koschkee, a coauthor who had an integral role in this study, and whose sudden, unexpected passing has saddened us all.

10 참고문헌(references)부분

A. 참고문헌의 인용

오늘날의 학문분야에서는 국내의 문헌, 서적, 학술지만을 읽고 새로운 지식을 습득하는 것만으로는 충분하지 않다. 특히 제2차 세계대전 이후에는 미국 과학이 세계를 제패한 듯한 경향이어서, 연구발표에 영어가 광범위하게 쓰이게 되었다. 과학의 세계에서도 영어는 국제어로 인정되어, 새로운 바람이 미국으로부터 불어오는 경우가 많아졌다는 점을 부정할 수 없다. 과학 연구를 목표로 하는 사람은 싫어도 영어를 자신의 것으로 하여 각자의 분야에 해당 국제 학술지를 읽어보는 것이 바람직할 것이다. 오랜 기간의 전통을 가진 국제 문헌에서 다가가기 위해서 영어가 도움이 되리라는 것은 당연하다. 그리고 여유가 있다면 프랑스어, 독일어 정도는 읽을 수 있는 것이 자신을 세계의 과학 가운데 위치하도록 하기 위해서 필요할 것이다.

다른 사람이 읽기 어려운 외국 문헌을 재빨리 입수하여, 의기양양한 얼굴로 소개한다든지, 폭넓은 정보를 도입하기 위해서 참고문헌 고찰이 필요하다. 우물 안의 개구리처럼 외국에서는 보편적으로 알려져 있는 내용을 희귀한 사실처럼 발표하는 실수를 피하기 위해서, 어느 정도의 어학 능력을 요한다. 자신 있는 연구결과는 가능한 한 영어로 발표할 필요가 있다.

과학분야에서도 정보화시대를 맞이하여 국내외에서 간행되는 학술지의 종류는 무수히 많으며 신간서적도 많기 때문에 골라 읽는 노력을 필요로 하는 시대이다. 연구자는 자신의 연구 주제에 대해서는 기초학문의 문헌까지 읽어보지 않으면 안 되며 참고문헌에서 능률적으로 정보를 수집해야 한다.

물론 한 사람의 연구자가 수행하는 연구 주제의 범위는 넓어 보이지만 실제로는 비교적 좁은 편이다. 자신이 전문으로 하는 주제를 생각지도 못했던 학술지에서 발견할 수도 있다. 자칫하면 깊고 좁아지기 쉬운 연구자의 두뇌에 유동성을 갖도록 하기 위해서, 특히 연구자는 항상 폭넓게 전 분야 속에서 바른 위치를 잡고자 하는 노력이 필요하기 때문에, 가능한 한 많은 신간 학술지의 제목만이라도 보아두는 것이 바람직하다.

그러나 연구를 위한 독서에서는 권위 또는 실적이 있는 저자의 논문만을 검색하여 읽으라고 하는 지시는 반드시 적합하지는 않을 것이다. 두드러지지 않는 무명의 연구자가 쓴 논문에서 연구 아이디어가 얻어지는 경우도 없지는 않기 때문이다.

세계의 과학학술지 수가 5만종을 넘고, 논문 수가 매년 6% 내지 7%씩 증가하는 상황에서 얼마만큼 많이 읽을 것인가 하는 것보다는 어떻게 선택하여 비판적으로(critically) 읽을 것인가가 연구자에게 중요하다.

참고문헌의 내용은 다른 연구자들의 개인적인 연구내용을 언급하거나 그 연구자들의 연구방법 내지는 연구결과를 검색하여 참고로 하자는 의미이다. 학위논문의 경우에는 이런 참고문헌 인용목록이 비교적 길다.

참고문헌이 단편적인 지식에 불과한데도 연구자가 이것을 인용하는 데는 세 가지 이유가 있다. 첫째는 다른 연구자의 결과물임에도 불구하고 인용출처를 밝히지 않아서 마치 자기 업적인 듯 보이게 만드는 표절(plagiarism)을 범하지 않기 위해서다. 둘째, 참고문헌의 출처를 밝혀주면 독자들이 인용논문을 구해봄으로써 원저자의 연구결과를 볼 기회를 제공한다. 세 번째 이유는 적절한 위치에 참고문헌을 인용하지 않으면 저자들이 자신의 연구분야에서 전문가가 아님을 스스로 인정하는 꼴이 된다.

저자들이 연구논문을 직접 작성하기 전에 학술지 인터넷 등을 통해 많은 참고문헌, 인용구, 그리고 아이디어를 수집할 수 있다. 이렇게 수집한 문헌들을 저자들은 해당 논문의 적절한 위치에서 인용하게 된다.

서론부분에서 인용논문의 저자명과 논문내용을 기술하는 것은 중요하다. 왜냐하면 독자들은 저자들이 제시한 인용논문들을 보면서 이 연구분야에서 핵심역할을 하는 연구그룹이 누구인지 그리고 그들의 업적에는 어떤 것이 있는지를 알 수 있기 때문이다. 이런 인용논문들을 보면서 저자들의 연구업적이 이 연구분야에서 다른 연구자들과 어떤 관계에 있는지도 파악을 할 수 있게 된다. 논문 본문안에서 최근의 연구논문을 참고문헌으로 기술할 때에는 주로 저자의 성(family name, last name)을 사용한다. 이 분야의 많은 연구자들이 흥미를 갖는 문제에 대해 설명하면서 저자들의 논문에서 다루어질 문제로 유도해 나간다. 문제영역이나 현재 연구 관심사에 대한 요약을 간략하게 설명하고 저자들의 연구에서 이루고자 하는 구체적인 내용까지는 서론 부분에서 다루지 말아야 한다.

인용논문을 아무런 순서도 없이 한 페이지에 모두 기입해 놓을 수는 없다. 인용논문들을 잘 배열해 주어야 독자들이 논리적 방법으로 그들을 이해할 수 있다. 다음에 3가지 방법이 있다.

- 연대순으로(chronological) 배열하기: 참고문헌논문들을 연대순으로 배열한다. 과학의 연구분야는 빠른 속도로 발전하기 때문에 이런 방법이 좋다.
- 차별화된 접근법/이론/모델로 배열하기: 접근법 또는 방법론별로 나눈 연구결과들을 묶어주면 문헌검토를 할 때 각 문장마다 'However'나 'On the other hand'로 시작하게 되는 앞뒤를 왔다 갔다 하는 'tennis match'현상을 피할 수 있다.
- 일반화/구체화로 배열하기: 일반적인 연구결과로부터 서서히 당신 연구결과 쪽으로 이동해 가는 방법이다.

한 문장에서 하나 이상의 논문을 인용하여 설명을 하고 싶은 경우나 인용논문이 문장의 일부분에만 국한된 참고사항일 경우 혼동을 피하기 위해 출처 밝히기가 필요하다.

However, although the effect of the rubber particles on the mechanical properties of copolymer system was demonstrated more than 2 years ago,[8] little attention has been paid to the selection of an appropriate rubber component. 여기서 저자들은 현재 시점에서 연구의 모자라는 부분에 대해 언급하고 있다.

이 부분이 서론부분 안에서 저자들의 연구논문의 목적과 저자들이 다루게 될 구체적인 문제점에 대해 소개하기 시작하는 곳이다. 이전의 연구결과의 문제점을 설명하거나 이전의 연구결과에서 이루지 못한 부분을 지적하면서 시작한다. 'However'나 'Although' 같은 접속사를 시작으로 문장을 만들면 편리하다.

저자들의 논문의 목적을 어떻게 할 것인지 그리고 문제점을 풀어나갈 계책 등에 대해 "The aims of the present work were as follows." 같은 식으로 언급한다.

참고문헌을 논문의 본문 안에 기술할 때는 가급적 문장을 연구자의 이름으로 시작하지 않는 것이 좋다고 한다. 부득이 어떤 참고문헌 논문의 연구자의 이름을 인용해야 할 경우는 처음 인용하는 문장에서만 아래와 같이 연구자의 이름으로 기술하고, 그 이후의 문장에서는 적절한 인칭대명사(they, their)를 사용하여 기술한다.

논문 본문 안에서 인용논문을 기술하는 방법은 그 논문의 저자의 수에 따라 다르다.

- 저자가 1인인 경우: 저자명을 사용한다. 예) developed by Libanof
- 저자가 2인인 경우: 항상 두 저자를 모두 표시한다.

예) developed by Barrington and Fisher

- 저자가 3인 이상인 경우: 첫 저자를 기술하고 and others를 뜻하는 라틴어인 *et al.*을 사용한다. al 뒤에 반드시 마침표를 찍어야 함에 주의한다.

예) Jackson *et al.* reported that …

또한 인용문헌을 저자와 발표연도로 표시하거나, 논문 끝에 있는 참고문헌 인용번호를 사용하여 표시할 수 있다. 참고문헌 인용번호를 기입하는 경우는 위첨자나 괄호를 사용한다.

예1) The relationship is described by a power function (y = a × b) with an exponent less than 1 (Jones *et al.* 1983; Brown, 1984).

예2) The relationship is described by a power function (y = a × b) with an exponent less than 1 [1, 8].

B. 참고문헌을 기재하는 방법

게재하고자 하는 학술지마다 투고규정이 다를 수 있기 때문에 해당 학술지의 투고규정을 숙지한 후 철저하게 따라야 한다. 많은 과학학술지들이 국제적으로 표준화된 인용문헌 기재방법인 벤쿠버(Vancouver)시스템을 채택하고 있다.

참고문헌을 인용을 하는 데 있어서 두 가지 방법이 과학논문에서 널리 쓰이고 있다. 벤쿠버(Vancouver)시스템이라고도 알려져 있는 출현순서 시스템과 하버드(Havard)시스템이라고 알려져 있는 저자–연도 시스템이 그것이다.

벤쿠버 시스템이라는 명칭은 1978년 Canada의 벤쿠버에서 열린논문 편집인들의 국제위원회에서 추천된 출현순서 시스템에서 기원한다. 하버드 스타일은 1988년에 소개되었다.

과학논문 작성 시 참고문헌을 인용하는 지침은 각 학술지의 투고규정(guidelines for authors)에 자세히 기술되어 있으며, 학술지마다 다소 차이가 있다. 논문을 투고하고자 하는 연구자는 자기가 투고하려는 학술지의 투고규정을 잘 이해한 후 논문을 작성해야 한다.

참고문헌을 검색할 때는 다음 사항을 고려해야 한다. 첫째, 어떤 문헌을 검색할 것인가? 문헌에는 여러 가지 형태가 있으나 원저(original article)가 가장 좋다. 가급적 교과서(textbook), 사례보고(case report)는 인용하지 않는다. 둘째, 어떤 언어의 문헌을 사용할 것인가? 어떠한 언어로 출판된 참고문헌을 인용해도 좋으나 특수문자가 없는 영어가 가장 편리하다. 셋째, 얼마나 오래된 것까지 검색할 것인가? 대략 현시점에서부터 10년 이내에 발행된 문헌이 적절하다. 다음 속담을 기억해라. "You cannot put new wine in old bottles."

연구자들은 참고문헌을 인용할 때 다음 사항을 점검해야 한다. 첫째, 저자들의 성명철자가 맞는가? 둘째, 참고문헌의 제목, 구두점, 부제목 등이 있는가? 셋째, 참고문헌의 발행 연도, 권(volume), 호(issue), 첫 페이지와 마지막 페이지가 맞는가? 넷째, 학술지 이름의 약어가 맞는가?

예) Masayuki Takemori, Ryuichiro Nishimura, Chiho Obayashi. Self-organization in growth of quantum dot superlattices. Japanese Chem Phys 2009;47(5):461-463.

이 참고문헌에서 성명 표기가 잘못되었다. Takemori M. Nishimura R. Obayashi C.로 표기해야 하는데 외국인의 이름, 특히 일본인의 이름은 복잡하다. 국가 이름을 약어로 할 때 Japan, Japanese는 Jpn으로, Europe, European은 Eur로 약어를 만들어 사용하고 있다. 참고로 Korean은 약어가 없으므로 전체를 사용한다. 논문의 페이지 표시에서 중복되는 숫자는 생략한다. 위의 예에서 461-463은 461-3으로 표기해야 한다.

과학학술지의 약어는 sciencedirect.com에 들어가서 약어를 찾고자 하는 journal 이름을 입력하면 하단에 약어가 제시된다.

예) Journal of the Meteorological Society → *J Meteo Societ*

참고문헌 번호를 본문에 표기할 때 다음 사항에 주의해야 한다.

① 인용 어깨번호는 마침표 혹은 쉼표 뒤에 붙인다.

예) Recently, cooperative networks have been extensively studied[1-5]. (X)

→ Recently, cooperative networks have been extensively studied.[1-5] (O)

② 인용하는 내용이 여러 개일 때는 각각의 내용에 참고문헌 번호를 분리하여 기입해야 독자들이 쉽게 이해할 수 있다.

예) Measurements of changes in the orbital period of an LMXB is a crucial diagnostic method for understanding the accretion processes occurring in a binary system and their effect on the system parameters.[23-26] (X)

→ Measurements of changes in the orbital period of an LMXB, is a crucial diagnostic method for understanding the accretion processes occurring in a binary system2,3 and their effect on the system parameters.[7,8] (O)

③ 인용문헌번호를 괄호를 사용하여 인용할 때 저자 이름으로 시작하는 문장에서는 저자 이름 뒤에 인용번호를 괄호 속에 넣고, 문장으로만 인용할 때는 문장 끝에 인용 번호를 괄호 속에 넣으며, 이때는 마침표 혹은 쉼표 앞에 기입한다.

예) Leononen *et al*. [8] have shown that differences between the measured and reference leaves in net radiation/air temperature cause systematic errors in the estimation of the stomatal conductance index *Ig*.

예) The proposed branch-and-bound method has the tendency of solving a problem at the root node itself [2].

④ 간혹 저자들이 논문을 쓸 때 꼭 필요한 참고문헌(이차문헌[secondary reference]이라 함)이지만 직접 참고문헌 데이터베이스에서 찾을 수 없는 경우가 있다. 이때 그 참고문헌이 다른 연구자가 발표한 논문 뒤에 있는 참고문헌 목록(일차문헌[primary reference]이라 함) 안에서 발견되었다면 그것은 다음과 같은 방법으로 인용한다.

예) Inman RL. Computation of temperature at the lifted condensation level. *J APP/Meteor* 1969;155-8. [이차문헌] Cited by: Mielke PW, Berry KJ, Brier GW, *et al*. Early radial echoes from ultragiant aerosol in a cumulus congestus. *J Atmos Sci* 2011;354-62. [일차문헌]

과학논문 참고문헌의 예

과학학술지마다 사람이름 표기, 연도 표기, 이탤릭체 사용 방법, 구두점 찍기 등이 다르다. 원고를 작성할 때는 해당 학술지의 투고규정을 숙지한 후 그 학술지에 맞게 작성해야 한다. 여기에 수록한 여러 가지 참고문헌 기술 방법을 참고하기 바란다.

1) 일반논문

- Kellner, C.M., Schoeninger, M.J., 2007. A simple carbon isotope model for reconstructing prehistoric humsn diet. *Am. J. Phys. Anthropol*. 133, 1112-7.

- Chisholm, B.S., Nelson, D.E., Schwarcz, H.P, 1982. Stable carbon isotope ratios as a measure of marine versus terrestrial protein ancient diets. *Science* 216, 1131-2.

- Handt, O., Rchards, M., Trommsdorf, M., Kilger, C., Simanainen,

J., Georgive, O., Baur, K., Srone, A., Hedges, R., Schaffner, W., Utermann, G., Sykes, B. & Pääbo, S. (1994) Molecular genetic analysis of the Tyrolean Iceman. *Science* **264**, 1775-7.

- Heaton, T.H.E., Vogel, J.C., von la Chevallerie, G., Collett, G., 1986. Climatic influence on the isotopic composition of the bone nitrogen. *Nature* 322, 822-3.

- DeNiro, M.J., 1985. Postmorten and alreration of in vivo bone collagen isotope ratios on relation to palaeodietary reconstruction. *Nature* 317, 806-23.

- Ushio, T., Takeda, T., Mori, M., 2003. Neutron anisotropic scattering effect in heterogeneous cell calculations of light water reactors. *J. Nucl. Sci. Technol*. 40(7), 464.

- Price, D. T., Gruppe, G. & Schröter, P (1994). Reconstruction of migration patterns in the Bell Beaker period by stable strontium isotope analysis. *Applied Geochemistry* **9**, 413-7.

- [5]P. Rinke, M. Winkelnkemper. A. Qteish. D. Bimberg. J. Neugebauer, and M. Scheffler, *Phys. Rev*. B **77**, 075202 (2008).

- Findlay, R.P. and Dimbylow, P. J. *Effects of posture on FDTD calsulations of specific absorption rate in a vozel mode of the human body. Phys. Med. Biol*. **50**, 3825-35 (2005).

- Lantos, P. and Fuller, N. *Semi-empirical model to calculate potential radiation exposure received on board airplane during solar partocle events. IEEE Trans. Plasm. Sci*. 32(4), 1468-77 (2004).

- Edwards, C.J., Bollongino, R., Scheu, A., Chamberlain, A., Tresset, A., Vigne, J.D., Baird, J.F., Larson, G., Ho, S.Y.W., Heupink, T.H., Shapiro, B., Freeman, A.R., Thomas, M.G., Arborast, R.M., Arndt, B., Bartosjewicz, L., Benecke, N., Budja, M., Chais, D., Herzig. G., Hongo, H., Mashkour, M., Ozdogan, M., Pucher, E., Roth , G., Schsde-Lindig,

S., Schmolcke, U., Schulting, M., Pucher, E., Uerpmann, H.P., Voros, I., Voytek, B., Bradley, D.G., Burger, J., 2007. Mitochondrial DNA analysis shows a Near Eastern Neolithic origin for domestic cattle and no indication of domestication of European aurochs. *Biol. Sci*. 274, 1377-85.

- Madsen, A.B. and A. Prang, 2001. Habitat factors and the presence or absence of otters *Lutra lutra* in Denmark. *Acta. Theriol*. 46: 171-9.
- Medina-Vogel, G., V.S. Kaufman, R. Monsalve and V. Gomes, 2003. The influence of riparian vegetation, woody debris, stream morphology and human activity on the use of rivers by southern river otters Lontra provocax in Chile. *Oryx* 37: 422-30.
- Sato, T., Endo, A., Zankl, M., Petoussi-Henss, N. and Niita, K. *Fluence-to-dose conversion coefficients for neutrons and protons calculated using the PHITS code and ICRP/ICRU adult reference computational phantoms*. *Phys. Med. Biol*. **54**, 1997-2014 (2009).
- Mann, J., Liu, Y., Kim, Y. and Yue, D.K.P. (2007), "Deterministic and stochastic predictions of motion dynamics of cylindricla mines falling through water", *IEEE J. Eng*. **32**, 21-33.
- E.V. Boldyreva, V.A. Drebushchak, T.N. Drebushchak, I.E. Paukov, Y.A. Kovalevskaya, E.S. Shutova, *J. Therm. Anal. Cal*. 73, 409 (2003).
- Ambrose, S.H., 1990. Preparaation and characterization of bone and tooth collagen for isotopic analysis. *J. Archaeol. Sci*. 17, 431-51.
- Yang, Jue *et al*., 2006. Development on statisticla thermal design procedure to evaluate engineering uncertainty of super LWR. *J. Nucl. Sci. Technol*. 43 (1), 32-42.
- Beck, P., Bartlett, D., O'Brien, K. and Schrewe, U. J. In-flight validation and routine measurement. *Radiat. Prot. Dosimetry* **86**, 303-8 (1999).

- Riabouchinsky, D. P. (1935), Thirty years of theoretical and experimental research in fluid mechanics, *J. R. Aeronaut. Soc*. **39**, 282-348.

- Metropolis, N., Rosenbluth, A. W. Rosenbluth, M.N., Teller, A. H. Teller, E., 1953. Equations of state calculations by fast computing machine. *J. Chem. Phys*. 21, 1087-91.

- S. Watanabe, S. Nagasaka, K. Noda, H. Tashiro. *J. Jpn. Appl*. *Phys*. 43, L941 (2004).

- Huh, M., Lockley, M. G., Kim K.−S., Kim, J.−Y., and Gwak, S.−G. 2012. First reports of *Aquatilavipes* from Korea: New reports from the Yeosu islands archipelago. *Ichnos* (this volume).

- Beck, P., Dyer, C., Fuller, N., Hands, A., Latocha, M., Rollet, S. and Spurny, F. Overview of on-board measurements during solar storm periods, this issue.

- Latocha, M. AVIDOS—an accredited programmpackage for aviation dosimetry, this issue.

2) 영어로 쓰여 있지 않은 논문 또는 초록만 영어로 쓰여 있는 논문

- Moom, J. H.; Lee, S. H.; Lee, C. K.; and Lim, J. H. Experimental Study for Interrelation of Influential Parameters on Unbonded Tendon Stress Variation, *Journal of the Korea Concrete Institute*, V. 13, No. 1, 2001, pp. 62-8 (in Korean).

- Kim H.−S., 2010. The carbon dating and dietary analysis of human remains from Daepo shell midden. *Journal of Korean Neolithic Research* (Hankuk Shinsukki Yeongu) 20, 89-111 (in Korean with English abstract).

3) 증보판(supplement)에 있는 논문

- March-Leuba, J., Blakeman, E. D., 1991. A mechanism for out-of-phase power instabilities in boiling water reactor. *Nucl. Sci. Eng*. 107 Suppl 1, 173-9.

- Shen HM, Zhnag QF. Risk assessment of nickel carcinogenecity. *Environ. Health Perspect*. 2012; 102 Suppl 1:275-82.

4) 도서를 인용하는 경우

- Ambrose, S.H., Norr, L. 1993. Experimental evidence for the relationship of the carbon isotope ratios of whole diet and dietary protein to those of bone collagen and carbonate. In: Lambert, J.B., Grupe, G. (Eds.), Prehistoric Human Bone: Archaeology at the Molecular Level. Springer-verlag, New York, pp. 1-37.

- Lunnon, R. M. and J. D. Reynolds, 1991. Distribution of the Otter *Lutra lutra* in Ireland and its Value as an Indicator of Habitat Quality. In: Bioindicators and Environmental Management, Jeffrey, D. W. and B. Madden (Eds.). Academic Press, London, UK., ISBN: 9780123825902, pp: 435-43.

- Bereuter, T. L., Reiter, C., Seidler, H. & Platzer, W. (1996b). Posst-mortem alterations of human lipids Part II: lipid composition of a skin sample from the Iceman. In (K. Spindler, H. Wilfing, E. Rastbichler-Zissernig, D. Zur Nedden & H. Northdurfter, Eds) The Man in the Ice 3. Human Mummies: a Global Survey of their Status and the Techniques of Conservation. Vienna: Springer Verlag, pp. 274-8.

- Gallo E., 2007, in di Salvo T., Israel G. L., Piersant L., Burderi L., Matt G., Tornambe A., Menna M. T., eds., AIP Conf. Ser., Vol. 924, The Multicolored Landscape of Compact Objects and Their Explosive Origins. Springer, New York p. 715.

- Ambrose, S.H., 1993. Isotopic analysis of palaeodiets: methodological and interpretative considerations. In: Sandford, M.K. (Ed.), Investigations of Ancient Human Tissue: Chemical Analyses in Anthropology. Gordon and Breach, Langhorne (Pennsylvania), pp.59-130.

- Ambrose, S.H., Norr, L., 1993. Experimental evidence for the relationship of the carbon isotope ratios of whole diet and dietary protein to those of bone callagen and carbonate. In: Lambert, J.B., Grupe, G. (Eds.), Prehistoric Human Bone Archaeology at the Molecular Level. Springer Verlag, pp. 1-38.

- Larsen, C. S. (1997). Bioarchaeology: Interpreting Behaviour from the Human Skeleton. Cambridge: Cambridge University Press.
- Alcoufe, R. E., Brinkley, F. W., Marr, D.R., O'Dell, R.D., Walters, W.F., 1995. Dantsys: A Diffusion Accelerated Neutral Particle Transport Code System. Los Alamos National Laboratory Manual LA-12969-M.

5) 학술회의 회보와 학술대회 초록

- Smart, D. F. and Shea, M. A. World grid of cosmic ray vertical cut-off rigidities for Epoch 1990. Proceedings of 25th International Cosmic Ray Conference, Durban, South Africa, 401-4 (1997).
- Martinez-Vazquez, P., Baker, C.J., Sterling, M. and Quinn, A. D. (2009a), "The filight of wid borne debris: an experimental analytical and numerical investigation: Part I (Analytical Model)", Proc. of the Fifth European and African Conf. on Wind Engineering (EACWE5), 437-40.
- Ombres, L., and Spadea, G., "Structural Behaviour of RC Continuous Beams Externally Strengthened with Bonded FRP Sheets," Proceedings of the Second International fib Congress, V. 2, ID 10-79, Naples, Italy, 2006, pp. 176-7.
- Wilson, J. W. Overview of radiation environments and human exposures. 34th Annual Meeting of the National Council on Radiation Protection, Washington, DC, April 1-2 (1998).
- Takeda, T., 2001. In: Micro-Reactor Physics of MOX-Fueled Core American Nuclear Society Annual Meeting, Milwaukee, Wiscomsin 84.
- Higashi, Y.; Endo, T.; and Shimizu, Y., "Experimental Studies on Retrofitting of Reinforced Conerete Building Frames," Eighth World

Conference on Earthquake Engineering, San Francisco, CA, V. 1, 1984, pp. 477-484.

- Bartlett, D. T. *et al.* Investigation of radiation doses at aircraft altitudes during a complete solar cycle. SOLSPSA Space Weather Workshop, Vico Equense, Italy, September 25-9 (2001).

6) 기관의 간행물

- Gwangju National Museum (GNM), 2009. Ando Shell Midden. Report on Archaeological Research of the Gwangju National Museum, vol. 58 (in Korean).

- Concrete Society Committee, "Design Guidance for Strengthening Concrete Structures Using Fibre Composite Materials," The Concrete Society, *Technical Report* No. 55, Crowthorne, UK, 2004, 102 pp.

- Sarjeant, W. A. S. and Langston, W. 1994. Vertebrate footprints and invertebrate traces from the Chadronian (Late Eocene) of Trans-Pecos Texas. Bulletin of Texas Memorial Museum, 36: 1-86.

- Zhen, S., Li, J., Chem W., and Zhu, S. 1995. Dinosaur and bird footprints from the Lower Cretaceous of Emei County, Sichuan. Memoirs of the Beifing Natural History Museum, 54: 105-20.

- Azuma, Y. A. Y., Tomida, Y., and Currie, P. J. 2002. Early Cretaceous bird tracks from the Tetori Group, Fukui Prefecture, Japan. Memoir of the Fukui Prefectural Dinosaur Museum, 1: 1-6.

- IEEE. IEEE standard for safety levels with respect to human exposure to radio frequency electromagnetic fields, 3 kHz to 300 GHz. IEEE Publication C95.1 (2005).

- United Nations Scientific Committee on the Effects of Atomic Radiation. Sources and effects of ionizing radiation. UNSCEAR 2000 Report to the General Assembly, with Scientific Annexes, vol. I: Sources (New York:

United Nations) (2000).

- The European Radiation Dosimetry Group (EURADOS). Cosmic radiation exposure of aircraft crew. EU Commission Radiation Protection Issue No. 140 (2004). ISBN 92-894-8448-9.

- International Commission on Radiological Protection. 1990 Recommendations of the International Commission on Radiological Protection. ICRP Publication 60 (Oxford: Pergamon Press) (1991).

7) 학위논문

- Han, S. Y., 1987. Study on ecology of Eurasian otter *Lutra lutra* in Korea. PhD Thesis, Kyungnam University, Changwon, Korea.

- Kim, S. H. 2008. Stratigraphic diversity of bird and diminutive dinosaur tracks from the Cretaceous Haman Formation, South Gyeongsang Province of Korea: Implication for ichnostratigraphy. Doctoral dissertation, Graduate School of Korea National University of Education.

- Saada, A. S. (1974). Boundary Element Method Formulation for Dynamic Soil-structure Interaction Problems, PhD Dissertation (in Turkish), University of Cukurova, Turkey.

- Gomes., R. B., "Punching Resistance of Reinforced Concrete Flat Slabs with Shear Reinforcement," PhD Thesis, Polytechnic of Central London, London, UK, Oct. 1991, 185 pp.

- Wang, P. T., "Complete Stress-Strain Curve of Concrete and Its Effect on Ductility of Reinforced Concrete Members," PhD Thesis, University of Illinois, Chicago, IL, 1977, 257 pp.

8) 출판 중("in press")에 있는 논문

- Matthia, D., Heber, B., Reitz, G., Meier, M., Sihver, L., Berger, T. and Herbst, K. Temporal and spatial evolution of the solar energetic particle event on January 20th, 2005 and resulting radiation doses in aviation. *J. Geophys. Res.* (in press).

- Sahoo, D. K.; Singh, B.; and Bhargava, P., "Investigation of Dispersion of Compression in Bottle-Shaped Struts," *ACI Structural Journal* (in press).

9) 전자미디어 문헌

- Schuhmacher, H. and Fantuzzi, E. A co-ordinated network for radiation dosimetry (CONRAD): an overview. *Radiat. Prot. Dosimetry* **131**(1), 3-6. doi:10.1093/rpd/ncn209 (2008).

- Schraube, H., Leuthold, G., Heinrich, W., Roesler, S., Mares, V. and Schraube, G. EPCARD—European program package for the calculation of aviation route doses. GSF-Report 08/02, Neuherberg (2002). Available on http://helmholtz-muenchen.de/epcard.

- Beck, P., Latocha, M., Rollet, S., Dormann, L. and Pelliccioni, M. Measurements and simulation of the radiation exposure to aircraft crew workplaces due to cosmic radiation in the atmosphere. *Radiat. Prot. Dosimetry* **126**(1-4), 564-567 (2007). http://www.radiation-seibersdorf.at/avidos/ (accessed July 2009).

- The Space Environment Information System, Background Information in SPENVIS; Single event upsets. www.spenvis.oma.be/spenvis/help.html (accessed September 2005).

- Desorgher, L. The planetocosmics code. Technical Report, 2006. Available on http://cosray.unibe.ch/~laurent/planetocosmics.

- Kawashima, K. (2007), "Seismic Damage in the Past Earthquakes, Seismic Design of Urban Infrastructure", http://seismic.cv.titech.ac.jp/en/lecture/seimic_design/.

- European Radiation Dosimetry Group (EURADOS). http://www.eurados.org/Last accessed date 14 August 2009.

- SIEVERT. SIEVERT home page: http://www.sievertsystem.org (accessed July 2009).
- CDI, nuclear energy [monograph on CD-ROM]. Reves JRT, Maibach H. CMEA Multimedia Group, producers. 2nd ed. Version 2.0 San Diego: CMEA; 2012.
- Saez Vergara, J. C., Dominguez-Mompell, R., Correa, E., Gomez, F. and Sancho, C. Radiation protection program for aircrew members at IBERIA L.A.E. Full papers of the 11th International Congress of the International Radiation Protection Association, Madrid, 2004. CD ROM (2004) (ISBN: 84-87078-05-2).
- A. FRIGO, D. R. WAHLQUIST, and J. L. WILLIT. A Conceptual Advanced Pyroprocess Recycle Facility. Proc. Conf. Global 2003, New Orleans, Louisiana, November 16-20, 2003, p. 981, American Nuclear Society (2003) (CD-ROM).
- T. R. GRIFFITHS, V. A. VOLKOVICH, E: M. ANGHEL, and W. R. CARPER. Molten Salt Oxidation for the Efficient Destruction of Radioactive, Hazardous Chemical, Medical Waste and Munitions. Proc. 24th Annual Int. Conf. Incineration and Thermal Treatment Technologies (IT3), Galveston, Texas, May 9-13, 2005, L. PRESS and S. WARREN, Eds., LOI, Inc. (2005) (CD-ROM).
- R. SAKSENA, P. SATYAMURTHY, and P. MUNSHI, Measurement and Simulation of a Two-Component Two-Phase Flow, Proc. Int. Congress Advances in Nuclear Power Plants (ICAPP' 06), Reno, Nevada, June 4-8, 2006, p. 1848, American Nuclear Society (2006) (CD-ROM).

11 표(table)와 도해(figure) 작성법

A. 도해 설명문(legends for figures)

도해(figure)의 설명문은 2열 간격(double space)으로 새 페이지에 작성한다. 기호, 화살표, 숫자 또는 글씨를 도해의 어느 부분을 표시하기 위해 사용할 경우는 설명문 안에 각각에 대해 명확하게 기술해야 한다. 도해 안에 들어 있는 눈금자(scale)와 현미경 사진의 염색방법에 대해서도 자세하게 기술한다.

과학논문 안에 있는 각각의 도해에는 서술적인 설명문이 필요하다. 도해 설명문은 반드시 본문에서 도해가 인용되었던 위치를 가리키는 도해 일련번호(예를 들면 "Figure 3"), 도해의 제목, 필요한 염색방법이나 확대배율 등 자세한 사항을 포함하고 있어야 한다. 그리고 독자들이 본문을 찾아보지 않고도 도해를 이해할 수 있도록 도와줄 수 있는 추가적인 설명을 포함해야 한다. 도해 설명문은 투고원고의 본문 안에 넣지 않고 각 학술지의 투고지침(guidelines for authors)에 따라 정해진 위치에 새 페이지로 작성한다.

도해의 설명문이나 표의 제목이 2줄을 초과할 때는 다음 예와 같이 둘째 줄의 첫 글자는 Figure의 'F'자와 Table의 'T'자 바로 아래서 시작한다.

Figure 1. Dependence of the response r_i (P;Q) on the distance from the beam axis x_i, given for the 300 × 20 phantom (filled circles), 110 × 19 phantom (open circles) and 70 × 15 phantom (cross). All responses r_i are normalized to the respective mean response r.

Figure 2. Samples of the joint marginal posterior distribution of μ_2 and h generated by the Metropolis algorithm. The lightweight solid lines represent the equipotentials of the posterior distribution and the heavy-weight line represents the 95% credibility envelope of the 2 parameters.

Figure 3. Variation of maximum drag coefficient ($C_{D,\ MAX}$) values with rotational speed about the z-axis (ω_z) for low rotational speeds of the range 0-0.7 radians/sec (i.e.: 0-80.0 degrees/sec).

Table 1. (i) The maximum value of current density in one voxel, (ii) the current density averaged over an area of 1 cm^2 for nerve tissue with scheme (I), and (iii) that with scheme (II) for an applied 0.1 mT field at 50 Hz.

Table 2. Unsteady CFD sensitivity study for a thin flat plate normal to a flow of Re = 5.4 × 10^4 showing comparisons of various numerical schemes and time step sizes.

Table 3. Radon concentrations (Bq m^{-3}) before and after mitigations, percentages of radon decrease, and the mitigation methods in different foundation types in Finland.

다음의 도해 설명문 예를 참조하기 바란다.

Figure 1. Noise spectra of a turbulent jet at an observation angle θ = 45°: (a) M = 0.8; (b) M = 0.4. 1, = T/T0 = 1.0; 2, = 2.5. D = 15 mm, r = 1.5 m.

Figure 2. Location of singular points on complex plane μ corresponding to second-order branching points at kH = 10.639 and M = 0.5.

Figure 3. Location of second-order branching points on the admittance complex plane corresponding to double symmetric modes at kH = 10.639 and M = 0.5.

Figure 4. Trajectories of roots corresponding to the first (a) and second (b) branch of function $\mu(\upsilon)$.

Figure 5. Trajectories of roots XT when the imaginary part of the wavenumber decreases from 4.5 to 0 at β1,2 = 0.035 − 0.268i, kH + 10639, M = 0.5 for the upstream waves.

Figure 6. Pressure distribution along the channel cross section at different values of M at a distance of × = 0.1 H from the source located on the upper wall corresponding to hydrodynamic modes at kH = 10.639, M = 0.5, β1 = 3 − i2, β2 = 2 − i3.

Figure 7. Integration contour on the complex plane α. The wavy lines indicate the sections originating at the branch points of the functions γ and β.

Figure 8. Illustration of the problem statement.

Figure 9. Dependence of the magnitude of the dimensionless instability wave amplitude on angle θ i1 for different sizes of the excitation region at × 0 = 0.kL = (1) 0.06, (2) 0.60, (3) 1.20, (4) 2.41, (5) 6.02, and (6) kL → ∞.

Figure 10. Scheme of nozzles: (a) cylindrical nozzle. (b) conical nozzle.

Figure 11. Studied electrodes geometries.

Figure 12. Jet noise spectra for the cylindrical nozzle with 6 electrodes for 2 jet velocities: (a) 100 m/s; (b) 120 m/s. The lower curve corresponds to an unexcited jet; the upper curve corresponds to an excited jet.

Figure 13. Scheme of experiment on acoustic excitation of a jet (a) and jet noise spectra for a cylindrical nozzle in the case of excitation by the loudspeaker (b).

Figure 14. Interference patterns of jet: (a) excitation by loudspeaker; (b) excitation by plasma actuator.

Figure 15. Photo of discharge in quartz cylindrical (a) and conical (b) nozzles.

Figure 16. Dependence of boundary layer effect Δ on propeller rotation speed $\Omega = 2\pi F$. Curve 1, F = 1500 rpm; curve 2, F = 2000 rpm; curve 3, F = 2500 rpm.

Figure 17. Scheme of calculation domain.

Figure 18. Acoustic fields corresponding to calculations 1-5.

Figure 19. Amplitude field of acoustic pressure in the channel with the SAC in intervals of (a) $-5 < x < -4$; (b) $-3 < x < -2$; (c) $-1 < x < 0$; (d) $0 < x < 1$.

Figure 20. Spectral characteristics of vortex sound for a cylinder with a diameter of 0.5 cm: in the (a) absence and (b) presence of a turbulizer with a diameter of 0.1 cm.

Figure 21. (1) Smooth rod, (2) rod with grooves, and (3) rod covered with a mesh.

Figure 22. Dependence of vortex sound level on angle corresponding to rib position: V1 = 82 m/s and V2 = 52.5 m/s.

Figure 23. Noise spectrum of flow around a cylindrical profile: in the (a) absence and (b) presence of an obstacle; (c) flow noise.

Figure 24. Dependence of pressure amplitude of vortex sound on frequency of external action (d = 4 cm, V = 16 m/s, and fst =798 Hz).

Figure 25. Schematic location of the observation point relative to the jet axis.

Figure 26. Comparison of calculated and experimental jet noise spectra, Vjet = 120 m/s. The correlation model for hard generation of primary eddies. Normal scale.

Figure 27. Comparison of calculated and experimental jet noise spectra, Vjet = 120 m/s. The correlation model for soft generation of primary eddies. Logarithmic scale.

Figure 28. Oscillation patterns during the initial phase ϕ0 = 0 (a) and ϕ0 = π/4 (b).

Figure 29. Contribution of oscillations with different initial phases to integral noise: (a) cosine oscillations, ϕ0 = π/4; and (b) sine oscillations, ϕ0 = 0.

Figure 30. Plot of the L descriptor against the V descriptor for phthalate esters with alkyl and aromatic side chains (the values for the alkoxyalkyl side chains are not shown to simplify the diagram for comparison with Fig. 3). All values are included in the correlation model (Eq. 6).

Figure 31. Radial velocity: s = 2, MV = 0.3.

Figure 32. Spectrum of radial velocity.

Figure 33. Pressure at distance of 24 radii.

Figure 34. Averaged values of pressure pulsations.

Figure 35. Measurement scheme according to the 2 dimensional analog of the ADT method.

Figure 36. Dipole shift depending on the phase ϕ2: (a) shift of the longitudinal dipole component and (b) shift of transverse dipole component.

Figure 37. Model for orthogonally moving porous disks.

Figure 38. h-cures on 20th-order approximation for f′(0) and g′(0) as K = 0.2 and Re = −3.

Figure 39. Δk for different h as K = 0 2 and Re = −3.

Figure 40. Geometric representation of function Y2.

Figure 41. Effect of elasticity parameter K on u-velocity component when R = 0.3 and M = 0.5.

Figure 42. Effect of suction/injection on u-velocity component when M = 0.5 and K = 0.3

Figure 43. Effect of elasticity parameter K on skin friction f(0) when R = −0.3 and M = 0.5.

Figure 44. Non-staggered grid arrangement.

Figure 45. Illustration of the loss of retention at low organic solvent compositions due to steric resistance on a Synergi Fusion-RP stationary phase for diethyl phthalate (DEP) and di-n-butyl phthalate (DnBP). Diethyl phthalate can only completely embed itself into the stationary phase at methanol compositions higher than 30% (v/v) and in the case of di-n-butyl phthalate greater than 50% (v/v) methanol (the experimental points connected by a solid line). In the high organic solvent range where normal retention is observed retention factors can be predicted by the solvation parameter medel. The high organic solvent region corresponds to moderate b system constants and is less effective for estimating the B descriptor than the high water composition region.

Figure 46. Schematic diagram of mixed convection.

Figure 47. Contours of ϕ for practice D with Re = 100.

Figure 48. Structure of chiral selectors in chiral columns sued in this study: (1) Chiralpak AD H, (2) Lux Amylose 2, (3) Lux Cellulose-1, (4) Lux Cellulose-2, (5) Lux Cellulose-3, and (6) Lux Cellulose-4.

Figure 49. ϕ profiles along vertical cavity center line for different practices with grid of 13×13.

Figure 50. Convergence curves of U momentum equation for different practices with grid of 13×13.

Figure 51. Distribution of Nusselt number on left wall.

Figure 52. Polyedral representations of the K0.563Mn2.37Fe 1.24(PO_4)3 structure as projected along [010] (a) and along [001]

(b) M106, M206 are represented by yellow and red octahedra, respectively, and PO_4 by crossed tetrahedra.

Figure 53. The environments of the A′1, A″2, M1, M2, P1, and P2 sites showing the anisotropic atomic displacements. The thermal ellipsoids are drawn at 50% probability level.

Figure 54. Partial plot of $AgInP_2O_7$ crystal structure showing plyhedra linkage. Displacement ellipsoids are drawn at the 50% probability level. Symmetry codes: (i) −x+1, y−1/2, −z +1/2; (ii) −x, y−1/2, −z+1/2; (iii) −x+1, −y+1, −z+1; (iv) x, −y+3/2, z−1/2; (v) x−1, y, z; (vi) x−1, −y+3/2, z−1/2; and (vii) −x, −y+1, −z+1.

Figure 55. The asymmetric unit of β-Zn_3 $(BO_3)(PO_4)$ with atom labelling and ellipsoids drawn at the 90% probability level.

Figure 56. Crystal structure of β-Zn_3 $(BO_3)(PO_4)$ illustrated with isolated BO_3 and PO_4 groups.

Figure 57. Top: Hydrosilylation and subsequent modification of silicon nitride AFM probes. Bottom: XPS spectra of Boc-modified and amino-terminated monolayers on silicon nitride.

Figure 58. Modification of H-terminated silicon with G3 via alkylation and carbene addition.

Figure 59. Representative force vs. extension plot of a typical rupture event; approach (green) and retract (black) curves shown. Binding probabilities for unblocked (PBS, pH 7.4) and blocked (b-methyl lactose, 10 mM in PBS, pH 7.4) systems (inset).

Figure 60. (a) Emission spectra of DMAPPDN (1025 M, kex 5 372 nm) as a function of HSA concentration (100x) 0, 10, 20, 30, 40, 50, 60, 70, 80, and 90 IM HSA. Inset shows plot of emission intensity versus concentration of HSA. (b) B-H plot for 1:1 compexation of DMAPPDN and HSA. Inset: nonlinear B-H plot for 1:2 complexation of DMAPPDN with HSA.

B. 표(table) 작성 요령

과학논문을 쓸 때 저자는 데이터를 표의 형태로 할 것인지, 본문에서 직접 설명할 것인지를 결정해야 한다. 논문을 쓰기 전에 결과 분석을 위해서 흔히 표의 형태로 수치데이터(numerical data)를 정리한다. 종설(review article)에서는 참고문헌의 내용과 저자의 연구결과를 합치기 위해서 표를 만들게 된다. 초고(draft)에서 시작하여 완성된 원고(manuscript)를 작성할 때까지 어떤 표가 꼭 필요한 것이고, 그것을 그래프로 바꿀지 혹은 본문에서 설명할지 등에 대해 심사숙고한 후 결정해야 한다.

1. 표 사용의 제한

논문을 게재하고자 하는 해당 학술지의 '저자 투고규정'에는 대개 허용되는 표와 도해의 수가 적혀 있다. 그렇지 않으면, 최근 발표된 그 학술지의 논문들을 읽어보고 참고문헌을 제외한 본문의 1,000단어당 표와 도해의 수를 계산한다. 학술지에 나온 논문이 4개의 표 · 도해와 3,300개의 단어를 가지고 있다면, 표 · 도해의 본문에 대한 비는 4/3,300로서 1,000단어당 1.2이다. 발표하고자 하는 논문이 만약에 4,800단어이면 4,000단어로 끝수를 버린다. 그러면 4 × 1.2 = 4.8로 4개가 표 · 도해의 적당한 한계가 될 것이다.

일반적인 원칙은 1,000단어당 표 · 도해 1개이다. 1인치의 양쪽 여백을 두고 2열간격(doublespace)으로 작성된 논문의 본문은 페이지당 대개 200에서 250단어로 되어 있으므로, 원칙대로 하면 4페이지당 표 · 도해 1개만이 들어갈 수 있다. 어떤 편집인과 심사위원들은 데이터가 너무 적은 경우 표를 삽입하도록 지적하기도 한다. 그러나 대부분의 편집인은 저자에게 표를 없애도록 요구한다.

2. 수치데이터의 표

학술대회에서 발표할 때는 청중이 쉽게 읽을 수 있도록 단순하게 만든 표를 보여 주면 매우 효과가 있다(Table 1). 그러나 이런 종류의 표를 논문 안에서 사용해서는 안 된다. 왜냐하면 Table 2의 내용은 다음과 같이 논문의 본문에 간단하게 요약될 수 있기 때문이다.

Table 1.

No. of samples	Central defect	Peripheral defect	Both
1	1	1	2
2	1	2	1
3	1	1	1
4	2	1	1
5	1	1	2

"시료 5개 중에서 central defect와 peripheral defect를 보인 시료는 각각 4개였고, 두 가지 defect를 모두 보인 시료는 3개였다."

또 하나의 불필요한 표의 예를 Table 2에서 볼 수 있다. 많은 수의 국내 연구자들이 그들의 논문에서 이러한 연령 분포(age distribution) 표를 자주 사용하고 있다. 그러나 그 연구가 어떤 방사능 유출 피해의 발생률(incidence)을 보고하는 것이 아니라면 절대로 이러한 표는 작성해서는 안 된다. 표 대신에 "방사능 물질에 노출시킨 수컷흰쥐 47마리, 암컷 16마리, 총 63마리의 흰쥐(평균 연령 58.2 ± 12일, 범위 30~81일)를 대상으로 하였다"라고 기술한다.

Table 2. Age Distribution

Age (day)	No. of Rats		Total (%)
	Male	Female	
30-49	2	2	4(6.3)
40-49	9	2	11(17.5)
50-59	2	20	22(31.7)
60-69	6	14	20(22.2)
70-79	8	4	12(19.0)
80-89	2	6	2(3.2)
Total	47	16	63(100)

Mean age: 58.2 ± 12 (range, 30-81) days
Male: Female ratio = 2.9:1

논문에서 이렇게 특별한 내용이 없는 단순한 표를 많이 사용한다면, 편집인은 저자가 '저자 투고 규정'을 읽지 않고 논문작성에 세심한 주의를 하지 않았다고 생각할 수 있다.

어떤 표는 본문 설명이 아닌 도해로 대체되어야 적당한 것도 있다. 여러 가지 변수 사이의 상호관계를 나타내는 데이터는 그래프로 표현하는 것이 좋다. 두 관련된 변수에 대한 데이터(예: 방사선 조사량에 따른 시료부피의 변화)는 막대그래프로, 시간 변화에 따른 하나 또는 그 이상의 변수에 관한 데이터(예: 방사선 조사량에 따른 시료의 부피, 무게, 형태의 변화)는 선그래프로, 차이의 정도 또는 이러한 차이가 이미 알려진 요소들과의 연관성에 관한 데이터(예: 한국의 각 원자력발전소의 주변 공기의 산소량 차이점)는 epidemiologic map으로 표현하는 것이 효과적이다.

만약 수치에 대해서 정확한 값을 보여주어야 한다면, 표를 사용하는 것이 좋다. 각 시료에서 전해질과 산-염기량의 변화에 대한 연구에서 어떤 독자들은 자신이 직접 계산해 보기를 원할 수도 있을 것이다.

어떤 서술적인(descriptive) 내용은 본문에서 장황하게 설명하는 것보다 표에서 더 효율적으로 제시할 수도 있다. 본문 대신에 표를 사용하는 가장 흔한 예는 종설(review article)이나 사례보고(case report)에서 다른 저자들의 연구 결과나 사례를 요약할 때이다. 시료 수가 몇 개 안되어도 상세하게 기술하려면 많은 지면이 필요하다. 이에 대한 가장 효율적인 해결방법은 각 시료에 관해서 필수적인 수치자료에 대한 간단한 서술구문(descriptive phrase)를 포함하는 표를 만들고 본문에서 한두 예의 특징을 기술하는 것이다. 표본의 수가 매우 많을 때 어떤 크기의 표가 학술지에서 받아들여질지에 대해 미리 주의를 기울여야 한다.

본문과 구별하여 표에 시료의 특징, 형태의 변화 등을 열거하여 중요한 점을 강조할 수도 있다. 이러한 열거 형식의 표에서는 열거된 각 항목 간의 상대적인 중요성도 표시하게 된다. 예를 들어, 방사선 노출의 피해 결과를 열거할 때에는 높은 발생 빈도로부터 낮은 발생 빈도의 순서로 작성하고, 시간 순서에 따라 작성한다.

3. 표와 본문의 상호 관계

어느 표가 필요하고, 어느 표를 삭제할 것인지 결정되면, 남아 있는 표와 본문과의 관계를 점검하여야 한다. 표의 순서가 본문의 순서와 정확하게 맞아야 한다. 우선 표에 순서대로 번호를 붙이고, 표가 순서대로 되어 있는지, 본문과의 관계가 맞는지를 점검한다.

과학논문에서 첫 번째 표의 제목은 논문의 주된 내용을 표현하도록 충분한 길이로 쓰고, 두 번째부터는 더 짧은 제목을 붙이는 방법을 쓰고 있다. 예를 들면, "25마리의 생쥐에서의 여러 가지 parameter에 관한 방사선 조사 분석"에서 첫 번째 표는 "Sensitivity levels"라고 제목을 붙일 수 있다. 두 번째 표부터 단순히 "Hazard rates", "Safety doses" 등으로 할 수 있다. 표를 차례대로 살펴봄으로써 표 자체로도 이해가 가능한지, 표 사이의 상호 연관성이 있는지를 확인해야 한다.

표의 각 부분의 명칭은 Table 3에 있다.

1) 제목(title)은 일련번호를 붙인 후 간단하게 표의 내용을 설명하기 위해서 붙인다. 제목은 구(phrase)로 만들며 상단에 위치시킨다.
2) 데이터항목(data field)에는 기술하는 내용과 수치데이터들이 포함된다. 그 내용은 횡렬(row)과 종렬(column)로 배열된다.
3) 각 종렬소제목(column heading)은 그 아래에 기술된 데이터의 종류와 내용을 나타낸다.
4) 각 횡렬소제목(row heading)은 그 오른쪽에 놓인 데이터의 내용을 나타낸다.
5) 각주(footnote)는 표의 내용을 상술한다. 실험방법은 과거시제 문장으로 기술하며, 얻어진 소견이나 통계학적 결과는 현재시제 문장으로 기술한다.

과학학술지의 표에서 가장 흔히 볼 수 있는 오류 중의 하나는 너무 많은 "가로 선"을 사용하는 것이다. Table 3에서 보듯이 "완전한 가로 선(complete horizontal line)"은 종렬소제목(column heading)의 위와 아래, 그리고 데이터 항목(data field)이 끝나는 곳에서만 사용할 수 있다. 따라서 독자들은 표 한 개에 "완전한 가로 선"을 최대 3개까지만 사용할 수 있다는 원칙을 꼭 기억하기 바란다.

4. 표의 학술지별 형태와 내용

과학학술지들이 표의 형태에 대해 자세히 규정하는 경우는 드물지만 그 학술지의 최근의 논문을 참고하면 이를 쉽게 알 수 있다. 표의 크기에 대해서도 마찬가지이다.

2행(double-column page)의 학술지에서 1행 표(single-column table)의 폭에 대

한 대체적인 규칙은 폭이 1행에서 60자를 넘지 않는다는 것이다. 따라서 한 페이지의 전체를 채우는 표(double-column table)의 넓이는 120자를 넘어서는 안 된다. 만약 더 큰 표를 사용하는 경우에는 반대편 페이지로 넘어가게 되는데, 이러한 표는 둘로 나눌 수 있는지를 고려해야 한다. 예를 들면, 실험을 요약하는 표는 특징적인 양상을 나타내는 부분과 검사결과를 나타내는 부분으로 나누는 것이 좋다. 왜냐하면 독자들로 하여금 두 페이지에 걸치는 큰 표를 보는 데 어려움을 느끼게 할 이유가 없기 때문이다.

표의 종렬소제목의 수와 횡렬소제목 수의 비가 2:1을 넘는다면 표를 다시 만드는 것이 좋다. 아주 넓은 표에 대한 또 다른 수정 방법은 표의 방향을 바꾸어서 종렬과 종렬 소제목이 횡렬과 횡렬소제목이 되고, 횡렬과 횡렬소제목이 종렬과 종렬소제목이 되도록 만드는 것이다.

Title — Table 3. Elements and Isotope Ratios of Samples Obtained Form NIST1400 Bone Ash and NIST1486 Bone Meal.

Column Headings / Row Headings / Data Field

Element of isotope ratio	NIST1400 Measured	NIST1400 Certified	NIST1486 Measured	NIST1486 Certified	Reproducibility (%) 8 Triplicate samples
Ni	17	–	10	–	9
Zn	168	181	132	147	3
Ga	1 · 2	–	0 · 7	–	13
As	0 · 6	0 · 4	<0 · 01	0 · 006	18
Sr	248	249	265	264	4
Mo	0 · 26	–	0 · 32	–	9
Cd	0 · 034	0 · 030	<0 · 32	0 · 003	12
Ba	232	–	285	–	6
Pb	7	9	1 · 1	1 · 3	4
Cu	2 · 2	2 · 3	0 · 81	0 · 8	4
$^{87}Sr/^{86}Sr$	–	–	0 · 709393±7 (n = 2)	–	–
$\delta^{13}C$‰	−13 · 81 (n = 2)	–	−7 · 23 (n = 2)	–	–
$\delta^{18}O$‰PDB	−11 · 49 (n = 2)	–	−11 · 70 (n = 2)	–	–

Footnote — Trace elements in mg/kr. Reproducibility was determined by triplicate analysis of separately digested samples. Abbreviation: NIST, National Institute of Standards and Technology.

각 표는 본문을 참조하지 않아도 이해할 수 있어야 한다. 적절한 제목은 독자가 쉽게 이해하는 데 매우 필요하고, 더욱 중요한 것은 각 종렬소제목과 각 횡렬소제목으로부터 추론할 수 있는 각 항목의 논리적인 구조이다. 독자는 데이터의 배열이 좌측에서 우측으로(이것이 실험 자료라면, 실험에서 데이터가 모아진 경로와 맞으면 더 좋다) 정렬되어 있는 표에 익숙하다. 가령 횡렬이 논리적으로 정렬된 예로, 첫 번째 횡인 사례 1은 가장 짧게 처치한 시료이고 여섯 번째 횡인 시료 6이 가장 오래 처치한 시료라든가, 또 종렬의 경우는 첫째 종렬이 가장 경한 소견을 보이는 시료로부터 마지막 종렬이 가장 중한 소견을 보이는 시료로 진행할 수도 있다. 화학물질의 동물실험결과를 보고할 때는 좌측 종렬이 처치 전 상태를 나타내고, 우측 종렬이 처치 후 상태를 표현한다면 논리적으로 맞는다. 횡렬에서 대조군이 위쪽, 실험군이 아래쪽에 배열되도록 한다.

5. 표 작성의 실제 요령

1) 제목(title)

표의 제목은 표의 최상단에 위치시키며, 문장(sentence)이 아닌 구(phrase)로 작성한다. 표의 제목은 본문을 참조하여 표의 내용을 이해하는 데 충분하도록 작성하며, 각 종렬과 각 횡렬의 소제목이 가진 내용을 다시 언급하는 것은 피해야 한다. 가령, 방사선 조사 20마리의 mormot에서 방사선 조사 직후 상태, 전해질 수치, 부검내용의 3가지 항목으로 된 종렬을 가진 표를 가정해 보자. 종렬소제목은 각각 '방사선 조사 직후 상태', '전해질수치', '부검 소견'이 되며, 횡렬소제목은 mormot 번호 1부터 20이 될 것이다. 이 표의 제목은 "Twenty animal cases of irradiation: irradiation hazards, status after irradiation, electrolyte measurements, and autopsy findings"이 된다. 독자들이 이해하기에 불충분하면 자세한 내용을 각주(footnote)에 기재할 수 있다. 이때 필요하면 각주에서 실험약물의 용량, 투여방법 등을 명시한다.

2) 종렬소제목(column heading)

수치로 된 항목의 각 종렬소제목에는 측정치의 단위가 포함되어야 하며, 그 안에 있는 모든 항목에 적용될 수 있어야 한다. 표 안에 있는 전체 항목의 데이터에 적용될 수 있는 단위가 한 가지라면 그 단위는 각주에 기술한다. 하나의 종렬에 두 가지 단위를 표시하지 말고, 서로 다른 단위는 다른 종렬로 만들어야 한다.

만약 여러 종렬을 하나의 묶음으로 만들 수 있으면("straddle rule"이라고 한다) 종렬소제목들을 묶는 제목을 만들고 그 아래 각 종렬소제목들을 위치시킨다.

예)

Laboratory data		
Chloride (mEq/L)	Sodium (mEq/L)	Albumin (g/L)

3) 횡렬소제목(row heading)

만약 여러 횡렬이 연관되어 묶음으로 만들 수 있으면, 역시 적절한 소제목으로 표시하여 각각의 연관성을 명백히 하는 것이 좋다.

예)

Placebo group
Male pigs
Female pigs
Heat treatment group
Male pigs
Female pigs

횡렬소제목이 수치이면 마찬가지로 단위를 표시해야 한다. 해당 학술지의 '저자 투고규정'에 따라 쉼표 뒤에 혹은 괄호 안에 단위를 기입한다.

예) Potassium, mEg/L
Potassium (mEg/L)

4) 데이터항목(data field)

각 종렬의 내용은 소제목 아래 중앙에 맞추어야 하며 수치는 소수점을 기준으로 맞춘다.

예)

	Sample 1	Sample 2
Glucose (mmol/L)	4.05	5.45
Creatinine (nmol/L)	105	97
Uric acid (mmol/L)	0.12	0.24

각 종렬과 각 횡렬 안의 항목 중에 공란이 남으면 안 되며, 항목 안에 내용이나 값이 없을 경우는 분명히 zero (0), 3 dots (…) 혹은 dash (−)로 표시해야 한다.

검사를 시행하지 않은 경우에는 항목에 ND 혹은 NA로 약어를 표시한 후, 각주에 not done, not available 혹은 not applicable이라고 기술한다.

Table 4. Pearson x^2-test results of cross-analysis of habitat conditions for spraint points of Eurasian otter *Lutra lutra* in the Rhein River water system, Germany

Variables	*df*	x^2	*P* value
Site conditions	6	26.20	<0.01
Stream depth	6	ND	<0.01
Bottem status	6	48.15	<0.01
Bankside vegetation	6	89.27	<0.01
Land use type	6	–	<0.01
Forest type	6	10/42	<0.01
Grass height	6	13.97	<0.05
Shrub height	6	–	<0.05
Land cover	4	16.00	<0.01
Artificial structures	8	ND	<0.01
Water use	6	22.93	<0.01
Pollutants	6	58.38	<0.01

ND: not done

큰 숫자를 표시하는 경우 끝자리까지 정확히 표시할 필요가 없으면, 종렬소제목에 적절한 배수를 만들고 자료 항목에는 두세 자 정도로 표시하도록 조절한다.

예) Irradiation cases	→	Irradiation cases (thousands)
120000		20
500		1.5

위의 예에서 천 배 표시로 $\times 10^3$을 쓰면, 표시된 수가 소제목에 있는 수로 이미 곱해진 것인지 곱하라는 것인지 모호해지는 경우가 있으므로 피하는 것이 좋다.

하나의 종렬에서 단위를 섞지 말아야 한다. 예를 들어 방사선을 쪼인 기간이 일(day) 단위와 주(week) 단위로 섞여 있으면 주를 일 단위로 고쳐 전체를 일 단위로 통일한다.

백분율에 대해 각 학술지마다 그 지침에 차이가 있다. 어떤 학술지는 분모가 50 이상일 때만 백분율을 인정한다. 분모가 50 이상인 경우에만 독자를 위한 참고사항으로 백분율을 표시하며 분모가 50 미만인 경우는 총 시료에 대한 시료의 수로 표시한다.

예) 98/100 (98%) 47/58 (81%) 31/76 (41%)
32/46 12/25 7/10

분모가 작으면 백분율이 통계학적으로 유의하게 다른 의미를 가질 수가 있다. 따라서 이 경우는 백분율 대신에 원래의 수치를 사용하여 통계학적으로 분석하여야 할 것이다. 백분율이 있고 없음으로 해서 혼동이 오면 모든 측정치를 백분율로 표시하지 않는 것이 좋다. 작은 수치들에 대한 백분율 표시는 논문내용의 신뢰도를 떨어뜨린다.

자료항목의 수치가 통계 처리된 것이면 각주에 정확한 의미를 기술하여야 한다. "12.1 ± 0.3"은 평균값 1.21과 표준편차(standard deviation) 0.3 또는 표준오차(standard error) 0.3을 의미할 수 있다. 표 속에 통계학적으로 분석된 두 평균은 사용된 검사법과 유의수준이 각주에 명기되어야 한다.

예)

Group	Specimens (n)	Calcium (mEq/L)
Group 1	27	2.42 ± 0.13
Group 2	33	2.91 ± 0.05

Plus-minus values are expressed as the mean ± SE of the mean.
Difference between means assessed by Student's *t* test, *P* = .004

당연히 표 안의 수치데이터는 제목부터 초록, 본문 및 모든 표 안에서 동일한 값을 유지해야 한다. 또한 표 안의 모든 계산은 정확해야 한다. 예를 들면, 백분율의 합이 100%가 되는지, 모든 계산이 맞는지 철저히 확인하여야 한다.

공간을 절약하기 위해 본문에서는 허용되지 않는 약어가 표에서는 간혹 허용될 수 있다[표 11-1 참조]. 표 안의 모든 약어는 흔히 사용되는 단위(unit)를 제외하고는 본문에서 언급되었다 하더라도 각주에 다시 설명을 붙여야 한다.

5) 날짜(date)

4/11/12같이 쓰면 유럽에서는 2012년 11월 4일로 이해하지만 미국에서는 4월 11일로 이해된다. 따라서 통일된 형식을 취해서 November 4, 2012처럼 사용하는 것이 좋다. 달(month)이름의 약어는 다음과 같이 사용한다.

Jan., Feb., Mar., Apr., May., Jun. 또는 Je., Jul. 또는 Jy., Aug., Sep. 또는 Sept., Oct., Nov., Dec.

표 11-1. 각주를 달지 않고 설명없이 표에 사용할 수 있는 약어들

amt	amount	mo	month
approx	approximately	N, n, no.	number
avg	average	SD	standard deviation
concn	concentration	SE	standard error
diam	diameter	s, se	second
expt	experiment(al)	sp gr	specific gravity
d	day	temp	temperature
ht	height	vs., v	versus
h, hr	hour	vol	volume
kg	kilogram	wk	week
min	minute	wt	weight
mol wt	molecular weight	y, yr	year

주의 : 1) 시간을 나타내는 단위의 약어는 Table과 Figure 안에서만 사용한다(Table footnote, Figure legend, 논문 text에서는 사용할 수 없다).
2) 단위의 약어에는 복수형 어미 s를 붙이지 않는다.

6) 각주(footnote)

앞에서 언급했듯이 각주는 연구방법을 규정할 때, 통계학적 처리 상태를 표시할 때, 약어를 설명할 때, 표가 인용된 문헌 등을 언급할 때 사용된다[NOTE 참조]. 어떤 학술지에서는 각주에 설명되어진 표 안의 각 항목에 위첨자(superscript)로 번호를 붙이도록 요구하는데, 이는 제곱, 세제곱 같은 위첨자나 참고문헌 번호와 혼동되는 경우가 많다. 따라서 대부분의 학술지는 *, †, ‡ 등의 각주

기호(footnote sign)를 사용하는 것을 권장하고 있으며[Table 5 참조], 영어 알파벳 소문자를 위첨자로 사용할 수도 있다.

NOTE 2-12 • 각주(footnote)

각주는 연구방법을 규정할 때, 통계학적 처리 상태를 표시할 때, 약어를 설명할 때, 표가 인용된 문헌 등을 언급할 때 사용한다.

표에서 사용할 수 있는 각주 기호(footnote sign)의 순서는 다음과 같으며 모두 위첨자로 만들어서 사용해야 한다.

*　†　‡　§　‖　¶　#　**　††　‡‡

여기에 있는 10개의 각주 기호의 명칭은 앞에서부터 차례대로 다음과 같다.

별표(asterisk), 칼표(dagger), 이중칼표(double dagger), 절부호(section mark), 평행부호(parallel mark), 문단부호(paragraph symbol), 수기호(number sign), 중복 별표(repeated asterisk), 중복칼표(repeated dagger), 중복이중칼표(repeated double dagger)라고 부른다.

Table 5. Plasma Lipid, Lipoprotein, and Apoliporotein Levels in the 247 Study Rats*

Variable	Lovastatin (n = 123)	Placebo (n = 124)	*P* Value
Total cholesterol, mmol/L			
Baseline	5.97 ± 0.61	6.01 ± 0.59	>0.20
On trial	4.03 ± 0.45	5.90 ± 0.68	<0.001
Percentage change from baseline LDL by Friedewald equation, *mmol/L*	−32.2 ± 7.0[‡]	−1.8 ± 8.5[§]	<0.001
Baseline	3.91 ± 0.62	4.00 ± 0.64	>0.20
On trial	2.41 ± 0.42	3.96 ± 0.63	>0.001
Percentage change from baseline LDL by preparative ultracentrifugation[†] (mmol/L)	−38.0 ± 12.3[‡]	−0.9 ± 13.8	<0.001

Variable	Lovastatin (n = 123)	Placebo (n = 124)	*P* Value
Baseline	4.05 ± 0.63	4.07 ± 0.56	>0.20
On trial	2.22 ± 0.41	3.94 ± 0.61	<0.001
Percentage change from baseline	−44.7 ± 9.0[‡]	−3.0 ± 10.3	<0.001
HDL, mmol/L			
Baseline	1.10 ± 0.26	1.11 ± 0.25	>0.20
On trial	1.18 ± 0.25	1.13 ± 0.24	0.07
Percentage change from baseline	8.5 ± 10.3[‡]	2.3 ± 11.9	<0.001
Triglyceride, *mmol/L*			
Baseline	1.80 ± 0.83	1.80 ± 0.85	>0.20
On trial	1.36 ± 0.25	1.82 ± 1.07	<0.001
Percentage change from baseline	−21.6 ± 20.2[‡]	3.5 ± 26.5	<0.001
Apolipoprotein A-I, *mg/dL*			
Baseline	133.4 ± 29.5	130.4 ± 28.9	>0.20
On trial	132.5 ± 19.8	128.5 ± 20.8	0.12
Percentage change frin baseline	2.1 ± 21.8	2.2 ± 24.1	>0.20
Apolipoprotein B, mg/dL			
Baseline	110.1 ± 25.1	109.0 ± 23.7	>0.20
On trial	78.2 ± 13.5	115.6 ± 19.0	<0.001
Percentage change frome baseline	−26.0 ± 19.3[‡]	11.2 ± 32.4[§]	<0.001

*To convert cholesterol values to milligrams per deciliter, multiply by 38.7; for triglycerides multiply by 88.5. Baseline lipid levels are the average of the first 2 lipid determinations before diet intervention. On-trial lipid levels are the average of lipid determinations during treatment weighted by the length of time between trials. Changes from baseline in lipid levels were calculated within each treatment group using the paired t test, and between treatment groups using the two-sample t test. All values are means ± SD. Abbreviations: LDL, low-density lipoprotein; HDL, high-density lipoprotein.

† See reference 11.

‡ $P < 0.001$.

§ $P < 0.01$.

표(Table)과 도해(Figure)에서 footnote 내용이 중복될 때 다음과 같이 표현한다.

① 약어(abbreviation)가 중복될 때

- Abbreviations [또는 Acronyms] as in Table 1.
- Abbreviations are (the) same as in Table 1.
- Data presented are mean value ± SD or number (5) of specimens. Abbreviations: CRP, C- reactive protein; LDL, low-density lipoprotein; HDL, high-density lipoprotein. Other abbreviations as in Tables 1 and 2.

② 설명이 부분적으로 중복될 때

- Reaction conditions as in Table 1.
- Other experimental conditions as in Table 1.
- This table was produced by the same methods as in Table 1.
- Same analytical procedures as in Table 4.
- The basic procedure is (the) same as in Table 2.
- See text [또는 the "Statistical Analysis" section] for a description of this procedure.
- Same as in Table 1. (footnote 설명 전체가 Table 1과 같을 때)

③ Table과 Figure의 제목이 거의 같을 때

- Table 3. Same as in Table 1, but now for empirical corrections applied.
- Figure 4. Same as in Figure 2, but now for latent heart flux.

NOTE 2-13 • 표(table)와 도해(figure)의 작성 요령

1. Table과 Figure의 작성 요령은 학술지마다 다소 다르다. 투고하고자 하는 해당 학술지의 최신호를 찾아서 옆에 두고 같은 형식으로 만드는 것이 가장 좋은 방법이다.
2. 과학논문에서는 Table에 세로선(vertical line)을 사용할 수 없다. 또한 Table에서 완전한 가로선(complete horizontal line)은 최대 3개만 사용한다.
3. Table과 Figure 안에 사용한 약어는 모두 설명해야 한다. 따라서 불필요한 약어를 사용하지 않는다.
4. 가급적 인물화 형식(portrait format)으로 작성한다. 풍경화 형식(landscape format)은 출간된 학술지가 2행(2-column) 형태이기 때문에 적절하지 않다. Table에서 글씨 크기는 8-point 내지 12-point font를 사용할 수 있다.
5. Table과 Figure의 제목이 2줄 이상이 될 때는 위의 예처럼 둘째 줄을 첫째 줄의 첫 번째 글자(Table의 T 또는 Figure의 F) 바로 아래에서 시작한다.
6. Table의 제목은 상단에 넣고, Figure의 제목은 하단에 넣는다.
7. Table이 아주 클 때의 해결방법:
   1) 작은 font size를 사용한다(8-point font size까지 사용가능하다).
   2) "Table 2 (continued)"라는 제목을 붙여 다음 페이지에 제작한다.

7) 인쇄(typing 또는 printing)

표의 모든 부분은 종렬소제목을 포함해서 2열 간격으로 프린트해야 한다. 2열 간격이 필요한 이유는 심사위원이 논문을 심사할 때 표시할 수 있는 충분한 공간을 주기 위해서이다.

학술지에 따라 표를 만들 때 "가로선"과 "세로선"을 모두 사용하는 경우가 아주 드물게 있으나 일반적으로 종렬소제목과 데이터항목은 가로선으로 구분하며, 세로선은 사용하지 않는다. 표는 한 페이지 안에 들어가도록 만든다. 한 페이지 안에 표가 완성되지 않는 경우, 다음 페이지에 계속할 수 있으나, 이때 제목 마지막 부분에 "continued"라는 단어를 기입해야 한다. 또 두 번째 페이지에서도 종렬소제목, 횡렬소제목들을 다시 표시하여 표의 형태에 혼동이 없도록 한다.

끝으로 명심해야 할 것은 각 논문에 실을 수 있는 표의 수는 제한되어 있으므로 학술지의 투고규정을 잘 참조하거나 최근에 그 학술지에 발표된 논문들을 살펴보아서 자신의 논문에 가능한 표의 수를 결정하여야 한다.

표가 수치로 구성된 경우 그 내용을 본문에 요약할 수 있거나, 그래프가 더 적합한 경우는 표를 만들지 않는다. 그러나 표 내용이 본문의 내용을 요약하거나 강조할 경우에는 표를 만들 수도 있다. 각 표의 구조는 그 내용이 충분히 논리 정연해야 하며, 논문 속의 다른 표와도 논리적으로 연관되어야 한다.

C. 도해(figure) 작성요령

원고를 준비하기 전에 도해를 원고에 넣을 것인지를 가능한 한 빨리 결정하는 것이 좋다. 전문적인 그래픽제작자나 사진기사의 도움이 필요할 경우도 있다. 이들과의 협조에는 시간이 필요하고 도해를 준비하는 데 생각보다 긴 시간이 요구되는 경우가 많기 때문이다.

1. 도해 사용 여부의 결정

도해는 다음과 같은 필요성이 있을 때 사용한다. 즉, 결론에 대한 증거(evidence)로서 필요하거나, 내용 전달의 효율성(efficiency)을 높이거나, 내용을 강조(emphasis)하고자 할 때 도해를 만든다. 학술지의 편집인이 이들의 필요성을 어떻게 판단할지를 예측한다면, 심사 후에 삭제당할 도해를 쓸데없이 만들면서, 혹은 그 내용을 나중에 본문에서 문장으로 고치느라 시간을 허비하는 일을 피할 수 있을 것이다.

1) 증거(evidence)

과학논문에서 도해는 결론을 뒷받침하는 증거로서 이용된다. 논문이 폐렴에 걸린 양(sheep)에서 원인균으로 Legionella의 새로운 종(species)에 대한 내용이라면, 폐렴에 대한 흉부방사선소견이 정상인 경우 단지 필름을 가지고 있다는 것만으로는 그것을 논문에 사용할 이유가 되지 않는다. 독자들이 방사선학적 소견상으로는 특이한 소견이 없다는 것을 믿게 하는 데 도움이 될 수도 있겠지만, 이 경우에는 새롭게 발견된 세균의 편모(flagellum)의 구조에 대한 것이라면 전자현미경적 소견이 가장 중요한 증거가 될 것이다.

2) 효율성(efficiency)

도해는 결론에 증거를 설명하는 데 길게 쓴 문장보다 훨씬 효과적이다. 예를 들면 동물의 혈통도(pedigree)는 새롭게 발견된 증후군이 어떤 동물 내에서 상염색체 우성의 방식으로 유전하고 있음을 간단하고 분명하게 보여줄 수 있다. 문장으로 같은 내용을 쓰기 위해서는 매우 길게 써야 하며, 쓴다 하더라도 동물의 혈통도만큼 효과적이지 못하다. 수치들은 표에서 결과를 잘 보여 줄 수 있으나, 두 가지 이상의 변수가 연관되었을 때에는 그래프로 보여주는 것이 독자가 보다 빠르게 이해할 수 있다.

3) 강조(emphasis)

단순히 결과를 강조하기 위해서 도해를 사용한다면 대부분의 학술지들은 그것을 받아들이지 않는다. 폐암을 유발한 암컷생쥐와 수컷생쥐 사이의 치사율을 비교하는 단순한 막대그래프는 치사율에서의 차이를 강조하여 보여줄 수 있는 방법이지만, 문장으로 써도 거의 같은 효과를 내거나, 경우에 따라서는 문장 쪽이 더 효과적일 수 있다. 만약 치사율의 차이가 논문의 주된 결론이 아니고, 편집인이 그래프를 사용하여 강조할 만한 가치가 있다고 생각하지 않으면, 그래프를 빼라는 요구를 받게 될 것이다. 강의에서 청중에게 요점을 확실하게 파악할 수 있도록 하기 위해 사용하는 도해는 논문에서는 거의 필요가 없다. 강의에서 도해 슬라이드는 청중들이 잊어버리기 쉬운 내용들을 기억하게끔 강조하는 역할을 하지만, 논문에서는 독자가 요점을 파악하지 못한 경우 다시 되돌아가 내용을 읽을 수 있기 때문이다.

2. 도해의 사용제한

준비한 도해를 잘 검토한 후 증거, 효율성, 강조 면에서 꼭 필요하다고 생각되는 도해만을 남긴다. 이러한 재고찰 후에도 너무 많은 도해가 남을 때가 있다. 이런 때에는 논문의 게재가 승낙됐을 때, 저자는 상당한 액수의 게재 비용을 지불해야 하므로 반드시 표와 도해의 수를 줄여야 한다(대부분의 학술지는 표와 도해에 대해 그 제작비를 따로 청구한다).

표의 경우와 마찬가지로 학술지의 투고규정을 잘 읽고 도해의 숫자에 제한이 있는지 확인한다. 대개의 경우 도해와 표의 전체 수는 본문 1,000단어당 한 개 정도이다. 만약 계획한 표와 도해의 개수가 학술지에서 제한한 한계나 계산한 한계를 넘는다면, 두 가지의 해결방법이 있다. 도해 또는 표를 글로 표현하여 없애는 방법과 두 개 혹은 그 이상의 도해 또는 표를 하나로 합치는 방법이 그것이다[Figure 1 참조]. 도해를 합칠 때는 주제가 유사하여야 하며, 만약 그래프라면 축의 비율과 스케일이 또한 유사하여야 한다. 표에서 보여준 내용을 중복해서 도해로 나타내지 않도록 한다.

도해를 사용할 것인지에 대해서 확실치 않은 경우는 모든 논문에서 항상 적용되는 다음의 규칙을 적용하는 것이 좋다. "의심스러울 때는 버려라."

3. 도해의 준비

저자가 도해를 만드는 기법, 사진술, 컴퓨터 그래픽에 능하지 않다면 이들 분야의 전문가들에게 도움을 요청하게 된다. 이들 전문가들은 도해를 이용하여 필요한 요점을 강조할 수 있고 논문에서 받아들일 수 있게 하는 데 필요한 기술적인 세부사항에 대하여 잘 알고 있을 것이다. 불충분하게 준비된 도해는 편집인과 논문 심사위원들에게 저자에 대한 신뢰도를 떨어뜨린다. 전문적인 도해제작자(illustrator)나 사진기사에게 도해에서 나타내어야 할 강조점에 대해서 이야기해 주어야 하며, 저자는 도해에 대해서 수치, 방사선학적 소견과 같은 자료도 같이 제공하여야 착오를 줄일 수 있다.

1) 선 도해(line illustration)

대부분의 도해는 흰 종이에 검은 선으로 그려진 것들이다. 가장 흔한 예로 방사선 조사량에 따른 대상 동물의 확장기 혈압의 변동처럼 두 가지 변수에 대한 상호관계를 보여주는 그래프가 있다. 이러한 그래프를 이용하면 복잡한 데이터들의 상호 연관성을 이해하기 쉽게 표현할 수 있다. 보다 복잡한 경우는 사진 대신에 형태학적 구조를 묘사하는 것으로 이러한 도해는 전문적인 도해제작자가 많은 시간을 들여야 하며 사진을 싣는 것보다 비용도 훨씬 많이 든다.

① 그래프(graph)와 도식(diagram)

도해제작자가 그래프를 만들기 위해서는 실제 수치를 필요로 하며, 표와 마찬가지로 수치에 필요한 단위도 주어져야 한다. 독립변수는 대개 수평축(x축)에 표시하며, 종속변수는 수직축(y축)에 표시한다[Figure 2 참조]. 도해제작자가 선을 정확히 위치시킬 수 있도록 주어진 x값에 대하여 y축의 적절한 범위를 계산하여야 한다. 그래프나 도식이 논문에 실릴 것이 아니고 구연으로 발표할 슬라이드에 쓰일 경우는 출판될 논문의 그래프나 도식에 비해 훨씬 단순하게 만들어야 한다. 컴퓨터 그래픽은 다양한 종류의 도식을 만드는 데 사용할 수 있으나 적절한 해상도의 도식을 얻을 수 있도록 주의하여야 한다[Figure 3 참조]. 레이저 프린터로 출력한 그래프는 논문에 싣기에 적절하다.

② 생체신호의 트레이싱

흰색 바탕 혹은 균일한 회색톤의 바탕에 기록된 여러 가지 신호의 기록은 선이 너무 가늘면 사진으로 명확히 나타나지 않으므로, 사진으로 찍는 것보다 깨끗한 흰 종이에 복사하는 것이 더 좋은 결과를 얻을 수 있다. 이런 방법을 쓸 때는 그 복사본이 원본 트레이싱의 특징을 정확히 표현하고 있는지 확인하여야 한다.

③ 순서도(flow chart)

순서도는 연결된 단위의 관계—예를 들면, 처치 알고리즘, 조직표 혹은 책임표 등을 표현하는 데 사용될 수 있다. 도해제작자에게 부탁하는 경우 오자가 생기는 것을 막기 위해 도해에 필요한 모든 글씨를 깨끗하게 프린트해서 주는 것이 좋다.

④ 동물의 혈통도(pedigree)

동물 세대의 구성원 내에서의 연관성을 보여 주는 혈통도를 만들 때에는 유전학 교과서에서 공인하는 방식을 사용하여야 한다. 세대는 로마숫자로 표시해야 하는데, 가장 나이 많은 세대를 로마숫자 I로 표시한다. 세대의 구성개체에 대한 표시는 대개 일렬로 나열하고, 가장 나이 많은 개체를 좌측에 배열하여 1이라 번호를 붙인다(세대에 대한 로마숫자를 포함한다. 예: I-1). 그리고 가장 어린 개체를 우측에 배열한다(예: I-5). 암컷은 원으로 표시하고 수컷은 사각형으로 표시한다.

[Figure 속의 Table] 삽입

Study	Years of Enrollment	No. of Rabbits	Risk Ratio (95% CI)
CAT16	1991-1997	104	0.83 (0.45-1.82)
AMIOVIRT17	1996-2000	103	0.87 (0.31-2.42)
DEFINITE15	1998-2002	458	0.65 (0.40-1.06)
SCD-HeFT14	1997-2001	792	0.73 (0.50-1.04)
COMPANION21	2000-2002	397	0.50 (0.29-0.88)
Combined		**1854**	**0.69 (0.55-0.87)**

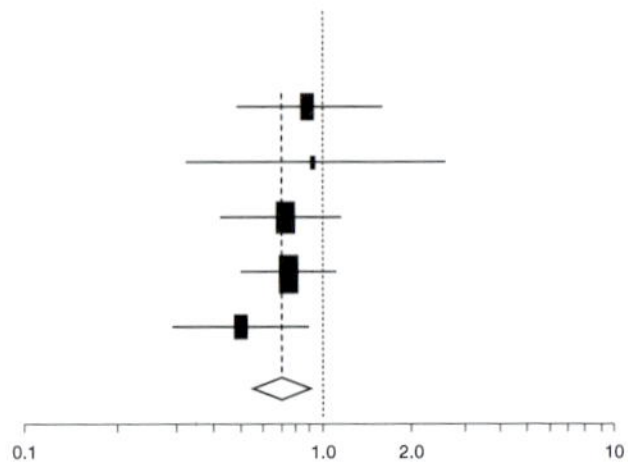

Figure 1. All-Cause Mortality Among Rabbits With NICM Randomized to ICD or CRT-D vs. Drug Therapy in Primary Prevention. The number of rabbits with non-ischemic cardiomyopathy (NICM) enrolled is reported. The size of the data marker corresponds to the relative weight assigned in the pooled analysis using fixed-effects models. ICD 5 implantable cardioverter-defibrillator; CRT-D=cardiac resynchronization plus defibrilconfidence interval.

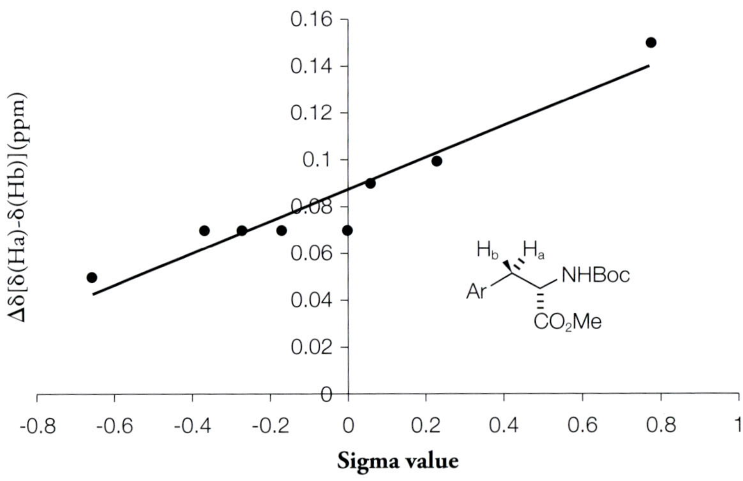

Figure 2. Correlation between the chemical shift difference of the two diastereotopic benzylic methylene protons and the Hammett σ-parameter of protected phenylalanines 4a and 4n-t.

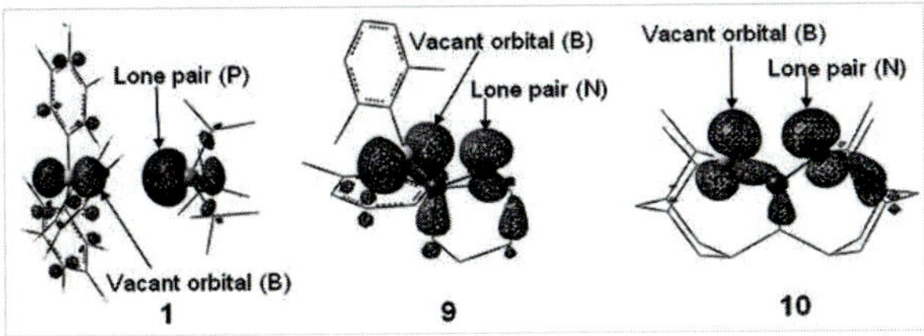

Figure 3. Comparisons of the relative orientations of the B vacant orbital and the N lone pair orbital in 1, 9, and 10. Note that, to show the relative orientations of the 2 types of orbitals, they are drawn in the same molecular frame.

⑤ 컴퓨터 그래픽(computer graphic)

컴퓨터에 연결된 프린터로 제작한 문자, 표 혹은 그래프는 프린터의 화질이 충분히 진하면 사용할 수 있다. 종종 이렇게 만들어진 사진은 글씨, 선, 숫자 혹은 기호가 너무 많아서 읽기가 쉽지 않은 경우가 있다. 도해제작자나 사진기사는 만들어진 출력물이 도해로서 논문에 넣기에 적절한지, 혹은 손으로 쓴 글씨, 도해 혹은 타자를 추가해야 할 필요가 있는지에 대하여 충고할 수 있다. 이러한 많은 문제들은 고해상도의 이미지를 출력하는 프로그램으로 고밀도의 컴퓨터 프린터를 사용하여 해결할 수 있다.

2) Continuous tone 도해

동물사진, 표본사진, 그리고 현미경사진처럼 선으로 그린 도해로는 정확히 표현할 수 없는 경우, 만족할 만한 결과를 얻기 위해서는 대부분 전문 사진기사의 도움이 필요하다.

① 방사선사진

방사선사진의 어느 한 부분이 관심의 대상이라면 전체 방사선필름을 사진으로 만들지 말고, 양성 소견이 어디에 있는지 알 수 있을 정도로 사진을 만들어야 한다. 사진에는 날짜가 기입되어야 하며 날짜가 사진에 올바른 순서로 되어 있는지 확인하여야 한다. 좌측과 우측을 구분해서 표시한다.

일부 방사선학적 소견은 복잡한 구조나 미세한 차이 때문에 전문가만이 알아볼 수 있는 경우가 있으며, 독자들이 필요한 소견을 알아보기 힘든 경우가 있다. 이러한 경우 방사선사진과 함께 선으로 그린 도해를 첨부하여 이상 소견을 나타내는 부위를 단순화해서 동시에 게재하면 독자들에게 도움이 될 것이다.

② 광학현미경사진(light micrograph) 또는 전자현미경사진(electron micrograph)

전문 사진기사는 최상의 사진을 얻기 위하여 조명과 색필터를 사용한다. 그러나 어떤 필드를 찍을 것인지, 독자가 고배율에서의 양성 소견의 위치를 쉽게 알 수 있도록 저배율 사진이 필요한 것인지에 대해서는 저자가 결정한다. 항상 현미경사진은 확대 배율을 기록하여야 한다. 사진에 척도(scale)를 함께 제시하면 논문의 페이지모양에 맞추어 크기를 줄인다 해도 실제 크기를 예측할 수 있게 되므로 좋다. 특이한 소견이 있는 부위를 표시하기 위하여 글씨나 화살표를 사진 안에 포함시킬 수 있으며, 선으로 된 도해와 함께 첨부하여 설명할 수도 있다.

③ 흑백 혹은 컬러 도해

컬러 인쇄는 흑백 인쇄에 비하여 훨씬 비싸므로, 저자에게 추가 비용을 요구하지 않고 컬러 사진을 게재해 주는 학술지는 거의 없다. 만약 컬러 도해가 논문을 위해 꼭 필요한 경우는 해당 학술지의 컬러 인쇄비용에 대하여 미리 알아 보아야 한다.

인쇄를 위해서 인화된 컬러사진보다 슬라이드필름을 어떤 학술지 편집국에서는 더 선호한다. 원고를 우송하는 과정에 슬라이드 필름을 분실하여 생기는 문제 때문에 사진을 만들 때에는 항상 여분의 원본을 만들어 두는 것이 좋다. 원본의 슬라이드필름을 복사하는 것은 컬러의 해상도와 이미지의 선명함을 떨어뜨릴 수 있다.

대부분 과학논문의 도해는 흑백으로 충분하다. 꼭 컬러 사진이 필요한 경우는 아주 희미한 변화소견, 미세한 조직학적 염색 사진, 다양한 색의 스캔이미지 등이다. 만약 사용하고자 하는 원본 사진이 컬러 슬라이드필름일 경우 저자가 논문에는 흑백으로 인쇄되기를 원할 때는, 흑백 사진을 제작하여 편집인에게 보낸다. 적절한 필터(filtering)기술로 컬러 사진만큼 효과적인 흑백 사진을 얻는 경우도 있다.

4. 도해의 크기(size)와 모양(format)

사진의 폭이 높이보다 긴 직사각형 모양, 즉 인물화형식(portrait format)이라면 대부분의 논문의 페이지모양에 맞는다. 논문이 2행의 형태(double-column page)일 때, 도해는 1행으로 인쇄될 수 있도록 한다.

폭보다 높이가 더 긴 사각형의 도해, 즉 풍경화형식(landscape format)은 특별한 경우에 사용되는데, 예를 들면 독립변수에 따른 종속변수의 변동을 함께 보여

주고자 할 경우 등이다.

도해를 만들 때는 글씨의 크기와 줄의 두께, 그리고 출판을 위하여 축소하였을 때의 크기를 고려하여야 한다. 처음에 높이가 긴 사각형의 형태가 필요하다고 구상한 경우에도 독창력을 동원하여 가능하면 폭이 큰 사각형으로 만드는 것이 좋다. 예를 들면, 흉부방사선 사진은 대개 높이가 긴 형태를 가지고 있으므로 이때 정말로 필름 전체를 모두 필요로 하는가? 일부만을 찍어서 관심이 있는 구조물을 더욱 분명하게 보여줄 수 있지 않을까? 사진을 폭을 더 길게 만들 수는 없을까? 등의 질문을 스스로에게 하여야 한다.

1) 선 도해의 세부사항

선 도해는 논문의 본문을 읽지 않더라도 이해할 수 있어야 하므로, 모든 특징이 그 자체나 도해 설명문(legends for figures)에 의해 알 수 있어야 한다. 수치에 대한 그래프는 수평축과 수직축에 수치를 알 수 있도록 스케일과 단위를 달아야 한다. 그래프가 복잡해지지 않는다면 그래프 안에 있는 각각의 도해에 약어를 넣고 각주에서 설명한다. 만약 그래프의 내용이 매우 복잡하다면 이들 설명을 도해의 한 부분에 모아서 약어를 사용하여 표현할 수 있다.

선 도해(그래프, 혈통도 등)를 최종 인쇄했을 때 글씨가 눈에 거슬리게 굵거나 너무 작게 되지 않도록 한다. 글씨는 논문 출판 시의 크기로 줄였을 때 대문자가 2 ㎜ 정도의 높이를 가지도록 크기를 조절하면 된다. 만약 원본 도해가 출판될 도해의 두 배 크기라면 대문자는 4 ㎜ 높이로 쓰고, 세 배라면 6 ㎜로 맞춘다. 횡축선, 종축선, 추세선(trend line)이 글씨의 두께보다 두꺼우면 안 된다[Figure 4와 Figure 5 참조].

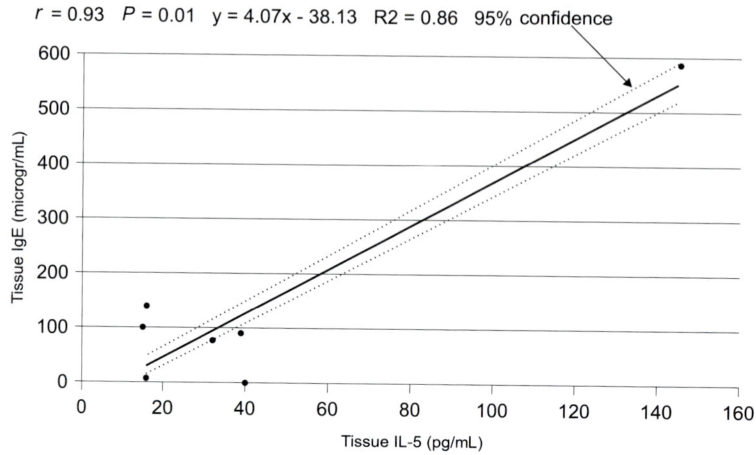

Figure 4. Correlation between tissue interleukin-5 and immunoglobulin E in rats.

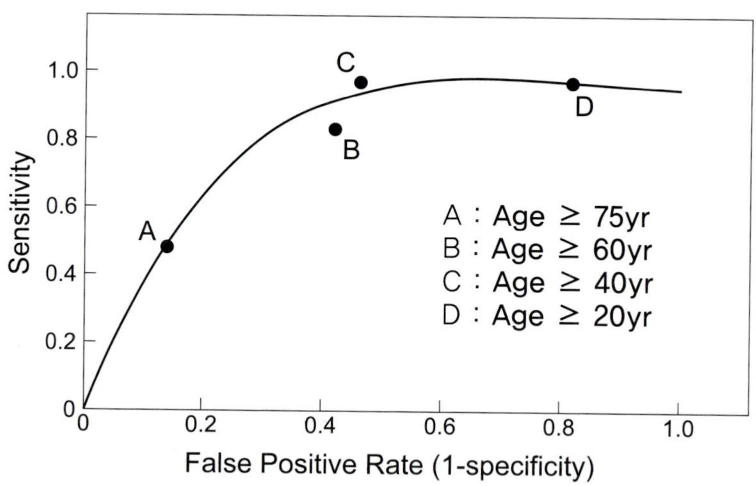

Figure 5. Receiver-operator characteristic curve for guinea pigs with exposure to gamma ray. Curve shows the discriminant value of increasing chronologic time.

2) Continuous-tone 도해의 세부사항

가장 효과적인 사진은 중요한 요점만을 보여 주고 불필요한 것은 포함하고 있지 않아야 한다. 사진은 관심 있는 부분만 나오도록 하거나 편집인이나 원고교열자(copy editor) 관심 부위를 쉽게 알 수 있도록 필요 없는 부위를 삭제하는 것이 좋다. 그러나 이런 과정에서 사진의 방향이 알 수 없게 되지 않도록 주의하여야 한다. 예를 들어 guinea pig의 뺨에 생긴 피부의 종양이라면 눈의 바깥쪽이나 귀의 앞쪽 일부가 나오도록 하는 것이 좋다.

사진 안에서의 세부사항은 필요하다면 글씨나 화살표 표시를 사용하여 강조할 수 있다. 이러한 글씨나 기호는 도해 설명문에서 반드시 기술되어야 한다. 어두운 부분에서는 흰색 글씨를 쓰고, 밝은 부분에서는 검은 글씨를 쓴다. 실제 크기가 중요하다면, 크기를 알 수 있는 척도를 사진에 포함시킨다. 예를 들면, 피부 종양 사진에서 센티미터의 눈금을 가진 자가 사진의 가장자리에 나오도록 찍을 수 있다. 현미경 사진에도 눈금을 포함시킬 수 있다.

3) 도해의 표시

각각의 도해는 그 순서를 파일명(file name)에 숫자로 표시하여야 한다(예: Figure 1, Figure 2…). 추가적인 정보로서 저자의 이름과 논문의 단축제목(running title)을 적어 편집인이나 심사위원이 그림을 쉽게 찾을 수 있도록 한다.

4) 서로 연관된 도해의 처리

밀접하게 관련된 사물에 대한 사진은 복합적으로 만들어 한 장의 도해로 표현하는 것이 효과적일 때가 있다. 예를 들면 신장(kidney)의 절단사진에 대해 cortex, pyramid, pelvis의 근접사진을 모아서 전체를 도해 한 장으로 제시하는 것이 도움이 될 것이다. 이런 경우 대다수의 학술지는 저자가 사진을 한 개의 파일에 모아서 조립하여 보내는 것보다 각각의 사진을 하나 하나의 독립된 파일로 만들어서, Figure 1A, Figure 1B 등으로 표시하여 보내는 것을 선호한다. 그러나 저자가 선호하는 배열과 모양에 대해 자신의 의견을 나타내는 별도의 그림을 첨부할 수는 있다. 이때 편집인은 저자의 의견에 동의하지 않고, 보다 나은 배열을 제시할 수도 있다.

각각의 도해는 반드시 서술적인 도해 설명문과 함께 제시되어야 한다. 도해 설명문은 본문에서 인용된 순서에 따라 번호를 붙인다(예 : Figure 1, Figure 2....). 도해의 제목은 구(phrase)로 만들어야 하며, 인쇄될 때 도해의 하단에 위치한다

(예 : Figure 1. Predicted and observed failure loads for stuttgart point-loads and uniformly loaded beams). 도해의 제목 뒤에는 독자들이 본문을 읽지 않고도 도해를 이해할 수 있도록 추가적인 설명을 영문 문장(sentence)으로 추가하며, 끝에 염색방법이나 확대배율 등의 필요한 설명을 반드시 넣어야 한다.

도해설명문은 모두 모아서 참고문헌 뒤에 새로 시작하는 페이지(separate page)에 별도로 타이핑해야 한다.

5) 도해의 제출

도해를 어떻게 제출할 것인지에 대하여는 각 "학술지의 투고규정"에 설명되어 있다. 대부분의 학술지는 사진의 크기를 7인치×7인치 이하로 제한하고 있고, 전형적으로 5인치(세로)×7인치(가로)의 사진을 원한다.

결론적으로 도해는 논문의 결론이 표나 문장으로는 충분히 설명될 수 없을 때나 중요한 소견에 대해서 강조하기 위하여 사용할 수 있다. 대부분의 학술지는 수용할 수 있는 표와 도해의 수를 제한하고 있으므로 반드시 이를 미리 확인하여야 한다. 도해는 전문적인 도해제작자와 사진기사에게 의뢰하여 준비하는 것이 가장 좋은 결과를 얻을 수 있으며, 형식, 글씨 그리고 관심을 끌기 위한 표시 등에 대해 자세한 의견교환이 있어야 한다. 도해 설명문은 그 자체만으로도 이해할 수 있도록 상세히 써야 한다(앞 장에 있는 "도해 설명문" 예 참조).

3부

영어문장을 문법에 맞게 쓰기

CONTENTS

01 영문과학논문 작성에 필요한 영문법 정리

모든 언어가 마찬가지이지만, 영어가 단시일에 습득되지 않기 때문에, 중도에 실망과 좌절로 포기하기 쉽다. 따라서 영어는 의욕, 인내, 노력, 요령이란 단어가 특히 요구되는 학과이다.

영어를 사용하는 데 있어서는 "읽기, 쓰기, 말하기"의 세 가지 요소가 두루 갖추어지지 않으면 안 된다. 어느 하나라도 제대로 하려면 대단한 노력이 필요하지만 그 중에서도 "쓰기"가 가장 어렵다. "읽기"는 중학교 1학년 때부터 끊임없이 교육을 받아 왔으며, "말하기"는 자신이 말하고자 하는 의도만 분명하면 문법이 틀리더라도 어떻게 해서든지 자기 의사를 상대방에게 전달할 수 있다. 여기에 비하면 "쓰기"는 전혀 공부하지 않은 사람이 허다하며, 공부했다 하더라도 거의 필수적인 내용에 중점을 두지 않았기 때문에 실력이 거의 제로에 가까울지 모른다.

"쓰기"가 가장 힘겹게 느껴지는 것은 그것으로 자기의 실력이 적나라하게 노출되기 때문이다. 자신이 "영작문 쓰기"를 한 문장에서 "이 사람은 이 정도의 수준이다"라는 꼬리표가 붙여지게 된다. 게다가 영구히 학술지에 남겨져 자기를 평가하고 판단하는 척도로서 타인에게 오랫동안 사용될 수도 있다.

그러면 영어 문장을 문법에 맞게 잘 쓸 수 있는 쉬운 방법은 없을까? 저자의 기본적인 생각은 과학논문을 영어로 쓸 때 어떤 형식과 요령이 있다는 것이다. 제3부의 내용은 영어 공부의 벽에 부딪힌 사람들도 과학논문을 영어로 쓸 때 틀리기 쉬운 것들을 기초부터 간단하고 정확하게 익힐 수 있도록 구성되어 있다.

이 장은 저명한 과학학술지에 나와 있는 자주 쓰는 영문 표현들을 참고하고 토대로 삼았다. 저자가 틈틈이 메모해둔 영작문에 필요한 영문법의 내용을 잘 정리하여 제시하였을 뿐 아니라 단어와 단어의 관용적인 결합으로 이루어지는 영문 표현의 예문들을 up-to-date하고, 우리 실정에 알맞게 수집하여 독자들이 활용할 수 있도록 배려하였다.

긴 문장은 짧은 문장들을 짜깁기하여 만들어진 것이다. 문장 하나하나를 스스로 쓰면서 가급적 외워 보자. 그렇게 실력이 쌓이면서 "영작문 쓰기"에 살이 붙어갈 것이다. 여기에 수집해 놓은 잘못된 영작문들을 철저히 공부하고 서점에 나와 있는 "모범예문집"을 참조하면 독자들의 영작문 실력이 현저하게 발전할 것이라고 저자는 확신한다.

이 책에서는 과학논문의 문장을 영어로 쓸 때 꼭 필요한 문법적인 사항을 기술한다.

■ 영어는 중복을 싫어한다.

1. 단순한 반복

1) This **study** is a prospective study. (X)
→ This is a prospective **study**. (O)

2) **The model** we used for our calculation was the Prandtl **model**. (X)
→ We used the Prandtl **model** for our calculation. (O)

3) Several **models** have been proposed, such as the Barnes [model], the Bernal-Fowler **model**, and the Pauling **model**. (X)
→ Several **models** have been proposed, such as **those by** Barnes, by Bernal-Fowler [model], and by Pauling. (O)

4) The detector is housed in a cylindrical **case**, and in this **case** there are also placed 7 preamplifiers. (X)

→ The detector is housed in a cylindrical **case, in which** there are also placed 7 preamplifiers. (O)

5) machinery **room**, electrical **room**, and control **room**. (X)

→ machinery, electrical, and control **rooms**. (O)

2. 공통어간, 어원을 가진 단어의 중복

1) We **use** the functions **usually used** in such cases. (X)

→ We **adopt** the functions **commonly** (**또는 widely**) **used** in such cases. (O)

2) The effect of **neglecting** Na was negligible. (X)

→ The effect of **ignoring** Na was negligible. (O)

3) The results are **tabulated** in Table 2. (X)

→ The results are **presented** in Table 2. (O)

3. 음유어

1) The reactions are **maintained mainly** [→ **principally**] by heat.

2) The present paper **presents** [→ **proposes;** 또는 **describes**] a new approach to this problem.

4. 전후하는 문장 사이에서의 어구 반복

1) This is shown in Fig. 13. **Fig. 13** indicates that.... (X)

→ This is shown in Fig. 13. **which** indicates that.... (O)

→ This is shown in Fig. 13. **This diagram** indicates that.... (O)

2) We employ **the least squares** method to fit the curve to the plot. **The least squares** method is commonly used for this purpose. (X)

→ ... to the plots. **This method** is commonly.... (O)

■ 명사에 대한 적합한 형용사 사용방법

형용사는 사물의 상태 · 성질이 어떠함을 설명하는 말이다. 형용사의 역할은 명사를 수식하는 것이다. 따라서 어떤 명사는 특정한 형용사를 필요로 한다. 다음에 정리되어 있는 형용사와 명사의 짝을 암기하라.

slow reaction
fast reaction
poor prognosis
good prognosis
little 또는 low possibility [또는 probability]
great 또는 high possibility [또는 probability]
weak 또는 low association(s)
strong 또는 high association(s)
slight improvement
marked improvement
low rate, incidence, dose, intensity, activity, significance
high rate, incidence, dose, intensity, activity, significance
scanty discharge
profuse discharge

이 밖의 명사들은 모두 mild, severe로 수식된다.

■ 비교문장의 병렬구조(parallelism in comparison)

결과(results)부분에서는 실험군(experimental group)과 대조군(control group)을 비교한다. 따라서 다음에 설명하는 비교문장 작성방법을 숙지해야 한다.

1. **than을 전후로 병렬구조를 만들기 위해 than 다음에 대명사, 전치사, 대동사 혹은 조동사를 필요로 한다.**
   The decrease in A was larger than *that obtained* for B. [여기서 that은 대명사임]
   Higher concentrations were found in substance W than *in* substance T.
   [than 앞뒤에 동일한 전치사가 필요함]
   Sugar gave a lower swelling temperature *than* (*did*) an equal quantity of compound A.
   [여기서 did는 대동사임. 과학논문에서는 대개 대동사 do를 생략한다.]

2. **대비사상을 수식어가 없는 단순어(simple word)로 ①주어 ②목적어 ③보어의 위치에 놓는다.**

예1) The breath/length ratio of group A was greater than that of group C. (X)
→ The breath/length ratio was greater in group A than in group C. (O)

예2) The correlation between CP and AP was stronger than that between CP and XP. (X)

→ CP more strongly correlated with AP than with XP. (O)

3. 특수구문

"~의 몇 %이다"라는 문장은 특수한 형태의 비교구문이다. 따라서 병렬구조를 취하기 위해 다음과 같이 대명사가 필요하게 된다.

Electron flow to the land is about 30% of the oceanic electron flow. (X)

→ Electron flow to the land is about 30% of *that* to the ocean. (O)

다음에 단순어(simple word)를 주어로 사용한 비교문장을 예시한다. 잘 이해한 후 암기하기 바란다.

1) Hexagonal lattice shows better convergence than tetrahedral lattice. (X)

→ Convergence is better with hexagonal than with tetrahedral lattice. (O)

2) Using f_1 as basis should provide the system with a safer temperature coefficient than using f_0 to obtain the Doppler coefficient. (X)

→ The system should acquire a safer temperature coefficient when the Doppler coefficient is based on f1 than on f_0. (O)

3) The I_0 values of non-irradiated Cu-doped cells are larger than for non-doped cells. (X)

→ The I_0 values of non-irradiated cells are larger for the Cu-doped than those of non-doped cells. (O)

4) The legs of kangaroos are more developed than their paws. (X)

→ Kangaroos have more developed legs than paws. (O)

5) Grain boundaries in the peripheral region of both sintered and swaged specimens were attacked deeper than those in the central region by chemical etchant. (X)

→ In both sintered and swaged specimens, chemical etchants attacked the grain boundaries more deeply in the peripheral zones than in the central core. (O)

6) The reaction onset of group A specimens was earlier than that of group C specimens. (X)

→ The reaction onset was earlier in group A specimens than in group C specimens. (O)

다음 문구는 위에서 설명한 바와 같이 병렬구조를 필요로 한다. 다음 구(phrase)에서 A와 B는 같은 품사이든가 문법상 같은 기능을 가진 것이 대립관계에 있어야 한다.

1) 상관접속사

not A but B (B가 동사의 단수/복수를 결정한다.)
either A or B (B가 동사의 단수/복수를 결정한다.)
neither A nor B (B가 동사의 단수/복수를 결정한다.)
not only A but also B (B가 동사의 단수/복수를 결정한다.)
both A and B (항상 복수동사를 취한다.)
B as well as A (B가 동사의 단수/복수를 결정한다.)

not only A but (also) B: B에 있어서의 also의 유무

① also를 생략하는 경우: (1) 〈B가 A를 포함함〉 He is well-known *not only* in Korea *but* throughout the world. 그가 한국에서뿐 아니라 온 세계에서 유명하다. (2) 〈B는 A의 자세한 기술〉 This dictionary is *not only* good, *but* very good. 이 사전은 단지 좋다 뿐만 아니라 (그것도) 썩 좋다.

② A와 B가 대등하며 별개일 때 not only A but B와 not only A but also B를 모두 사용할 수 있음: He is well-known *not only* in Korea *but* (*also*) in America. (그는 한국에서뿐 아니라 미국에서도 유명하다.) 결국 애매할 때는 언제나 also 없이 문장을 만들면 안전하다.

2) 비교를 나타내는 구문

A is different from B.
A is similar to B. A is the same as B.
A is superior [또는 inferior] to B.

(as; 또는 when) compared to [또는 with]~
compare A to [또는 with] B

prefer A to B
would rather A than B
from A to B　　　　　　　　between A and B

■ 형용사의 어순

여러 개의 형용사를 쓸 때는 문법적으로 다음과 같이 세 가지의 규칙이 있다.

1. 형용사를 6개의 카테고리로 나누어 그 순서대로 배열한다.

순서	카테고리	예
class 1	관사, 소유격[Article]	a, an, the, this, my
class 2	수량 형용사[Number]	three, 7, the 12th, many, few, multiple
class 3	대소[Size]	small, big, little, great, giant, large
class 4	성질, 정도를 나타내는 형용사[Shape]	careful, dangerous, heavy, rare, strong, useful, weak, healthy, helpful 등 대부분의 형용사가 class 4에 속한다.
class 5	신구[Age]	young, old, elderly
class 6	색깔[Color]	white, red, black, gray

예문) 1. compact 32 stars (X) → 32 compact stars (O)
2. internal multiple foci (X) → multiple internal foci (O)
3. safe effective treatment (X)
→ a safe, effective treatment (O)
a safe and effective treatment (O)

이 예에서는 형용사 safe와 형용사 effective가 모두 class 4에 속하므로 쉼표나 and로 분리시켜야 한다.

2. 형용사와 명사 사이의 밀착성(형용사의 affinity for noun)에 따라 배열한다.

예) asymptotic giant branch stars (giant는 asymptotic보다 밀착성이 강하다)
new large Magellanic cloud (Magellanic은 앞에 있는 new large보다

밀착성이 강하다)
young white people (white는 young보다 밀착이 강하다)

3. 주관적 형용사(opinion adjective)와 객관적 형용사(fact adjective)가 같이 있을 때는 주관적 형용사가 앞에 온다. 주관적 형용사란, 가치판단이나 의견을 담은 내용을 나타낸다. 한편 객관적 형용사는 대소, 신구, 색, 유래, 재질 등의 사실을 설명한다.

예) effective and basic processes
delicious and hot coffee

■ 부사(adverb)

영어문장 안에서 부사의 위치는 비교적 자유롭기는 하나 대략적인 규칙이 있으므로, 기본적인 위치를 확인하고 이를 따르는 것이 좋다.

1. 형용사나 부사에 걸릴 때는 그 앞에 둔다.

- It is *very* large.
- This result is *quite* significant.
- The boy arrived a *little late*.

그리고 enough는 예외로서 뒤에다 둔다.

- It is large *enough*.

2. 시간, 양태, 정도를 나타내는 부사는 「본동사」 또는 「본동사 + 목적어」의 뒤에 놓는다.

- The disc rotated *slowly*.
- We visited my parents *yesterday*.
- He speaks English *fluently*.

또한 타동사와 목적어는 결합 정도가 매우 강하므로 부사로 분리하는 것은 금물이다.

3. 빈도부사는 본동사 앞에 둔다.

- He *always* writes letters.
- The robot *often* broke down.

4. 장소, 방향을 나타내는 부사는 「본동사」 또는 「본동사 + 목적어」의 뒤에 놓는다.

- He placed the bag *there*.
- I went *home* at midnight.
  이 예문의 home은 부사로 쓰이고 있는 점을 주의할 것.

5. 문장 전체에 걸리는 부사는 맨 앞이나 「본동사」 앞에 놓는다.

- *Generally*, we study until 9 p.m. 또는 We *generally* study until 9 p.m.
- *Suddenly*, the dog attacked me. 또는 The dog *suddenly* attacked me.

6. 현재완료의 have, will 등의 조동사 및 be 동사가 있는 문장 안에서 부사의 위치는 이들 단어 뒤에 오는 것이 기본이다.

- He has *already* returned to the U.S.
- The professor will *soon* go back to Europe.
- Professor White is *patiently* checking the English of my paper.
- Japanese students are *generally* passive.
  다만 방향, 장소의 부사는 동사구의 뒤에 놓아도 된다.
- All the books have been moved *upstairs*.

7. 부사의 위치에 따라 문장의 의미가 달라질 수 있다. 첫째로 전치사(preposition)가 들어있는 부사구는 그 의미가 모호해질 수 있다. "Look at that dog with one eye."라는 문장의 의미는 'USING one eye'라는 의미일 수도 있고 'HAVING one eye'의 의미일 수도 있다.

부사나 부사구를 문장에 위치시키고자 할 때에는 주의해야 하며, 특히 한 문장 내에 두 개 이상의 부사구를 사용하고자 하는 경우에는 더욱 주의해야 한다. 다음에 자주 접하게 되는 예를 제시한다.

The investigator delivered a lecture about cows with diabetes at the institute in 2010.

강의가 연구소에서 2010년에 소에서 발생한 당뇨에 관한 강의였을까? 혹은 어떤 강의가 2010년에 연구소에서 이루어졌을까? 과학논문은 의미가 명확한 문장으로 작성해야 하므로 이렇게 여러 개의 부사구를 나란히 기술하는 것을 피하고 그 정보를 다른 순서로 재배치해주는 것이 바람직하다. 만약 사용하고자 하는 부사구가 문장 전체와 연관이 있다면 부사구를 문장의 맨 앞에 두는 것이 옳다.

In 2010, the investigator delivered a lecture about cows with diabetes at the institute.

또는 문장을 한 단위당 하나의 부사구만 들어가도록 여러 개의 단위로 나누어 쓴다.

In 2010, the investigator delivered a lecture about cows with diabetes at the institute; his subject was diabetes.

부사의 어순을 다음과 같이 요약할 수 있다.

1) 부사의 어순: 장소, 방법, 빈도, 시간의 순서로 나열한다.
   The remaining fluid was centrifuged in a centrifuger at 800 revolutions per minute 3 times for 5 minutes.

2) 그러나 부사나 부사구는 짧은 것이 앞에 위치한다.

예) The samples were incubated briefly at room temperature.

3) 정도부사: generally, even, nearly, almost, also, still
   빈도부사: always, commonly, often, sometimes, scarcely, hardly, seldom, never
   정도부사, 빈도부사는 다음에 표시한 삼각형 부위에 위치시킨다.
   조동사▼본동사 have▼pp be▼pp의 어순으로 나열한다.

빈도부사(adverb of frequency)

- 빈도부사를 %로 기억해 두면 고찰(discussion)부분을 기술하는 데 유용하다.
- always (항상)는 100%의 빈도를 나타낸다(1주일을 기준할 때는 7일을 나타낸다).
- almost always (거의 언제나, 늘)는 대략 90%의 빈도를 나타낸다(1주일 중 6일).
- usually (흔히, 보통)는 대략 70%의 빈도를 나타낸다(1주일 중 5일).

- often (자주)은 대략 50%의 빈도를 나타낸다(1주일 중 4일).

예) This is of error often occurs in such experiments.
이러한 실험들에서 이런 오차가 자주(50%의 빈도로) 발생한다.

- frequently (종종)는 대략 30%의 빈도를 나타낸다(1주일 중 3일).
- sometimes = occasionally (때때로)는 대략 20%의 빈도를 나타낸다(1주일 중 2일).
- never (결코 ~하지 않다)는 0%의 빈도를 나타낸다(1주일 중 0일).

확률부사 · 형용사(adverb or adjective of probability)

확률을 나타내는 부사에는 여러 가지가 있으나, 그 사전상의 의미로는 정확한 사용이 어렵다. 연구결과(results)부분에서 %로 기술된 데이터 숫자를 고찰(discussion)부분에서 그대로 인용하지 않고, 확률부사 · 형용사를 사용하여 기술하게 된다. 따라서 각 부사 · 형용사가 가지는 대략의 확률을 기억해 두면 유용하다.

- 90% 이상의 확률일 때는 inevitably, necessarily, definitely, unquestionably, certainly, undoubtedly, in most cases, in almost all cases, in all cases, in 100%를 사용한다.
- probably (십중팔구)는 대략 80%-90%의 확률을 나타낸다.
- likely (아마)는 대략 50%의 확률을 나타낸다.
- less likely (40%), least likely (30%)나 more likely (60%), most likely (70%)를 활용할 수도 있다.

예) It is likely that the other specificities are inherited as well.
아마 [50%의 확률로] 다른 특징들도 역시 유전되는 것 같다.

- possibly와 perhaps (아마)는 대략 10%~20%의 확률을 나타낸다.
[참고: maybe는 주로 회화체에서 사용되며 과학논문에서는 사용하지 않는다.]

접속부사(adverb of conjunction)

한국어의 "따라서"를 표현할 때 여러 가지의 접속부사를 사용할 수 있다.

1) therefore

- In this case, the vibratianal modes cannot be ignored, and **therefore** the treatment here becomes much more complicated.
- Calculations by the Monte Carlo method are time-consuming. **Therefore**, a simplified approximate method is proposed.

2) thus

- We must demonstrate that X is a compact space, and **thus** we attempt to prove that every infinite set has an accumulation point.
- The repeated twisting causes the filament to weaken, and **thus** it breaks before $t = t_0$.

3) hence

- The 2 existing experimental results are $s = 3.3 \pm 0.4$ and $s = 2.9 \pm 0.3$. **Hence**, there is nothing to favor either of the theories, which yield $s = 3$ and $s = 16/5$, respectively.
- The tachometer gives fast and accurate measurement of speed variation and **hence** is suitable for closed-loop control of cd motor drives.

4) consequently

접속부사 consequence는 어떤 사상에 유래되는 필연적인 결과를 의미하며, 그 부사형인 이 단어는 필연성이 높은 이유를 기술할 경우에 적합하고, 한국어의 "결과적으로"라는 느낌이다.

- This surface is never exposed to corrosive matter, and ***consequently*** its walls do not require to be of special meterial.

"표면이 부식성 물질에 접촉되지 않는다."라는 요인과 "벽재로써는 특별한 것을 사용할 필요가 없다."라는 결과 사이에는 직접적인 필연성이 있다.

- This defect causes a transmission loss increase in the visible and near infrared spectral regions. **Consequently**, much research has been directed at minimizing this defect.

5) for this reason

"부식성 물질에 접촉되는" 결과, 대책으로서 "벽은 스테인리스 강판으로 하였다."에서 요인과 결과는 직결되지 않고, 그 사이에 인위적인 선택이 개재된다. 그래서 여기서는 "for this reason"을 사용하는 것이 좋다.

- This surface is exposed to corrosive matter, and ***for this reason*** its walls were made of stainless steel.

6) thereupon

요인과 결과 사이에 시간적인 전후관계가 가미되어 "그래서"라는 느낌이다.

- This assumption permits the equation to linearized, and ***thereupon*** the problem becomes quite simple to solve.

"가정을 채용하여 방정식이 선형화되고, 그래서 문제는 간단하게 풀린다."로 ***thereupon***을 사용함으로써 방정식의 선형화라는 처리가 행해진 때를 경계로 해서 그 전과 후가 양상이 바뀌는 면을 강조하고 있다.

■ 전치사(preposition)

- above vs. below/ beyond vs. within/ over vs. under

Above this line, the water level will not rise.

Below 95°C, the water temperature begins to saturate.

Beyond 4 seconds, fuel will melt under this condition.

Within 4 seconds, the fuel will not melt under this condition.

Over 7,500 km of railroad have so far been electrified.

Under 150 nuclear power reactors are in operation today.

이상의 예문에 보인 것은 각각 다음을 나타내고 있다.

① *above*는 상하 · 고저의 관계에서 정확하게 규정된 1개의 선을 초과

② *beyond*는 수평으로 그어진 선상(시간은 그래프의 횡축이란 개념으로 받아들인다)에 정확하게 규정된 한 점을 초과

③ *over*는 다소 부정확한 한계를 초과: 여기서 more than으로 표현할 수 있으나 위의 3개의 전치사 중에서 선정하는 편이 명쾌한 표현을 얻을 수 있다.

■ 접속사(conjunction)

단어, 구, 절을 대등하게 연결하는 등위 접속사(and, but, or 등)와 그 절을 다른 부분에 종속적으로 연결하는 종속 접속사(when, because 등)가 있다. 여기서는 논문 작성에 필요한 문법적인 사항을 설명한다.

1. and와 or에 의한 접속

3개 이상의 어구를 연결할 때는 맨 끝에만 and를 넣는다.

- A, B, *and* C 또는 A, B, *or* C

그리고 부정문에서는 and가 아니고 or를 쓴다.

- He does not drink *or* gamble.
  그는 술을 안 마시고 노름도 안 한다.

- I do not have money *or* time.
  나는 돈도 시간도 없다.

그러나 and로 연결된 어구가 관용구적으로 한 묶음으로 쓰이는 것은 부정문에서도 and를 그대로 써도 된다.

- I was not *born and bred* in Korea.
  나는 한국에서 태어나 자라지 않았다.

- My father *never drinks and drives*.
  아버지는 음주운전을 절대로 안 하신다.

음주운전에는 drunken driving이라는 표현도 있다.
문장을 and로 연결할 때의 「~것도 ~않는다」는 too나 also가 아니고 either가 된다.

- I do not like playing soccer and I do not like watching soccer, *either*.
  축구하는 것도 구경하는 것도 좋아하지 않는다.

- I did not attend the meeting and he did not, *either*.
  나는 회의에 나가지 않았고, 그도 나가지 않았다.

2. 대립의 접속부사 but / however

접속부사 however는 엄밀히 말해서 접속사가 아니고 부사이지만, but과 같은 대비의 의미를 지닌다. 그러나 대비의 의미는 but보다 약하다. 접속부사 however는 문장의 맨 앞에 사용할 수도 있고, 문장 안에서 사용할 수도 있다. 문장 안에 사용할 경우는 앞뒤에 쉼표를 붙인다.

- *However*, he gave up this research later.
- Later, *however*, he gave up this research.

동위접속사 but은 접속사이므로 문 안에서 사용하고, but으로 문장을 시작하는 것은 피하는 것이 좋다.

- The group initiated the research, *but* they gave it up later.

3. 이유를 나타내는 접속사 because / since / for

모두 이유를 나타내는 종속 접속사이지만 그 가운데 인과관계에 근거한 사실의 원인을 명확하게 나타내는 뉘앙스의 강도는 because > since > for 이다.

- We cannot use this equipment *because* it is broken.
  부서졌기 때문에 이 설비를 쓸 수 없다.
  이 문장에서 because를 맨 앞에 두어도 된다.

Because ~~, we ~~.
since는 미국영어에서 자주 사용된다. 인과관계의 강도가 because보다 약하다.

as는 구어에서 자주 쓴다. 따라서 과학논문에서는 거의 사용하지 않는다.

- *As* you are not ready, we must go without you.

접속사 for는 원인을 나타내지만, 다분히 문학적인 여운이 있어 인문계 논문에서는 자주 사용하지만 과학논문에서는 부적절한 접속사이다.

- It looks like rain, *for* it is getting dark.
  어두워지니 비가 올 것 같다.

접속사 for는 등위접속사이므로 문두에는 쓸 수 없다.

■ 명사(noun)

명사는 여러 가지 관점에서 분류할 수 있으나, 그 중의 하나로서 가산명사(countable noun)와 불가산명사(uncountable noun)로 나누는 방법이 있다.

가산명사라 함은 셀 수 있는 것을 가리키는 명사로서, 단수 · 복수의 구별을 지을 수 있는 명사이다. 불가산명사란 셀 수 없는 것을 가리키는 명사로서 복수어미 -s나 -es를 붙일 수 없다. 그러나 이러한 구별 방법은 충분한 것이 못 된다. 셀 수 있는 것이라고 해도 우리말로 '가구'라고 하면 하나, 둘, … 로 셀 수 있는 것으로 생각되나, 영어의 furniture는 불가산명사에 속한다. '민주주의'라고 하면 셀 수 없는 추상명사로서 불가산명사로 생각되는 것이 보통이며 영어로도 democracy는 그렇게 쓰이지만, 그것이 '민주주의 정체(국가)', 또는 '민주주의의 종류'란 뜻이 되면 가산명사로 취급되어 a democracy, democracies처럼 쓰인다.

따라서, 대체로 어떤 명사가 어떤 의미에 있어서 가산명사 또는 불가산명사로 쓰이느냐 하는 경향을 파악하는 것이 중요한데, 또한 그 구분 자체가 절대적인 것이 아니라는 점에도 유의할 필요가 있다.

한국어에는 없는 명사 이분법이기 때문에 우리에게는 까다로운 문법항목이다. 가산명사인가 불가산명사인가에 따라 관사의 사용법도 달라지기 때문에 관사의 사용법과 함께 그 사용법을 확실히 파악해야 한다. 영어에서 가산명사와 불가산명사의 구별은 아래와 같다.

1. 보통명사와 집합명사는 가산명사이지만 고유명사, 추상명사, 물질명사는 불가산명사이다.

1) 가산명사의 예

samples, films, particles, neutrons, references, experiments, considerations, theories, investigations, results, differences, difficulties

2) 불가산명사의 예

water, air, wood, iron, helium, help, truth, paper, advice, news, knowledge, information, literature, research, work, baggage, luggage

명사 가운데는 의미에 따라 가산명사가 되거나 불가산명사가 되는 것이 의외로 많다. 그 대표적인 것이 paper이다.

예) Wrap it in *paper*.

"종이로 싸다." 종이라는 뜻이며, 여기서는 물질명사이므로 불가산명사이다. 종이 한 장이라고 말할 때는 a piece/sheet of paper라고 한다.

예) He submitted two *papers*.

"논문 두 편을 투고했다"라는 뜻이고, 여기서는 보통명사이므로 가산명사이다.

다음과 같은 물질명사는 뜻이 비슷한 보통명사가 있어 틀리기 쉬우므로 주의해야 한다. 이것으로도 알 수 있듯이 의미를 생각해 보아도 가산인지 불가산인지 판단할 수 없는 명사가 많다. 영어사전에 가산명사, 불가산명사가 표시되어 있다. 명사를 암기할 때는 가산인지 불가산인지를 함께 외우는 것이 좋다.

3) 의미가 비슷한 물질명사와 보통명사의 예

baggage (수하물–물질명사)와 bag (주머니–보통명사),
grass (풀–물질명사)와 leaf (잎–보통명사),
shade (그늘–물질명사)와 shadow (그림자–보통명사),
tobacco (담배–물질명사)와 cigar (엽궐련–보통명사)

4) 집합명사는 그것이 한 단위를 나타낸다고 볼 때는 집합명사와 똑같이 취급하고, 부정관사 a/an을 붙이거나, 복수형으로 만들 수 있다.

예) There is *an* American family living in this town.

Ten *families* are living in this small town.

그런데 집합명사가 주어일 때 형태는 단수이지만 복수 취급을 하는 것은 까다롭다. 다음 예를 보자.

예) My family *lives* in Seoul.

My family *are* all tall.

첫 예문은「나의 가족은 서울에 살고 있다」는 뜻이므로 family는 단수로, 동사에는 3인칭 단수 현재를 나타내는 –s가 붙는다. 이에 대하여 다음 예문의 동사는 is가 아니고 are이다. my family는 형태상 단수이지만 내용을 생각해서 복수로 취급하는 것이다. 곧 my family를 하나의 단위로 보는 것이 아니고, 개개의 구성원에 주목하고 있으므로 복수로 다루는 것이다.

• 집합명사의 예

committee, couple, team, class, crew, army, navy

집합명사에 대하여 더욱 주의해야 할 것은 위와 같은 보통명사(단수형으로도 복수형으로도 사용되는)적인 것과, 물질명사적인 것이 있다는 것이다. 물질명사적인 집합명사는 복수의 −s를 갖지 않고, 항상 단수로 취급하며 수량을 나타낼 때는 much, (a) little을 쓴다. 다만 물질명사적인 집합명사의 수는 많지 않다. 물질명사적인 집합명사로는 다음과 같은 것이 있다.

• 물질명사적인 집합명사의 예

machinery (기계류), equipment (설비), clothing (의류), stationery (문방구)

예) How much new machinery has been installed?

「새 기계류가 얼마나 많이 설치되었습니까?」

그리고 물질명사는 「단위표시어 + of」를 달아서 셀 수 있듯이, 물질명사적인 집합명사도 같은 식으로 해서 셀 수 있다. 예컨대 machinery는 a piece of machinery, two pieces of machinery 식으로 쓸 수 있다. 이 경우 단위표시어는 모두 piece로 나타낼 수 있다.

• 언제나 복수로 취급되는 집합명사

집합명사에 관해서 마지막으로 주의해야 할 것은, 물질명사적인 집합명사와는 반대로 언제나 복수로 취급되는 것이 있다는 점이다. 그러한 집합명사는 그리 많지 않으며, police를 외워두면 될 것이다. 그 외에 clergy, aristocracy, gentry, peasantry, nobility가 여기에 속한다.

• The police are looking into the matter.

경찰이 그 사건을 조사 중이다.

• Several police are patrolling the city.

여러 명의 경관이 도시를 순찰 중이다.

2. 가산명사는 단수형에 a/an 또는 the를, 복수형에는 무관사[이 책에서는 (__)로 표시 했음] 또는 the를 붙인다.

단수형, 복수형, 각 명사의 종류와 관사의 조합을 정리하면 다음과 같다.

- a/an + 단수명사(보통명사, 집합명사)
- the + 단수명사(보통명사, 집합명사, 물질명사, 추상명사)
- the + 복수명사(보통명사, 집합명사)
- (__) + 단수명사(고유명사, 물질명사적인 집합명사, 물질명사, 추상명사)
- (__) + 복수명사(보통명사, 집합명사)

3. 불가산명사는 복수형을 취하지 않는다.

이 규칙은 어떤 것이 불가산명사인지를 모르면 지키기 어렵다. 의미만으로 가산인지 불가산인지를 어느 정도 추측할 수 있지만, 어째서 이것은 셀 수 없는 명사이고, 저것은 셀 수 있는 명사인지 이해하기 어려운 명사도 많다. 이런 것은 하나하나 따로 외우는 수밖에 별 도리가 없다. 가산, 불가산명사로 틀리기 쉬운 단어를 들어 본다.

예) He gave me good *advice*. He gave me a lot of good *advice*.
advice는 물질명사이고 불가산명사이다. 따라서 「많은」의 경우에는 many를 쓸 수 없다.

예) Much *work* exists.
이 work는 「연구」의 뜻이지만, 「일」이라는 뜻도 불가산명사이다. work는 미술작품, 문예작품의 의미로 쓰일 때는 가산명사가 된다. 예컨대 the complete works of Shakespeare는 「셰익스피어 전집」이다. 이와 비슷한 단어로 「연구」라는 뜻의 study는 아래처럼 가산명사이다.
cf. Two studies exist.

예) He did much *research* in this field.
일반적으로 「조사, 연구」일 때는 복수형이 되지 않는다.

예) The *following* is [are] clarified.
이것은 「다음(과 같은) 것이 분명해졌다」는 의미이며, 「다음 것」이 한 가지, 한 항목일 때는 단수가 되지만, 복수의 항목을 포함할 때는 복수가 되는 경우이다. 이런 뜻에서는 집합명사와 비슷하다. 그리고 "The followings are clarified." 처럼 복수형의 -s를 붙이는 것은 잘못인데 자주 눈에 띈다.

예) Much *literature* on this subject is listed.

「많은 문헌」이라는 뜻인데, 물질명사이므로 복수형이 되지 않는다. 따라서 is로 받는다.

4. 단수형과 복수형이 똑같은 것이 있다.

보통명사인데 복수형일 때도 명사의 형태가 바뀌지 않고 단수형과 똑같은 것이 있다. 그리고 복수형처럼 보이지만 단수형도 똑같은 것이 있다. 일상생활에서 수(數)가 중요하지 않은 명사(예컨대 무리를 이루는 sheep) 따위가 단수복수동형이 되었는지 모른다. 이런 것은 가산, 불가산명사와 마찬가지로 그 이유를 너무 따지지 않고 외워두는 것이 좋다.

- 단수복수동형의 예

  a fish/many fish; a sheep/many sheep; an American/many American; a Chinese/many Chinese; a hundred/three hundred; one thousand/five thousand; one series/two series; a means/many means(수단)

예) "200파운드를 지불했다"는 문장은 "I have paid two *hundred* pounds."가 된다.

hendred에는 -s를 붙이지 않지만 pound는 복수형으로 만든다. hundreds of pounds(수백 파운드)라는 표현에서는 hundred에 -s가 붙지만, 이것은 hundreds of ~라는 숙어로서의 용법이다. 마찬가지로 「수천」이라는 뜻의 thousands of ~라는 숙어도 있다.

5. 그리스어와 라틴어에서 유래한 단어로서 복수형을 쓰는 것.

명사 가운데는 보통의 복수형 어미 -s가 아니고, 다른 복수어미를 취하는 것이 있다. 이런 것은 원래 그리스어 또는 라틴어 단어이다. 과학영어뿐만 아니라 일반적인 학술영어에는 그리스어와 라틴어에서 유래한 단어가 많으므로 접할 기회가 많을 것이다. 복수형을 만드는 데는 어느 정도의 규칙이 있어 유추가 가능하다.

- [-a → -ae] antenna → antennae ; formula → formulae (formulas도 맞음); larva → larvae (larvas도 맞음)

- [−ex → −ices] index → indices (지수), indexes (색인); vortex → vortices (vortexes도 맞음)

- [−ix → −ices] appendix → appendices; matrix → matrices

- [−is → −es] analysis → analyses; axis → axes; basis → bases; crisis → crises; hypothesis → hypotheses; parenthesis → parentheses; thesis → theses(덧붙여 말하면 이 −is가 −es로 바뀔 때 발음도 변한다. 예: thesis [⋯sis] → theses [⋯siz]

- [−on → −a] criterion → criteria; phenomenon → phenomena

- [−im → −a] erratum → errata; maximum → maxima (maximums도 맞음); medium → media (mediums도 맞음); spectrum → spectra; symposium → symposia; vacuum → vacua

- [−us → −i] focus → foci (focuses도 맞음); genius → genii (geniuses)도 맞음); fungus → fungi (funguses도 맞음); locus → loci; mucleus → nuclei; radius → radii

6. 학과명은 복수형처럼 보이지만 단수 취급한다.

- 학과명의 예

  statistics, politics, calculus, economics, mathematics, linguistics, physics, ergonomics

  이상 명사들은 맨 끝의 s 때문에 복수형으로 보이지만, 모두 불가산명사이며 단수로 취급한다.

예) *Physics* is difficult.
물리학은 어렵다.

예) Statistics is useful for analyzing data.
통계학은 데이터 분석에 유용하다.

7. 형용사적 용법의 명사는 언제나 단수형으로 쓰이며, 보통 하이픈(hyphen, –)으로 연결된다.

[형용사적 용법의 명사]란 명사를 수식하는 명사를 말하며, 수량이나 시간의 길이를 나타내는 것이 많다.

- 형용사적 용법의 명사의 예
  a 3-*year-old* baby, a 2-week holiday, a 5-*cm* screw (5 cm의 나사)
  이 경우 수식하는 명사는 단수로 해야 한다. 그리고 saw-*tooth* wave (톱니파도)라고 말할 때도 tooth는 수식하는 명사이므로 teeth가 아니고 단수형의 tooth가 된다.

8. 문자, 숫자의 복수형에는 –'s를 붙인다. 약어의 복수형은 각각 암기해야 한다.

- 문자나 숫자의 복수형의 예
  two D's (두 개의 D), two 7's (두 개의 7), the 1980's (1980년대)
  –'s는 소유격처럼 보이지만 복수형을 나타낸다. 본래는 두 글자 이상의 대문자로 된 약어(예, WSN)의 복수형은 –s만으로 족하며, 실제 아포스트로피(apostrophe)를 붙이지 않는다. 그러나 문자 · 숫자의 복수형에는 아포스트로피를 붙이는 것이 정식 용법이다(단, 숫자가 10개 이상의 경우에는 아포스트로피가 없는 s만으로도 무방하다는 편집방침서나 학술지도 있다 예: 17s).

- 약어의 복수형의 예
  Drs. (박사), pp. (페이지, 쪽), ll. (행)
  특수한 예로 p.(페이지)나 l.(행)과 같은 약어를 겹쳐서 pp.나 ll.로 표현한다.

예) *Drs*. Johnson and Smith [존슨 박사와 스미스 박사]

예) Refer to *pp*. 15–17.

이상은 편집방침에 따라서 복수, 단수 양쪽을 p.로 통일하는 경우와, 약어라도 일반적인 약어인 p.는 마침표 없이 p로 쓰는 경우처럼 통일되어 있지 않다. 투고규정을 확인하는 것이 가장 좋다.

RC (reinforced concrete)는 대문자 2개가 연속되어 있으므로 RCs라고 약자를 쓴다.

한정사(determiner)는 'the, a, my, this, one, some' 같은 것들이다. 한정사를 문법에 맞게 사용하는 데는 어려움이 많다. 첫 번째로, 어떤 명사가 가산명사인지 알기가 어렵고, 두 번째로 혹시 안다고 하더라도 'a'를 사용할지 아니면 'the'를 사용할지를 어떻게 결정하는가 하는 일이다.

어떤 명사가 가산명사인지 불가산명사인지를 결정하는 것은 보기처럼 그리 쉬운 일은 아니다. 보통 불가산명사처럼 보이는 많은 명사들이 가산명사로 사용된다. 예컨대 death나 industry, steel은 복수형이 생길 수 있다.

다음은 항상 불가산명사로 사용되는 단어들이다.

access, advice, damage, data, earth, electricity, evidence, equipment, health, freedom, independence, help, insurance, ice, knowledge, information, machinery, intelligence, literature, nature, percent, permission, plasma, pollution, progress, protection, security, rain, research, respect, safety, stuff, sunlight, traffic, transport, violence, wealth, welfare, wildlife

다음 단어들은 불가산명사와 가산명사로 사용될 수 있는 단어들이다.

absence, age, agriculture, analysis, art, atmosphere, behavior, calculation, capacity, concern, convection, death, depression, design, duty, economy, education, environment, experience, failure, fashion, fear, fire, fish, food, growth, heat, history, industry, land, life, light, loss, oil, organization, philosophy, policy, power, pressure, purity, reality, salt, sand, science, silence, space, strength, technology, time, trouble, truth, waste

NOTE 3-1 • 명사(noun)

명사는 불가산명사(uncountable noun; 사전에서 단어 뒤에 n.[U]로 표시되어 있음)와 가산명사(countable noun; 사전에서 뒤에 n.[C]로 표시되어 있음)로 나누어진다.

1. 복수형으로 쓸 수 없는 불가산명사

   evidence *n.*[U] 증거, **literature, information, knowledge, data, percent, research, plasma, permission, childhood** 등

   예 2 piece of **evidence** (2개의 증거)

   Little data was available.
   This data was obtained from the specimens.

2. 문장 안에서의 어떤 단어는 그 단어의 의미에 따라 불가산명사일 수도 있고, 가산명사일 수도 있다.

   예 **hair** *n.*[UC] **clover** *n.*[UC] **straw** *n.*[UC] **land** *n.*[UC]

3. 같은 의미의 단어들도 다른 경우가 있다.

   damage 3.[U] versus **injury** *n.* [C]

주의해야 할 명사(noun)의 사용법

영어문장에서는 명사를 중복해서 사용하지 않는다.

1) Table 1 and Table 3 (X) → Tables 1 and 3 (O)
2) Figure 2 and Figure 5 (X) → Figures 2 and 5 (O)
3) 한 figure에 여러 개의 그림이 포함되어 있는 multipanel figure는 다음과 같이 기술한다.

   Figure 2A　　Figure 3, A and C

   Figure 4; A, B, and E　　Figure 5, A and D to F

4) between the control and experimental groups (group *n*. C group은 가산명사이다)

   between the second and the third incubation (incubation *n*. U incubation은 불가산명사이다)

명사의 형용사적 용법(noun modifier; noun string)

영어에서 명사가 수식어로 사용될 수 있으나, 의미가 불분명해질 수 있으므로 주의하여 사용해야 한다.

1) 어떤 명사의 형용사형이 존재하면 이런 용법으로 사용할 수 없다.

   the radius velocity (X) → the **radial** velocity (O)

   observation studies (X) → **observational** studies (O)

   electron voltage (X) → **electronic** voltage (O)

   depression episode (X) → episode of depression, **depressive** episode

2) 1개의 명사가 1개의 명사를 수식하는 것은 매우 자연스럽다.

   particles with giant condensation nuclei (GCN)

   particles with GCN 또는 **GCN** particles

   aerosols with tropical convection associated with cloud condensation nuclei (X)

   → tropical convection **aerosols** associated with cloud condensation nuclei (O)

3) 2개 이상의 명사는 한 unit으로 읽어질 때 표현의 간략성을 위해 명사를 수식어로 사용할 수 있다.

   neutron star envelope　　power residue sequences

   source antenna switching　　nicotine replacement program

tone reservation rate	crop water stress index

risk factor surveillance system	baseline CD4 cell counts

orthogonal frequency division multiplexing

■ 대명사(pronoun)

대명사가 표시하는 내용을 분명히 하는 것이 좋다.

단어 it 또는 its를 썼을 때는 언제나 [무슨 말인가?]라고 자신에게 묻는 것이 좋다. 이 단어들은 언제나 무엇인가 명확하게 정해진 것, 다시 말해서 본문 안에서 이미 언급된 것을 지시한다. 다음 예를 살펴보라.

- It is uncertain whether sound emission could be caused by the vortex breakdown in the wake flow or separation, though Helm et al. measured **its** frequency and found it less than the first fundamental frequency.

이 문장의 나쁜 점은 its의 사용이다. 이것은 본문 가운데 커다란 애매모호함을 낳고 있다. 독자는 그것을 frequency of vortex breakdown으로 볼 수 있을지 모른다. frequency of sound emission이라고는 생각하지 않을 것이다. 명확성이 부족한 것보다는 아이디어를 강조해서 표현한다는 공통된 규칙을 지키는 것이 한결 바람직하다.

It/Them

지시대명사 **it/them** 대신에 **지시형용사(this/these)+명사의 형태**를 사용하면 의미가 분명해질 때가 많다.

- The gas motion in a rotating cylinder is 3-dimensional and we now formulate the analytical expression of **it** [→ **this motion**으로 표현하는 것이 좋다].
- McCown *et al.* applied this method to the separation of ^{144}Cs from uranium. In **it** [→ it 대신에 **this paper**로 표현하는 것이 좋다], the same method was applied to separate from each other.
- In the uranium-sulfur system, the compounds most actively studied are US, U2S3, and US3. Among **them** [→ Among **these compounds**], US has the highest melting point.

전치사 of + it 또는 of them은 소유격 대명사로 표현해야 한다.

of it → **its** **of them** → their

■ 동사(verb)

동사에는 목적어가 필요한 타동사와 목적어가 불필요한 자동사가 있지만 많은 동사가 양쪽으로 쓰이기 때문에 쉽지 않다. 또한 영어의 목적어는 그 의미가 한국어의 [~을(를)]만이 아니라 [~가] 또는 [~에게]를 의미할 때가 있으므로 주의해야 한다. 동사의 목적어의 정의는 지극히 단순하다. 동사 뒤에 전치사 없이 곧바로 나오는 명사를 목적어라고 부른다. 영어의 목적어의 정의는 의미가 아니고 동사의 바로 뒤라는 어순에 따라 내려진다는 점에 주목해주기 바란다. 그래서 타동사란 바로 뒤에 명사를 수반하는 동사를 말한다. 동사 뒤에 전치사가 오면 대개 자동사이다.

영어의 목적어는 한국어의 [을(를)]만이 아니라 [~가]나 [~에]도 포함하는데 거꾸로 한국어의 [~에]에 질질 끌려서 영어의 타동사에 to를 붙이는 잘못을 종종 볼 수 있다.

▶ 타동사를 자동사로 이해하고 전치사를 붙이는 예

- We *reached to* the conclusions. reach는 타동사 용법밖에 없다. 따라서 to는 필요하지 않다.
- Answer *to* the question. 질문 따위에 [답하다]라는 answer는 타동사 용법이므로 to는 필요치 않다. 동의어로 reply [편지 따위에 회답하다], respond [응답하다], comply [요망에 응답하다]가 있는데, 이 셋은 모두 자동사이므로 reply *to*, respond *to*, comply *with* 식으로 전치사가 있어야 한다.
- We *discuss about* the problem. [~에 대해서 이야기를 나누다, 논의하다]라는 뜻인 discuss는 타동사이며, about을 써서는 안 된다. 동의어인 argue는 반대로 자동사이다.

  cf. We *argued about* the problem.

▶ 자동사와 타동사 모두 사용되지만 의미가 달라지는 예

run (자)달리다/(타)경영하다; stand (자)서다/(타)견디다; suffer (자)괴로

워하다/(타)겪다, 입다; become (자)되다/(타)어울리다

- He *runs* for an hour every day.
  그는 매일 1시간 달린다.
- He *runs* a company.
  그는 회사를 경영하고 있다.

▶ 불완전 자동사의 예

be, appear, seem, become 등 보어가 따르지 않으면 의미가 완결되지 않는 자동사를 불완전 자동사라고 한다.

S (주어) + V (동사) + C (보어)의 문형에서는 주어의 상태를 보어가 설명하고 있어, S = C이다.

- He *became* a scientist. become은 자동사이다. 이 문장의 scientist는 목적어(object)가 아니고 보어(complement)이다.

▶ 수동태(passive voice)

자동사는 수동태를 만들 수 없다.

- The set-up *consists of* A and B. (O) [그 장치는 A와 B로 되어 있다.]
- The set-up *is consisted of* A and B. (X) [···으로 되어 있다]는 뜻인 consist는 반드시 of를 수반하며, 자동사이다.

그 외에 수동태(passive voice)를 잘못 사용한 문장을 예시한다.

1) This phenomenon ***is originated*** in the autonomous dissociation of the large polymer aggregation due to the reactivitiy of the Ru(bby)$_3$ moiety. (X)

수정 is originated → **originates**

2) Similar changes ***were occurred*** in other disorders. (X)

수정 were occurred → **occurred**

3) Their ages ***were ranged*** from 25 to 62 (years). (X)

수정 were ranged → **ranged** [이 문장에서 years는 대개 생략함]

4) Of the ***remained*** 6 rats with papillomas involving the soft palate, 2 rats required multiple excisions. (X)

수정 remained → **remaining**

5) The unique crystallosolvate ***is consisted*** of large spherulite of PLLA that is exclusively generated in powder form. (X)

수정 is consisted → **consists**

수식어로서의 현재분사와 과거분사의 가려쓰기

현재분사와 과거분사는 동사에서 만들어지며, 형용사와 동사의 성질을 함께 가지고 있다. 현재분사는 명사, 대명사를 능동적으로 수식하고, 과거분사는 수동적으로 수식한다.

- the expression *defining* the notation *m* is …
- the notation *m defined* by this expression is …

앞의 현재분사의 의미는「기호 *m*을 **정의하는** 식…」이며, 뒤의 과거분사의 의미는 [이 식에 의해서 **정의된** 기호 *m*은 …]이다. 현재분사는 능동적(「하다」), 과거분사는 수동적(「되다」)으로 수식한다는 것은 이런 뜻이다. 수동태가 되는 것은 타동사뿐이며, 자동사를 과거분사로 만들어서 명사를 수식할 수는 없다. 아래의 문장에서 sparkle (「반짝이다」)은 자동사이므로 첫 번째 문장은 맞지만, 두 번째 문장은 틀리다.

- The particle *sparkling* in the liquid was small. (O)
- The particle sparkled in the liquid was small. (X)

  이 문장은 관계대명사를 사용해서 표현하면 맞는 문장이 된다.

  The particle **that** sparkled in the liquid was small. (O)

동사를 사용하여 문장 만들기

영어는 동사가 주도하는 언어이므로 동사를 중심으로 해서 문장을 만든다. 영어문장을 만들 때 동작명사(action in the verb)를 동사형으로 바꿔 쓴다.

Injection of 2 mL of Tris solution was *done*. (X)

Two milliliters of Tris solution was **injected**. (O)

이와 같이 주어부의 명사를 사용하지 않고 동사로 바꾸어 표현해야 하는데 자신이 영작한 문장에서 일반동사(be done, be performed, occur, take place, show, cause, produce, be achieved, be observed, be noted, be made 등)가 동사에서 유래된 다음과 같은 동작 명사와 함께 있는지를 살펴본다.

–*tion*: prolongation, inhibition, formation, administration 등
–*ment*: measurement, assessment 등
–*ence*: occurrence, existence 등
–*al*: remeval 등을 주어로 사용한 영작문은 대개 오류이다.

예) Evaporation of ethanol from the mixture occurred rapidly. (X)
→ Ethanol evaporated from the mixture rapidly. (O)

예) Measurement of melting points was done. (X)
→ Melting points were measured. (O)

무생물주어(inanimate subject)와 수동태 문장

한글 문장을 영어로 직역하면 일인칭인 we가 들어가는 문장이 많아진다. 그러나 과학논문에서는 we를 가급적 피하는 것이 원칙이다. 물론 100% 사용금지라는 뜻은 아니고 하나의 논문 안에서 5회 이하로 사용하는 것이 무난하다. 일인칭을 자주 쓰지 않기 위해서 ① 무생물주어의 문장을 만들거나 ② 수동태로 문장을 만드는 두 가지 방법을 활용한다. 특히 무생물주어는 한국어에서 자주 쓰지 않으며, 의식적으로 생각하지 않으면 머리에 떠오르지 않는 구문이어서 습관적으로 표현할 수 있도록 훈련해야 한다.

1) 무생물주어문장

- Substituting Eq. (2) into Eq. (1), the equation (1) becomes ….
  이 분사구문 문장을 무생물주어를 쓰면 다음과 같은 단문으로 간결하게 표현할 수 있다.
- Substituting Eq. (2) into Eq. (1) leads to …
  lead to … 는 무생물주어문에서 쓰기 편한 동사이므로 외워두면 좋다. 이 lead to처럼 과학영어에서 무생물주어와 함께 쓰이는 동사와 문형의 예를 몇 가지 들어본다.
- This method *introduces* no errors.
  [이 방법은 오차를 낳지 않는다.]
- This change *causes* uncomfortable vibrations.
  [이 변화는 불쾌한 진동을 일으킨다.]
  어느 쪽이고 무생물주어의 this method, this change는 인과관계의 원인을 나타낸다. 원어민들은 인과관계를 나타내려고 할 때 무생물주어를 자주 사

용하는 것을 기억해야 한다.

- *Figure 1 shows* the relationship between the stiffness and the deflection of the spring.
  [도해 1은 용수철의 힘과 굴절의 관계를 보여준다.]
- *Figure 2 depicts* the actively controlled driveline system.
  [도해 2는 능동적으로 제어된 시스템을 나타낸다.]

앞의 문장은 한국인의 발상으로 표현하면 In Figure 1, we can see …와 같이 되지만 [도해 1] 자체를 주어로 하는 것이 간결하고 영어다운 문장이 된다.

2) 수동태 문장
무생물주어문장과 마찬가지로 무생물주어의 수동태 문장은 과학논문에서 자주 쓰인다. 아래의 예문을 살펴보아라.

- In this paper, the Krylov-Bogoliubov method *is used* to measure velocity.
  [이 논문에서는 크리로프-보골리우보프의 방법이 사용되고 있으며 …]
- Flexible rotor-bearing systems have been analyzed by different methods.
  [탄성 로터-축수계가 상이한 방법으로 분석되어 있다.]

과학논문에서는 무생물주어의 수동태문장이 자주 사용되는데 이때 인칭주어 we 또는 생물주어 researchers, investigators, authors가 생략되어 있다.

의인법 문장(예문 1부터 10까지)과 수동태 문장(예문 11부터 14까지) 예

인과관계를 표현하기 위해 사물, 사상을 주어로 하는 의인법 문장을 사용하면 세련된 영어 표현이 된다.

1) By MTT assays, the grade was identified as 61% of NASCETs.
→ MTT assays **revealed** that grade was indentified as 61% of NASCETs.

2) Adoption of this average value **introduces** no significant error in the resulting calculated critical mass.

3) Knowledge of this value **enables** us to calculate the remaining unknowns.

4) The **necessity** [또는 **call**] for efficient reactor operation at high temperatures has recently raised interest in the study of refractory compounds.

5) Therefore, complicated competition occures around 1.0 MeV.
→ This **causes** complicated competition around 1.0 MeV.

6) No evidence of pressure fluctuations were observed, **which indicated the absence of** turbulence in the flow.

7) The resulting plots scattered considerably, **rendering** quantitative estimation impossible.

8) Gather *et al.* have measured this fast neutron spectrum and found the currently well-known 2.3 keV scattering resonance dip.
→ …, **which led to the finding of** the …

9) This surface is never exposed to corrosive matter, **which dispenses with** special considerations containing wall material.

10) This surface is exposed to corrosive matter, **which induced us** to adopt stainless steel for the walls.

11) Amplitude P versus the shaft speed is **examined**.

12) Two important factors **have not been included** in the previous research.

13) The equations **are obtained**.

14) It **has been found** that recombination of these electrons and holes produces thermoluminescence.

수의 일치(agreement)

주어의 단 · 복수 형태에 따라 단 · 복수형 동사가 온다.
수의 불일치가 있는 문장을 예시한다.

1) More than **one** type of monomer **are** copolymers. (X)
수정 **are** copolymers (X) → **is a copolymer** (O)

2) The mean VAS score of the subjects was 0.6 point. (X)
수정 0.6 point (X) → 0.6 points (O)
(주: 1과 0을 제외한 숫자 뒤에는 복수형 보통명사가 온다)

3) At each washing step, **2 mLs** of saline were added to the tubes. (X)

수정 ~, **2 mL** of saline were ~. (O) (주: 2 mL는 1회의 분량이다.)

4) **A series of** mathematical models of the emergence of resistance during antibiotic therapy **was** analyzed. (X)

수정 was (X) → **were** (O)

5) **The number of** subcarriers are 8.

수정 are (X) → **is** (O)

6) **A number of** alternative measurement methods has been proposed to increase the reliability of the reference temperature. (X)

수정 has (X) → **have** (O)

7) **A** total **number of** 33 samples **was** retrospectively analyzed. (X)

수정 was (X) → **were** (O)

8) The genetics of color blindness **was** discussed in detail by Schwartz. (X)

수정 was (X) → **were** (O) (주: 여기서는 유전학적 데이터라는 의미이다.)

9) Radioiodine is one of the isotopes **which** selectively **ablates** regions of autonomy. (X)

수정 ablates (X) → **ablate** (O)

존재구문(存在構文) There is~, There are~

There is/are~로 시작하는 문장을 존재구문이라고 한다. 존재구문의 주어는 첫머리의 there가 아니고 동사 다음에 오는 명사이다. 따라서 동사 뒤의 명사로 동사의 형을 정해야 한다.

- There *is* some evidence that high temperatures inhibit synthesis of the compound.
  [고온이 그 화합물 합성을 억제한다는 증거가 있다.]
  evidence는 물질명사로 불가산명사이므로 동사는 is이다.
- Recently, there *have* been a number of investigations of ....
  [최근 ...의 연구가 몇 가지 이루어지고 있다.]
  investigations에 호응하여 has가 아니고 have가 된다.

동사의 동의어

과학논문에서 자주 사용하는 동사의 동의어를 암기하여 문장을 만들면 세련된 문장이 된다.

입증하다: Substantiate, Prove, Attest, Document, Evidence, Demonstrate

예) This band is substantiated [또는 proved; attested; documented, evidenced; demonstrated] as a focus of dark T2-signal intensity within the internal capsule.

확인하다: Identify, Verify, Confirm, Corroborate, Ascertain

예) These findings were also identified [또는 verified, confirmed, corroborated; ascertained] by the work of Cushing *et al*.

규명하다, 해명하다: Elucidate, Explain, Clarify

예) An effort has been made to elucidate [또는 explain, clarify] the mechanism behind [또는 underlying; for; of] progesterone production.

검사하다: Check, Test

예) They are here to check for [또는 test] the latest in coumputer and video game technology.

보여주다: Exhibit, Reveal, Display, Give, Show

예) Statistical evaluation and X^2 analysis exhibited a *P* value of 0.15 between the 2 groups.

The phase separation dynamics of thermoresponsive polymers in aqueous solution is now revealed with high accuracy.

The schematic diagram shows a web produced by a spider.

작업 · 행위와 현상 · 사상의 표현

영어는 동사를 기본으로 하는 언어이므로[한국어는 명사를 기본으로 하는 언어임] 동명사의 형태를 자주 사용한다.

작업은 동명사로 기술한다

- We have created average eclipse profiles for the 3 epochs **by combining** all the corresponding eclipse light curves.

- Thrombomodulin serves as a key regulatory molecule **by acting** as a cofactor for thrombin activation.
- The results of the test are useful **for deciding** which samples should be treated by chelation.
- In the early phase of the experiment, this treatment was effective [또는 helpful] **in reducing** sodium concentrations.

현상 · 사상(event)은 명사로 기술한다

- The discrepancy could be attributed **to the application** of this method to the measurement.
- **For the determination** of chlamyspore production, rice infusion agar was used.

■ 관사(article)

관사에는 정관사 the와 부정관사 a/an가 있는데 그것을 붙이지 않는 경우도 있다. 관사는 원래 한국어에는 없는 것이므로 우리가 구별해 쓰기가 어려운 문법 항목이다. 관사의 오용은 큰 오해를 일으키므로 문장을 부자연스럽게 만들고 따라서 읽기가 어려운 논문이 된다. 과학학술지의 투고논문은 관사의 오용이 많으면 심사에 통과할 수 없을 수도 있다. 관사의 기본 규칙은 대체로 아래와 같다.

부정관사 'a/an'과 정관사 'the' 중 어느 것을 사용할지를 어떻게 결정하는가? 'a/an'은 일반적인 사항을 그리고 'the'는 구체적인 특정한 사항일 때 사용한다.

뭔가를 처음 언급할 때에는 'a/an'을 사용하다가 그것을 다시 언급할 때에는 'the'를 사용한다.

We present **a** method for deriving an approximate solution for point reactor regulation. The merits of **the** method are as follows.

처음 저자들이 method를 언급했을 때에는 그 물건들을 저자들만 알았지만 두 번째 언급 시에는 독자들도 그 물건을 인지하고 있기 때문이다.

(i) 셀 수 있는 단수 명사는 이미 언급된 특정한 것에는 the를, 처음 나온 특정

하지 않은 것에는 a/an을 붙인다.

원래 관사의 the는 지시대명사인 that이 줄어든 것이다. 따라서 독자가 「그~」가 어느 것인지 알고 있을 때 붙이는 것이고, 「그~」라는 것을 독자가 「어느~」 것인지를 모를 때는 써서는 안 된다. 이 기준에 따라 예를 들어 본다. 이유는 예문 다음에 제시한다.

- By *the* method explained before, we…
  [앞에서 설명한 방법으로]라는 뜻이므로 어떤 방법인지를 독자가 알고 있다.

- We explain *a* method for obtaining…
  […를 얻기 위한 방법을 설명한다.]는 것이므로 어떤 방법인지는 이 시점에서 독자가 알 수 없다. 처음 나오는 method이므로 the를 쓸 수 없다.

- In *a* previous paper, we have shown…
  [앞에서 발표한 어떤 논문에서, …를 제시한 바 있다]는 뜻이며, 앞에서 발표한 논문 중 어느 것을 특정하지 않았다. 여러 편의 논문 중의 한 논문이므로 the가 아니라 a가 된다.

- Force *f(t)* is *a* function of time *t*.
  [힘 *f(t)*는 시간 *t*의 함수이다.]라는 뜻이고, 특정한 함수를 나타내지 않으므로 a가 된다.

- Force *f(t)* is *the* function defined by Eq. (1).
  [힘 *f(t)*는 식 (1)에 의해서 정의된 함수이다.]라는 뜻이며, 함수가 특정화되므로 the가 붙는다.

(ii) 셀 수 있는 복수의 명사는 특별히 지정할 때 외에는 일반적으로 관사를 쓰지 않는다.

여기서도 규칙 (i)이 적용된다고 생각해도 무방하다. 다시 말해서 이미 나온 복수명사는 대상이 무엇인지 알고 있으므로 the를 붙이고, 처음 나오는 복수명사에는 아무것도 달지 않는다는 뜻이다. 아래의 예문의 (__)는 관사가 없다는 표시이다.

- (__) Data reported by Wallace *et al*. shows airway resistance. [Wallace 등이

보고한 데이터는 기도 저항을 제시한다.]라는 뜻이고, Wallace 등의 어느 데이터인지 지정할 필요가 없을 때는 무관사가 된다.

- We adopted this method. *The* results were…
  [이 방법을 사용했다. 그 결과는 …]라는 뜻이다. 「결과」라는 복수명사 자체는 처음 나오지만, [방법을 사용한 결과]이므로, 의미상 필연적으로「어떤 결과」인지 특정할 수 있으므로 the가 필요하다.
- He found (__) gold.
  gold는 물질명사이고, 처음 나왔으니까 무관사이다.
- (__) New machinery was installed.
  [새 기계를 설치하였다.]는 뜻이며, 처음으로 나와 특정되지 않았으므로 무관사가 된다. 그런데 machinery는 집합명사이지만 물질명사에 가깝고 언제나 단수로 취급한다.

(iii) 그 밖의 규칙

- made by (__) annealing
  annealing(풀림)은 동명사이며, 동명사에는 일반적으로 관사를 붙이지 않는다.
- *a* glass of ( ) water
  water는 물질명사이며 관사를 붙이지 않는다. glass가 정량을 표시하는 단위이다. glass 뿐만 아니라 물이 들어있는 것이라면 이와 같이 쓸 수 있다. 예) a bowl of water, a pot of water 등. 복수라면 two glasses of water처럼 단위의 부분을 복수형으로 만든다.
- ~is sold by *the* yard.
  [~은 야드로 판다.]처럼 야드가 매출단위라는 것을 나타내며, 그 외의 단위로는 팔지 않는다는 뜻이다. 이런 경우에는 the를 붙인다.
- for (__) example
  원래 example은 가산명사이므로 an 또는 the가 붙는다. 그리고 관사를 달지 않는 경우에는 복수형으로 할 필요가 있다. 그러나 이것은 관용구이므로 관사를 붙여서는 안 된다.
- as *a* function of …
  […의 함수로서]라는 뜻의 관용구이다.

- The results are in (__) good agreement.
  in agreement는「일치한다」는 뜻의 관용구이다.「잘 일치한다」는 뜻이고, 위 문장에서처럼 good을 붙여도 된다.
- The *x*-axis is …
  x 좌표축이라는 뜻으로 특정화되어 있으므로 the를 붙인다. 다만 axis *x*라고 할 때는 the가 필요 없다. 이 경우는 building A (A관)이라고 말하는 것과 같은 용법이다.
- make *an* angle θ
  θ 라는 기호로 표시되는 각도로서 실제로 많은 각도가 있을 수 있는 경우에 an을 붙인다.
- rotate at *the* speed of 100 rpm
  [매 분 100회전의 속도]처럼 속도가 지정되어 있으므로 the가 필요하다.
- at *a* speed lower than 100 rpm
  매 분 100회전 이하라면 어떤 속도라도 무방할 때 속도범위를 나타내는 뜻에서 a가 된다.
- in (__) appendix 1
  번호로 지정되어 있고 번호가 명사(여기서는 appendix) 다음에 올 때는 관사가 붙지 않는다. 공항탑승구의 page 16 (16 페이지)도 똑같다.
- in (__) Eq.(2), the length …
  앞의 예와 같다. 식(2)라는 뜻이고, 번호로 지정되어 있어 숫자가 명사 뒤에 올 때는 무관사가 된다.
- by *the* perturbation method
  독자들이 주지하는 방법이고 진동법이라는 것은 하나밖에 없으며, 그런 뜻으로 특정화되어 있으므로 the가 붙는다.
- *the* University of New York (__) Cambridge University
  of가 있을 때는 the를 사용한다. of가 없을 때는 the가 붙지 않는 것이 보통이다. 더욱이 대학이름은 등록상표나 마찬가지로, 마음대로 New York University로 고쳐 써서는 안 된다.
- Let us consider the example of *a* distance of 5 cm.
  저자가 임의로 정한 길이로, 반드시 5 cm가 아니더라도 괜찮을 때에는 a를 붙인다. example에 the가 붙는 것은 꼭 5 cm가 아니라도 괜찮은 길이를「5

cm로 했을 때의 예」라는 뜻으로 특정화했기 때문이다.

- (__) Diagnosis of Machinery (Title의 예)
  논문제목의 머리말에는 a를 생략해도 된다. On a Diagnosis of Machinery와 뜻이 같다. 더욱이 논문제목에서는 각 단어의 첫 글자는 대문자로 하지만, 관사, 전치사, 접속사는 대문자로 하지 않는다.
- (__) nut and bolt
  「너트와 볼트」처럼 대응구일 때는 무관사가 된다. knife and fork, cup and saucer, man and wife, day and night 등도 같다.
- go to (__) university
  university가 건물이 아니고 「면학」이라는 목적을 나타낼 때는 무관사가 된다. 이 밖에도 go to church, go to school의 예가 있다.
- I have (__) red and blue balls.
  이것은 I have a red ball and a blue ball.을 줄여서 만든 예이다.

(iv) 오로지 하나만 있는 유일물로 생각되는 경우에는 정관사 'the'를 사용한다.

We removed **the** softest layer of membrane.

The opening was located in **the** center of each mesh.

Government policy is committed to protecting **the** environment.

The sun's altitude is used to determine latitude.

Seoul is **the** capital of Korea.

(v) 특정 대상이 아닌 경우나 저자들이 잘 모르는 대상 혹은 독자들이 잘 모르는 대상인 경우에는 'a/an'을 사용한다.

- A 30-mL brown glass bottle was used to store the liquid.
  (어떤 30 mL 병을 사용해도 무관하므로 부정관사 a를 사용함)
- It works on the same principle as a combustion engine.
  (어떤 연소기관이라도 무방하므로 부정관사 a를 사용함)

때로는 'a/an'과 'the'의 선택 여부에 따라 문장의 의미가 완전히 달라진다.

a. This effect may hide a connection between the 2 groups.
   (두 개의 그룹 사이에는 연관성이 있을 수도 있지만 우리는 그것을 볼 수 없다는 의미이다.)

b. This effect may hide the connection between the 2 groups.
(두 개의 그룹 사이에는 분명하게 연관성이 있지만 this effect 때문에 그 관련성을 볼 수 없다는 의미이다.)

a. The nodes should be attached to 2 adjacent receptor sites.
(수용체가 많이 있는데 그 중 인접한 두 수용체 사이의 연결을 의미이다.)

b. The nodes should be attached to the 2 adjacent receptor sites.
(오직 두 개의 수용체만 존재한다는 의미이다.)

'a'와 'the'는 모두 총괄적으로 사용될 수 있다. 즉 일반적 사실을 말할 때 사용된다.

The electroencephalograph is a machine for measuring brain waves.
An electroencephalograph is a machine for measuring brain waves.

'뇌파전위기록장치'는 뇌파를 측정하는 장치이다.

(vi) 고유명사의 소유격과 형용사 역할을 하는 고유명사는 관사의 용법이 다르다.

- (__) Raphson's theory
  [랍슨 이론]이라고 말하듯이 인명에 소유격의 아포스트로피(')를 붙일 때는 관사가 필요 없다.
- the Raphson theory
  인명을 소유격으로 만들지 않을 때는 the가 필요하다. 다만 the를 붙이면 가령 랍슨 이론이 복수인 경우 그 중의「어떤 특정이론」이라는 뜻의 뉘앙스가 생긴다(Raphson's theory에는 그런 뉘앙스가 없다). 따라서 문맥 안에서 확산의 법칙을 가리키는 것이 분명할 때는 the Raphson theory만으로 족하지만 그렇지 않은 때는 the theory of diffusion처럼 그 내용을 표시하면 오해를 피할 수 있다.

인명이 소유격으로 사용될 때는 고유명사로서 무관사가 된다.

The diffusion coefficient is estimated from (__) **Newmark's** equation.

(__) **Valsalva's** maneuver — the **Toynbee** maneuver

(__) **Dalton's** law — the **Henry** law

예) In the rationalized MKS system, **the Maxwell** equations are y = Ax + B, z = Mx − N, and (_) **Ohm's** law.
여기서 Maxwell은 형용사 역할을 하므로 정관사 the가 붙는다. Ohm's는 인명의 소유격이기 때문에 관사가 붙지 않는다.

과학논문에서는 technique, method, maneuver, test, procedure, approach, scale, ratio, rate, classification, system, assay/theory, hypothesis, effect, response, process, pathway 앞에 고유명사가 자주 사용된다.

NOTE 3-2 • 부정관사의 용법

「정관사와 부정관사의 사용구분은 저자 의중의 대상 사물이 독자의 의식에 있는지의 여부로 결정된다.」

1. 대상 사물이 그 논문에 처음 등장

   예 In ***a*** previous report, the authors pointed out that …

   예 ***An*** experimental study was performed on …

2. 저자가 임의로 결정한 사항

   예 ***A*** distance of 7.3 cm was maintained between the poles.
   [***a, an*** + 명사 + ***of*** + 숫자]

3. 'one'을 뜻한다.

   예 The measurements were made at ***a single*** institution.
   여기서 ***single***은 **부정관사를 강조**한다.

4. 배분단수(distributive singular): 배분적인 뜻을 갖는다.

   예 ***We*** have ***a*** nose. ["사람들은 각자 코를 한 개씩 가지고 있다"는 뜻이다.]

   예 samples with a **central defect**와 samples with **central defects**의 차이점

   samples with a central defect는 시료가 각각 central defect를 1개씩 가지고 있는 경우이며, samples with central defect는 각 시료가 1개 또는 2개 이상의 central defect를 가지고 있는 경우를 모두 포함한다.

NOTE 3-3 • 정관사의 용법

1. 대개 정관사가 필요한 경우: the + technique, method, maneuver, test, procedure, approach /scale, score, ratio, rate/classification, system, assay/theory, hypothesis/effect, response, process, pathway [독자들이 이미 알고 있는 사상이다]

   예 Non-contrast and contrast-enhanced T1-weighted images of the orbit were acquired using **the** fat-suppression MR technique.

2. 신체의 부분, 장기(organ) 이름 앞에서 사용한다(이때 두 번째부터 the를 생략).

   예 The aforementioned physical factors exert adverse effects in the liver, spleen, and stomach.

3. 잡지이름, 신문이름

   예 ***The*** *Nature;* **The** *New England Journal of Astronomy and Astrophysics;* **the** *Journal of the European Astronomical Society;* **the** *Korea Herald;* **the** *New York Times*

4. most of the~, all of the~, each of the~, many of the~, some of the~ 등에서 사용

   예 most (of **the**) planets　　all (of **the**) specimens

5. [of + 명사]가 강하게 수식하는 한정구가 있을 때 정관사 the를 사용한다.

   예 **The** velocity dispersion profiles **of** Ursa Minor and Draco Dwarf spheroidal galaxies at large angular separations.

   단음절 전치사 뒤에서는 대개 정관사 'the'를 사용한다. In **the** analysis [During (__) analysis] of biological samples of plutonium, insufficient adsorption of Pu on the anion exchage resin is frequently observed.

6. 유일무이한 존재

   예 The earth is a planet of the sun.

   [예외] 나머지 행성이름은 신화에 나오는 신의 이름을 쓰고 있으므로 관사를 붙이지 않는다. (__) Venus 또는 the planet Venus로 표현한다.

7. 동일 논문 중에 이미 등장한 사물

   예 We present ***a*** method for deriving an approximate solution for point reactor regulation. The merits of ***the*** method are as follows.

8. 형용사 next, entire, final last, present, same, whole, only, chief, very, following 앞에 정관사 the를 붙인다.

   예 A combination of tidal shocks and ram pressure swept away ***the*** entire gas content of such progenitors about 10 billion years ago.

예 *The* next consideration is how long prophylaxis should be provided after the procedure.

예 The primary galaxy can transform rotationally supported systems into those dominated by random motions in ***the*** same manner as in swarf spheroidals.

예 Cold compresses of ***the*** whole quantity of milk may help relieve acute sunburn.

9. 부정관사 a/an가 정관사 the를 모두 사용할 수 있는 경우는 다음과 같다.

예 All eclipse measurements were made over ***the*** [*a*] period of 0.9~1.4 ms.

예 *The* [*A*] mixture of histidine hydrochloride solution and cobalt hydrochloride solution presents a rose-red color at a pH value of 3.2.

NOTE 3-4 • 무관사로 하는 경우

1. 현상, 작업에는 관사를 생략한다.

예 (__) Provision of a scramming device was considered to ensure (__) reactor safety.

2. 물질명사

예 (__) Nitrogen was purchased in cylinder and purified by passing through (__) silicagel.

3. 형용사구 중의 관사

예 A precipitate of (__) blue color. This is a kind of (__) planet. This study employed this sort of (__) thing.

4. 행성이름

예 (__) Mercury, (__) Venus, (__) Mars, (__) Jupiter, (__) Saturn, (__) Uranus, (__) Neptune

[예외] the earth　the moon　the sun

5. 중복되는 관사의 생략

예 *The* earth, moon, and sun are primary planets.

[예외 1] 중복되는 명사가 없는 경우:
between the leptin level and the expression rate of immunoactivity

[예외 2] uncountable noun: between the second and the third incubation
[incubation은 불가산명사이다]

6. the specimens = specimens, the animals = animals, the subjects = subjects 과학논문에서는 위와 같이 복수명사 앞에서 the가 대개 생략된다.

■ 약어(abbreviation)

과학논문에서 자주 사용하는 다수의 약어는 라틴어에서 비롯한 것으로 이탤릭체로 쓴다. 과학논문에서 사용하는 약어들은 다음과 같다.

▶ 라틴어에서 발생한 약어

[*cf*] [비교하라(=compare)]의 뜻으로 쓰며, 라틴어의 *confer*의 생략형이다.

[*e.g.*] [예컨대(=for example)]의 뜻으로 쓰며, 라틴어의 *exempli gratia*의 생략형이다.

- There are several gases in the atmosphere: *e.g.*, oxygen, nitrogen, and hydrogen.

[*et al.*] [기타(=and others)]의 뜻으로 쓰며, 라틴어의 *et alii*의 생략형이다. et에 period를 달지 않는 것은 생략형이 아니기 때문이다. 문헌인용할 때와 여러 명의 공저자를 생략할 때 자주 쓴다.

- Theoretical advances have been made by Booker *et al.*
[이론적 발전은 Booker 등에 의해서 이루어졌다.]

[*etc.*] [등(=and so on)의 뜻으로 쓰며, 라틴어의 *et cetera*의 생략형이다. 보통은 and so forth 또는 and so on이라고 읽는다. 과학논문에서는 and so on/and so forth보다는 *etc.*를 더 많이 쓴다.

[*i.e.*] [즉(=that is)]의 뜻으로 쓰며, 라틴어의 *id est*의 생략형이다. that is로 읽으며 앞뒤에 comma를 붙인다.

- In such a case, the breeding ratio was <1, *i.e.*, the reactor was no longer a breeder.
[그러한 사례에서 증식비가 1 이하로 되었고, 다시 말하면 더 이상 증식형 원자로가 아니었다.]

[NB] [주의(=note well)]의 뜻으로 쓰며, 라틴어의 *nota bene*의 생략형이다. 표 밑에 주를 달 때에 쓴다. 소문자로 쓴 것(nb), N과 B에 종지부를 붙인 것(N.B.) 등 몇 가지 변형이 있지만 NB가 가장 잘 쓰는 형이다. 영어로 Note라고 쓰는 경우도 있다.

[*viz.*] [다시 말해서(=that is, namely)]의 뜻으로 쓰며, 라틴어의 *videlicet*의 생략형이다. *viz*는 that is라고 읽는다. 지금은 영어의 namely를 선호한다.

[*vs.*] [~대(=against, in contrast)]의 뜻으로 쓰며, 라틴어의 *versus*의 생략형이다. 소송이나 경기의 대전에서 사용하는 말이며 신문의 표제 같은 데서 Marines *vs.* Yankees baseball game이라고 쓴다. 과학영어에서 도표 내의 설명에 이 약어를 쓰는 것은 괜찮지만 본문에서는 This figure shows a characteristic curve of the wave length *vs.* pressure.로 쓰지 말고, ... the wave length against pressure로 정확하게 기술하는 것이 좋다.

▶ E-mail 관련 약어

최근에 E-mail이 사용되면서 새로운 약어들이 많이 생겨나고 있다. 다음과 같은 약어를 알아두면 좋을 것이다.

- ASAP (되도록 빨리[=as soon as possible]) Thank you very much for your E-mail. I will answer it ASAP.
- FYI (참고로[=for your information])
- BTW (그런데[=by the way])

NOTE 3-5 • 논문 본문 안에서 약어를 사용하는 방법

1. 어떤 약어는 1개 이상의 문법적으로 다른 품사(명사형, 형용사형, 부사형 등)의 의미를 가질 수 있다. 이 경우에 본문에서 또 다시 약어를 만들 필요가 없다. 약어 USG는 본문에서 명사인 ultrasonography와 형용사인 ultrasonographic 그리고 부사인 ultrasonographically를 동시에 의미한다.
2. 대문자로 구성되어 있는 약어는 복수형으로 표현할 때 복수형 어미 -s를 붙인다.

   예 wide-shallow beams (WSBs), cross memory services (CMSs)
3. 제목 안에서는 약어를 만들지 않고, 본문에 처음 나올 때 만든다.

   예 National Institutes of Health [제목]
   National Institutes of Health (NIH) is the steward of biomedical and behavioral research for the United States.
4. 소유격으로 만든 약어도 주격일 때 다시 약어를 만들지 않는다.

   예 The National Aeronautics and Space Administration's (**NASA's**) Implementation Plan for Space Shuttle Reture to Space and Beyond was the **NASA** response to the Columbia disaster in 2003.

비공인 약어(nonstandard abbreviation)의 사용법

1) 과학논문의 본문에서 여러 번(5회 이상) 나오는 용어는 약어를 만들어 사용하는 것이 편리하다. abstract에서는 3회 이상 나오는 용어에 약어를 사용할 때가 많다.
2) 용어가 매우 길 때 약어로 만들어 사용한다.

예) infrastructure for measurements of the European carbon cycle (IMECC)
very massive star (VMS)

3) 실험군을 분류할 때 A, B, C, D, E .... 로 지칭할 수 있다. 실험군 1, 2, 3, 4, 5 .... 대신 A, B, C, D, E .... 라는 표현을 권장하는 이유는 다음 문장 예문에서 group 2와 3 hours 사이에 혼선이 생기기 때문이다.
PSR-352 increased the melting point in group 2 3 hours later. (X)
PSR-352 increased the melting point in group B 3 hours later. (O)

약어(abbreviation, acronym) 앞에 사용하는 부정관사 a/an

약어 앞에 부정관사 a/an을 사용할 때는 다음 규칙에 따른다.
3글자까지는 the first letter가 발음되는 소리에 따라 a/an을 붙인다.

예) an FAC an HOT an SCI an MD an MRI
an SBP of 120 mm Hg a DBP of 80 mm Hg

4글자 이상일 때는 단어(word)로 읽어서 첫 소리가 자음으로 발음되면 a를 붙이고, 모음으로 발음되면 an을 붙인다.

예) a FACH a SCIE

그러나 약어 안에 모음자가 포함되어 있지 않으면 단어로 읽을 수 없기 때문에 letter로 읽은 후 a/an을 붙인다.

예) an FRCT an SPSS

■ 총칭적 지시(generic reference)

특정한 사람, 동물, 사물을 가리키지 않고, 그 부류를 통틀어서 가리키는 것을 총칭적 지시라고 한다.

(1)「정관사 + 단수, 가산명사」로 표현할 수 있다.

The neutron is a fuel element.

The scientist can master this aspiration method regardless of his/her technical expertise.

(2)「무관사 복수, 가산명사」로 표현할 수 있다.

Neutrons are fuel elements.

Scientists can master this aspiration method regardless of their technical expertise.

(3)「부정관사 + 단수, 가산명사」로 표현할 수 있다.

A neutrons is a fuel element.

A scientists can master this aspiration method regardless of his/her technical expertise.

(4) 무관사 단수: 물질명사 등의 불가산명사(uncountable noun)

Copper is a good conductor of electricity.

참고: the samples in group A → 이것은 종류를 나타내는 말이 아니다. A군 속에 있는 특정한 시료들을 의미한다.

■ 부정문(negative sentence)을 만들 때 주의사항

(1) 부분 부정문과 완전 부정문을 구별하여 사용해야 한다.

예) 부분 부정문: All fluconazole-susceptible isolates have no V4041 mutation.

완전 부정문: None of the fluconazole-susceptible isolates have no V4041 mutation.

예) 부분 부정문: Immunosuppressant was not used in all animals.

완전 부정문: Immunosuppressant was **not** used in **any** animals.

예) 부분 부정문: There was no class III/III homozygote in all subject.

완전 부정문: There was **no** class III/III homozygote in **any** subject.

(2) 이중 부정(double negative)은 가급적 사용하지 않는다.

예) not abnormal [→ normal].

예) Our result is not inconsistent [→ consistent] with the previous hypothesis.

예) This structure is not uncommon [→ common] to most lower animals.

(3) 단어 and를 부정문에 사용할 수 없다.

예) The methylation cycle did not correlate with age and sex. (X)

→ The methylation cycle did **not** correlate with age **or** sex. (O)

(4) 단어 also는 부정문에 사용할 수 없다.

예) No expression of IL-8 was also detected. (X)

→ **No** expression of IL-8 was detected **either**. (O)

(5) 결과를 기술할 때 "~할 수 없었다" 대신 "~하지 못했다"로 표현해야 할 경우가 있다.

예) We could not observe the enzyme. (X)

→ We did not [failed to] observe the enzyme. (O)

■ 영어에서 '등'을 표현하는 방법

한국어에서는 '등'이라는 단어를 빈번하게 사용하고 있으나, 영어논문에서는 *etc.*를 거의 사용하지 않는다. 영어논문에서의 그 처리 방법은 다음과 같다.

Several studies have discussed software risks based on content, process, and quality *etc.* (X)

1) Several studies have discussed content, process, quality, and other major risk factors. (O)
2) Several studies have discussed software risks based on major risk factors, including content, process, and quality. (O)
3) Several studies have discussed software risks based on major risk factor, such as content, process, and quality. (O)

■ 수량에 관한 표현

(1) 배수

- X was 3 times [또는 **3-fold**] more soluble in hexane than in water.
- The solubility of X was 0.8 times as high in hexane as in water.

  참고: A **3-fold** increase in solubility in hexane was achieved in X using the new catalyst. [3-fold는 형용사로도 사용할 수 있다.]
- The rate of hydrogenation was 3 times that of isomerization .

(2) ~만큼 ~하다

- X was 28% more soluble in hexane than was Y.
- The solubility of X in hexane increased 28% more than did Y.

  Cf) The yield of the product increased by 45%

(3) ~이상, ~이하의 표현에서 부등호를 사용하면 편리하다.

- The solution was maintained at ≥78°C [또는 78°C or above]

  The specimens were stored at ≤4°C [또는 4°C or below]
- neurton stars, aged ≥100 years, with polar caps

  neurton stars, aged 100 years or more [또는 greater; older], with polar caps

(4) ~범위에서

- The reaction was conducted in the range of 50°C to 70°C [또는 between 50℃ and 70℃][또는 at temperatures ranging between 50°C and 70°C].

■ 숫자 풀어쓰기(spelling-out of numbers)

과학논문에서는 모든 숫자를 아라비아 숫자로 표기하는 것이 원칙이나, 다음과 같은 예외에서는 단어로 풀어쓴다.

(1) sentence, title, subtitle의 문두에서 풀어 쓴다.

Three specimens were identified: 2 were in the oxidized state and 1 was in the reduced state.

(2) 분수(common fraction)는 풀어 쓴다.

- This gene makes up one-third of NUP98 oncogenes.

  예외: mixed fraction (혼합 분수)는 숫자로 기술한다. The experiment lasted for $3\frac{1}{3}$ hours.

(3) 숙어, 관용적 표현(idiomatic expressions)의 어구에서는 풀어 쓴다.

- Our study included one or two of the following scales.
- During one of the laboratory runs, it was observed that samples from cases 3 and 9 had faint electrophoretic bands due to suboptimal DNA quality.

(4) first부터 ninth까지의 서수사

- The third specimen was not available for reevaluation.

(5) 수가 연속될 때 앞의 것을 풀어 쓴다.

- The envelope contained 3 copies of the manuscript and one 3.5-inch diskette.

  예외: 9 이하의 서수와 10 이상의 서수가 섞여 있을 때는 모두 숫자로 쓴다.
- The samples obtained on the 5th and 11th days were included in the experiment study.

■ 추적(follow-up) 기간/시점에 관한 표현

추적기간에 관한 표현

- during [또는 over] a 12-month follow-up period (12개월 동안의 추적관찰 중에)
- during [또는 over] a follow-up of 12 month (12개월 동안의 추적관찰 중에)

- during [또는 over] a period of 30 minutes (30분 동안에)
- during [또는 over] the 30 minutes (30분 동안에)
- during [또는 over] 30 minutes after radiation (방사능조사 30분 동안에)
- during [또는 over] the last [또는 the past; the preceding] 5 years (지난 5년 동안에)

추적관찰 시점에 관한 표현

- at the [a] 12-month follow-up (12개월째 추적관찰 시점에서)
- at 12 months' follow-up (12개월째 추적관찰 시점에서)
- at 12 months of follow-up (12개월째 추적관찰 시점에서)

날짜(date)를 기술할 때 사용하는 표현

1) 전치사 **at** [day보다 짧은 시간단위에 사용함], **on** [시간단위 day에 사용함], **in** [day보다 긴 시간단위에 사용함]

   at the third second (3초째에)
   at the third minute (3분째에)
   at the third hour (3시간째에)
   on the third day (3일째에)
   in the third week (3주째에)
   in the third month (3개월째에)
   in the third year (3년째에)

2) 다음과 같이 표현할 수도 있다.

   at second 3 (3초째에)
   at minute 3 (3분째에)
   at hour 3 (3시간째에)
   on day 3 (3일째에)
   in week 3 (3주째에)
   in month 3 (3개월째에)
   in year 3 (3년째에)

3) "at + 숫자 + 시간단위"로도 표현할 수 있다.

   at 3 seconds of radiation (방사능 조사 3초째에)

at 3 minutes of radiation (방사능 조사 3분째에)

at 3 hours of radiation (방사능 조사 3시간째에)

at 3 days of radiation (방사능 조사 3일째에)

at 3 weeks of radiation (방사능 조사 3주째에)

at 3 months of radiation (방사능 조사 3개월째에)

at 3 years of radiation (방사능 조사 3년째에)

"시료, 동물, 사례 몇 중 몇 %에서"를 표현하는 방법

- in 31 specimens [또는 rats; 또는 cases] (50%)
- in 31 (50%) of the 62 specimens [또는 rats; 또는 cases]
- in 31 of the 62 specimens [또는 rats; 또는 cases] (50%)
- in 31 of the 62 (50%) specimens [또는 rats; 또는 cases]
- in 50% (21/42) of the specimens [또는 rats; 또는 cases]
- in 50% of the 31 specimens [또는 rats; 또는 cases]
- in 50% of all specimens [또는 rats; 또는 cases]

과학논문에서 「~하는[~한] 것과 같이」는 다음과 같이 표현한다.

1) At lower concentrations, a new band at a longer wavelength develops as shown in Figure 2.
2) As seen in Figure 4, the relative fluorescence intensities at 410 nm, when potted as a function of temperature, fall on 2 straight lines with similar slopes.
3) The reaction was not quantitative as evidenced by the formation of nitric oxide even in the presence of a large excess of NOS synthase.
4) With several improvements in the synthesis as mentioned above, substance A can now be obtainded in a 5%-8% overall yield.
5) The polymers were prepared as described previously [또는 as depicted in a previous report].
6) A typical procedure for the desulfenylation of 3-indolyl sulfides is as follows: a mixture of 1 mmol of A and 2 mmol of B was stirred at room temperature for 2 hours.

■ 치수(dimension)의 기술

과학논문에서 "길이 1 cm의 바늘"은 ① a needle of 1 cm length [기본문형] ② a 1-cm-long needle [한정용법] ③ a needle 1 cm long [서술용법]로 표현할 수 있다. 수치로 나타내는 치수(길이 등)에는 "명사 어간"과 "형용사 어간"을 사용할 수 있다.

1) [기본문형] An ion exchanger resin of 100 mesh was packed in a column of 8 mm diameter and 30 cm length.
2) [한정용법] An ion exchanger resin of 100 mesh was packed in a 8-mm-diameter, 30-cm-long column.
3) [서술용법] An ion exchanger resin of 100 mesh was packed in a column 8 mm diameter and 30 cm long.

- The investigators gave its average dimensions as 4-5 cm long (anteropoterior), 2.5-3 cm high and 0.5 cm wide.

■ "~을 사용하여"의 표현 방법

"수단의 의존성"에 따라 강한 순서로부터 설명하면 다음과 같다.

(1) by using ~

This difficulty was obviated by using ethanol as solvent.

Measurements were made by using an X-ray detector.

(2) using ~

This phenomenon has been the subject of study by many experimenters using various methods.

→ The fission neutron flux was estimated using the above formula by using the following values of cross section.

(3) by the use of ~

Data from all experiments for each type of flowmeter was correlated by the use of linear and non-linear regression models.

(4) by means of ~

All of the exons of TSC2 from the genomic DNAs were amplified by means of standard PCR and previously described primers.

(5) by ~

Molybdenum-99 was prepared by irradiation Mo metal.

(6) with ~

It is of vital importance to ascertain the limits of safe storage with appropriate methods of cooling.

■ 영어의 두음법칙

(1) 과학논문에서 수(numeral), 서수(ordinal number), 부호, 기호, 단위, 소문자를 문두에 두지 않는다.

3 → Three 또는 The 3

+ → Plus 또는 The +

mRNA → Messenger RNA

^{99m}TcEDC → Tc-99m EDC

65 mg of salt were.... → Sixty-five milligrams of salt was....

(2) 과학논문에서 And, But도 문두에 두지 않는다.

And 대신에 In addition, Additionally, Futhermore, Moreover, Also를 사용한다. But 대신에 However, Nevertheless, Nonetheless를 사용한다.

■ 단위, 소문자, 부호, 숫자가 문두에 나타나는 것을 방지하는 방법

(1) 단위, 소문자 약어, 부호를 전부 풀어 쓴다.

(2) 문두에 한두 단어로 머리를 씌운다.

예1) *g* [→ The symbol *g*] is generally used for representing the acceleration of gravity.

예2) 7 [→ A value of 7] is taken as the parameter n.

예3) 0.02 g [→ A mixture 또는 A solution containing 0.02 g] of 20% FBS was added.

예4) 1995 [→ The year 1995] marked the 50th anniversary of the bombing of Hiroshima.

(3) 구문을 고쳐 쓴다.

예1) ^{128}I is a good example of such short-lived isotopes. (X)
→ A good examloe of such short-lived isotopes is ^{128}I. (O)

예2) 12 fruits and 14 vegetables were included in the study. (X)
→ There were 12 fruits and 14 vegetables in the study. (O)
The study population comprised 12 fruits and 14 vegetables. (O)

예3) 2 mg of haloperidol was administered at 9 PM, followed by 1 mg at 3:30 PM. (X)
→ At 9 PM, 2 mg of haloperidol was administered, followed by 1 mg at 3:30 PM. (O)

■ 군더더기 단어(redundant word)를 사용한 영문 오류

다음 문구에서 이탤릭체로 쓴 단어는 불필요한 단어이다.

1) *advance* planning
2) red *in color*
3) brief *in duration*
4) soft *in consistency*
5) fewer *in number*
6) estimated at *about*...
7) distinguish *the difference* between
8) outside *of* inside *of*
9) *true* fact
10) combine *together*
11) *careful* monitoring

■ 이탤릭체의 사용법

(1) 동 · 식물 · 미생물의 학명(genus, spicies)

Amborisia trifida, Homo sapiens, Lutra lutra, Streptococcus pneumoniae

예외) 복수형, 형용사(streptococci, streptococcal)는 이탤릭체로 쓰지 않는다.

예외) 별자리 이름은 이탤릭체로 쓰지 않는다.

예) Ursa Minor Draco R Leonis

(2) 잡지이름, 신문이름

The Nature *the Journal of the American Astronomical Society*

The Science *the Bulletin of the Korean Chemical Society*

The Times *the Washing Post*

예) Examples of such sections include "Perspective" of the *Annals of Communications and Networks*.

(3) 통계학 용어

P value, the multiple partial *F* test, Student *t* distribution

the x^2 test [chi-square test] correlation coefficient *r* *df*

the *post hoc* test

(4) gene symbols vs. gene names

the Huntington disease (HD) gene, *HD*

the tyrosine hydrolase (TH) gene, *TH*

ADRB2 46>A에서처럼 특이한 변이(mutation) 46>A는 이탤릭체로 쓰지 않는다.

(5) 강조(emphasis)

The term *Magellanic Cloud* was first coined 40 years ago.

(6) 라틴어

et al. *e.g.* *etc.* *i.e.* *in vivo* *in vitro*

최근에는 마침표(period)를 생략하는 경향이 있다.

여기에 식물학 연구논문에서 사용하는 학명의 예를 제시한다.

과명	한국이름	영문이름	학명
Fagaceae 참나무과	상수리나무 떡갈나무 굴참나무 갈참나무 신갈나무 너도밤나무	Oriental chestnet oak Daimyo oak Oak Oriental white oak Mogolian oak Beech	*Quercus acutissima* Carruth. *Q. dentata* Thunb. *Q. variavilis* Bl. *Q. aliena* Bl. *Q. mongolica* Fisch. *Fagus multinervis* Nakai
Betulaceae 자작나무과	자작나무 오리나무 개암나무	Birch Alder Hazelnet	*Berula platyphylla var japonica* Hara *Almus japonica* Steudel *Corylus heterophylla* var. *thunbergii* Blume
Salicaceae 버드나무과	버드나무 이태리포플러	Korean willow Italian poplar	*Salix koreensis* Ander. *Populus euramericana* Guiner
Ulmaceae 느릅나무과	느릅나무 팽나무	Japanese elm Hackberry	*Ulmus davidiana* var. *japonica* Nakai *Celtis sinensis* Persoon
Moraceae 뽕나무과	뽕나무	Mulberry	*Morus alba* L.
Paltanceae 버즘나무과	양버즘나무	Planetree	*Platanus occidentalis* L.
Aceraceae 단풍나무과	단풍나무	Maple	*Acer palmatum* Thunb.
Juglandaceae 가래나무과	호두나무	Walnut	*Juglans sinensis* Dode
Oleaceae 물푸레나무과	물푸레나무	Korean ash	*Fraxinus rhynchophylla* Hance
Taxodiaceae 낙우송과 (삼나무과)	삼나무	Japanese cedar	*Cryptomeria Japonica* D. Don
Pinaceae 소나무과	소나무	Pine	*Pinus densiflora* Sieb. et Zucc

과명	한국이름	영문이름	학명
Asteraceae 국화과	돼지풀 단풍잎돼지풀 둥근잎돼지풀 쑥종류 쑥종류 쑥종류 쑥종류	Common ragweed Giant rageweed Sagebrush Wormwood Mugwort	*Ambrosia artemisiifolia* L. *A. trifida* L. *A. trifida for. integrifolia* Fern. *Artemisia princeps* var. *orientalis* (Pampan.) Hara *A. tridentata* Nutt. *A. absinthium* L. *A. vugaris* L.
Amaranthaceae 비름과	비름 털비름 개비름	Green amaranth Wild amaranth	*Amaranthus mangostanus* L. *Amaranthus retroflexus* L. *A. lividus* L.
Chenopodiaceae 명아주과	명아주 양명아주 취명아주	Lamb's quarter Mexican tea	*Chenopodium album* var. *centrobrum* Makino *C. ambrosioides* L. *Chenopodium glaucum* L.
Cannabaceae 삼과	환삼덩굴	Japanese hop	Humulus japonicus Sieb. et Zucc.
Plantaginaceae 질경이과	질경이 창질경이 왕질경이	Asian plantain English plantain	*Plantago asiatica* L. *P. lanceolata* L. *P. major* L. var. *japonica* (Fr.et Sav.) Miyabe
Polygonaceae 마디풀과	수영 애기수영 소리쟁이	Common sorrel Sheep sorrel Curly dock	Rumex acetosa L. R. acetocella L. R. crispus L.
Urticaceae 쐐기풀과	쐐기풀	Nettle	Urtica thunbergiana Sieb. et Zucc.
Gramiceae 화본과	잔디 우산잔디 큰조아재비 오리새	Lawngrass Bermuda grass Timothy grass Orchard grass	*Zoysia japonica* Stued. *Cynodon dactylon* Pers. *Phleum pratense* Linne *Dactylis glomerata* Linne

■ 구두점(punctuation) 사용법

1. 마침표(period)

1) 문장의 끝에 사용한다.

예) We have proved the impossibility of realizing "perpetual motion."

- 문장 끝에 약어가 올 경우, 약어 뒤에 붙이는 마침표가 있으면 따로 마침표를 찍지 않는다.
- 마침표는 따옴표 안쪽에 찍는다. 그러나 물음표와 느낌표는 따옴표 바깥쪽에 찍는다.

2) 약어와 시간에 사용할 수 있다.

예) Prof. Espinoza 6 p.m.

2. 쉼표(comma)

1) 부사나 부사구 혹은 부사절이 문장 앞에 혹은 중간에 삽입될 때 붙인다.

예) Thus, an even more pronounced difference in viability between the 2 groups was observed.

2) 열거하는 어구 중에 and를 포함하는 것이 있을 경우, 분명하게 구별하기 위해 쉼표를 사용할 수 있다.

예) Imaging studies were performed before (baseline) and at 2 and 3 months after physical treatment.

이 문장은 다음과 같이 표현해도 된다.

Imaging studies were performed before physical treatment (baseline), **and** 2 and 3 months after physical treatment.

3) 문장을 구성하는 절을 and로 연결하여 만든 중문의 경우 쉼표를 사용한다.

예) Experiments were performed, and the data was collected.

Substance T is bitter, and substance W too.

그러나 최근에는 쉼표를 찍지 않는 경향이 더 많다.

4) 3개 이상의 명사가 and 또는 or로 연결될 때 쉼표를 사용한다.

예) Mercury, Venus, and Mars cats, dogs, or rats

3. 세미콜론(semicolon)

1) 세미콜론은 영어에서 긴 문장을 분리시킬 때 쓰는 매우 편리한 구두점이다. 세미콜론에 의한 분할은 마침표[.]에 의한 분할보다는 약하므로 분할된 문장의 연속성을 어느 정도 유지할 수 있다. 한편 세미콜론은 쉼표[,]보다는 강하므로, 접속사를 쓰지 않고 세미콜론을 대신 사용하여 두 문장을 연결할 수 있다(분할의 강도는 마침표 > 세미콜론 > 쉼표의 순서이다).

- The integrity of the tissue was determined by examining stained sections for signs of (1) epidermal vacuolation, degeneration, or necrosis; (2) vascular congestion and thrombosis; and (3) sweat gland necrosis.
- In this conference, we have many guests as follows: representatives from Washington, USA; Paris, France; and Tokyo, Japan.

과학논문에서는 세미콜론이 특히 중요하다. 왜냐하면 저자가 명확한 형식으로 문장을 작성할 수 있기 때문이다. 세미콜론 대신에 마침표를 쓸 수도 있지만, 그렇게 되면 문장이 끊어지게 된다.

2) 관련된 독립절이 하나의 문장 안에 있을 때 보통은 쉼표나 접속사(and, but, or, ...)로 연결된다. 접속사는 절과 절의 연결관계를 나타낸다. 만일 그 관계가 접속사 없이도 분명할 때는 세미콜론을 써서 절을 연결시킬 수도 있다.

- For the GAMMA transformation, the default value is $\gamma = 0.7$; for the LOG scaling, the exponent default value is 2; for the ASINH function, the default β value is 10.
- Note that the reference to non-viscosity refers to the absence of a turbulent viscosity in the model, *which* does not mean that the molecular viscosity has been removed from the governing equations.

이 문장에서는 which로 시작하는 종속절이 주절과 밀접하게 관련되어 있는데 그것은 문장을 분할해도 좋을 정도로 중요하다. 이 경우 종속절은 비교적 짧기 때문에 마침표를 쓸 필요는 없다. 따라서 세미콜론을 써서 아래와 같이 고쳐 쓰면 좋다.

Note that ⋯ in the model; this does not mean ⋯ equations.

4. 콜론(colon)

1) 콜론의 역할

① 그 뒤에 나오는 문장에 독자의 주의를 돌리게 한다.

- In an environment with weak initial disturbances, the path to transition consists of 3 stages: (1) receptivity, (2) linear eigenmode growth or transient growth, and (3) non-linear breakdown to turbulence.

위 예문에서 콜론은 독립절의 뒤에 놓여 있고, 열거된 사항에 주의를 돌리게 한다.

② 콜론은 아래의 예에서 보듯이 인용된 내용에 직접 주의를 갖도록 하기 위해서도 쓰인다.

- Consider the definition of turbulence proposed by Taylor in 1937: "Turbulence in an irregular motion which in general makes its appearance in fluids, gases, or liquids when they flow past solid surfaces or even when neighboring streams of the same fluid glow past or over one another."

③ 두 개의 독립절 사이에 콜론이 있을 때 보통은 두 번째 절이 첫 번째 절의 내용을 정리하거나 설명한다는 뜻이다. 다음이 그 예이다.

- Eddies overlap in space: Large eddies carry smaller ones.

또한 콜론 뒤에 단어가 열거될 때는 소문자로 시작하지만 독립된 절이 나올 때는 대문자로 시작한다는 점을 유의해야 한다.

2) 논문의 title과 subtitle 사이에서 사용된다.

Weil sequences: A family of binary sequences with good correlation properties.

5. 사선(slash; virgule)

사선은 동등함(equivalence) 또는 이원성(duality)을 표현할 때 사용한다. 사선은 분리되는 단어 사이에 넣는다.

1) If the approval process raises concerns among the researchers or the ethics/IRB members, authors may want to explain the resolution of these issues.

2) This aspiration method is one that any investigator can master whether or not he/she has technical expertise.
3) relationships between A and B, and between A and C를 relationships between A and B/C로 표현하면 이해하기 쉬운 문구가 된다.

6. 대시(dash)

대시를 사용하여 삽입되는 내용을 설정할 수 있다. 쉼표보다 더 확실하게 끊어지는 느낌을 준다. 대시는 하이픈보다 길게 쓰고 앞뒤의 단어에 붙여 쓴다.

1) The model allows for the definition of the moment-curvature diagram of the cracked beam element—namely, each part of the beam between the 2 contiguous cracks.
2) The failure load V_{test} normalized with respect to *fc*/5—where *fc* is the concrete cylinder compressive strength—is listed in Table 6 as well.
3) A comparison between theoretical and experimental results—both referring to this investigation and to similar studies available in the literature—is reported and discussed.
4) The shear deformations—once the nominal strength is reached—do not increase.
5) The analysis of the different walls has shown that—unlike for flexural displacements—different evaluation techniques have been used for assessing the experimental shear displacements.
6) Abbreviations: DSTC—distributed space-time code; PEP—pairwise error probability; SAS—source antenna switching.
7) Segments—approximately 5 × 5 mm in size—were cut from the specimen.
8) The final ingredient in the previous work was an expanding box method—a simple iterative technique based on successive over-relaxation in a series of nested domain.

7. 하이픈(hyphen)

하이픈은 두 개 이상의 단어를 연결해서 수식어구를 만들 때 사용한다.

1) 복합형용사

① 명사 + 형용사[또는 분사] + 명사

예) magnecium-rich silicates
charge-coupled devices
hyperon-mixed stars
decision-making methods
a horse-riding dance

참고:

- a dust-free star [한정용법]를 문장으로 풀어 쓰면 다음과 같다.
  This star is free of dust. [서술용법]
- solution-treated specimens [한정용법]을 문장으로 풀어쓰면 다음과 같다.
  The specimens were solution-treated. [서술용법]
- 복합형용사 중의 한 단어가 공통으로 사용되면
  space-, time-, and energy-dependent effects

② 형용사[또는 분사] + 명사+명사

예) present-day haloes
high-temperature chambers
circulating-fluid velocity

③ 형용사 + 형용사[또는 분사] + 명사

예) three-dimensional structures
false-positive test results

④ 명사 + 명사 + 명사

예) mass-velocity relationships
neutron-transport equation

⑤ 구(phrase)

예) quality-of-life improvement

2) 21부터 99까지의 숫자를 문두에서 풀어 쓸 때

예) Two hundred thirty-two specimens

3) 제0번째, 제n번째와 같은 서수는 zero-th, n-th와 같이 하이픈을 끼워 넣는다.

4) "…여"의 뜻인 "-odd"로 끝나는 수는 모든 단어에 하이픈을 붙인다.

예) one-hundred-and-fifty-odd years

5) 분수는 하이픈으로 연결한다.

예) two-thirds (two thirds는 틀린 표현이다)

6) 하이픈이 있을 때와 없을 때 그 의미가 다른 경우가 있다.

예) re-cover (다시 씌우다) ≠ recover (회복하다)
re-present (다시 나타나다) ≠ represent (의미하다)
re-treat (다시 처리하다) ≠ retreat (퇴각하다)

7) 동일한 2개의 모음이 연속일 때

예) semi-independent ultra-atomic extra-atmospheric

참고: 양쪽 모두 사용하는 경우: microorganism, cooperation, coordinate

하이픈을 사용할 수 없는 경우는 다음과 같다.

1) -ly로 끝나는 부사 + 명사

예) tidally stirred dwarf galaxies
highly developed species
clearly stated purposes
previously published recommendations

2) 영어가 아닌 언어(라틴어, 불어 등)

예) *prima facie* evidence
an *a priori* argument
ex vivo specimens

3) 알파벳이나 숫자가 두 번째에 있을 때

예) study A group grade 2 reionization group 1 galaxies

참고: A-class marker B-type helper

4) 흔히 하이픈을 사용하지 않는 경우

예) amino acid levels
peer review processes
health care systems

5) 화학복합물(chemical compound)의 이름

예) sodium chloride solution
amino acid levels
tannic acid test

8. 괄호(parenthesis)

1) 보충설명

- A known volume of fluid (100 mL) was injected.
- The differences were not significant ($P > .05$).
- Figure 6. Ground acceleration history of Chi-chi earthquake (Station No. TCU068).
- Figure 3. Marrow aspiration 1 week after trasplantation (Wright stain, original magnification x600).

참고: 괄호 안의 어구가 문장의 나머지 부분과 긴밀한 관계가 있다면 쉼표를 선호한다. 영어에서는 괄호 앞을 한 칸 띄어 쓴다. 그러나 한글에서는 붙여 쓴다.

- The cement-aggregate ratio, although within the normal range, was lower than expected.

2) 출처는 본문에서 괄호를 사용하여 제시한다.

- This model (Concrete01 in Open Sees) assumes no tensile strength concrete.

3) namely (*viz*), that is (*ie*), for example (*eg*) 표현에는 쉼표 대신 괄호를 선호한다.

- He weighed the advice of several committee members (namely, Jones, Burkes, and Easton) before making his proposal.

4) 괄호 복수 표현

The name(s) of the editor(s) of the book in reference 2 is unknown.

이 문장에서 단수동사가 사용된 것에 유의하라.

5) 열거

- The testing format focused on 3 aspects: (1) construction, (2) memory, and (3) calculation.

6) 본문 안에서 참고문헌 표시

- Two cases of invasive seismism were reported in the *Journal of Earthquakes and Structures* (2012;141:1211-3).

→ 괄호 안의 완전한 문장은 대문자로 시작한다.

The discussion on informed consent lasted 2 hours. (A final draft has yet to be written.) The discussion failed to resolve the question.

9. 각괄호(bracket)

1) 인용문 내에서는 각괄호를 사용한다.

"The following year [1947] was a turning point."

2) [*sic*] 오류가 있는 원문을 그대로 인용할 때 사용한다.

"Nuclear feul [*sic*] elements have high conductivity."

3) 괄호 안의 괄호 표현 때 사용한다.

- A nitrogen mustard (mechlorethamine hydrochloride [Mustragen]) was one of the chemical compounds used.
- In slab E1 (1, 100 kN [247.3 kip]) had pins at the bottom of the shear reinforcement.

→ 수학식에서는 가장 안쪽 부분에 괄호(parenthesis)를 사용한다.

$t = d(r1\text{-}r2)$, $CV^2_t = [CV^2_b + (CV^2_a/NR)]/NS$

4) 화학식: 현재는 괄호와 각괄호를 주로 사용하는 추세이다.

An experimental drug (9-[(2-hydrozy-1-(hydroxymethyl)ethozymethyl)]guanine) was used to treat the cytomegalovirus retinopaty in patients with AIDS.

10. 생략부호(elipse)

생략부호는 아주 긴 자료를 인용할 때 편리한 장치로 사용된다. 3개의 점을 연속해서 찍는다.

1) 문장의 중간 부분에서 생략할 때

Instead, the investigators showed a ... grid lit by centers of rounded forms.

2) 문장의 맨 앞에서 생략할 때

... it is no more than the just desert of Dr. Theodore Schott and his late brother to attribute to them the credit of having introduced and elaborated a method capable of restoring most cases of heart disease to a state of complete compensation, after the failure of other means, such as digitalis.

3) 문장 맨 뒤에서 생략할 때

Indeed, it is no more than the just desert of Dr. Theodore Schott and his late brother to attribute to them the credit of having introduced and elaborated a method capable of restoring most cases of heart disease to a state of complete compensation, after the failure of other means, such as digitalis....

11. 인용부호(quotation mark)

1) 문장 안에서 어떤 단어나 구를 강조하고자 할 때 사용한다.

- In many publications, "running feet" on left-hand pages face the "gutter" at the bottom of the page.
- These bridge configurations with abutment restraints are commonly referred to as bridges with "dual load paths" in the system.

2) 제목에서 어떤 단어를 강조할 때 사용한다.

The "Sense" of Humor

3) 독립된 문장을 인용할 때 사용한다.

"Please do not schedule the experiment for a Tuesday."

"OK, if that is inconvenient for you, I will not."

4) 인용부호 안에 있는 어떤 단어나 문구를 강조할 때는 하나짜리 인용부호를 사용한다.

He looked at us and said, "As my patients always told me, 'Be a good listener.'"

참고: so-called (소위, 이른바) 뒤에 오는 단어나 어구는 인용부호를 붙이지 않는다.

The so-called harm principle holds that competent adults should have freedom of action unless they pose a risk to themselves or to the community.

02 영작문에 필요한 단어와 동의어

■ 영어단어의 철자와 발음

1. -cial과 -tial

1) -ce가 -cial이 되는 예

commerce → commercial, finance → financial, prejudice → prejudicial

2) -ce가 -tial이 되는 예

essence → essential, influence → influential, substance → substantial, potence → potential

3) 그 밖에도 benefit → beneficial이 되는가 하면, part → partial이 된다.

2. -ate로 끝나는 단어에서 'a'의 발음

1) 동사의 경우는 [ei]로 발음된다.

hesitate, separate [sépəreit], intimate [íntimeit]

2) 형용사의 경우는 [i]로 발음한다.

separate [sépərit], intimate [íntimit], accurate [ǽkjərit], delicate [délikit]

3) 명사의 경우도 [i]로 발음한다.

climate [kláimit], candidate [kǽndidit]

3. double 'c'의 발음

같은 자음자가 bb, dd, ff, tt와 같이 연속된 경우에는 하나의 자음처럼 [b], [d], [f], [t]로 발음하는데 cc의 경우는 [k]와 [ks]의 두 가지 발음이 있다.

1) cc 다음에 a, o, u가 올 때에는 [k]로 발음한다.

예) account [əkáunt], accuse [əkjuːz]

2) cc 다음에 e 또는 i가 올 때에는 [ks]로 발음한다.

예) accident [ǽksidənt], success [səksés]

4. 1에서부터 10까지를 나타내는 접두사

1 **mono**-, **mon**-: monogamy, monotone

uni-: unify, unanimous

2 **di**-: diatomic, dilemma

bi-, **bin**-: bimonthly, binoculars

3 **tri**-: triangle, trisyllable

4 **tetra**-, **tetr**-: tetragon, tetrad

quadri-, **quadr**-: quadrangle, quadruped

5 **penta**-, **pent**-: pentagon, pentagram

quinque-: quinquennial, quinque partite

6 **hexa**-, **hex**-: hexagon, hexahedron

7 **hepta**-, **hept**-: heptagon, heptahedron

8 **oct(a, o)**-: octopus, octet

10 **dec(a)**-: decagon, decametre

1/10 **deci**-: decimeter, decimal

5. 전후(前後)를 나타내는 접두사

1) **before, forward**의 뜻을 나타내는 접두사

ante-, anti-: antecedent, anticipate

pro-: proceed, project

pre-: preposition, precaution

2) **after, backward**의 뜻을 나타내는 접두사

post-: postpone, posterity

re-: recede, reduction

retro-: retrospect, retrogress

6. double 'o'가 단모음 [u]로 발음되는 경우

1) ~**ook** (예) book, look
2) ~**hood** (예) likelihood, falsehood
3) ~**stood** (예) understood, withstood
4) 기타(예) wood, foot

→ 이상 열거한 것 외에는 모두 장모음[uː]로 발음된다고 생각하면 된다.

7. 어미 -ed가 [-id]로 발음되는 경우

1) 발음이 [**d**] 또는 [**t**]로 끝나는 단어 뒤에 **-ed**가 올 때

wanted [wɔntid], sided [sáidid]

2) [**zd**] 뒤에 **ly**와 붙을 때

supposed [səpóuzd] → supposedly [səpóuzidli]

confused [kənfjúːzd] → confusedly [kənfjúːzidli]

3) [**st**] 뒤에 **ly**가 붙을 때

blessed [blest] → blessedly [blésidli], fixed [fikst] → fixedly [fíksidli]

4) 기타 주요 단어

ragged [rǽgid], crooked [krúkid], aged [éidʒid]

8. 'qu'의 발음

영어에서는 **q** 다음에는 반드시 **u**가 따라다닌다. 이때 '**u**'가 [**w**]로 발음되는 경우와 묵음인 경우를 구별해 두어야 한다.

1) 어두에 오는 경우에는 [**kw**]로 발음되는 것이 대부분이다.

query [kwiəri], quite [kwait], quick [kwik], question [kwéstʃən]

예외) quay [kiː]

2) 어미에 오는 -que는 [k]로 발음한다.
unique [juːník], technique [tekníːk]

3) qu가 중간에 끼는 경우에도 대부분이 [kw]로 발음한다.
liquor [líkər], mosquito [məskíːtou]

9. 'c' 발음의 일반 원칙

1) **'c'** 바로 뒤에 **a, o, u** 또는 **l, r, t**가 오면 [**k**]로 발음한다.
예) cat, copy, cup, clean, creep, exact

2) **'c'** 바로 뒤에 **e, i, y** 등이 오면 [**s**]로 발음한다.
예) century, city, cycle

3) accent가 없이 **ce** 또는 **ci** 다음에 모음이 겹치면 [ʃ]로 발음한다.
예) ócean, offícial, suspícious
주의: ① picnic 다음에 -ing나 -ed를 붙이면 (2)항 원칙에 따라 c가 [s]로 발음되기 때문에 이를 막기 위하여 k를 삽입시켜 picnicking, picnicked로 쓴다. (예) mimicking, mimicked
② desire에 -able을 붙일 때 발음이 되지 않는 e는 탈락시키고 desirable로 쓰는 것이 원칙이다. 그러나 notice의 경우, e를 탈락시켜 noticable로 쓰면 (1)항 원칙에 따라 c가 [k]로 발음되기 때문에, e를 그냥 둔 채 noticeable로 쓰고 발음은 (3)항에 따르지 않고 그냥 [s]로 발음한다.

10. 'ow'가 [au]와 [ou]로 발음되는 예

1) [**au**]로 발음되는 예
brow, endow, plow, crowd, flower, power, powder, tower, cow, now, down, owl, fowl, towel, vowel

2) [**ou**]로 발음되는 예
below, grow, bowl, crow, low, know, slow, bestow, own, flow, glow

3) 양쪽으로 발음하여 뜻이 다른 경우

row [rou] *v.* (노로) 배를 젓다 *n.* 줄
[rau] *v.* 시끄럽게 다투다 *n.* 소동
sow [sou] *v.* 씨 뿌리다

[sau] *n.* 암퇘지

mow [mou] *v.* 풀을 베다

[mau] *n.* 건초더미

11. -able과 -ible

-able과 -ible은 다같이 형용사의 어미인데, -able은 [əbl]로 발음하고 -ible은 [əbl] 또는 [ibl]로 발음된다. 숫자로는 -able이 많으므로 여기서는 -ible로 된 단어를 열거한다.

visible [vízəbl], responsible [respɔnsəbl], sensible [sénsəbl], suggestible [sədʒéstəbl], producible [prədjúːsəbl], accessible [æksésəbl], permissible [pərmísəbl], audible [ɔːdəbl], compatible [kəmpǽtəbl], comprehensible [kàmprihénsəbl], convertible [kənvəːrtəbl], digestible [didʒéstəbl], resistible [rizístəbl], edible [édəbl], exhaustible [igzɔːstəbl], intelligible [intélidʒəbl], perceptible [pərséptəbl]

12. -ance와 -ence

1) **-ance**: appearance, hindrance, resistance, admittance, inheritance, significance, resemblance, circumstance, assurance, assistance, tolerance, importance
2) **-ence**: occurrence, existence, difference, persistence, reference, preference, confidence, correspondence, emergence, competence

13. 'ch'의 발음

'**ch**'는 대부분이 [**tʃ**]로 발음되며 일부가 [**k**]와 [**ʃ**]로 발음되므로 다음 단어들을 익혀두기 바란다.

1) [**k**]로 발음되는 예

stomach [stʌmək], epoch [épək], chronicle [kranikl], chemistry [kémistri], ache [eik], mechanic [mikǽnik], chaos [kéiɑs], chasm [kǽzəm], psychology [saikɑlədʒi], mechanism [mékənism]

2) [**ʃ**]로 발음되는 예

machine [məʃíːn], moustache [mʌstæʃ] or [məstaːʃ], champagne [ʃæmpéin], chauffeur [ʃóufər], parachute [pǽrəʃuːt]

14. 사람을 나타내는 어미 -ar, -or, -er

1) -ar: 이것은 소수이므로 다음 예로 충분하다.
   liar, scholar, vicar

2) -or: 어미가 -ate로 된 동사에서 나온 것은 debater, relater 등 소수를 제외하고 여기에 속한다.
   ① cultivator, educator, elevator, translator
   ② ancestor, author, collector, inventor, competitor, editor, professor, protector, surveyor, visitor

3) -er: 대부분이 여기에 속하므로 예는 생략한다.

15. 영국영어와 미국영어의 구별되는 주요 모음 발음

1) 영국영어의 [ɔ]가, 미국영어에서는 [ɑ]로 발음되는 수가 많다.

(예) bomb (영) [bɔm] (미) [bɑm], pot (영) [pɔt], (미) [pɑt]

2) 영국영어의 [ɑ:]가, 미국영어에서는 [æ]로 발음되는 수가 많다.

(예) half (영) [hɑ:f] (미) [hæf], last (영) [lɑ:st] (미) [læst]

3) 영국영어의 [ə:], [iə], [ɛə], [ɔə], [uə] 등이 미국영어에서는 r이 발음되어 [ɚ:], [iɚ], [ɛɚ], [ɔɚ], [uɚ]로 발음된다.

(예) beer (영) [biə] (미) [biɚ], pair (영) [pɛə] (미) [pɛɚ]

■ 동의어(synonym)와 유사어(analogue)의 구별

논문을 영어로 번역할 때, 같은 의미를 가진 단어가 여러 개 머리에 떠오른다. 또 영어사전을 찾아보면 같은 뜻을 가진 단어가 많이 있다. 이러한 단어를 동의어 또는 유사어라고 한다. 그 가운데서 그 문장에 적합한 의미를 지닌 것을 택하지 않으면 기묘한 표현이 되고 만다. 예컨대 [캐나다는 넓은 나라이다]는 Canada is a wide country.가 아니고 Canada is a large country.라고 해야 한다. 이것은 wide가 이차원의 넓이(폭)를 나타내는 단어이기 때문이다. 여러 단어 가운데서 가장 적합한 단어를 고르기 위해서는 되도록 많은 영어 문장에 접촉하여 영어단어에 대한 뉘앙스를 터득하는 것이 중요하다. 또한 영역 시에는 모범예문집이나 문장사전을 찾아보고 비슷한 예문을 「흉내내는」 것이 필요하다.

Absence와 Lack

단어 absence는 "전혀 없음"의 의미를 가지고 있으므로, "결핍"이라는 의미의 단어 lack과는 구별되어 사용되어야 한다.

- Yeast metabolized glucose anaerobically in the **absence** of oxygen.
- CYP2E1 is a loosely species occurs even in the **absence** of added substrate.

- Although these results must be taken with precaution as the assumption of the variation of RBEmax and RBEmin with (α/β)x cannot be corroborated due to the **lack** of relevant experimental data, it is important to note that range differences are of the same order of magnitude as the dimensions of the critical structures.
- Animals grow slowly on a low-protein diet due to the **lack** of amino acids.
- This is in part due to the lack of exit dose.
- An example of this **lack** of correlation is seen in Nos. 23 and 25.

전치사 Above/Below, Over/Under와 Beyond/Within

- **Above** this line, the water level will not rise.
- **Below** 95°C, the water temperature begins to saturate. (상하, 고저의 관계를 나타낸다.)

- **Over** [또는 **More than**] 7,500 km of railroad have so far been electrified.
- **Under** [또는 **Less than**] 150 nuclear power reactors are in operation today. (그 이상, 그 이하를 나타낸다.)

- **Beyond** 4 seconds, the fuel will melt under this condition.
- **Within** 4 seconds, the fuel will not melt mder this condition. (수평으로 그려진 선상에서 [시간은 그래프의 가로축의 개념으로 받아들여 짐] 한 점을 초과할 때 사용한다.)

Account for와 Explain

Account for

"~라는 사실의 설명을 한다", "~임을 설명한다", "~을 차지한다"라고 말할 경우는 account for를 사용한다.

- Non-exponentiality (non-Debye behavior) is a feature of the main relaxation in molecular glasses and amorphous polymers, and the Kohlrausch decay function, or stretched exponential, has been extensively used to **account for** this. [설명한다]
- A "bond lattice" model was proposed to **account for** the thermodynamic aspects of the phenomenon. [설명한다]
- Xeric scrub and active coffee shade **account for** [또는 constitute; 또는 make up] 11% and 10% of all forest land, respectively. [차지한다]
- Formaldehyde, xylenes, trimethylbenzenes, acetaldehyde, and propene **account for** 56% of the total ozone formation potential. [차지한다]

Explain

"~을 누구에게 해명[설명]한다"라고 할 때는 explain something (to someone)의 형식을 사용한다. 이때 to someone은 생략되는 경우가 많다. Explain은 4형식 문형의 동사가 아니다.

- Any theory about late-glacial climate must **explain** the abruptness of these changes.

Affect, Impact와 Influence

단어 Affect는 "직접적인 영향을 미치다"라는 뜻을 가지며 주로 동사로 사용한다. 단어 impact는 "어떤 큰 영향을 미친다"는 뜻을 가지며 동사와 명사로 사용된다. 단어 influence는 "간접적인 영향을 미친다"는 뜻을 가지며 동사와 명사로 사용된다.

- There are numerous factors that **affect** the amount of time to test characteristics of complex VLSI chips.
- A change in the electron distribution function **influence** not only carrier concentrations but also recombination coefficients.
- The relatively high dislocation density has a serious **influence** on the breakdown voltage.
- The discovery of high temperature superconductor greatly **impacts** on the efficiency of electric motors.
- The knowledge obtained from such simulations has a great **impact** on many engineering applications.

Area와 Site

Area

"구역", "범위", "분야"의 뜻을 가진다. 비교적 넓은 특정한 구역을 나타낼 때 사용한다.

- The temperature anomaly of the terrestrial lower troposphere, inferred from the Microwave Sounding Unit (MSU) radiometers, is found to inversely correlate with the **area** of the Sun covered by coronal holes.
- When episodes of superficial inflammatory phlebitis recur in different areas, this is called migratory thrombophlebitis.

Site

어떤 특수한 환경에 있는 부위, 위치, 장소, 소재지를 뜻한다.

- Previous experiments have been unable to ascertain the preferential hydrogen **site** within the Cu_2P lattice.
- The **site** of injection should be cleansed with a suitable antiseptic.
- In order to evaluate economic and ecological benefits, **site**-specific weed control was realized in a 4-year experiment on 5 fields with a GPS-guided sprayer.

장소전치사 at/on/in

"(1) 어디에, (2) 어디로부터 분리되어, (3) 어디로 이동하여"를 표현할 때

전치사 at은 지점의 개념으로 사용된다:

1) **at** a single institution

2) (away) **from** the port

3) A thermometer was attached **to** the flask.

전치사 on은 선, 평면의 개념으로 사용된다:

1) **on** the vessel wall

2) **off** the bottom of the beaker

3) **onto** a filter paper

전치사 in은 공간의 개념으로 사용된다:

1) **in** a convection oven

2) **out of** the furnace

3) The contents of the flask were poured **into** a test tube.

전치사 by와 as

사물과 현상의 정의 및 수식을 소개할 때, 한국어의 "**(으)로**", "**(으)로서**"를 표현하는 방법은 다음과 같다.

후속되는 기술이 **구체적**인 경우 by를 사용한다.

- Newton's law is expressed **by** f = Ma.(뉴턴의 법칙은 공식 F = Ma로 표현된다)
- The friction coefficient is given **by** tan θ.(마찰계수는 tan θ로 주어진다)
- The separation factor is defined **by** B = a.(분리인자는 B = a로 정의된다)

이에 반해 기술하는 대상이 구체적으로 표현되지 않고, 그 종류나 범위를 지적하는 데 그칠 때에는 as를 사용한다.

- Velocity is expressed **as** a function of time.
- We give this value only **as** an example.

Consequently와 Accordingly

Consequently [또는 As a Result; 또는 As a consequence]

그 실험[연구]결과 로서

- **Consequently** [또는 As a result; 또는 As a consequence], this method is often combined with the so-called capacity spectrum method to determine the performance of a building during earthquakes.

Accordingly

그 사실, 학설, 주장과 일치하여

- Iron is essential for a variety of intracellular functions. **Accordingly**, the transfer of iron from blood to brain is vital for normal brain function.

Continual과 Continuous

Continual

어떤 간격(interval)을 가지고 계속 반복될 때 사용한다.

- The physical idea of a **continual** observation on a quantum system has recently been formalized using the concept of the stochastic process.
- **Continual** treatment with plutonium has been established.

Continuous

중단 없이(without interruption) 처음부터 끝까지 계속되는 경우에 사용된다.

- During the past 7 decades, scientists have compared plant growth under intermittent and **continuous** light.
- As new separation, **continuous** rods of molecularly inprinted polymers were prepared by an *in situ* method.

Correct, Accurate, Exact, Precise와 Right

Correct

"빠른", "정확한"을 의미하는 가장 약한 말이다. 원본, 대답, 판단, 생각, 견해, 어법, 행실, 행위, 일, 복장, 시간 등에 사용한다.

예) a correct diagnosis a correct judgment a correct view

Accurate

이 단어는 correct보다 강한 말이다. 정확하게 만들기 위한 주의 깊은(careful), 성공적(successful)인 노력에 대하여 사용하는 말이다. correct는 소극적이지만, accurate는 적극적인 뜻을 내포한다. correct하게 하려면 틀린 것만 없애면 충분하지만 accurate하게 하려면 그 위에 세밀하지 않으면 안 된다. 지식, 판단, 계획에 사용한다.

예) The investigator is accurate in his observation [또는 statement].

Exct

보다 더 의미가 강한 말로 "엄밀하게 정확한(strictly accurate)"의 의미를 가진다. 신리, 때, 수, 합계, 깊이, 무게, 명령, 사고서술, 기록 등에 사용한다.

예) the exact components of this compound

Precise

exact는 물건에 주로 쓰며, precise는 사람에서도 쓸 수 있다.

기전, 진술, 설화, 해석, 행위, 때, 견적, 기계에 사용한다.

예) The operator is **precise** in everything.

The investigators elucidated the **precise** mechanism of the phenomenon.

Right

"바른, 정당한"을 의미하는 right는 wrong의 반대어로 원래는 행위에 대하여 "정의(justice)에 어긋나지 않는다"는 의미이다.

예) the **right** answer

Adler's assumption seems to be **right** [또는 justified].

Damage와 Injury

모두 "손상", "상해"라는 의미를 가진다. 서로 혼용해서 사용할 수 있다. 그러나 damage는 불가산명사이므로 복수형을 만들 수 없다.

Damage

- A compound Poisson process is proposed as a stochastic model for the total economic **damage** associated with hurricanes.
- Of all birds causing **damage** to almonds in Sutter and Yuba counties, crows cause the most, according to a survey of growers.

Injury

- There are 3 things that tend toward the **injury** or total destruction of dry plate negatives.
- **Injuries** to citrus from freezing weather in the winter are the main problem for citrus cultivation in the northern part of the citrus-growing regions in China.

Determine, Investigate, Examine, Assess와 Evaluate

사람과 사물의 특성이나 성질 또는 가치나 효과를 평가 · 조사할 때 사용한다.

- The objective of this study is to **determine** the evolution of the binary orbits.
- Here we **investigate** how molecular lines can be used to deduce the magnetic and thermal structure of sunspots, starspots, and cool stars.
- We exhibit the complexity of the supermembrane ground state and **examine** various truncations of these models.

- The U-disequilibrium method was utilized to **evaluate** the alteration of rocks in the Corumbatai River basin, Sao Paulo state, Brazil
- The activation energy values *E1* and *E2* corresponding to the 2 relaxation processes identified have been computed and the differential scanning calorimetric studies have been made to **assess** the enthalpy changes associated with heat denaturation processes.

Dilation과 Dilatation

Dilation은 the act of dilating 이라는 뜻이다.

- A suction **dilation** and curettage was performed without complications.

Dilatation은 the condition of being stretched or expanded라는 뜻이다.

- These were pulled through a subcutaneous tunnel which was formed by **dilatation** up to 8 mm with Hagar dilators.

Dose와 Dosage

Dose

1회분의 사용량 또는 처치 중의 총 사용량을 의미한다.

- **Dose** averaging over the finite volume of a detector leads to apparent penumbral broadening, which is offset to some extent by penumbral "sharpening" and profile distortion by solid-state dosimeters, such as silicon diodes and diamond detectors.
- In a previous paper, we explored the effect of calculating the **dose** delivered to a silicon voxel located on the axis of a small radiation field in a water tank rather than directly calculating the **dose** delivered to a voxel of water.
- Based on this configuration, it was possible to obtain the radiation absorbed **dose** distributions for the voxel phantom, which allowed for the determination of treatment quality indicators.

Dosage

사용법(regimen)을 의미한다.

- This paper deals with feedback control of a microorganism continuous culture process with pulse **dosage** for substrate and removal of products.

- It is shown that the emission of quanta in the visible region by the heating unit of a thermoluminescence reader is a major source of spurious signal in observations of low radiation **dosage**.

Due to와 Owing to

due to = caused by (~에 기인한; 형용사구로 사용된다)

- We show herein the difference **due to** the presence of a Mot3-binding site in OpA.
- The circuit compares the voltage drop across a series resistor **due to** the leakage current with a voltage standard of 0.1 V.

owing to = because of (~때문에; 부사구로 사용된다)

- **Owing to** these properties, median filters are widely used in various signal and image processing applications, such as speech processing, computerized tomography, pattern recognition, and communication.

Enable, Permit과 Allow

Enable, Permit, Allow는 목적어로 사람, 사람이 만든 기구, 동물을 수반한다. 대개 5형식 문장으로 기술한다. Permit과 Allow for는 3형식 문장으로 기술할 수도 있다.

- This system **enables** administration/government to make quick decisions. [5형식 문장]
- A natural sonar **enables** bats to avoid obstacles in their flight through the dark. [5형식 문장]
- The radar **enables** us to land under conditions of poor visibility. [5형식 문장]
- The light conduit **permits** [***allows***] scintillators to be reduced in size. [5형식 문장]
- Studies of sex chromatin in cells from the amniotic fluid **permit** [또는 **allow for**] the prediction of fetal sex. [3형식 문장]

Exist와 Present

Exist

어떤 현상, 법칙, 논쟁, 사물이 우주에 존재한다는 의미이다.

- Considerable [또는 Continuing] controversy **exists** regarding the usefulness of molecular dynamics simulations in evaluating free energy differences.
- We attempted to explain why intrusions, such as stocks and batholiths, **exist**.
- Contribution of excited ion states may **exist** under an appropriate truncation of ion energy spectra due to plasma effects.

Present

과학연구를 위한 실험 중에 나타나는 물질, 현상 같은 데이터에 대해서는 present를 사용한다. 명사형 presence와 existence도 같은 어감 차이(nuance)를 가진다.

- Few-body system of nucleons and atoms, all with interactions tuned such that a shallow two-body bound state is **present**, will therefore display discrete scale invariance or the remainders of this symmetry.
- If **shock** is **present**, suitable measures to combat it should be instituted immediately.
- One of the roots is **present** on the imaginary axis, while others are present at symmetrical points on both sides thereof.
- The analysis revealed the **presence** of GM-CSF.
- Ordering of Ca on a P1 pattern may contribute to the intensities of C-type reflections, but nothing can be deduced about their coherence or otherwise given the **presence** of the framework.

from ~ to ~, from ~ through ~ 와 between ~ and ~

to 다음에 오는 숫자는 포함되지 않으나, through 다음에 오는 숫자는 포함된다.

- **from** March 1 to April 20, 2013
  2013년 3월 1일부터 4월 19일까지(4월 20일이 포함 안 됨)
- **from** March 1 **through** April 20, 2013
  between March 1 and April 20 of 2013
  2013년 3월 1일부터 4월 20일까지(4월 20일이 포함됨)

Grade와 Rate

일정한 척도(scale)에 의해 분류하는 경우에 "등급을 매긴다"라는 의미로 동사 Grade와 Rate을 사용한다.

- We graded [또는 rated] the distance in the simulation on a 5-point scale. [등급을 매긴다]
- The intensity of membrane fluorescence in the indirect fluorescent technique was **graded** [또는 **rated**] from + to +++. [등급을 매긴다]
- Immunohistochemical staining were **graded** [또는 **rated**] on a 3-point scale: 0, <25% specimens positive; +, 25% to 75% specimens positive; ++, >75% specimens positive (on random high-power fields). [등급을 매긴다]

동사 Rate는 "등급을 매긴다"라는 의미 외에 "평가한다"라는 의미로도 사용한다.

- The internet treatment was **rated** as acceptable by all inverstigators. [평가한다]

Including과 Such as

Including

Including은 모든 예를 포함하고 있을 때 사용한다.

- Several studies have discussed soltware risks based on major risk factors, **including** content, process, and quality.

such as

such as는 일부의 예만 포함하고 있을 때 사용한다.

- In adult tailless amphibians, **such as** the frog or toad, there are only 10 or 11 pairs of the cranial nerves.

Need와 Require

Need는 주어가 자신을 위해 요구하는 경우에 적합한 표현이며, 외부요인으로부터 필요하게 되는 경우는 Require가 적합한 표현이다.

- This law **needs** revision.
- Further studies are **needed** to determine the cause.

- Engineered safety features are **required** by regulations.
- The experiment **requires** 90 minutes.

Randge(-)와 Approximately(~)

기호(-)는 범위를 나타내며, 기호(~)는 "약"이라는 의미로 사용된다.

- The efficiency of this process is **100-1,000** times higher than that of degenerate TPA.
- The purpose of this section is to analyze the variations of emerging parameters on the velocity and concentration fields in Figures **2-5**.

- The natural degradation involves the whole thickness of the linen (**~345 μm**).
- The flood-plain and subaqueous delta depos account for **~75%** of the estimated fluvial sediment discharge.

Tendency와 Trend

Tendency

개별적인 경향, 습관에 사용되는 단어이다.

- Self-organizing maps (SOM) and generic interaction matrix (GIM) theory were used to investigate the **tendency** of the data to cluster.

Trend

전반적인 경향, 추세를 의미하는 데 사용된다.

- The discussion addresses some of the key challenges in computer applications for ship field and analysis of the emerging **trends** in the research.

That과 Which

That

"한정용법"으로서 주체명사를 that 이하의 종속절에서 종류와 범위를 한정하여 묘사한다.

- The eigenfunction *W* is the solution of the Helmholtz equation **that** satisfies the boundary condition.

Which

좀 더 설명을 요하는 단어나 구를 보충하여 설명할 때 사용한다. 이때 Which 대신에 분사를 사용할 수 있으나, 문장에 중량감을 주기 위해서는 which를 사용한다.

- This phenomenon can be fully explained by William's theory **which** takes into account the effect of chemical binding and external motion.

- The samples were dissolved in 0.5N KOH solution **containing** [또는 **which contained**] KI.
- At high temperatures, the activation energy exceeded 36 kcal/mol **corresponding** [또는 **which corresponds**] to lattice diffusion.
- The process is handicapped by the difficulty of removing oxygen **remaining** [또는 **which remains**] in the product.

접속사 When과 If

"…할 때 …하게 되다"의 표현에 사용한다.

- The value of *n* tends to increase, and *k* to decrease, **when** [또는 **if**] the annealing is prolonged or **when** [**if**] the heating rate is lowered.

문장 속에 산술공식이 있을 때 이 산술공식을 문장의 뒤쪽에 기술한다.

- **When** [또는 **if**] isothermal desorption is brought about by 2 successive stages of step heating, the activation energy can be expressed by the following equation: $Y = A + (B - C)$.

  → 주절과 종속절 가운데 어느 것을 선행시키느냐는 (1) 산술공식의 존재와, (2) 절의 길이를 고려해서 결정한다. When (…할 때)은 if (…하는 경우)와 같은 의미로 사용되는 경우가 많으며, when을 그대로 if로 치환하여도 별다른 영향이 없다.

03 미국영어와 영국영어의 차이

■ 미국영어(American English)와 영국영어(British English)의 차이

미국영어(American English : AE)와 영국영어(British English : BE) 사이에는 구어와 문어상의 차이가 존재하나, 영어논문작성과 관련이 있는 것은 문어상의 차이이기 때문에 여기서는 문어상 발생하는 차이만 설명하기로 한다.

형용사의 비교급/최상급의 차이

Base form	AE	BE
severe	more severe/most severe	severer/severest
common	more common/most common	commoner/commonest
remote	more remote/most common	remoter/temotest
polite	more polite/most polite	politer/politest
profound	more profound/most profound	profounder profoundest
quiet	more quiet/most quite	quieter/quietest
often	more often/most often	oftener/oftenest
pleasant	more cruel/most cruel	crueler/cruelest
like ([형용사] 같은)	more like/most like	liker/likest

전치사/접속사 용법의 차이

[AE] Monday *through* Friday

[BE] Monday *to* Friday inclusive

[AE] Information on tropical plants has been provided *to* botanists.

[BE] information on tropical plants has been provided *for* botanists.

→ Its degree of chelation may provide us with a sensitive indicator of its function. [**AE**에서 **이중목적어**를 사용할 수 있다.]

[AE] An 8-month-old dog sustained trauma *on* Churchill Street.

[BE] An 8-month-old dog sustained trauma *in* Churchill Street.

[AE] The scientists work *on* the primary research team.

[BE] The scientists work *in* the primary research team.

[AE] The laboratory hours *on* weekends were significantly lower in the intervention group.

[BE] The laboratory hours *at* weekends were significantly lower in the intervention group.

[AE] Even tetramers can bind to the compound *so long as* they possess the relevant amino acid composition, including the essential Trp23 residue.

[BE] Even tetramers can bind to the compound *as long as* they possess the relevant amino acid composition, including the essential Trp23 residue.

[AE] compare A to B (as) compare to~

[BE] compare A to B (as) compare with~

[AE] This test may help confirm it.

[BE] This test may help *to* confirm it.

동사 용법의 차이

1. A *P* value of < .05 was considered (statistically) significant. [AE](**흔히 to be를 생략한다**)

   A *P* value of < .05 was considered **to be** (statistically) significant. [BE]

The test was reported accurate. [AE]

The test was reported **to be** accurate. [BE]

2. **요구, 제안을 보이는 명사절에서 가정법현재**(subjunctive present)문장사용
   They recommended [suggested] that he **apply** for the job. [AE](**흔히 should를 생략한다**)
   They recommended [suggested] that he **should** apply for the job. [BE]

3. 미국 영어에서는, **근과거**에 일어난 사건에 대해서 **already, yet** 등의 부사와 함께 **단순 과거시제** 또는 현재 완료시제를 사용해 표현한다.
   영국 영어는 현재 완료시제만을 사용한다.
   It histogenesis was not **yet** [또는 has not **yet** been] fully clarified. [AE]
   Its histogenesis has not **yet** been full clarified. [BE]

   Scientists **already** developed [또는 has **already** developed] a variety of mimic membranes which are alike in form based on lipid bilayer. [AE]
   Scientists has **already** developed a variety of mimic membranes which are alike in form based on lipid bilayer. [BE]

동사의 과거형/과거분사형의 차이

	Baseform	AE	BE
(1)	to leap	leap*ed*	leap*t*
	to learn	learn*ed*	learn*t*
(2)	to forecast	forecast	forecast*ed*
(3)	to knit	knit	knit*ted*
	to light	lit	light*ed*
(4)	to enrol(l)	enroll*ed*	enrol*ed*
	to fulfil(l)	fulfill*ed*	fulfil*ed*
	to instal(l)	install*ed*	instal*ed*
	to label	label*ed*	label*led*
	to signal	signal*ed*	signal*led*
	to remodel	remodel*ed*	remodel*led*

마침표(period) 사용법

- [AE] Mr. Mrs. Dr. (마침표 사용) [BE] Mr Mrs Dr (마침표 사용 안함)
- 미국인은 쉼표나 마침표를 따옴표 안에 찍는다. 영국인은 쉼표나 인용된 내용에 포함되어 있을 때만 그렇게 하고, 아니면 따옴표 바깥에 찍는다.
  [AE] Carefree means "free from care or anxiety."
  [BE] Carefree means "free from care or anxiety".

쉼표(comma) 사용법

[AE] Mercury, Venus and Mars [BE] Mercury, Venus, and Mars
[AE] cats, dogs or rats [BE] cats, dogs, or rats
그러나 최근에는 미국영어에서도 쉼표를 찍는 사람들이 많아지고 있다.

합성어

미국인은 하이픈('-')을 사용하고, 영국인은 하이픈을 사용하지 않는다.
[AE] south-east Sweden [BE] South east Sweden
[AE] breast-feed [BE] breastfeed

날짜 표기(2009년 1월 6일)

[AE] 01/06/2009 January 6, 2009 (2009년 1월 6일)
[BE] 06/01/2009 06 January 2009 (2009년 1월 6일)

미국영어와 영국영어의 철자상의 차이

[1] -ck 또는 -k vs. -que

AE	BE
ban***k***	ban***que***
chec***k***	che***que***
chec***k***er	che***que***

[2] -dg vs. -dge

AE	BE
acknowledgment	acknowledgment
judgment	judgement

[3] -e vs. -ae

AE	BE
an*e*sthesia	an*ae*sthesia
deoxyh*e*moglobin	deoxyh*ae*moglobin
di*e*retic	di*ae*retic
encyclop*e*dia	encylycop*ae*dia
*e*sthetic	*ae*sthetic
*e*sthesiometer	*ae*sthesiometer
*e*stival	*ae*stival
*e*stivation	*ae*stivation
*e*thic	*ae*thic
*e*tiologic	*ae*tiologic
*e*tiological	*ae*tiological
*e*tiology	*ae*tiology
f*e*cal	f*ae*cal
f*e*ces	f*ae*ces
h*e*ctometer	h*ae*ctometer
h*e*machrome	h*ae*machrome
h*e*macytometer	h*ae*macytometer
h*e*madsoption	h*ae*madsoption
h*e*magglutinin	h*ae*magglutinin
h*e*magogic	h*ae*magogic
h*e*matic	h*ae*matic
h*e*matocrit	h*ae*matocrit
h*e*matogenic	h*ae*matogenic
h*e*matologist	h*ae*matologist
h*e*matology	h*ae*matology
h*e*matopathology	h*ae*matopathlogy
h*e*matopoiesis	h*ae*matopoiesis
h*e*matopoietic	h*ae*matopoietic
h*e*matoporphyrin	h*ae*matoporphyrin

hematosin	haematosin
hematostatic	haematostatic
hematoxylin	haematoxylin
hemerythrin	haemerythrin
hemin	haemin
hemochrome	haemochrome
hemochromogen	haemochromogen
hemocyanin	haemocyanin
hemocytolysis	haemocytolysis
hemocytometer	haemocytometer
hemodiafiltration	haemodiafiltration
hemodialysis	haemodialysis
hemodialyzer	haemodialyzer
hemodilution	haemodilution
hemodynamics	haemodynamics
hemofiltration	haemofiltration
hemoglobin	haemoglobin
hemogram	haemogram
hemolytic	haemolutic
hemolysate	haemolysate
hemolysin	haemolysin
hemolysis	haemolysis
hemonectin	haemonectin
hemoperfusion	haemoperfusion
hemopexin	haemopexin
hemophilliac	haemophiliac
hemophillioid	haemophilioid
hemopoietic	haemopoietic
hemopoiesis	haemopoiesis
hemorheology	haemorheology
hemianesthesia	hemianaesthesia

isoh*e*magglutinin	isoh*ae*magglutinin
kin*e*sthesia	kin*ae*sthesia
kinan*e*sthesia	kinan*ae*sthesia
l*e*vodopa	l*ae*vodopa
l*e*vorotation	l*ae*vorotation
l*e*vorotatory	l*ae*vorotatory
meth*e*moglobin	meth*ae*moglobin
medi*e*val	medi*ae*val
n*e*vus	n*ae*vus
oxyh*e*moglobin	oxyh*ae*moglobin
p*e*derasty	p*ae*derasty
pall*e*sthesia	pall*ae*sthesia
sulfmeth*e*moglobin	sulphmeth*ae*moglobin

[4] -e vs. -oe

AE	**BE**
am*e*ba	am*oe*ba
anti*e*strogenic	anti*oe*strogenic
man*e*uver	man*oe*uvre
c*e*lom	c*oe*lom
*e*nology	*oe*nology
*e*stradiol	*oe*stradiol
*e*striol	*oe*stiol
*e*strogen	*oe*strogen
*e*strone	*oe*strone
*e*strous	*oe*strous
*e*struation	*oe*struation
*e*strus	*oe*strus
f*e*tal	f*oe*tal
f*e*tus	f*oe*tus

[5] -ense vs. -ence

AE	BE
defen***se***	defen***ce***
licen***se***	licen***ce***

[6] -er vs. -re

AE	BE
cent***er***	cent***re***
fib***er***	fib***re***
fib***er***optic	fib***re***optic
fib***er***optics	fib***re***optics
goit***er***	goit***re***
goniomet***er***	goniomet***re***
lit***er***	lit***re***
met***er***	met***re***
nanomet***er***	nanomet***re***
theat***er***	theat***re***

[7] -f vs. -ph

AE	BE
sul***f***methemoglobin	Sul***ph***methaemoglobin
sul***f***obromophthalein	sul***ph***obromophthalein
sul***f***onic acid	sul***ph***onic acid
sul***f***onylureas	sul***ph***onylureas
sul***f***uric acid	sul***ph***uricacid

[8] -k vs. -c

AE	BE
leu***k***okininase	leu***c***okininase
leu***k***opoiesis	leu***c***opoiesis
leu***k***itrienes	leu***c***otrienes
py***k***nometer	py***c***nometer

[9] -ll vs. -l 또는 -l vs. -ll

AE	**BE**
counse***l***or	counse***ll***or
counci***l***or	counci***ll***or
enro***ll***ment	enro***l***ment
insta***ll***	insta***l***
marve***l***ous	marve***ll***ous
ski***ll***ful	ski***l***ful

[10] -n vs. -ne

AE	**BE**
interneuro***n***	interneuro***ne***
motor neuro***n***	motor neuro***ne***
neuro***n***	neuro***ne***

[11] -o vs. -ou

AE	**BE**
behavi***o***r	behavi***ou***r
behavi***o***rism	behavi***ou***rism
col***o***r	col***ou***r
col***o***rimeter	col***ou***rimeter
col***o***rimetry	col***ou***rimetry
fav***o***r	fav***ou***r
fav***o***rite	fav***ou***rite
hon***o***r	hon***ou***r
humo***o***r	hum***ou***r
lab***o***r	lab***ou***r
neighb***o***r	neighb***ou***r
pseudotum***o***r	pseudotum***ou***r

[12] -og vs. -ogue

AE	BE
catalo**g**	catalo**gue**
diao**g**	dialo**gue**
analo**g**	analo**gue**

[13] -u vs. -ou

AE	BE
amp**u**le	amp**ou**le

[14] -z vs. -s

AE	BE
acclimati**z**ation	acclimati**s**ation
analy**z**e	analy**s**e
apologi**z**e	apologi**s**e
aromatiz**z**ation	aromatis**s**ation
aromati**z**e	aromati**s**e
cauteri**z**e	cauteris**s**e
criticiz**z**e	critici**s**e
depolymeri**z**ation	depolymeri**s**ation
desensiti**z**ation	desensitis**s**ation
desulphuri**z**ation	desulphuri**s**ation
digitali**z**ation	digitali**s**ation
generali**z**ation	generali**s**ation
generali**z**ed	generali**s**ed
memoriz**z**e	memoris**s**e
normali**z**ation	normali**s**ation
oligomeriz**z**ation	oligomeri**s**ation
organi**z**e	organis**s**e
pasteuriz**z**ation	pasteuri**s**ation
photosensiti**z**ation	photosensiti**s**ation
polymeriz**z**ation	polymeris**s**ation

randomi*z*ation	randomis*s*ation
reali*z*e	reali*s*e
sensiti*z*ation	sensiti*s*ation

[15] 기타

AE	**BE**
anesthesiologist (마취전문의사)	**anesthetist** (마취전문의사 + 마취사)
anesthetist (마취사)	
curb	***ker***b (edge of pavement)
dra***f***t	drau***gh***t
fall	autumn
gr***a***y	gr***e***y
jewe***l***ry	jewe***lle***ry
liqu***o***r	lique***u***s
p***a***jamas	p***y***jamas
pl***ow***	pl***ough***
practi***c***e	practi***s***e
progr***am***	progr***amme***
skillful	skilful
t***i***re	t***y***re
toward	toward***s***

04 영문 교정

■ 영문 교정

이 장에서는 과학영어에 자주 사용하는 문형(sentence pattern)에 대한 예문을 통해 영문법적인 오류를 고치는 훈련을 한다.

먼저 잘못된 영어 문장을 제시하였고, 그 다음에 문법적인 설명과 함께 교정이 완료된 문장을 보여주었다. 자세히 읽어보고 숙지하기 바란다.

수준 높은 영어(Better English)를 쓰는 요령

1) Choose the **correct word**: Use a **dictionary** to make sure that the word you have chosen is used in the correct context and is spelled correctly.
2) Select **the shorter word** rather than the longer one.

예) light vs. illumination
most vs. majority

3) Select **the single word** rather than the phrase.

예) now vs. at this moment
many vs. a number of

영문 교정 훈련

1. Table I **showed** the results obtained from the measurements of the diameter d, using an **inner diameter measuring** device.
   → Table I **shows** the results obtained from the measurements of the diameter d, using an **inner diameter-measuring** device.
   [주: "Table, Figure"가 "~을 보여주다"라고 기술할 때는 현재 시제를 사용함]

2. **In regard to** footings, ACI 318-08 requires that the shear strength **will be** checked for "beam action shear".
   → **For** footings, ACI 318-08 requires that the shear strength **be** checked for "beam action shear."
   [주: 적합한 전치사, 동사 require, recommend의 용법, 구두점 사용법]

3. **The Bernouli's** hypothesis of planar cross-sections is assumed for **each layers**.
   → **Bernouli's** hypothesis of planar cross-sections **was** assumed for **each layer**.
   [주: 정관사의 용법, 적합한 시제, 단수/복수 표현]

4. **Eu and Gd** were eluted with the same solution.
   → **Europium and gadolinium** were eluted with the same solution.
   [주: 한 group의 어구는 문장 맨 앞에 올 때 모두 풀어 써야 함]

5. **In** the other hand, there was **significant** difference **with** the average JAD score **among** studies in the journals **registered in** SCI (***P* = 0.0360**).
   → **On** the other hand, there was **a** significant difference **in** the average JAD score **between the** studies **published in the SCI journals** (***P* = 0.036**).
   [주: 전치사, 관사, 동사, 괄호 앞 띄어쓰기, P value 표기법]

6. Recent studies **showed** that **planet Mercury produced an anti-oxidative** effect. **But**, there are **lack of** studies regarding the effect **of planet Mercury** on growth initiation.
   → Recent studies **have shown** that **Mercury produces an antioxidative** effect. **However**, there is **the lack of** studies regarding **its** effect on growthi nitiation.

[주: 과거업적시제, 행성이름의 관사용법, 하이픈 사용법, 두음법칙 (But/And), 관사, 대명사]

7. The ratio of shear-to-flexural displacement **is remained** constant over **entire** ductility range once RC walls **reached at** their nominal strength.

→ The ratio of shear-to-flexural displacement **remains** constant over **the entire** ductility range once RC walls **have reached** their nominal strength.

[주: 자동사 remain, 정관사를 취하는 형용사, 적절한 시제, 타동사 reach]

8. Cassiopeia A is **one of the** well-known supernova remnants in the Milky Way.

→ Cassiopeia A is **a** well-known supernova remnant in the Milky Way.

[주: 영어에서는 부정관사를 사용하여 간단하게 불특정성격의 사물을 표현할 수 있다. 한국어에서는 관사가 발달되어 있지 않아서 "~의 하나는 ~"으로 표현하게 됨]

9. 논문의 title page에서

Ahn Yong-ju[*], Park Seung-koo[*], Chae Suk-il[*], Min Jeong-soo[†]

[*]Department of Atmospheric Science, Dokdo University, † [†]Department of Architectural Engineering, Dokdo University

→ Ahn Yong-ju,[1] Park Seung-koo,[1] Chae suk-il,[1] Min Jeong-soo[2]

Departments of Atmospheric Science[1] and Architectural Engineering,[2] Dokdo University

[주: 저자 표시는 대개 번호로 함, 쉼표 뒤에 어깨번호를 붙임, 명사가 중복될 때 복수명사를 사용함 Departments]

10. The **volume of residual protein had decreased** from 150cc~350cc to 0cc ~10cc.

→ The **residual protein volume decreased** from 150-350 to 0-10 mL.

[주: 명사 수식어(noun modifier), 시제, 단위쓰기, 단위 띄어쓰기, 구간 표시에서 하이픈 사용]

11. After we **checked for no leakage** of the balloon, the suction line was inserted to **a 11-Fr** Foley catheter.

→ After we **checked for leakage** of the balloon, the suction line was inserted to **an 11-Fr** Foley chtheter.

[주: 미국인들은 부정문으로 표현하지 않음(positive thinking); 11은 발음이 모음으로 시작됨]

12. Of the 8 peaks, 7 **peaks** were identified; **remained peaks** were very low.

→ Of the 8 peaks, 7 were identified; **the remaining** was very low.

[주: remain은 자동사임, 남아 있는 수가 몇 개인지 확인해야 함, 위 문장에서는 한 개임]

13. There was no statistically signigicant difference in bone mineral density between the experimental **group** and control **group** at the **2**nd and **4**th week.

→ There was no statistically significant difference in bone mineral density between the **control** and experimental **groups in** the **second** and **fourth weeks**.

[주: 중복 명사, 서수사]

14. These studies have provided us with valuable information, **but** a general method for prediction the stability boundary has yet to be established.

→ **While** these studies have provided us with valuable information, a general method for predicting the stability boundary has yet to be established.

[주: 가급적 중문을 사용하지 않는다. 종속접속사 **although, though, whereas, while**을 사용하여 복문으로 표현하는 것이 영어다운 표현임]

15. The sample was dissolved **in** 50 mL of distilled water in a 100 ml breaker **by heating** indirectly in a water bath.

→ The sample was dissolved **in** 50 mL of distilled water using a **100-mL** breaker **which was heated** indirectly in a water bath.

[주: 전치사 in의 중복을 피함, by 전치사구를 관계대명사로 연결된 종속절로 전환하여 간접가열의 구체적인 방법을 언급함, 하이픈의 용법]

16. The agreement between A and B and **the agreement** between A and D are good.

→ The agreement between A and B/D is good. [주: 사선(slash)의 용법]

17. Data are analyzed using **the SPSS 10.5** for Windows **(SPSS Inc. U.S.A)** by **the Student's t-test**.

→ Data **was** analyzed using **SPSS 10.5** for Windows (**SPSS** Inc, **Chicago, IL, USA**) with **Student's** *t* test.

[주: 시제, 단수/복수 표현, 괄호 앞 띄어쓰기, 재료 · 시약 · 도구의 표기법, 관사, 통계에서의 이탤릭체 사용법]

18. Median filters are used **frequently** in various image processing **application**, such as **SP** (speech processing), **CT** (computerized tomography) **and** communication.

→ Median filters are frequently used in various image processing **applications**, such as speech processing (**SP**), computerized tomography (**CT**), **and** communication.

[주: 부사의 위치, 단수/복수, 약어 기술, 쉼표(comma)의 용법]

19. Playback of a MO disk makes use of **phenomenon** known as **polar Kerr effect which** is rotation of the plane of polarization due to **magnetic field**.

→ Playback of **an** MO disk makes use of **a phenomenon** known as **the polar Kerr effect, which** is rotation of the plane of polarization due to **a magnetic field**.

[주: 부정관사, 정관사, 관계대명사 계속적 용법, 부정관사]

20. **Careful consideration** of the coding algorithm becomes essential **in currently available 5** compression techniques for large bandwidth signals **such as video technique**.

→ **A careful consideration** of the coding algorithm becomes essential **for 5 currently available** compression techniques for large bandwidth dignals, **such as the video technique**.

[주: 부정관사, 전치사, 형용사의 어순, 쉼표(comma)의 용법, 정관사]

21. This type of **a problem could be** treated **either** by using a geometric approach **or** an algebraic **approach**.

→ This type of **problem was** treated **either by using** a geometric approach **or by using** an algebraic **one**.

[주: 부정관사, 과거형 동사 could의 용법, either~or의 대등구사용, 대용어 one]

22. We thus derive Eq. (21) **of which the** physical meaning is evident.

→ We thus derive Eq. (21) **whose** physical meaning is evident.

[주: 소유격 관계대명사의 용법, 아랫 문장이 더 좋은 표현임]

23. Helium gas **contained** the iodine was passed through an activated charcoal bed.

→ Helium gas **containing** the iodine was passed through an activated charcoal bed. [주: 분사 용법]

24. Iodine **containing** in the helium gas was removed by activated charcoal bed.

→ Iodine **contained** in the helium gas was removed by activated charcoal bed.

[주: 타동사 contain의 용법]

25. The peak **appeared** on the spectrum was ascribed to that material

→ The peak **appearing** on the spectrum was ascribed to that material

[주: 자동사 appear의 용법]

26. Dinosaurs are no longer **present**.

→ Dinosaurs no longer **exist**.

[주: 유사어를 구별하여 정확히 사용해야 함]

27. No activity existed outside the shielding.

→ No activity was present outside the shielding.

[주: 유사어를 구별하여 정확히 사용해야 함]

28. The peak at 540°C is **explained as** the oxidation of UO_2 to U_3O_8.

→ The peak at 540°C is **ascribed to** the oxidation of UO_2 to U_3O_8.

[주: 적합한 동사를 사용해야 함]

29. The temperature **reached at** 200°C

→ The temperature **reached** 200°C

[주: 타동사 reach의 용법]

30. A mechanism such as expressed by Eq. (3) would **seem** to be more applicable.
→ A mechanism such as expressed by Eq. (3) would **appear** to be more applicable.
[주: seem은 매우 주관적인 내용일 때 사용한다. 따라서 저자들의 판단에 의해 어떤 사항을 기술할 때는 appear가 무난하다.]

31. The DWBA theory is **adequate** only when β is small.
→ The DWBA theory is **valid** only when β is small.
[주: 적합한 형용사의 용법]

32. One half of the world's population is male, and **another** half is female.
→ One half of the world's population is male, and **the other** half is female.
[주: the other의 용법]

33. The gas release behavior is **different from** that of U-Al foil.
→ The gas release behavior **differs from** that of U-Al foil.
[주: 기능적 동사를 사용하는 것이 힘차고 간결한 표현임]

34. Each of the curves **were** examined for correctness.
→ Each of the curves **was** examined for correctness.
[주: each는 단수동사를 취함]

35. **It is necessary a new parameter to** be introduced.
→ **It is necessary to** introduce a new parameter.
[주: It is necessary와 to + 부정사 사이에 명사가 올 수 없음]

36. The difference is **considerably** small.
→ The difference is **quite** [또는 **fairly**] small.
[주: 부사의 용법]

37. The measured data agree **considerably** with calculations.
→ The measured data agree **fairly** [또는 **well**] with calculations.
[주: 부사의 용법]

38. The magnetic field was located **just near** the heated zone.

→ The magnetic field was located **very close to** [또는 **in the immediate vicinity of**] the heated zone.

[주: just의 남용을 피해야 함]

39. The measurements were made **just after** removal from core.

→ The measurements were made **immediately after** removal from core.

[주: just의 남용을 피해야 함]

40. The results **with** this formula were as follows.

→ The results **obtained with** this formula were as follows.

[주: 동사를 기입해야 의미가 뚜렷해짐]

41. No difference was observed **between** the diffusion behavior of hydrogen **in the specimen** A and B.

→ No difference was observed **in** the diffusion behavior of hydrogen **between** specimens A and B.

[주: 전치사의 위치, 무관사, 단수/복수명사]

42. **According to Table 6**, this nuclide increases its cross section quite markedly.

→ **Table 6 reveals that** this nuclide increases its cross section quite markedly.

[주: 의인법 문장이 좋은 표현임]

43. Mutual separation **among** U, Pu and fission products is difficult.

→ Mutual separation **between** U, Pu, and fission products is difficult.

[주: among과 between의 용법]

44. A large difference was observed **between** the thermalization properties **of** graphite and hydrogenous materials.

→ A large difference was observed **in** thermalization properties **between the** graphite and hydrogenous materials.

[주: 전치사의 용법, 정관사의 용법]

45. This fluctuation affects the heat transfer of capture processes of neutrons, **and** sometimes causes mechanical vibrations in the control rods or fuel elements.

→ This fluctuation affects the heat transfer and capture processes of neutrons **and it** sometimes causes mechanical vibrations in the control rods **and** fuel elements.

[주: 대명사의 용법, and와 or를 분명히 구별해서 사용해야 함]

46. **Any** rapid method is **not** used for the inner **and** outer iterations.

→ **No** rapid method is used for the inner **or** the other iteration.

[주: any + not 어순은 문법에 어긋남, 부정문에서는 and 대신에 or를 사용함]

47. The spectrum **in a smaller system** is cooler than **that in a larger system**.

→ The spectrum is cooler **in a smaller than in a larger system**.

[주: 비교문장은 단순어(simple word)를 주어로 사용하는 것이 원어민들의 영작임. 비교되는 어구가 단어 than을 중심으로 병렬구조(paralellism)를 갖추어야 함]

48. It is **not clear that** the reaction is exothermic or endothermic.

→ It is **not clear whether** the reaction is exothermic or endothermic.

[주: not clear는 that 대신에 whether절이 온다. clear~that~은 맞는 표현임]

49. **2 g** of the liquid were samoled.

→ **Two grams** of the liquid was samoled.

[주: 영어의 두음법칙: 숫자가 문장의 맨 처음에 올 수 없음. Two grams는 단수동사를 취함]

50. These errors are due **only** to statistical fluctuations.

→ These errors are due to statistical fluctuations **alone**.

[주: only와 alone은 구별해서 사용해야 함]

51. The effect of **other** chains **than** the one that was registered.

→ The effect of chains **other than** the one that was registered.

[주: other than은 "~이외의"라는 뜻임]

52. The **two** higher modes are seen to have shifted **remarkably** to the lower energy side.

→ The **2** higher modes are seen to have shifted **markedly** to the lower energy side.

[주: 올바른 숫자 표현, 적합한 부사 사용]

53. A is **similarly** obtained as B.

→ A is obtained **similarly to** B.

[주: similarly는 붙여 써야 함]

54. In monkeys, the symptoms of syringomyelia are similar **to** the myofascial pain syndrome with referred pain of extensor digitorum longus m..

→ In monkeys, the symptoms of syringomyelia are similar to **those of** the myofascial pain syndrome with referred pain **to the** extensor digitorum longus **m**.

[주: 비교구문, 대명사, 관사, 전치사, 마침표는 중복해서 사용할 수 없음]

55. 6 of **particular 17** items in STR recommendation were descrived **at table 3**

→ **Six** of **the 17 particular** items in STR recommendation are described **in Table 3**.

[주: 두음법칙, 형용사의 어순, 시제, 영문 과학 논문의 format]

56. We divided the specimens **to** 3 groups **such as** detachment **group**, packing **group &** adhesion **group**.

→ We divided the specimens **into** 3 groups: the detachment, packing, **and** adhesion **groups**.

[주: 전치사, 기호, 중복명사의 표현]

57. **Thirty two** specimens with peripheral defects were analyzed.

→ **Thirty-two** specimens with peripheral defects were analyzed.

[주: 21부터 99까지의 숫자를 풀어쓸 때 하이픈을 넣어야 함]

58. Most of chemically **treated animals** showed the reduction **of** the syrinx size **in** the follow up MR images, but **all** of them **didn't show** improvements in performance.

→ Most of **the chemically treated animals** showed the reduction **in** the syrinx size **on** the follow-up MR images, but none **showed** improvements in performance.

[주: 하이픈, 전치사, 완전부정/부분부정, 축약어]

59. **As a result of** evaluation by using **visual analog scale**(VAS), treatment score **at final visit** was significantly higher than the **scale** before treatment in each **groups**.

→ **On** evaluation by using **the** visual analog scale(VAS), **the final** treatment score was significantly higher than **that** before treatment in each **group**.

[주: 전치사, 정관사, 형용사 final, 대명사 that, 단수/복수]

60. Auxilary components such as switches, relays **etc**. were measured.

→ Auxillary components, such as switches and relays, were measured.

[주: 과학논문에서는 등(etc.)을 쓰지 않음]

61. Spectrometry for 5 minutes was measured before and after **3 weeks treatments**.

→ Spectrometry was **performed for 5 minutes** before and **3 weeks after treatment**.

[주: 부사구의 위치, 적합한 동사 perform, 시간표현방법]

62. The median length of the cable from **the point** A to **the Meckel's point** was 9.1 mm(range; 3.2~16.3).

→ The median length of the cable from **point A** to **Meckel's point** was 9.1 mm (range; 3.2-**16.3 mm**).

[주: 정관사 용법, 괄호 앞 띄어쓰기, 괄호 속 단위 구간 표시]

63. From **this study results**, it **was suggested** that all parts of SCRT were effective for immunomudulation.

→ **This study suggests** that all **components** of SCRT **may be** effective for immunomodulation.

[주: 의인법 문장, 적합한 명사 component, 결론문장의 조동사와 시제]

64. This study **was aimed** to elucidate the effects of CPX-332 on **melting point** in system A.

→ This study **aimed to** evaluate the effects of CPX-332 on **melting points** in system A.

[주: 자동사 aim, 단수/복수명사]

65. The pharmacological mechanisms **of them** were **not** elucidated **despite of Zhang's** study of vitamin C[7].

→ **Their** pharmacological mechanisms have **not yet** been **elucidated despite** the study of vitamin C **conducted by Zhang**.[7]

[주: of them/대신에 their를 사용함, 전치사 despite, 시제, 마침표의 위치]

66. The changes **of** prolo economic **scale** were better in the PLIF group, but **the** difference was statistically **not** significant(*P* **value** = 0.412, table 2).

→ The changes **in the** prolo economic **scale** were better in the PLIF group, but the difference was **not** statistically significant (*P* = 0.412)(**Table 2**).

[주: 전치사, 정관사, 부사 not의 위치, 괄호의 용법, P값 기술방법]

67. The presence of smoke alarms in home helps **preventing** fire-related injuries.

→ The presence of smoke alarms in home helps **prevent** fire-related injuries.

[주: help + 동사원형과 help + 동명사는 그 의미가 다르다.]

68. Since the defect causes a transmission loss increase **of** the near infrared spectral regions, **many researches** have been directed **to minimize defect**.

→ Since the defect causes a transmission loss increase **in** the near infrared spectral regions, **much research has** been directed **at minimizing the defect**.

[주: 전치사 in, 불가산명사 research, 동명사의 사용법, 정관사]

69. **Any** unsafe condition was **not** detected throughout the experiment.

→ **No** unsafe condition was(**ever**) detected throughout the experiment.

[주: any + not의 어순은 문법에 어긋남]

70. **Photograph 2 and 3** show the microstructures in the **region** of the large and small particles, located near the cladding of the irradiated specimen.

→ **Photographs** 2 and 3 show the microstructures in **the regions** of the large and small particles, located near the cladding of the irradiated specimen, **respectively**.

[주: 복수형 어미 −s, 1:1의 대응관계에는 부사 respectively가 필요함]

71. The probability of occurrence **of them** is small, thanks to the measures devised to remove the causes of **them**.

→ The probability of **their occurrence** is small, thanks to the measures devised to remove the causes **thereof**.

[주: of them, of it은 사용하면 안 됨; thereof는 명사를 뒤쪽에서 수식하는 표현임]

72. The capacity of this receptor-effector system is **enough** to maintain plasma osmolality within narrow limits.

→ The capacity of this receptor-effector system is **sufficient** [또는 **adequate**] to maintain plasma osmolality within narrow limits.

[주: 적합한 형용사의 용법; 영어다운 표현을 위해서는 동의어를 많이 알고 있어야 함

05 영작문 훈련

■ 영작문 훈련

좋은 영문을 쓰려면 다음 사항을 기억해야 한다.

① 과학영어 문장을 쓰는 것은 기술(skill)이다. 연습하면 할수록 능숙해지므로 시행착오를 겪으면서 계속해서 써 본다.

② 좋은 영어(문체, 어휘, 논리적 구성)에 대한 언어감각을 몸에 붙이기 위해서는 독서를 통해서 가능한 한 많이 영어를 접한다.

③ 영문으로 만들 때는 의인법 문장을 쓰기 위해 주어를 무생물로 할 수 없을까 생각해 본다. 한글문장 안에 부사절이나 부사구가 있으면 그것을 주어로 하여 영어문장을 작성한다.

④ 문장의 핵심이 되는 동사를 중심으로 문장을 작성한다.

⑤ 구체적인 내용이 없는 문장은 작성하지 않는다.

⑥ 문장을 길게 만연체로 만들지 않아야 한다. 과학논문에서 제일 중요한 것은 독자가 그 내용을 이해하는 일이라는 것을 잊지 않도록 한다.

영어에도 구어와 문어가 있다. 논문에 구어를 섞으면 의미는 통하더라도 격조는 떨어진다. 과학논문은 문어체로 작성해야 한다. 다음에 구어와 문어의 차이점을 기술한다.

1. 게르만계 어휘는 구어적이므로, 논문에서는 라틴계 어휘를 사용한다.
한국어에서도 [만들다]와 [작성하다], [다다르다]와 [도착하다], [꼴]과 [형태]처럼 한글과 한자어를 구별하여 사용함으로써 문장의 품위를 높일 수 있다. 마찬가지로 영어에도 비슷한 어휘의 이중구조가 존재한다. 게르만계의 단어를 많이 쓰게 되면 치졸한 인상을 주는 문장이 된다.
어떤 단어가 어느 쪽에서 유래한 것인가를 판단하려면 어원사전을 찾아봐야 한다. 어휘력이 늘면 뉘앙스를 터득할 수 있게 된다. 라틴계 단어를 반드시 써야 하는 것은 아니지만 저자들의 연구분야에서 자주 사용하고 있는 라틴계 단어를 암기하여 활용하는 것이 좋다.

게르만계	라틴 계	의미
ask	inquire	묻다
build	construct	세우다
buy	purchase	구매하다
dead	deceased	사망한
give	provide	주다
last	final	최후의
live	inhabit	서식하다
try	attempt	시도하다
say	state	언급하다
seem	appear	…같다
way	method	방법
write	describe	기술하다

2. 숙어 보다는 한 단어(single word)가 더 좋다.
영어회화에서는 구동사(동사와 전치사가 합쳐져서 하나의 동사의 역할을 하는 것)처럼 짝을 진 말투가 빈번히 나온다. 그 가운데는 단어 하나하나를 알고 있어도 전체의 의미를 짐작할 수 없는 것이 있다. 이런 것들을 관용구라 하며, 저자들은 하나씩 하나씩 암기해야 한다. 그러나 문어에서는 숙어 보다는 한 단어로 사용하는 것이 더 좋다. 구어적 표현과 문어적인 표현을 다음에 제시한다.

구어적	문어적	의미
a lot of	much/many	많은
blow up	explode	폭발하다
break down	collapse	부서지다
carry out	conduct	행하다
go down	decrease/lower	줄다, 내리다
go in	enter	들어가다
go up	increase/rise	늘다, 오르다
keep going	continue	계속하다
look for	seek	찾다
look into	examine	살피다
look up	consult	사전등을 찾아보다
make out	understand	이해하다
start again	resume	다시 시작하다

3. 단축형을 쓰지 않는다.

구어에서는 it's, what's, didn't, can't 등의 단축형을 쓰는 것이 보통이다. 그러나 논문에서는 단축형을 쓰지 않는다. 이는 문장의 격조가 떨어지기 때문이다. 과학논문의 격식 차린 영어 문장에서는 단축형을 쓰지 않는다. 아래 제시하는 단어들을 숙지하기 바란다.

단축형		단축하지 않는 원형	단축형		단축하지 않는 원형
isn't	→	is not	aren't	→	are not
don't	→	so not	doesn't	→	does not
haven't	→	have not	hasn't	→	has not
can't	→	cannot	won't	→	will not
shouldn't	→	should not	let's	→	let us

4. 장황한 표현보다 간결한 표현을 쓴다.

과학논문에서 중요한 것은 자기의 주장이나 실험결과를 독자가 이해하도록 하는 것이다. 독자들은 되도록 단시간에 논문을 확실하게 이해하려고 한다. 그렇다면 저자들은 지나치게 긴 영어문장으로 쓰지 않는 것이 바람직하다. 과학논문작성 지침서에 피해야할 표현과 바람직한 표현의 대조표가 나와 있다.

이러한 지침서는 불필요한 수식어(형용사나 부사)를 쓰지 말라고 권고하고 있다. 국내에서 발행되는 한글로 쓴 논문 안에는 장황하게 얼버무리는 표현이 많이 발견된다. 영어문장에서는 그러지 않도록 주의해야 한다.

장황한 표현	간결한 표현	의미
a majority of	most	대부분의
a number of	many	다수의
are of the same opinion	agree	같은 의견이다.
as far as our own observations are concerned	we observed	우리가 관찰한 바로는
at the present moment	now	현재
definitely proved	proved	증명되었다
future plans	plans	계획
goes under the name of	is called	~하는 이름이다
in case	if	~의 경우
in the near future	soon	가까운 장래
it has been reported by Jones et al.	Jones *et al.* have reported	Jones 등이 보고하였다.
large amounts of	much	다량의
on the basis of	from, by, because of	~을 근거로

NOTE 3-6 • 영작문 요령

1. 의인법 문장을 사용하여 한글문장을 직역한다.

   예 Harvey의 과거의 연구에 의하면 에너지 소산이 precast concrete panel에 의해 증가된다고 보고되었다. → Harvey에 의한 과거의 연구는 에너지소산이 precast concrete panel에 의해 증가된다는 사실을 시사하였다.(A previous study by Harvey suggested that energy dissipation capacity is increased by precast concrete panels.)

2. 한글 문장 속에 있는 redundant words를 삭제한다 [compact한 한글 문장 만들기]

   예 "~~를 비교해 보면", "~~을 분석해 보면" 같은 어구는 영역하지 않는다.

3. 단어의 위치와 수식관계를 정확히 한다.

   예 정확한 지진활동의 기전, a mechanism behind precise seismism (X)
   a precise mechanism behind seismism (○)

4. 긴 문장을 주어 + 동사로 자른다(최대 3문장으로 문장 나누기).

5. 중문 대신에 단문이나 복문으로 영작한다.

6. 일치법(agreement: 수의 일치, 시제의 일치)를 확인한다.

7. 영어문장사전/예문집 안에 있는 유사한 문장을 찾아서 영작한 문장을 고쳐쓴다.
   → Native English composition (영어 발상적 영작)을 훈련한다.

영작문 연습

1. 종방향 철근의 항복은 3번 표본을 제외한 모든 패널 표본에 있는 균열 위치에서 발견되었는데, 이것은 거의 확실히 변형도측정계기의 오작동과 분열하중에 의한 것으로 보인다.

   [관계대명사의 계속적 용법; 확률 형용사; 연속해서 나타나는 전치사]

   → Yielding of transverse reinforcement bars was observed at crack locations in all the panel specimens except specimen No. 3, which was most likely due to the malfunctioning of the strain gauges and to splitting loads in these specimens.

2. 우리 연구의 측정치는 Cotran 등[5]의 측정치와 유사하였으나, Kevin 등[8]의 측정치보다 낮았다. 이것은 mass spectrometry시 확대를 하였기 때문일 것이라고 생각된다.

   양보의 종속 접속사의 강도는 although = though = wven though > whereas > while임.

   [대명사의 용법; 이탤릭체의 사용법; 문헌의 어깨번호 붙이기; 적합한 형용사; 구두점 사용법; 관계대명사의 계속적 용법]

   → Although the measurements of our study were similar to those reported by Cotran *et al.*[5], they were smaller than those reported by Kevin *et al.*,[8] which is [또는 being] attributed to the magnification by mass spectrometry.

3. 이 아날로그 보드는 광대역 폭에서 기능하도록 설계되었으므로 각각이 5MHz와 6MHz로 작동하는 2개의 다른 변환기를 사용할 수 있었고, 이 보드의 정밀도를 대조하여 확인하기 위하여 온도 Tm은 실험에서는 알지 못한다고 가정하였다.

   [문장 자르기; 숫자 기술방법; 단위 띄어쓰기 관계대명사; respectively의 용법, 이탤릭체의 사용법]

   → This analog board was designed to work over a wide bandwidth, so that it was possible to make experiments with 2 different transducers operating at 5 and 6 MHz, respectively. In order to check for the accuracy of the board, the temperature Tm was assumed to be unknown in the experiment.

4. 시험은 20,000회마다 중단되었지만 시험편을 15분간 방치한 후 120°C에서 50분간 건조시켜 그때마다 각 시험편을 제거하였다.
[복문 만들기; 문장 붙여쓰기; each의 용법; 분사구문의 태(voice) 일치]
→ Although the test was stopped [또는 halted] periodically every 20,000 times, each test piece was detached after being left for 15 minutes and dried at 120°C for 50 minutes.

5. D급 증폭이라는 원리를 사용함으로써 전 디지털전력 증폭기를 구축할 수 있다. 이 증폭기에서는 가청신호는 심박 폭 변조 신호로 변환된다.
[by using; 관계대명사의 계속적 용법으로 문장 붙여쓰기; convert into]
→ An all-digital power amplifier can be constructed by using the principle of class D amplification, in which the audio signal is converted into a pulse-width modulated signal.

6. 또한, 혈소판이 dose dependent manner를 보이는 경향은 있으나 혈소판 농도와 적혈구수 및 혈소판 농도와 백혈구수 사이에는 직선성을 보이지는 않으며, 이것은 이전 연구의 결과와 비슷하였다.[3]
[두음법칙; although = though = even though > whereas > while; 사선(virgule)의 용법; 명사의 형용사적 용법, 관계대명사의 계속적 용법 또는 분사구문의 계속적 용법; 문헌의 어깨번호 붙이기]
→ In addition, although platelets tended to increase in a dose-dependent manner, a linear relationship between platelet concentrations and RBC/WBC count was not observed, which is [또는 being] similat to the result of a previous study.[3]

7. 최근 구제역으로 소와 돼지 340만 마리가 매몰되면서 동물복지가 문제가 되었다. 어떤 연구자들은 가축별 사육면적을 규정하고, 안락사시키며, 유해를 처리하기 위해 매몰 대신 소각하자고 제안하였다.
[시제; 적합한 명사; suggest (제안하다) + 동사원형(미국 영어) 또는 should (영국 영어); that절의 중복사용법]
→ Animal welfare is a hot topic these days as approximately 3.4 million cows and pigs are being buried to prevent the spread of foot-and-mouth

disease. Some investigators have suggested that breeding space (should) be regulated, that animals (should) be slaughtered with minimal pain and that incineration (should) be used, instead of burial, to dispose of animal remains.

4부

논문 심사

CONTENTS

01 논문 심사

■ 논문 심사

1. 과학논문심사의 기준

논문 심사(editorial assessment)는 다음의 두 가지 과정으로 이루어진다.

1) 편집인에 의한 심사(editorial review)와
2) 동일분야 전문가인 심사위원에 의한 심사(peer review)가 그것이다.

심사기준(assessment criteria)에는 다음과 같은 내용이 포함된다.

1) 중요도(importance)
   과학적 진보(scientific advance)
   과학적 타당성(scientific relevance)
   새로운 정보의 제공(new information)
2) 질적 내용(quality)
   연구디자인과 연구방법의 적합성
   자료분석의 적절성(필요한 통계적 방법을 포함하여)
   결과 해석 및 결론 도출의 타당성
   연구와 관련된 윤리적 타당성

편집인은 원고내용이 해당학술지 취급범위에 적합한지 아닌지를 확인한다. 학술지가 취급하지 않는 영역의 연구논문은 저자들에게 반송된다.

다음은 어떤 SCI 학술지가 논문심사 때 사용하고 있는 점검표(check list)이다.

ARTICLE PRIORITY #: _1 _2 _3 _4 _5
Priority # scale:

5 = Essential New Information: Must Publish
4 = Important Data: Reporting Prospective, Randomized, Multi-institutional TrialInnovative Research
3 = Important Data: Retrospective Data With Adequate Power to Support ConclusionReport With Essential Teaching PointsConfirmatory Research
2 = Information Based Upon Limited Data Report Without Essential Teaching Points
1 = Major Flaws in Scientific Methods or Lacking Relevance to Readership

대부분의 학술지들은 영향력계수(impact factor)를 높이기 위해 특수한 학술지의 분야에서 중요한 새로운 정보제공, 과학적인 증거, 여러 주제의 균형 있는 편집을 지향하고 있다. 논문심사 위원은 투고논문을 전체내용과 논문체제 통일양식(uniform requirement)에 입각하여 심사평(comment)을 작성한다. 많은 학술지들이 다음과 같은 논문평가 기준을 설정하여 논문심사위원들이 세심하게 논문을 검토하도록 권장하고 있다.

1) 논문의 주제가 현재의 과학수준에 부합하는지
2) 제목이 논문의 전체를 대표할 수 있는지
3) 서론, 방법, 결과, 고찰이 뒤섞이지 않았는지
4) 방법을 상세한 부분까지 구체적으로 서술하였는지
5) 연구 대상의 포함 및 제외 기준이 명확한지
6) 논문의 목적과 결과가 일치하는지
7) 표와 도해가 본문의 기술내용과 일치하는지
8) 적절한 통계방법을 사용하였는지
9) 고찰을 기술할 때 결과의 순서와 일치하는지
10) 결론이 본 연구 결과로 추론할 수 있는 것인지 (결론의 비약은 없는지)

11) 연구의 제한점을 기술하였는지
12) 윤리적인 문제는 없는지
13) 쓸데없는 중복이 없는지 (특히 서론과 고찰의 중복과 고찰에서 결과의 반복)
14) 논문의 길이가 적절한지

2. 논문심사과정

필요한 서류와 함께 투고논문이 접수되면 편집인은 그 내용이 자신의 학술지의 분야에 적합한지 아닌지를 판단한다. 적합하면 복수의 심사위원(peer reviewer; 2명인 경우가 많다)을 전문심사위원 가운데서 선정하여 논문 심사를 의뢰한다. 심사위원은 논문 평가기준에 따라 심사하여 게재의 가부를 판단한다. 만일 2명의 심사위원의 의견이 가부로 갈리는 경우에는 편집인 자신이 가부를 결정한다.

전문심사위원의 결정과 심사위원 수는 학술지의 정책에 의해 결정된다(대개 2명 또는 4명의 심사위원을 지정함). 전문심사위원은 대개 해당분야의 전문가이다. 많은 학술지가 해당분야에 따른 전문심사위원 데이터베이스(database)를 가지고 있으며, 심사위원의 자질과 심사의견서 회송 시간에 대한 정보를 포함하고 있다. 편집인은 저자에게 전달할 평가의견서를 심사위원이 작성하도록 요구하며, 편집에게 보내는 대외비 의견서를 별도로 요구할 수 있다. 학술지에 따라서는 저자가 심사위원을 추천할 수 있으며, 또한 심사위원이 되지 않았으면 하는 사람을 지적할 수도 있다. 그러나 최종 심사위원의 선택은 편집인에 의해 결정된다.

논문심사위원의 일차적인 역할은 편집인에게서 심사 의뢰된 원고의 전문적인 내용을 평가하여 과학적인 의문에 대한 논문에서의 해답이 적절한지를 통보하여 주는 것이고, 저자에게는 저자의 연구에 대한 결과의 기술을 객관적으로 평가를 해 주는 것이다. 논문의 가치는 연구 자체의 질과 이를 게재하는 연구 보고 형식의 질로 양분할 수 있다. 같은 분야의 전문적인 논문심사위원의 연구 자체의 질에 대한 평가가 절대적이다.

2- or 4-reviewer assignment

Reviewer 1 ● ↓ Minor Revision ↘

Reviewer 2 ● ↓ Major Revision ↙

Final Decision by the Editor-in-Chief

치우치지 않은 독립적이고 신중한 학술적 심사는 과학적인 연구과정을 포함한 모든 학문연구에 있어서 본질적인 요소 중 하나이다. 동일분야 전문가인 심사위원에 의한 심사(peer review = review process for scientists by scientists)는 편집인으로 활동하지 않는 전문가가 학술지에 투고한 원고를 학술적으로 심사하는 과정이다. 따라서 동일분야 전문가의 심사위원에 의한 심사는 과학연구의 중요한 연장과정이다. 이 심사 과정의 실제 가치에 관하여는 아직 논쟁이 되기도 하지만, 심사위원에 의한 전문심사는 편집인들이 학술지에 게재하기에 적합한 논문을 찾아내는 데 결정적인 도움을 주며, 저자와 편집인이 논문의 질을 향상시킬 수 있도록 도와준다.

전문학술지가 좋은 평가를 받으려면 과학적 최신 정보와 인용가치가 있는 해당 전문분야의 논문들을 선별하여 게재해야 한다. 인용가치가 있는 논문의 선별은 전문분야의 세부전문지식을 갖춘 논문심사위원의 역할에 의하여 좌우되며, 논문심사 과정은 전문성, 공정성, 신속성을 모두 갖추어야 한다. 신뢰성 있는 논문심사는 독자와 투고자 모두에게 논문의 신뢰성을 부여하는 동기가 되고, 학술지가 좋은 평가를 받기 위한 기초가 된다. 학술지의 좋은 평가는 학술지 자체의 명성뿐 아니라 부수적으로 그 학술지에 게재한 논문의 저자들에 대한 학술적 성과에 대한 이차적인 이득이 발생하게 된다.

공정하고 전문성이 있는 논문심사는 학술지의 우수한 평가를 유지하는 데 필수적이며, 우수한 논문심사위원을 발굴 선정하는 것이 무엇보다도 중요하다. 논문심사위원의 일차적인 역할은 편집인에게는 연구된 논문을 객관적으로 평가를 해 주는 것이다. 심사 중인 논문은 논문심사위원의 권한 하에 있으며, 논문게재

여부에 관한 최종적인 결정은 편집인에게 있지만, 대부분의 경우 심사위원의 의견이 게재 여부에 결정적인 영향을 주고 있다. 논문심사위원은 논문심사가 익명으로 진행된다고 하여 본인의 결정력이 지나치지 않도록 노력해야 한다. 익명심사(blind review)의 종류에는 두 가지가 있다. 첫째, 쌍방 익명심사(double-blind anonymous review)는 심사위원과 저자가 서로 누구인지 모르는 상황에서 이루어지는 심사이며, 심사 시 저자의 이름과 소속을 지운 상태에서 심사하는 제도이다. 많은 학술지에서 이 제도를 선택하고 있다. 둘째, 일방 익명심사(single-blind anonymous review)는 심사위원이 저자의 이름과 소속을 아는 상황에서 심사하는 제도이며, 저자는 누가 자신의 논문을 심사하는지 모르고 있다. 논문심사가 공개된다 할지라도 부끄러움이 없는 심사를 하여야 한다.

논문심사위원은 다른 사람보다 먼저 논문의 내용을 접하므로 이를 심사한 사실을 비밀로 하여야 하고 투고원고 내용의 기밀을 유지해야 하며, 원고를 복제 혹은 이용하면 안된다. 논문심사에서 논문 안에 있는 내용에 대해서만 저자들에게 질문을 해야 하며 논문심사는 가급적 빨리 기한 내에 논문심사 결과를 회신하여야 한다. 또한 불가피한 경우가 아니면 가능한 추가의 실험이나 작업을 권하지 말아야 한다. 논문심사위원은 심사결과의 판정 근거를 명확하게 기술하여야 하며 절대로 감정적이지 말아야 한다.

3. 우수한 논문심사와 논문심사결과

우수한 논문심사위원은 게재불가를 판정하더라도 저자가 심사결과를 받아들일 수 있도록 논리 정연한 근거를 제시한다. 또한 논문의 불충분한 부분을 논문심사를 통하여 저자에게 문제점을 파악하게 하며, 향후 논문을 완성시키는데 도움이 되도록 하고 있다. 우수한 논문심사위원은 저자의 입장에서 자기 논문을 심사하는 태도로 심사를 하며 논문에 대한 편견을 없애고 객관적으로 심사하려고 노력한다. 또한 기본적으로 저자에 대한 예의를 지키고 게재거부가 되는 논문도 예의를 갖추어 채택이 안 되는 이유를 설명한다.

우수한 논문심사위원은 제출한 논문의 저자가 새로운 결과를 개발하려고 노력한 것을 먼저 인정하고 심사에 접하며 감정적으로 처리하지 않도록 주의하고 있다. 특히 심사논문의 내용의 수준을 저자의 인격수준과 동일시하여 저자를 인격적으로 모독하지 않도록 노력하고 있다. 우수한 논문심사위원은 논문을 작성한 사람이 누구인지 알고 있다 하더라도 친분여부에 관계없이 논문의 내용만을 평가한다.

심사위원의 주관적인 관점에 의한 편향된 시각에서 우수한 논문의 게재 거부, 반대로 논문심사가 졸속으로 처리되어 게재가 불충분한 논문을 게재하는 것과 같은 오류가 발생할 수 있다. 경쟁자의 연구에 대한 적대감 혹은 개인적인 선호도에 의한 편파적인 논문에 대한 호감으로 경우에 따라서는 경쟁자의 연구결과를 부인하기도 한다. 세부전문과학학술지의 경우 상당수의 투고 논문에서 저자를 추정할 수 있다고 한다. 경우에 따라서는 심사위원과 경쟁적인 저자의 원고를 게재거부하여 발표 시기를 늦추거나 논문의 아이디어를 도용하는 경우도 있어 학술지에 따라서는 심사에서 제외시켜야 할 심사위원이 있다.

논문이 졸속으로 심사되는 원인 중 흔한 사례로 심사위원의 세부전문분야와 동떨어진 분야의 심사의뢰가 있다. 심사자의 심사능력에 맞지 않는 논문이 의뢰됨으로써 논문에 대한 흥미 및 관심이 떨어지게 된다. 이를 방지하기 위하여 모든 학회지에서 심사위원의 관심 있는 세부 전문 분야를 데이터베이스(database)화하여 심사위원의 관심 분야의 논문만을 심사 위촉하려는 노력을 하고 있다. 간혹 심사전문가로 선택된 심사위원이 기타 업무가 바빠 원고에 충분한 관심을 두지 못하는 경우도 있다.

논문심사결과는 대개 투고 후 빠르면 수 주 또는 늦어도 1 내지 2개월 이내에 저자에게 통보된다. 편집인은 본인의 심사결과와 전문심사위원의 심사평가서(reviewers' comments)를 종합하여 저자에게 발송한다.

1) 수정 없이 게재가능(acceptable in the present form): 투고 논문을 전혀 수정하지 않고 출판하게 된다. 이런 경우는 거의 없다.
2) 일부분 수정 후 게재가능(acceptable after minor revision): 심사위원이 매우 경미한 수정사항이 있다고 판정한 경우이다. 심사자가 몇 가지 수정사항을 지적하고, 그 확인을 편집인에게 위임하는 판정이다.
3) 대폭 수정 후 게재가능(acceptable after major revision): 투고 논문이 독창성은 있으나 완벽성이 부족하여 상당부분의 수정 및 보충해야 할 사항을 지적하는 경우이다. 심사위원은 재심사를 통해 논문이 게재될 수 있도록 저자에게 기회를 준다. 그러나 수정사항이 심사위원을 충분히 납득시키지 못하면 게재불가가 될 수도 있다.
4) 게재거부(rejection): 심사위원이 심사를 종료한 후 게재 불가 결정을 할 수 있다. 이때는 게재불가 결정에 대해 납득할 수 있는 충분한 이유를 저자에

게 제시해야 한다. 게재거부율(rejection rate; 게재거부 논문 수를 투고 논문 수로 나누어 100을 곱한 수)이 높은 학술지가 대개 영향력계수(impact factor)가 높다.

게재거부, 수정, 게재가의 여부는 심사위원에 의해서가 아니라 편집인(editor-in-chief)에 의해 최종적으로 결정된다. 심사위원의 심사평은 중요하고 도움이 되지만 자문 역할이며, 투고한 논문의 게재 여부결정시 편집인을 돕는다.

게재거부(rejection)가 되었을 때 저자에게는 두 가지 대처방법이 있다. 심사평(reviewers' comments)을 주의 깊게 검토하여 반론을 제기하든가, 아니면 그 심사평을 참고로 해서 원고를 수정하여 다른 학술지에 투고하는 것이다. 최종적으로 어떻게 할 것인가는 저자들 회의에서 결정할 일이지만, 일반적으로 일단 게재거부가 된 결정을 번복하는 것은 지극히 어렵다.

02 심사위원의 심사평 (reviewers' comments)에 대한 답신 작성 요령

논문투고 후 논문심사결과통보는 대개 2개월 이내에 받게 된다. 그리고 편집인으로부터 심사위원의 논문심사평(reviewers' comments)과 함께 서신을 받는다. 그 심사평에서 일부분 수정 후 게재가능(acceptable after minor revision)이나 대폭 수정 후 게재가능(acceptable after major revision) 통고를 받은 경우에는 심사위원의 심사평을 충분히 검토해서 필요한 수정을 행한다. 그리고 심사위원의 심사평 하나하나에 대해서 어떤 부분을 어떻게 정정했는가, 그리고 만일 심사위원의 의견이 적절치 않다고 생각되면 그에 대한 반론도 포함해서 정중히 대답한 편지(polite response letter)를 첨부해서 수정한 논문(revised manuscript)을 다시 보낸다.

수정한 논문은 되도록 빨리 반송해야 한다. 과학학술지들은 대개 논문을 수정하는 기간을 3개월 이내로 제한하고 있다. 그것을 초과하면 그 논문의 상태는 [투고 필]에서 [신규]로 바뀌고 그렇게 되면 저자는 처음부터 다시 시작해야 한다.

심사위원이 심사평에서 지적한 사항(reviewers' comments)에 대해 감정적인 반응을 자제한다. 다음 지적은 예외 없이 심사평에 포함되는 지적 사항이다.

- Grammar needs improvement.
- The manuscript as written needs some grammatical work, but it is well illustrated and organized.
- There are several linguistic and grammatical errors which should be corrected by the authors.

  → "Grammatical correction"은 거의 모든 투고 논문에서 언급되고 있다. 완벽한 영문표현(perfect English expression)에는 정답이 없다. 한글 원어민이 쓴 논문을 한글 원어민 reviewer가 빨갛게 고치는 것을 상상해보라.

이때 교신저자와 저자들은 전체저자모임을 통해 논문을 3회 이상 수정해야 한다. 심사위원의 지적사항을 잘 고치면 그 학술지에 게재가 가능해진다.

심사평 답신(responses to reviewers' comments)의 작성 요령은 다음과 같다.

1) 심사위원들의 심사평을 보내준 사람(대개 editor-in-chief임) 앞으로 예의를 갖춘 formal business letter를 작성하여 보내야 한다. Polite, thoughtful, clear, and detailed responses가 포함되어 있어야 한다. 학술지 편집인들은 자세하고 완벽한 답신을 선호한다. Response letter는 양쪽 정렬한다. 또한 1.0 내지 1.5 줄간격으로 작성한다[개정사항을 알리는 편지 예 참조].

2) 간단 명료한 문장(simple, compact, and clear sentence)으로 답신을 작성한다.

3) 답신을 작성할 때 같은 내용 혹은 비슷한 내용의 문장을 두 번 사용(redundant word)하지 않는다. 반드시 필요한 내용만을 답신편지 안에 기술해야 한다.

4) 원고개정 후에는
   1) 어떤 내용이 개정되었는지(Specify exactly what changes have been made.),
   2) 그 개정부분이 어느 page의 어느 line에 있는지를 정확히 기술해야 한다(page xx, lines xx-xx).

5) 심사위원의 심사평이 부당하거나 수정하기 어려울 경우에는 수정하기 어렵다는 정당한 이유를 밝혀야 한다. 정당한 이유를 찾기 어려울 때는 다음과 같은 예문을 사용한다.

예문) Unfortunately, we could not obtain both interferometric and densitometric data from the specimens.

6) 심사위원이 지적하지 않은 사항은 비록 단어의 철자가 잘못되었다 하더라도 수정하지 않는다. 이것은 심사위원의 부주의(negligence)를 비난하는 인상을 줄 수 있기 때문이다. 투고 논문의 게재가 승인되면 그 후 인쇄소로 넘어가고 원고제작 편집인(copy editor)이 그 때 수정한다.

예) In group A, 48 (63%) of the 30 samples showed > 50% of the flux density but none did in group B, which was statistically different ($P < 0.01$). 이 문장에 있는 숫자의 오류를 지적하지 않는다.

7) 답신 문장 안에서 I 대신 we를 사용한다. 왜냐하면 대부분의 논문이 여러 명의 저자에 의해 작성되었기 때문이다.

예 개정사항을 알리는 편지(responses to reviewers' comments)

May 21, 2013

Jerome P. Lynch, PhD
Editor-in-Chief
Annals of Nuclear Energy
6277 Sea Harbor Driue
Orlando, FL 32887-4800
USA

Dear Dr. Lynch:

We would like to thank you and the reviewers of the *Annals of Nuclear Energy* for taking the time to review our article. We have made some corrections and clarifications in the manuscript after going over the reviewers' comments. the changes are summarized below:
Responses to the reviewer's comments

Comment 1: There lack computational complexity comparisons of the proposed schemes with that of conventional ones.
Our response: We have added the sentences for computational complexity part in the Discussion section (page 3, lines 5-8).

Comment 2: Please make the following minor corrections and changes. Change all "partially cyclic cores" to "partially cyclic core."
Our response: We have changed all "partially cyclic cores" to "partially cyclic core."

Comment 3: In general, the paper is poorly written but the content is valuable. The manuscript should be edited to correct spelling and grammatical errors.
Our response: The incorrect words and awkward sentences have been corrected as the reviewer suggested. We have attempted to correct all of the errors throughout the text.
We hope the revised manuscript will better meet the requirements of your journal for publication. We thank the editor and the reviewer of the Annals of Nuclear Energy once again for the constructive review of our paper.

Sincerely yours,

Young-Sil Chang

Young-Sil Chang, PhD
Associate Professor
Department of Nuclear Engineering
Hankook University
Seoul, Korea
Tel: 82-2-2260-7244; Fax: 82-2-2260-7246
E-mail: ysc@gmail.com

8) 심사위원의 심사평에 답신할 때는 겸손하고 공손해야 한다.

예) 당신의 의견에 동의합니다. 그러나 저자들은 ~~의 이유로 이 문제에 관하여 달리 생각하고 있습니다.

We agree with the reviewer about that. However, ~~.

9) 심사위원의 의견이 모호하여 명확한 의도를 알기 어려울 경우에는 다음과 같이 완곡한 문장으로 답신한다.

예) 당신의 지적에 일리가 있다고 생각합니다. 본 저자들은 심사자의 의견을 고려하여 수정하였습니다.

There is some reason in what the reviewer pointed out. We have corrected ~~.

10) 심사자가 지적한 내용을 분리하여 따로 따로 답변을 작성한다.

11) 수정한 내용을 붉은 글씨로 표시한 파일(revised manuscript)과 완전하게 수정한 파일(clean copy) 2개를 함께 upload한다.

12) 심사평에 대한 답신과 수정된 논문의 제출기한을 엄수해야 한다. 일부분 수정 후 게재가능인 경우는 1개월 이내에 재출해야 하며, 대폭 수정 후 게재가능인 경우는 3개월 이내에 제출해야 한다. 가능한 한 빨리 답신한다.

13) 개정한 내용은 현재 완료 시제로 표현한다.

- The detailed definition of the severity level of DRP and DME has been described in the text (page 3, lines 3-5)
- This point has been discussed in the fourth paragraph of page 12 [또는 on page 12, paragraph 4] as the reviewer suggested.
- The question has been clearly stated on P3L2-6 and the problem has been discussed in greater length on P3-4.
- We have added the pertinent references (10, 19, and 23) to the third paragraph of page 12.
- We have mentioned the practicality of the LP for mounting sagittal lasers in the revised manuscript (page 10, end of the second paragraph).
- We have converted the results of the blood gas analysis in SI units.

- Please see [또는 refer to] p. 11, starting with the second line from the bottom.
- We have done that in the revised manuscript as suggested.

▶ Responses to the reviewers' comments에 사용하면 안 되는 문장

1) Thank you very much for the excellent review.
   이 문장은 편집인이 심사위원들에게 감사의 뜻을 표하는 말이다.
2) I am sorry about that.
   이 문장도 저자들의 답신 편지에서 사용할 수 없다.

논문심사에서 사용하는 용어 설명

편집인이 저자에게 보내는 편지 안에는 다음과 같은 용어가 있으니 기억해야 한다.

- the reviewer = the external reviewer = the peer reviewer = the referee (논문심사위원)
- the original manuscript (최초의 원고, 원본)
- the revised manuscript (개정된 원고, 교정본)
- a clean copy [또는 version] (원고의 최종본)
- the track changes mode [또는 option] = visible track changes = the edit feature (변경내용 표시)

예문

- Please also highlight the changes to your manuscript within the document by using the track changes mode in MS Word or by using bold or colored text.
- If it is not possible for you to submit your revision within 3 months, we may have to consider your paper as a new submission.
- If you have submitted color figures, please download, complete, and return the color agreement form.
- When submitting your revised manuscript, please respond to all the comments made by the reviewer(s) in the space provided.

변경내용표시(the track changes mode; visible track changes; the edit feature)가 논문 안에 나타나도록 교정하기 위해서는 왼쪽의 default 상태의 「변경내용추적 옵션」을 오른쪽과 같이 바꾼 후 타이핑하면 된다.

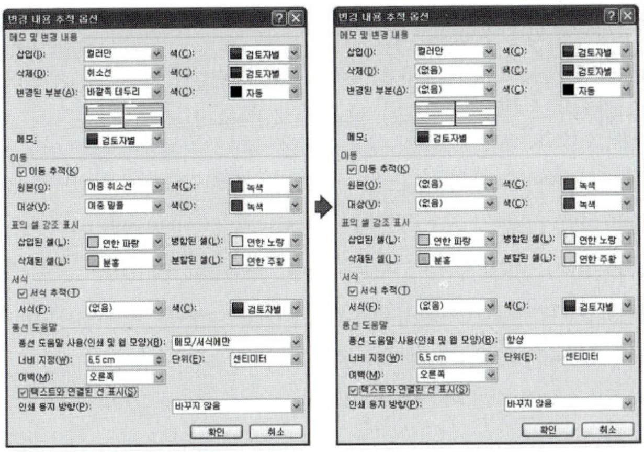

다음에 이러한 방법으로 타이핑한 예시를 보인다.

Options for scaled experiments for high temperature liquid salt and helium fluid mechanics and convective heat transfer

Liquid fluoride salts and helium have desirable properties for use as working fluids for high-temperature (500℃ to 1000℃) heat transport in fission and fusion applications. This paper presents recent progress in the design and analysis of scaled thermal-hydraulic experiments for fluid mechanics and convective heat transfer in liquid salt and helium systems. It presents a category of heat transfer fluids and a category of light mineral oils that can be used for scaled experiments simulating convective heat transfer in liquid salts. By optimally selecting the length, velocity, and average temperature, it is possible to simultaneously match the Reynolds, Froude, Prandtl, and Grashof numbers in geometrically scaled experiments operating at low-temperature, reduced length, and velocity scales. Mechanical pumping power and heat input are lowered to 1% to 2% of the prototype power inputs. Helium fluid mechanics and heat transfer likewise can be simulated by nitrogen following the same procedure. The resulting length, velocity, temperature, and power scales for simulating helium are quite similar to those for the liquid salts, and the pressure scale is reduced greatly compared to the prototypical pressure scale. Steady state and transient feat transfer to a steel and graphite structure can be reproduced with moderate distortion using Pyrex and high-thermal-conductivity epoxies, respectively. Thermal radiation heat transfer cannot be reproduced. The use of these simulant fluids is limited to those cases where radiation heat transport is small compared to convective heat transport, or where corrections for thermal radiation heat transfer can be introduced in models using convective heat transfer data from the simulant fluids. Likewise for helium flows, compressibility effects are not reproduced.

삭제됨: s
삭제됨:
삭제됨: a
삭제됨: This
삭제됨: ed
삭제됨: ion of
삭제됨: s
삭제됨: m
삭제됨: that
삭제됨: a
삭제됨: d
삭제됨: this
삭제됨: in
삭제됨: is
삭제됨: e

5. 심사평에 대해 답신 실제 예문

여기에 심사위원의 심사평과 그것에 대응하는 저자들의 모범 답신을 제시한다. 참조하기 바란다.

1) [RE: general comments] Expressions somewhere should be polished. For example, page 3, "...symbol sequences through multiplying binary data sequence." It is better to replace "having" by "with". Page 6, "...the covariance of average symbol powers of them is zero because Eq. (9) becomes zero, " it should be" ...becomes 0."

→ We have corrected the expressions in the revised manuscript as reviewer #3 pointed out (page 3, lines 2-4; and page 6, lines 7-9) as follows: "Bitwise SLM (BSLM) generates the alternative symbol sequences through multiplying binary data sequence by binary phase sequences with the same length as that of binary data sequence" in page 3. "The convariance of average symbol powers of them is zero because Eq. (9) becomes 0" on page 6.

[주: 본문(text) 안에 교정한 문장을 기술한 경우, responses 안에서 반복하는 것은 군더더기표현(redundancy)임, 교정한 원고 안에서 몇 page, 몇째 줄에 있다고 기술할 것]

2) [RE: general comments] There lacks computational complexity comparisons of the proposed schemes with that of conventional ones.

→ We have added the sentences for computational complexity part in the Discussion section (page 3, lines 4 and 5).

3) [RE: general comments] The typesetting format should follow the IEEE template.

→ We have revised the paper using the IEEE template.

4) [RE: general comments] In general, the paper is poorly written, but the content is valuable. The manuscript should be edited to correct spelling and grammatical errors.

→ The wrong words and awkward sentences have been corrected as the reviewer suggested [as reviewer 2 suggested [또는 pointed out; as suggested; as the referee suggested]. We have attempted to correct all of the errors throughout the text.

5) [RE: general comments] Please make the following minor corrections and changes. change all "partially cyclic cores" to "partially cyclic core."
→ We have changed all "partially cyclic cores" to "partially cyclic core" throughout the paper.

6) [RE: general comments] The whole manuscript should be rewritten according to a standard format of an article on genetic studies, e.g., names of genes should be written in italics, and the polymorphism that the author examined should be mentioned in a standard manner.
→ As reviewer 1 pointed out, we have revised names of genes and the polymorphism according to a standard format of an article on genetic studies.

7) [RE: general comments] 'On page 5, the word "manifest" should be changed to "clear."
→ We have changed the word "manifest" to "clear."

8) [RE: abstract] We would prefer that you delete from the Abstract the words "in both higher mortality rates."
→ We have deleted the words from the Abstract and the sentence now reads as follows: private for-profit institutions result in higher payments for care than private not-for-profit institutions.

9) [RE: materials and methods] A simple overview is taken on the PAPR reduction techniques in the introduction. However, there are no descriptions about the disadvantages or drawbacks of such PAPP reduction techniques as companding schemes, tone reservation, tone injection, active constellation extension and traditional SLM.
→ We have added more detailed descriptions for the various SLM shemes in Section I (page 3, lines 2-5)

10) [RE: materials and methods] The authors used only one apical view and one short-axis view for the calculation of regional function. Because the authors used more basal and apical views for the calculation of LV twist, the inclusion of regional strain values at there two levels would be strengthen the authors' results.

→ Radial and circumferential strain of 6 mid-segments of LV assessed by mid-short axis view has generally been validated. However, there have been few reports which evaluated them at basal and apical segments. Although it would be a limitation, we believe that strain data of mid LV segments may represent the degree of radial and circumferential deformation of LV.

11) [RE: materials and methods] Page 4, last paragraph, 1st sentence: Should be "...spent every weekend wakeboard riding."

→ We follow the reviewer's suggestion.

12) [RE: materials and methods] Why was the age range between 40 and 75 days included in the criteria?

→ The goal of this research is to find the connection between the dangers of contracting. *O. tsutsugamushi* and work in the agricultural field. The most common occurrence of *O. tsutsugamushi* in Korea is reported to be 40-75 days in such experimental animals. The age range was decided according to this criterions.

13) [RE: results] In addition, without a legend, the interpretation of the shown figure is uncomfortable. I further recommend that the presented table should contain absolute instead of relative cell number in differential count.

→ We have corrected the Legends for Figures and have added absolute cell numbers in the table as the reviewer suggested (pages 17 and 18).

14) [RE: results] The authors insisted that the proposed schemes can improve the BER performance with the shaping gain. Please show the BER performance enhancement in the manuscript.

→ We have added the sentences for BER improvement due to the shaping gain in Section IV (page xx, lines xx-xx) as follows. For example, the shaping gain of BSLM and PBISLM with N = 64 and U = 16 is about 0:2 dB from Fig. 5 in this paper and the SNR gain in the case is also about 0:2 dB. Fig. 1 shows the BER performance of BSER and the conventional SLM where the symbol power of BSLM is normalized to be the same as that of the conventional SLM. We can observe that the BER performance is improved in proportion to the shaping gain in Fig. 1.

15) [RE: results] The assumption of the proposed schemes is small number of the subcarriers, i.e., n = 64 and n = 256. Therefore, I still recommend of rejecting it since the proposed schemes are right but their performance of PAPR reduction is not significant and the complexity of the proposed schemes is very high.

→ We have not assumed that the proposed schemes can be used only for small number of sub-2 carriers. The proposed schemes can be used for any number of subcarriers. However, the performance improvement compared to the conventional SLM scheme becomes bigger as the number of subcarriers N decreases. For N = 512, there was little performance improvement from the proposed schemes compared to the conventional SLM. Thus, we show the results for n = 64 and n = 256.

16) [RE: results] Regarding the figures, I would suggest that the authours should present a scattergram showing the abnormal or misclassified population.

→ The scattergrams are presented in Figure 2 (page 20) as the reviewer suggested.

17) [RE: results] It would be interesting to examine the correlation between LV twist and longitudinal strain and/or relative wall thickness.

→ We examined the relationship between basal-to-apical torsion and longitudinal ε as suggested. However, basal-to-apical torsion correlated neither with longitudinal ε ($r = -0.028$, $p = 0.846$) nor with relative wall thickness of LV ($r = -0.012$, $p = 0.937$). We found a significant relationship between circumferential ε and LV twist and thus we have added a sentence addressing this topic (page 10, lines 12-14)

18) [RE: results] Figures 1 and 2 can be combined. The reaction curves (Figure 3) should be incorporated in Figure 4.
→ We have deleted Figures 1 to 3 as suggested.

19) [RE: results] The data provided, however, is not sufficient to confirm the reliability of the procedure. The text states that the cement introduced was 23 ml – does that mean 23x1-ml syringes?
→ The procedure has been described in the revised manuscript on page 8, lines 11-18. Please refer to [또는 see] the attached photograph [our responses to comments 5 of reviewer 2].

20) [RE: results] While the *F value* for the 4 samples is 0.00, the *P value* for this comparison is 0.01. Is this correct? The authors should make sure that values in each table are correct.
→ As the reviewer pointed out, we have mentioned the values down to the third decimal place.

21) [RE: results] Page 22: Figure 2 shows clear sings of shouldering, indicative of additional length variants. The authors do not seem to provide sufficient interpretation of their data.
→ We fully agree with the reviewer. In some samples, peaks were rather borad (or shouldering as you mentioned), indicating several components of the mixture. Figure 2 shows the results of such samples. However, we focused only on overall peak patterns and their reproducibility in this study. Thus, we did not explain the shouldering in detail.

22) [RE: results] I wonder about the value of a between-group difference in delta FCV of only 2.3% does this difference really mean an increased flow rate?
→ There is some reason in what the reviewer pointed out. The scope of

this study was to determine whether ΔFCV is different between subjects with BHR and those with CAT. Although obtained results appear to be insufficient in a sense, we believe that they provide new information about the mechanisms involved in asymptomatic BHR.

23) [RE: discussion] Since the proposed schemes are based on the PAPR comparison among more extended alternative symbol sequences, which are obtained by changing the magnitudes as well as the phases of QAM symbols, compared to the conventional schemes, it is more likely to increase the computational complexity in finding optimum sequence from the extended alternative symbol sequences. Please clarify it.
→ We have added the sentences for computational complexity part in the Discussion section (page 11, lines 8-13)

24) [RE: discussion] The authors insisted that the BER performance is not deteriorated by the proposed schemes, but it may not be so as insisted. It is needed to be clearly shown with theoretical analysis or numerical analysis.
→ We have added the sentences for BER comparison in the Discussion section (page 10, lines 3-6). On the contrary, BER performance was improved by SNR gain due to average power reduction in the proposed SLM schemes as shown in FIg. 1

25) [RE: discussion] The authors claim that a 2.5 cm (or 1 inch) error in laser placement will result (in the example in Fig. 3) in 2.5 mm beam offset (or miss_ in PTV irradiation. However, this appears to be an exaggeration.
→ We have chosen the example in Fig. 1 to accentuate the potential error caused by an inaccurately mounted laser and assumed that only that one laser was used set up the patient. The magnitude of those errors will depend on the particular inaccuracy of the second laser. The revised manuscript explains on page 5, starting line from the top.

26) [RE: discussion] The proposed scheme seems to be similar to the SLM schemes in [14] and [15]. What is the difference between them? It is need to

be explained in detail the novelty of the proposed schemes. It is also necessary to compare the performance between the proposed schemes and the SLM schemes in [14] and [15].

→ Authors in [14] proposed the symbol or bit interleaving to generate alternative OFDM symbol and the simulation results show that bit interleaving gives better PARR reduction performance 3 than symbol interleaving. Our paper gives theoretical analysis for why bit-based SLM scheme (or amplitude and phase variant SLM scheme) shows better PAPR reduction performance than symbolbased SLM scheme. Moreover, interleaving method in [14] gives no gain in PAPR reduction when the data sequence consists of the same symbol, e.g. all-1 sequence. The authout in [15] proposed the SLM scheme using a scrambler with feedback, which is also processed in binary sequence before modulation. Thus, the PAPR reduction performance would be better than that of the conventional SLM scheme. However, they did not consider the PaPr reduction performance but only focus on the issue that the explicit side information is not required for the SLM scheme.

27) [RE: discussion] In Table 2, increase in RA twist was mainly derived from the increase in basal rotation. Please describe mechanisms or possibilities for that observation in the discussion. In addition the value of RA twist was relatively larger compared to the values in previous publications. There point should be addressed in the discussion.

→ Harvey *et al.* have recently suggested that basal rotation gradually increases with age and is affected by age-related changes in diastolic, whereas the degree of apical rotation is unaffected (*J Am Soc Echocadiog* 2007;20:45-53). Although we cannot give clear evidence for the mechanism, changes in extracellular matrix turnover and myocardial stiffness may contribute to the increase in basal rotation in hypertensive animals. Helle-Valle *et al.* have shown that the mean value of RA torsion is 15.9°±3.5° in healthy controls (*Circulation*. 2008;115:3149-56). Kern *et al.* have reported a higher value of RA torsion (*J Am Soc Echocadiog* 2008;21:45-53) and they defined the basal level as that which shows the tips of mitral valve leaflets and the apical level as the which was just proximal to the level with RA liminal obliteration at the end-systolic period. Additionally, It has been reported that LV torsion much higher in the older age group than the younger age group. (Fonseca *et al*. *Am J Physiol heart Circ Physiol* 2003;285:621-30, Takeuchi et al (*JASE* 2006;19:1077-84). Considering the relatively older surprising. We have added several sentence in the Discussion section (page 16, lines 2-9).

28) [RE: discussion] Page 14, last sentence: not clockwise but positive.

→ As suggested by reviewers 1 and 2, we have deleted the sentence regarding the role of subendocardial dysfunction in the generation of high torsion because the theory is unproved.

29) [RE: discussion] Pge 5. Discussion paragraph 1: This is an excellent discussion for the anatomy, physiology, and possible pathophysiology with regard to a posterior rectus sheath hematoma. It may be worth having a line drawing demonstrating the arcuate line, inferior epigastric vessels, termination of the posterior rectus sheath, and so forth.

→ We have added a pertinent reference instead of a figure in the Discussion section (page 5, line 7)

30) [RE: discussion] Page 12: It is entirely possible that the mechanism by which length heteroplasmy accumulates in an individual is associated with replication slippage. The authors should explain in greater detail why they believe this is not a plausible mechanism. The Stewart et al pater (citation 22) has already addressed the forensic usefulness of length heteroplasmy observed in the control region (in particular for HV2). In fact, the author's statements in the Conclusion section are very similar for HV1. Therefore, it is suggested that the authors spend more time comparing their results and conclusions to the Stewart paper.

→ We were not able to find any articles that have mentioned factors affectiong length heteroplamy other than the length of C-stretch. In our study, patterns of length heteroplasmy were affected by the length of 'Cs' and the total nucleotide length (adenine and cytosine) from nt 16180 to nt 16193. This led us to think that factors other than the number of 'C' may be involved in the generation of heterolpasmy. We have revised the sentences in order to avoid confusion (page 10, lines 8~10). We compared Stewart et al's paper with ours on page 7, lines 14-18.

31) [RE: odds and ends] It is stated the "CT scanning confirmed the above findings..." but "supporte" is perhaps a better word.
→ We follow the reviewer's suggestion.
[주: 기호…는 본문 인용 시 생략된 부분을 표시한다.]

32) [RE: discussion] Discussion section, page 14, last paragraph: Speculations that torsion increases in late states due to subendocardial dysfunction are totally unproved. Please refrain from citing speculations as evidence. More mechanistic explanation (relative larger distance between endo and epicardial layers) seems much more plausible.
→ We agree with reviewer #1 that the speculation is unproved. We have deleted the sentences from the Discussion section. This point has been discussed in the limitation part of the Discussion section (page 14, lines 18~20).

33) [RE: odds and ends] I think that many international readers would prefer that the resultss of the gas analysis were reported in SI unist (kPa) instead of mm Hg.
→ We have converted the results of the blood gas analysis in SI units.

■ 원고의 교정쇄(galley proof) 수정

이것은 원고제작편집인(copy editor)과 저자 사이에 논문의 내용에 대한 불분명한 부분이나 의문점에 관한 의견교환을 하기 위하여 필요하며, 원고가 학술지에 실리기 전에 최종적으로 수정하는 과정이다.

1. 편집인은 원고를 게재 학술지의 출판부로 송부한다.
2. 전문적인 원고제작편집인(copy editor)에 의해 원고정리 편집이 이루어진다.
3. 게재승낙 편지를 받은 후 약 1주 내지 2주 이내에 교정쇄가 교신저자(corresponding author)에게 송부되며, 최근에는 대개 PDF file로 website에서 다운로드할 수 있다. 저작권이전(copyright transfer agreement)을 서명하는 서류와 별책 주문서(reprint order form)가 함께 송부된다.
4. 저자는 다운로드 받은 파일을 출력한 다음 원고제작편집인의 질문(query)에 대해 의견을 교정쇄 원고 자체에 제시해야 하며, 완벽한 오자 수정을 해야 할 의무가 있다.
5. 교정완료한 PDF file은 가능한 한 빨리(48시간 이내) 출판부로 회송해야 한다. 최근에는 Fax나 E-mail (PDF file)을 이용하여 기일 내에 속히 회송할 수 있다.

Query sheet

Author Query Form

Journal: ALL

Article: 1841

Dear Author,
During the copy-editing of your paper, the following queries arose. Please respond to these by marking up your proofs with the necessary changes/additions. Please write your answers on the query sheet if there is insufficient space on the page proofs. Please write clearly and follow the conventions shown on the attached corrections sheet. If returning the proof by fax do not write too close to the paper's edge. Please remember that illegible mark-ups may delay publication.

Many thanks for your assistance.

Query reference	Query	Remarks
Q1	Au: Please expand CT.	
Q2	Au: Please provide abstract, structured as Background, Methods, Results, and Conclusion as per journal style.	
Q3	Au: Please supply author's name.	
Q4	Au: Please provide high resolution figures. For more information about supplying electronic artwork, please see the journal webpage or our electronic artwork guidelines at http://www.blackwellpublishing.com/authors/digill.asp	

색 인

ㄱ

ㄹ

ㅁ

ㅂ

ㅅ

ㅇ

ㅈ

ㅊ

ㅋ

ㅌ

ㅍ

ㅎ

이공계 연구자를 위한 영문과학논문 작성매뉴얼 © 2013 민양기

이 책은 저작권자 민양기와 출판권자 범문에듀케이션의 독점계약에 의해 출간되었습니다.
저작권법에 의하여 보호를 받는 저작물이므로 무단전재와 무단복제를 금하며, 이를 위반 시에 법에 의해 처벌 받게 됩니다.

이공계 연구자를 위한 *Writing a Research Paper in English*

영문과학논문 작성매뉴얼

초판 1쇄 2013년 6월 5일
초판 8쇄 2023년 4월 20일

저 자 민양기
펴 낸 이 유성권
편 집 장 이재선
기 획 자 이경민
마 케 팅 임태완, 김호철, 최성규, 김진형, 정명한, 김모란, 노예련, 한태수, 김지현, 박소영
사 이 즈 153 × 223 mm

펴 낸 곳 범문에듀케이션
주 소 서울특별시 양천구 목동서로 211 범문빌딩 (우 07995)
전 화 02-2654-5131 팩 스 02-2652-1500
홈페이지 www.medicalplus.co.kr

등 록 2011년 1월 3일 제 2011-000001호
I S B N 978-89-97140-80-0

편집 · 디자인 (주)우일미디어디지텍

* 잘못된 책은 교환하여 드립니다.

이 도서의 국립중앙도서관 출판시도서목록(CIP)은 서지정보유통지원시스템 홈페이지(http://seoji.nl.go.kr)와 국가자료공동목록시스템(http://www.nl.go.kr/kolisnet)에서 이용하실 수 있습니다.(CIP제어번호: CIP2013007095)